湖北农村统计年鉴

2018

《湖北农村统计年鉴》编辑委员会　编

图书在版编目（CIP）数据

湖北农村统计年鉴. 2018 / 《湖北农村统计年鉴》编辑委员会编. -- 北京 : 中国统计出版社, 2018.11
ISBN 978-7-5037-8749-2

Ⅰ. ①湖… Ⅱ. ①湖… Ⅲ. ①农业统计－统计资料－湖北－2018－年鉴 Ⅳ. ①F327.63-66

中国版本图书馆 CIP 数据核字(2018)第 266561 号

湖北农村统计年鉴-2018

作　　者/ 《湖北农村统计年鉴》编辑委员会
责任编辑/ 钟　钰
封面设计/ 张　辉
出版发行/ 中国统计出版社
地　　址/ 北京市丰台区西三环南路甲 6 号　邮政编码/100073
电　　话/ 邮购（010）63376909　书店（010）68783171
网　　址/ http://www.zgtjcbs.com
印　　刷/ 武汉市华东印务有限责任公司
经　　销/ 新华书店
开　　本/ 890mm×1240mm　1/16
字　　数/ 451 千字
印　　张/ 25
版　　别/ 2018 年 11 月第 1 版
版　　次/ 2018 年 11 月第 1 次印刷
定　　价/ 198.00 元

如有印装差错，由本社发行部调换。

编辑说明

一、《湖北农村统计年鉴》（2018）由湖北省统计局、农业农村厅、水利厅、林业局、水产局、畜牧兽医局、农机局、监狱管理局等部门共同编辑。

本年鉴农业技术推广及应用资料、农垦统计资料由农业农村厅提供；水利建设统计资料由水利厅提供；林业统计资料由省林业局提供；渔业统计资料由省水产局提供；畜禽规模养殖及畜产品加工企业等统计资料由省畜牧兽医局提供；农业机械化统计资料由省农机局提供；监狱系统农场统计资料由省监狱管理局提供；耕地情况由省自然资源厅提供；其余资料由省统计局提供。

二、《湖北农村统计年鉴》（2018）收录了2017年湖北省农业农村统计资料及省级部分历史年份资料。其中，农业产值增加值、粮食作物、经济作物、畜牧业、渔业等统计数据依据第三次全国农业普查结果进行了修订。

三、2017年全省农机化统计年报数据形成较早，暂未与第三次全国农业普查数据相衔接，今后将适时进行修订。

四、本年鉴由于组稿、资料整理和编辑时间紧迫，难免有失误之处，敬请广大读者谅解并欢迎指正。

《湖北农村统计年鉴》编辑委员会

目　录

7　农业机械化

8　农村用电及化肥

9　农业技术推广及应用

10　水利建设

11　农垦及监狱系统农场

1 农村基本情况

农村基本情况

单位：个

指标名称	农村基层组织情况					乡村户数
	乡镇政府个数	其中：镇个数	办事处个数	村民委员会个数	村民小组个数	
湖北省	**926**	**761**	**308**	**24312**	**206739**	**1090.79**
武汉市	**4**	**1**	**156**	**1923**	**16735**	**72.89**
武汉市辖区	1		99	163	900	7.29
汉南区			4	51	202	1.91
蔡甸区	1		11	283	2041	9.07
江夏区			15	268	2656	11.03
黄陂区	1		15	580	6126	24.3
新洲区	1	1	12	578	4810	19.29
黄石市	**28**	**27**	**8**	**800**	**7563**	**39.62**
黄石市辖区	1	1	3	15	105	1.54
阳新县	16	16		419	3630	18.31
大冶市	11	10	5	366	3828	19.77
十堰市	**106**	**72**	**13**	**1847**	**10051**	**66.88**
茅箭区	3	1	4	41	202	1.25
张湾区	4	2	4	69	415	1.98
郧阳区	19	16		339	1751	13.35
郧西县	16	9		338	2023	11.97
竹山县	17	9		240	1428	10.81
竹溪县	15	11		291	1680	8.55
房县	20	12		305	1445	10.65
丹江口	12	12	5	224	1107	8.32
宜昌市	**86**	**67**	**24**	**1386**	**8204**	**90.5**
宜昌市辖区	5	2	18	104	690	6.6
夷陵区	11	9	1	175	1069	14.19
远安县	7	6		102	494	5.52
兴山县	8	6		89	502	4.38
秭归县	12	8		186	1111	11.14
长阳自治县	11	8		154	970	11.03
五峰自治县	8	5		96	711	6.07
宜都市	9	8	1	127	850	9.58
当阳市	7	7	3	155	934	11.09
枝江市	8	8	1	198	873	10.9
襄阳市	**78**	**74**	**27**	**2325**	**14829**	**103.29**
高新区	2	2	3	26	164	2.22
襄城区	3	2	6	118	648	5.86
樊城区	2	2	8	70	555	5.84
襄州区	12	12	3	418	3092	20.03
南漳县	10	10		283	1346	11.65
谷城县	10	9		242	1219	13.52
保康县	11	10		257	1215	6.7
老河口	8	7	2	217	1577	7.68
枣阳市	12	12	3	504	3622	19.02
宜城市	8	8	2	190	1391	10.77
鄂州市	**21**	**18**	**4**	**324**	**4038**	**21.96**
梁子湖	5	5		87	1027	4.81
华容区	6	4		106	1328	6.97
鄂城区	10	9	4	131	1683	10.18
荆门市	**52**	**50**	**7**	**1340**	**10010**	**50.37**
东宝区	7	6	2	166	1046	5.51
掇刀区	2	2	4	80	657	2.61
京山县	14	14		356	2480	11.84
沙洋县	13	13		247	2529	12.48
钟祥市	16	15	1	491	3298	17.93
孝感市	**95**	**72**	**13**	**2887**	**23348**	**104.07**

续表 1 单位：个

指标名称	农村基层组织情况					乡村户数
	乡镇政府个数	其中：镇个数	办事处个数	村民委员会个数	村民小组个数	
孝感市辖区				19	127	0.58
孝南区	11	8	4	453	3493	15.38
孝昌县	12	8		445	3493	15.09
大悟县	17	14		362	3685	13.73
云梦县	12	9		286	2411	12.65
应城市	10	10	5	378	3265	14.55
安陆市	13	9	2	381	3132	11.59
汉川市	20	14	2	563	3742	20.5
荆州市	**102**	**89**	**13**	**1567**	**19262**	**111.3**
荆州开发区	1			14	90	0.75
沙市区	5	4	6	53	380	3.04
荆州区	7	7	3	115	885	7.84
公安县	16	14		321	3341	19.02
监利县	21	18		323	5123	26.85
江陵县	9	7		119	1534	6.65
石首市	12	11	2	154	2612	11.69
洪湖市	15	14	2	233	2797	17.21
松滋市	16	14		235	2500	18.25
黄冈市	**115**	**99**	**11**	**4029**	**37473**	**159.3**
龙感湖农场				56	56	0.81
黄州区	4	3	4	116	861	5.47
团风县	10	8		290	2342	9.13
红安县	11	10		402	3829	15.1
罗田县	12	10		414	4107	13.8
英山县	11	8		309	2577	10.06
浠水县	13	12		649	5807	23.22
蕲春县	14	13		579	4853	21.27
黄梅县	16	12		470	4098	19.36
麻城市	16	15	3	452	6189	25.73
武穴市	8	8	4	292	2754	15.35
咸宁市	**64**	**52**	**6**	**901**	**10029**	**52.44**
咸安区	10	9	3	138	2296	9.26
嘉鱼县	8	8		79	512	7.2
通城县	11	9		167	2001	9.93
崇阳县	12	8		186	1872	8.8
通山县	12	8		187	1742	8.99
赤壁市	11	10	3	144	1606	8.26
随州市	**37**	**37**	**8**	**852**	**8400**	**52.01**
曾都区	5	5	4	152	1526	10.64
随县	19	19		347	2833	19.93
广水市	13	13	4	353	4041	21.44
恩施自治州	**83**	**51**	**5**	**2336**	**22789**	**93.36**
恩施市	13	5	3	172	1688	17.71
利川市	12	7	2	564	5985	18.52
建始县	10	7		367	3227	13.17
巴东县	12	10		301	3637	13.05
宣恩县	9	5		279	2677	9.1
咸丰县	10	6		263	2406	8.34
来凤县	8	6		185	1800	7.32
鹤峰县	9	5		205	1369	6.15
仙桃市	**15**	**15**	**3**	**628**	**4474**	**26.7**
潜江市	**10**	**10**	**7**	**353**	**2751**	**14.46**
天门市	**22**	**21**	**3**	**747**	**6451**	**30.26**
神农架林区	**8**	**6**		**67**	**332**	**1.38**

续表 2　　　　单位：万人

指标名称	乡　村人口数	乡村从业人员合计	其中：农业从业人员	国有农林牧渔场从业人员	农业从业人员	非农业从业人员
湖北省	**4071.76**	**2288.46**	**869.98**	**55.84**	**29.08**	**26.76**
武汉市	**249.21**	**138.57**	**43.67**	**3.56**	**1.3**	**2.26**
武汉市辖区	21.06	11.2	3.27			
汉南区	5.93	2.81	1.1	0.23	0.1	0.13
蔡甸区	33.05	17.79	5.71	0.25	0.07	0.18
江夏区	36.23	20.26	8.3	0.8	0.52	0.28
黄陂区	79.61	46.01	12.16	2.28	0.61	1.67
新洲区	73.33	40.5	13.13			
黄石市	**167.56**	**91.61**	**22.52**	**4.35**	**2.21**	**2.14**
黄石市辖区	5.66	1.78	0.69	0.41	0.06	0.35
阳新县	84.21	46.36	14.2	3.8	2.1	1.7
大冶市	77.69	43.47	7.63	0.14	0.05	0.09
十堰市	**246.78**	**140.92**	**55.71**	**1.39**	**0.68**	**0.71**
茅箭区	3.75	2.06	0.34			
张湾区	5.96	3.19	1.03	0.01	0.01	
郧阳区	50.64	31.04	15.61	0.11	0.04	0.07
郧西县	42.48	24.35	7.6	0.01		0.01
竹山县	42.26	20.02	8.88	0.04	0.03	0.01
竹溪县	31.86	17.19	6.81	0.9	0.4	0.5
房县	40.12	23.77	8.32			
丹江口	29.71	19.3	7.12	0.32	0.2	0.12
宜昌市	**274.62**	**165.97**	**69.21**	**1.28**	**0.51**	**0.77**
宜昌市辖区	21.44	11.77	3.43	0.01	0.01	
夷陵区	40.79	23.27	10.83	0.03	0.03	
远安县	15.18	9.51	3.23			
兴山县	12.64	7.96	5.33			
秭归县	31.51	20.05	11.52			
长阳自治县	36.18	22.29	12	0.02	0.01	0.01
五峰自治县	18.61	10.66	6.78	0.02	0.02	
宜都市	29.13	17.71	3.96	0.01	0.01	
当阳市	32.8	20.54	5.48	1.19	0.43	0.76
枝江市	36.34	22.21	6.65			
襄阳市	**366.91**	**217.4**	**80.62**	**3.92**	**2.02**	**1.9**
高新区	7.67	3.26	1.6			
襄城区	20.24	10.89	5.88	0.14	0.07	0.07
樊城区	21.1	12.83	6.58	0.02	0.01	0.01
襄州区	74.11	44.85	14.23	1.1	0.45	0.65
南漳县	40.8	24.26	8.44	0.63	0.29	0.34
谷城县	38.66	22.37	7.98	0.38	0.35	0.03
保康县	21.53	13.4	7.94	0.01		0.01
老河口	29.49	20.65	8.09	0.02	0.01	0.01
枣阳市	71.64	42.61	12.48	1.4	0.74	0.66
宜城市	41.67	22.28	7.4	0.22	0.1	0.12
鄂州市	**80.41**	**40.16**	**17.28**	**1.05**	**0.91**	**0.14**
梁子湖	17.19	8.81	4.41	0.15	0.13	0.02
华容区	24.27	13.1	5.58	0.15	0.13	0.02
鄂城区	38.95	18.25	7.29	0.75	0.65	0.1
荆门市	**192.06**	**109.29**	**35.69**	**5.24**	**2.74**	**2.5**
东宝区	19.05	11.61	3.37			
掇刀区	11.47	6.15	3.41	0.01		0.01
京山县	45.16	25.08	6.82	3.56	1.46	2.1
沙洋县	46.97	29.15	9.39	0.47	0.28	0.19
钟祥市	69.41	37.3	12.7	1.2	1	0.2
孝感市	**412.5**	**244.07**	**76.63**	**6.17**	**3.22**	**2.95**

续表 3　　　　单位：万人

指标名称	乡村人口数	乡村从业人员合计	其中：农业从业人员	国有农林牧渔场从业	农业从业人员	非农业从业人员
孝感市辖区	2.33	1.17	0.51	0.03	0.01	0.02
孝南区	56.79	30.53	8.67	1.64	0.93	0.71
孝昌县	60.97	31.34	10.17			
大悟县	55.6	34.63	13.25			
云梦县	47.3	32.33	9.93	0.07	0.05	0.02
应城市	58.4	35.64	9.14	0.08	0.03	0.05
安陆市	47.71	27.01	8.98			
汉川市	83.4	51.42	15.98	4.35	2.2	2.15
荆州市	**443.09**	**243.6**	**98.96**	**14.21**	**7.84**	**6.37**
荆州开发区	2.89	1.51	0.34	0.94	0.41	0.53
沙市区	11.73	5.89	1.69	0.07	0.06	0.01
荆州区	26.65	13.92	5.88	2.76	2.05	0.71
公安县	75.26	41.97	18.69			
监利县	117.85	62.74	21.39	3.8	1.41	2.39
江陵县	29.28	17.13	9.54	2.15	0.76	1.39
石首市	46.13	24.76	9.43	0.39	0.19	0.2
洪湖市	66.49	38.37	17.69	4.05	2.92	1.13
松滋市	66.81	37.31	14.31	0.05	0.04	0.01
黄冈市	**599.95**	**333.6**	**134.35**	**3.85**	**1.98**	**1.87**
龙感湖农场	2.63	1.03	0.76	1.78	0.75	1.03
黄州区	18.79	10.64	3.85	0.3	0.07	0.23
团风县	32.1	16.33	8.77	0.22	0.14	0.08
红安县	54.97	28.87	14.55	0.12	0.1	0.02
罗田县	51.43	31.01	11.86	0.03	0.01	0.02
英山县	34.33	21	8	0.01	0.01	
浠水县	83.25	50.63	18.86	0.27	0.09	0.18
蕲春县	84.21	44.77	15.3	0.19	0.14	0.05
黄梅县	77.89	38.39	16.36	0.14	0.09	0.05
麻城市	96.02	58.02	23.55	0.79	0.58	0.21
武穴市	64.33	32.91	12.49			
咸宁市	**216.7**	**111.09**	**42.52**	**1.84**	**0.86**	**0.98**
咸安区	36.48	17.55	7.11	0.38	0.14	0.24
嘉鱼县	28.33	15.91	5.59	0.52	0.18	0.34
通城县	41.28	21.15	7.57	0.07	0.01	0.06
崇阳县	37.73	20.33	7.79	0.38	0.24	0.14
通山县	37.81	18.59	6.75	0.04	0.03	0.01
赤壁市	35.07	17.56	7.71	0.45	0.26	0.19
随州市	**195.78**	**106.59**	**40.39**	**0.09**	**0.04**	**0.05**
曾都区	37.63	20.22	7.92			
随县	77.1	42.24	16.9			
广水市	81.05	44.13	15.57	0.09	0.04	0.05
恩施自治州	**318.08**	**182.27**	**85.71**	**0.01**	**0.01**	
恩施市	60.97	31.8	17.03			
利川市	63.19	35.55	13.86			
建始县	46.6	23.41	12.67			
巴东县	41.88	24.75	11.46			
宣恩县	32.24	19.42	7.97			
咸丰县	25.84	17.19	8.58			
来凤县	27.84	18.53	6.78			
鹤峰县	19.52	11.62	7.36	0.01	0.01	
仙桃市	**115.78**	**68.82**	**36.97**	**0.68**	**0.55**	**0.13**
潜江市	**60.21**	**32.88**	**11.25**	**7.17**	**3.7**	**3.47**
天门市	**127.34**	**58.9**	**17.05**	**1.03**	**0.51**	**0.52**
神农架林区	**4.78**	**2.72**	**1.45**			

耕地情况

单位：公顷

行政区域	耕地（01）	园地（02）	林地（03）	草地（04）
湖北省	**5235907**	**480206**	**8589908**	**278803**
武汉市	**295868**	**7619**	**95325**	**3306**
武汉市辖区	24298	1029	4136	251
汉南区	11267	37	1147	2
蔡甸区	39665	356	8225	171
江夏区	70206	2443	22144	995
黄陂区	89028	2491	48175	1578
新洲区	61404	1263	11498	310
黄石市	**117313**	**6779**	**169303**	**18438**
黄石市辖区	1592	264	6539	125
阳新县	65782	4534	115773	14625
大冶市	49939	1981	46992	3688
十堰市	**239294**	**57224**	**1821528**	**50337**
茅箭区	690	268	44669	49
张湾区	2094	1150	53012	403
郧阳县	49187	12210	268552	9213
郧西县	45304	3422	265176	14520
竹山县	40132	5078	282272	6766
竹溪县	33757	5993	270499	3465
房县	36408	2006	447599	4920
丹江口市	31723	27096	189748	11001
宜昌市	**347358**	**153690**	**1336720**	**11875**
宜昌市辖区	4376	12587	38481	503
夷陵区	36078	37216	233115	1778
远安县	22344	3497	133369	327
兴山县	19520	5683	196504	163
秭归县	29882	23786	148357	596
长阳自治县	53913	8789	247818	4399
五峰自治县	28416	7366	187316	2907
宜都市	21951	17408	71689	262
当阳市	79937	11646	73624	912
枝江市	50941	25711	6447	28
襄阳市	**702926**	**27867**	**845747**	**23509**
襄城区	28301	386	14860	162
樊城区	23792	498	4258	705
襄阳区	165023	1322	11270	2491
南漳县	85356	4210	255238	1700
谷城县	38981	4824	177357	1094
保康县	42433	3419	257014	561
老河口市	57306	3588	9709	423
枣阳市	160431	7930	61816	8174
宜城市	101304	1689	54225	8199
鄂州市	**55603**	**813**	**14224**	**2318**
梁子湖区	19417	362	5531	610
华容区	18510	76	802	13
鄂城区	17676	374	7891	1695
荆门市	**500264**	**19137**	**378412**	**25756**
东宝区	39211	1350	92183	1299
掇刀区	28342	377	6782	725
京山县	118294	13636	148434	9019
沙洋县	121429	351	13379	783
钟祥市	192988	3422	117633	13930
孝感市	**439567**	**18989**	**142698**	**13195**

续表 单位：公顷

行政区域	耕地（01）	园地（02）	林地（03）	草地（04）
孝南区	53479	1938	1005	507
孝昌县	58737	2644	24462	1932
大悟县	66370	12235	82550	6543
云梦县	37243	139	276	284
应城市	64963	491	3846	1315
安陆市	64822	1506	26173	2528
汉川市	93953	36	4385	87
荆州市	**682967**	**14860**	**84187**	**1690**
沙市区	20360	232	179	15
荆州区	51818	1156	4080	93
公安县	129280	4674	3271	70
监利县	176234	264	4225	35
江陵县	68004	266	1410	5
石首市	66641	625	12354	728
洪湖市	76041	154	3824	
松滋市	94588	7488	54844	743
黄冈市	**531924**	**79962**	**686903**	**31621**
黄州区	10332	436	338	176
团风县	28581	2275	22777	1419
红安县	60327	9817	64573	9137
罗田县	36634	22486	127058	419
英山县	25206	10059	88455	658
浠水县	71893	7658	52464	3558
蕲春县	67164	2609	103549	7840
黄梅县	76786	1917	30497	1134
麻城市	104071	19089	171116	5615
武穴市	50930	3616	26077	1665
咸宁市	**200808**	**19323**	**531061**	**32271**
咸安区	33555	1160	77313	77
嘉鱼县	33756	5418	13225	118
通城县	29874	1139	63624	1422
崇阳县	34368	1662	128205	11260
通山县	28049	2034	173006	17172
赤壁市	41207	7910	75689	2222
随州市	**253628**	**14094**	**500834**	**23002**
曾都区	46060	1256	59058	2373
随县	128548	8964	331519	5949
广水市	79020	3873	110257	14680
恩施自治州	**452112**	**55036**	**1658484**	**39236**
恩施市	80808	10833	262034	3202
利川市	111167	10028	279360	19076
建始县	46732	3186	185739	6172
巴东县	60660	4325	235901	3517
宣恩县	45978	8842	196558	2784
咸丰县	48181	4928	178350	1958
来凤县	34336	2992	84202	268
鹤峰县	24249	9901	236342	2259
仙桃市	**118928**	**679**	**3778**	**623**
潜江市	**122534**	**803**	**6302**	**53**
天门市	**167513**	**871**	**7541**	**773**
神农架林区	**7302**	**2462**	**306860**	**799**

农村劳动力文化程度和年龄状况

单位：万人

地　区	外出从业人员规模							
	外出从业人员	其中：男	从业人员文化程度			从业人员年龄状况		
			小学及以下	初中	高中及以上	20岁以下	21岁-49岁	50岁以上
湖北省	1129.99	667.73	123.59	629.45	376.95	152.91	803.37	173.71
武汉市	69.4	42.09	5.96	37.81	25.63	9.73	46.72	12.95
武汉市辖区	3.45	1.85	0.19	1.81	1.45	0.33	2.5	0.62
汉南区	1.74	1.06	0.06	0.38	1.3	0.28	1.39	0.07
蔡甸区	6.32	3.88	0.32	3.35	2.65	0.78	4.27	1.27
江夏区	10.86	5.9	1.35	5.23	4.28	1.66	6.92	2.28
黄陂区	26.13	15.65	3.23	15.3	7.6	3.62	18.37	4.14
新洲区	20.9	13.75	0.81	11.74	8.35	3.06	13.27	4.57
黄石市	49.95	30.62	5.99	26.68	17.28	6.47	34.57	8.91
黄石市辖区	1.22	0.75	0.12	0.54	0.56	0.16	0.79	0.27
阳新县	29.98	17.9	3.9	16.46	9.62	3.9	20.66	5.42
大冶市	18.75	11.97	1.97	9.68	7.1	2.41	13.12	3.22
十堰市	75.12	45.48	11.49	42.17	21.46	9.49	52.07	13.56
茅箭区	0.98	0.67	0.09	0.43	0.46	0.1	0.76	0.12
张湾区	1.59	1.01	0.29	0.83	0.47	0.21	1.03	0.35
郧阳区	15.09	9.45	1.84	8.79	4.46	2.2	10.26	2.63
郧西县	14.83	8.61	2.1	8.52	4.21	1.44	10.7	2.69
竹山县	13.01	8.19	2.37	7.3	3.34	1.94	8.65	2.42
竹溪县	8.4	5.06	1.7	4.29	2.41	1.17	5.51	1.72
房县	13.29	7.94	2.4	7.32	3.57	1.78	9.36	2.15
丹江口市	7.93	4.55	0.7	4.69	2.54	0.65	5.8	1.48
宜昌市	69.47	40.95	6.24	36.54	26.69	8.07	49.59	11.81
宜昌市辖区	4.3	2.62	0.29	1.97	2.04	0.46	3.2	0.64
夷陵区	9.84	5.82	1.18	4.45	4.21	1.22	6.41	2.21
远安县	4.64	2.82	0.36	2.85	1.43	0.69	3.31	0.64
兴山县	2.2	1.44	0.1	1.33	0.77	0.18	1.65	0.37
秭归县	9.24	5.25	0.68	5.75	2.81	0.95	7.13	1.16
长阳自治县	10.7	6.71	1.63	5.51	3.56	1.47	7.39	1.84
五峰自治县	3.5	2.02	0.44	1.77	1.29	0.47	2.41	0.62
宜都市	10.24	5.92	0.72	5.53	3.99	1.02	7.34	1.88
当阳市	7.87	4.58	0.62	3.87	3.38	0.96	5.89	1.02
枝江市	6.94	3.77	0.22	3.51	3.21	0.65	4.86	1.43
襄阳市	100.58	57.62	7.61	50.15	42.82	11.54	74.41	14.63
高新区	1.32	0.87	0.14	0.66	0.52	0.16	0.93	0.23
襄城区	5.4	2.96	0.28	3.06	2.06	0.94	3.01	1.45
樊城区	6.24	3.33	0.44	3.5	2.3	0.73	2.98	2.53
襄州区	22.82	12.13	0.65	3.9	18.27	0.58	21.42	0.82
南漳县	11.87	6.88	2.12	6.79	2.96	1.73	7.99	2.15
谷城县	10.96	7.3	1.14	7.14	2.68	1.31	8.02	1.63
保康县	5.55	3.48	0.72	2.84	1.99	0.52	4.16	0.87
老河口市	8.13	4.49	0.55	5.22	2.36	1.73	5.6	0.8
枣阳市	18.08	10.97	0.96	11.36	5.76	2.16	13.28	2.64
宜城市	10.21	5.21	0.61	5.68	3.92	1.68	7.02	1.51
鄂州市	15.12	9.66	0.72	9.05	5.35	2.08	10.37	2.67
梁子湖区	4.25	2.71	0.2	2.46	1.59	0.52	3.01	0.72
华容区	3.59	2.36	0.12	2.07	1.4	0.26	2.49	0.84
鄂城区	7.28	4.59	0.4	4.52	2.36	1.3	4.87	1.11
荆门市	52.53	31.79	3.53	28.28	20.72	6.24	39.94	6.35
东宝区	4.51	2.69	0.2	1.57	2.74	0.53	3.36	0.62
掇刀区	1.93	1.4	0.13	0.91	0.89	0.35	1.17	0.41
京山县	13.5	7.73	0.4	6.71	6.39	1.39	10.44	1.67
沙洋县	12.19	6.79	0.95	6.96	4.28	1.29	9.68	1.22
钟祥市	20.4	13.18	1.85	12.13	6.42	2.68	15.29	2.43
孝感市	135.38	85.86	12.05	84.17	39.16	18.78	98.19	18.41

续表 单位：万人

地区	外出从业人员规模							
	外出从业人员		从业人员文化程度			从业人员年龄状况		
		其中：男	小学及以下	初中	高中及以上	20岁以下	21岁-49岁	50岁以上
孝感市辖区	0.57	0.33	0.05	0.24	0.28	0.14	0.34	0.09
孝南区	17.39	11.47	1.73	11.76	3.9	1.43	13.71	2.25
孝昌县	19.34	12.28	1.81	12.66	4.87	3.35	14.04	1.95
大悟县	19.09	12.3	1.1	11.27	6.72	3.29	12.66	3.14
云梦县	18.8	11.74	2	12.45	4.35	2.33	13.65	2.82
应城市	19.43	11.82	2.02	12.07	5.34	2.57	14.28	2.58
安陆市	16.34	11.02	1.02	9.4	5.92	1.87	12.97	1.5
汉川市	24.42	14.9	2.32	14.32	7.78	3.8	16.54	4.08
荆州市	116.79	63.74	12.74	64.42	39.63	18.19	82.38	16.22
荆州开发区	0.66	0.35	0.01	0.42	0.23	0.03	0.56	0.07
沙市区	2.77	1.53	0.21	0.96	1.6	0.38	2.15	0.24
荆州区	6.53	3.51	0.26	3.54	2.73	0.61	4.66	1.26
公安县	19.01	10.23	1.55	10.5	6.96	2.85	13.3	2.86
监利县	33.65	18.35	5.16	19.2	9.29	7.2	20.38	6.07
江陵县	6.45	3.58	0.67	3.24	2.54	0.87	5.37	0.21
石首市	12.61	6.58	1.18	7.21	4.22	1.54	9.5	1.57
洪湖市	15.63	8.94	2.17	8.72	4.74	2.26	11.6	1.77
松滋市	19.48	10.67	1.53	10.63	7.32	2.45	14.86	2.17
黄冈市	166.18	101.29	25.53	93.79	46.86	21.48	117.9	26.8
龙感湖农场	0.31	0.21	0.02	0.16	0.13	0.04	0.24	0.03
黄州区	3.94	2.76	0.4	2.08	1.46	0.4	3.02	0.52
团风县	10.21	6.43	1.7	5.92	2.59	1.25	6.56	2.4
红安县	14.72	8.77	2.29	7.92	4.51	3.22	7.64	3.86
罗田县	16.07	9.47	1.63	8.78	5.66	1.58	12.03	2.46
英山县	10.3	6.84	1.3	5.51	3.49	1.03	8.13	1.14
浠水县	27.36	16.92	4.87	14.76	7.73	3.46	19.03	4.87
蕲春县	24	13.35	4.08	13.48	6.44	3.46	16.14	4.4
黄梅县	13.77	7.67	2.52	8.03	3.22	1.66	11.97	0.14
麻城市	26.25	16.9	4.13	15.48	6.64	3.15	19.41	3.69
武穴市	19.25	11.97	2.59	11.67	4.99	2.23	13.73	3.29
咸宁市	53.86	30.22	6.02	30.87	16.97	9.36	37.1	7.4
咸安区	6.94	4.27	0.98	3.63	2.33	1.55	4.41	0.98
嘉鱼县	7.2	4.16	0.81	3.61	2.78	1.02	4.43	1.75
通城县	10.76	5.77	1.06	6.6	3.1	2.42	7.52	0.82
崇阳县	10.78	5.93	1.24	6.34	3.2	1.56	8	1.22
通山县	9.43	5.32	1.15	5.91	2.37	1.48	6.6	1.35
赤壁市	8.75	4.77	0.78	4.78	3.19	1.33	6.14	1.28
随州市	50.69	27.34	5.33	29.21	16.15	7.87	35.56	7.26
曾都区	9.52	5.29	0.68	4.92	3.92	1.56	6.84	1.12
随县	18.23	10.08	1.99	10.58	5.66	3.44	12.59	2.2
广水市	22.94	11.97	2.66	13.71	6.57	2.87	16.13	3.94
恩施自治州	85.75	51.48	12.32	47.9	25.53	12.16	61.65	11.94
恩施市	12.96	8.07	1.95	7.42	3.59	2.05	8.71	2.2
利川市	19.99	11.56	2.2	11.84	5.95	2.72	15.15	2.12
建始县	11.69	7.36	1.37	6.91	3.41	1.58	8.67	1.44
巴东县	8.76	5.42	1.22	4.73	2.81	1.32	5.45	1.99
宣恩县	9.82	5.57	1.54	6.28	2	1.32	6.81	1.69
咸丰县	8.06	5.3	1.02	4.08	2.96	1.1	6.25	0.71
来凤县	9.84	5.59	2.45	4.12	3.27	1.59	7.03	1.22
鹤峰县	4.63	2.61	0.57	2.52	1.54	0.48	3.58	0.57
仙桃市	33.35	18.29	2.8	18.03	12.52	4.65	24.28	4.42
潜江市	20.4	10.91	1.89	11.49	7.02	2.99	14.98	2.43
天门市	34.39	19.65	3.19	18.22	12.98	3.74	22.82	7.83
神农架林区	1.03	0.74	0.18	0.67	0.18	0.07	0.84	0.12

农村劳动力外出渠道和从业时间

单位：万人

地　区	外出渠道				外出从业时间		
	自发	政府有关部门组织	中介组织介绍	企业招收	1个月—3个月	3个月—6个月	6个月以上
湖北省	798.95	94.95	75.7	160.39	91.51	226.82	811.66
武汉市	47.39	7.3	3.95	10.76	6.95	16.15	46.3
武汉市辖区	1.89	0.49	0.22	0.85	0.21	0.67	2.57
汉南区	0.59	0.13		1.02	0.08	0.26	1.4
蔡甸区	4.6	0.22	0.37	1.13	0.9	1.53	3.89
江夏区	7.32	1.24	0.77	1.53	1.12	2.79	6.95
黄陂区	19.32	2.89	0.95	2.97	2.22	5.95	17.96
新洲区	13.67	2.33	1.64	3.26	2.42	4.95	13.53
黄石市	33.95	3.84	2.89	9.27	4.2	10.19	35.56
黄石市辖区	0.76	0.08	0.1	0.28	0.07	0.18	0.97
阳新县	20.93	2.05	1.5	5.5	1.9	4.9	23.18
大冶市	12.26	1.71	1.29	3.49	2.23	5.11	11.41
十堰市	51.32	8.3	6.46	9.04	5.7	15.79	53.63
茅箭区	0.76	0.07	0.06	0.09	0.05	0.16	0.77
张湾区	1.12	0.09	0.24	0.14	0.1	0.29	1.2
郧阳区	9.78	1.35	1.26	2.7	1.28	3.6	10.21
郧西县	8.54	2.84	1.5	1.95	0.89	3.16	10.78
竹山县	9.58	1.13	1.22	1.08	1.58	3.41	8.02
竹溪县	6.38	0.55	0.36	1.11	0.46	1.39	6.55
房县	9.04	1.74	1.36	1.15	0.97	2.44	9.88
丹江口市	6.12	0.53	0.46	0.82	0.37	1.34	6.22
宜昌市	46.8	6.51	5.42	10.74	6.2	13.9	49.37
宜昌市辖区	2.98	0.21	0.39	0.72	0.32	0.79	3.19
夷陵区	6.85	0.9	0.85	1.24	1.14	1.92	6.78
远安县	3.26	0.34	0.33	0.71	0.39	0.74	3.51
兴山县	1.72	0.13	0.07	0.28	0.07	0.5	1.63
秭归县	6.23	1.37	0.61	1.03	0.61	1.47	7.16
长阳自治县	7.11	1.19	0.88	1.52	1.54	3.02	6.14
五峰自治县	2.53	0.26	0.34	0.37	0.25	0.79	2.46
宜都市	6.62	0.91	0.82	1.89	0.69	2.16	7.39
当阳市	4.65	0.75	0.71	1.76	0.82	1.41	5.64
枝江市	4.85	0.45	0.42	1.22	0.37	1.1	5.47
襄阳市	65.01	6.49	6.59	22.49	7.18	18.61	74.79
高新区	0.87	0.02	0.15	0.28	0.19	0.27	0.86
襄城区	3.76	0.41	0.54	0.69	0.56	1.42	3.42
樊城区	3.56	0.09	0.17	2.42	0.54	1.39	4.31
襄州区	9.3	1.3	1.29	10.93	1.25	2.32	19.25
南漳县	8.85	0.7	0.78	1.54	1.08	2.27	8.52
谷城县	9.02	0.52	0.43	0.99	0.75	2.03	8.18
保康县	4.35	0.4	0.35	0.45	0.57	1.22	3.76
老河口市	6.38	0.33	0.8	0.62	0.5	1.2	6.43
枣阳市	12.76	1.95	1.42	1.95	0.57	3.89	13.62
宜城市	6.16	0.77	0.66	2.62	1.17	2.6	6.44
鄂州市	11.01	0.72	1.04	2.35	1.47	3.59	10.06
梁子湖区	2.87	0.35	0.33	0.7	0.34	1.11	2.8
华容区	2.55	0.14	0.19	0.71	0.31	0.89	2.39
鄂城区	5.59	0.23	0.52	0.94	0.82	1.59	4.87
荆门市	35.86	5.79	4.07	6.81	3.99	9.05	39.49
东宝区	2.67	0.67	0.31	0.86	0.37	0.78	3.36
掇刀区	1.12	0.25	0.17	0.39	0.15	0.47	1.31
京山县	10.48	0.97	0.73	1.32	0.68	1.82	11
沙洋县	8.23	1.53	0.85	1.58	1.18	2	9.01
钟祥市	13.36	2.37	2.01	2.66	1.61	3.98	14.81
孝感市	91.67	13.79	9.81	20.11	12.55	33.94	88.89

续表 单位：万人

地　区	外出渠道				外出从业时间		
	自发	政府有关部门组织	中介组织介绍	企业招收	1个月－3个月	3个月－6个月	6个月以上
孝感市辖区	0.56			0.01	0.04	0.07	0.46
孝南区	12.15	1.98	1.47	1.79	1.5	4.91	10.98
孝昌县	12.46	2.77	1.78	2.33	2.2	6.07	11.07
大悟县	12.61	2.61	1.35	2.52	1.34	4.03	13.72
云梦县	14.7	1.54	1.11	1.45	1.1	5.22	12.48
应城市	14.29	0.54	1.08	3.52	1.5	3.26	14.67
安陆市	10.49	1.66	1.25	2.94	1.64	4.21	10.49
汉川市	14.41	2.69	1.77	5.55	3.23	6.17	15.02
荆州市	91.43	6.57	6.67	12.12	5.97	18.97	91.85
荆州开发区	0.58	0.03	0.01	0.04	0.01	0.07	0.58
沙市区	1.78	0.08	0.09	0.82	0.17	0.6	2
荆州区	5.12	0.26	0.28	0.87	0.71	1.53	4.29
公安县	15.73	1.35	0.81	1.12	0.89	2.41	15.71
监利县	26.58	1.9	2.16	3.01	1.04	6.5	26.11
江陵县	5.48	0.48	0.23	0.26	0.46	0.96	5.03
石首市	7.49	1.22	1	2.9	0.89	2.54	9.18
洪湖市	13.7	0.21	0.42	1.3	0.76	1.66	13.21
松滋市	14.97	1.04	1.67	1.8	1.04	2.7	15.74
黄冈市	117.01	14.13	12.7	22.34	17.88	35.96	112.34
龙感湖农场	0.28			0.03	0.01	0.02	0.28
黄州区	2.93	0.33	0.17	0.51	0.15	0.72	3.07
团风县	7.21	0.93	0.89	1.18	1.45	2.65	6.11
红安县	8.09	1.85	1.09	3.69	2.22	3.98	8.52
罗田县	11.72	0.99	1.52	1.84	2.28	3.9	9.89
英山县	6.41	1.46	1.22	1.21	0.91	2.21	7.18
浠水县	18.11	2.34	2.02	4.89	2.31	4.37	20.68
蕲春县	17.34	1.93	1.26	3.47	2.06	4.9	17.04
黄梅县	12.12	0.68	0.15	0.82	0.39	3.1	10.28
麻城市	18.47	1.79	2.38	3.61	4.31	6.57	15.37
武穴市	14.33	1.83	2	1.09	1.79	3.54	13.92
咸宁市	38.4	4.44	3.81	7.21	4.21	11.28	38.37
咸安区	5.39	0.49	0.62	0.44	0.76	1.74	4.44
嘉鱼县	4.71	0.54	0.85	1.1	0.53	1.5	5.17
通城县	7.8	0.68	0.69	1.59	0.84	2.43	7.49
崇阳县	6.97	0.94	0.84	2.03	0.8	2.53	7.45
通山县	7.03	1.26	0.36	0.78	0.62	1.55	7.26
赤壁市	6.5	0.53	0.45	1.27	0.66	1.53	6.56
随州市	33.67	3.83	4.64	8.55	4.42	11.64	34.63
曾都区	5.59	0.59	0.93	2.41	0.52	1.92	7.08
随县	12.54	1.63	2.06	2	1.14	4.76	12.33
广水市	15.54	1.61	1.65	4.14	2.76	4.96	15.22
恩施自治州	69.02	7.68	3.83	5.22	6.61	13.95	65.19
恩施市	10.91	0.55	0.75	0.75	1.21	2.32	9.43
利川市	18.53	0.48	0.38	0.6	1.79	2.47	15.73
建始县	9.82	0.63	0.56	0.68	0.79	1.97	8.93
巴东县	5.97	0.93	0.74	1.12	0.69	1.46	6.61
宣恩县	8.5	0.38	0.39	0.55	0.43	1.08	8.31
咸丰县	5.01	2.22	0.41	0.42	0.66	2.06	5.34
来凤县	7.46	1.47	0.3	0.61	0.64	1.67	7.53
鹤峰县	2.82	1.02	0.3	0.49	0.4	0.92	3.31
仙桃市	25.72	1.41	0.83	5.39	1.57	4.83	26.95
潜江市	11.95	2.74	1.76	3.95	0.93	3.15	16.32
天门市	27.75	1.41	1.23	4	1.45	5.66	27.28
神农架林区	0.99			0.04	0.23	0.16	0.64

农村劳动力转移地点及从事行业

单位：万人

地　区	外出地点					外出从业人员从事行业		
	县内乡外	省内县外	省外	港、澳、台	境外	第一产业	第二产业	第三产业
湖北省	193.02	311.75	622.23	1.49	1.5	61.63	605.79	462.57
武汉市	15.76	38.05	15.51	0.04	0.04	2.79	37.33	29.28
武汉市辖区	1.9	1.36	0.19			0.31	1.69	1.45
汉南区	1.31	0.39	0.04				0.96	0.78
蔡甸区	1.73	3.89	0.69		0.01	0.31	3.17	2.84
江夏区	3.24	4.92	2.69	0.01		0.58	5.55	4.73
黄陂区	5.57	17.41	3.12	0.01	0.02	1.18	13.03	11.92
新洲区	2.01	10.08	8.78	0.02	0.01	0.41	12.93	7.56
黄石市	10.28	12.55	26.72	0.24	0.16	2.64	28.57	18.74
黄石市辖区	0.49	0.43	0.3			0.21	0.62	0.39
阳新县	4.8	6.9	18.08	0.2		1.6	17.82	10.56
大冶市	4.99	5.22	8.34	0.04	0.16	0.83	10.13	7.79
十堰市	12.59	20.36	41.65	0.28	0.24	4.74	37.58	32.8
茅箭区	0.42	0.44	0.12			0.04	0.48	0.46
张湾区	0.85	0.44	0.3			0.13	0.88	0.58
郧阳区	3.03	6.51	5.41		0.14	1.5	6.24	7.35
郧西县	1.6	2.88	10.33	0.02		0.97	7.35	6.51
竹山县	1.89	3.18	7.89	0.02	0.03	1.13	6.62	5.26
竹溪县	0.97	1.58	5.83		0.02	0.3	4.08	4.02
房县	1.68	3.18	8.15	0.23	0.05	0.42	7.27	5.6
丹江口市	2.15	2.15	3.62	0.01		0.25	4.66	3.02
宜昌市	21.69	21.4	26.31	0.05	0.02	4.97	36.49	28.01
宜昌市辖区	2.16	1.45	0.67	0.01	0.01	0.31	1.76	2.23
夷陵区	3.45	3.23	3.14	0.02		0.47	4.92	4.45
远安县	1.19	1.27	2.18			0.4	2.44	1.8
兴山县	0.3	0.84	1.06			0.04	1.22	0.94
秭归县	3.64	2.56	3.02	0.02		1.18	5.73	2.33
长阳自治县	2.89	3.88	3.92		0.01	1.57	4.77	4.36
五峰自治县	0.51	1.41	1.58			0.1	1.77	1.63
宜都市	2.71	3.07	4.46			0.28	5.7	4.26
当阳市	2.45	1.63	3.79			0.54	3.99	3.34
枝江市	2.39	2.06	2.49			0.08	4.19	2.67
襄阳市	16	23.52	60.93	0.04	0.09	5.36	53.51	41.71
高新区	0.75	0.38	0.19			0.02	0.62	0.68
襄城区	1.4	1.49	2.5		0.01	0.36	2.75	2.29
樊城区	1.78	1.33	3.12	0.01		0.47	2.46	3.31
襄州区	4.11	7.1	11.61			1.32	10.03	11.47
南漳县	1.2	2.46	8.19	0.01	0.01	0.92	5.11	5.84
谷城县	1.42	2.24	7.28	0.01	0.01	0.96	6.86	3.14
保康县	0.89	1.33	3.3	0.01	0.02	0.43	3.31	1.81
老河口市	0.64	0.94	6.54		0.01	0.17	5.5	2.46
枣阳市	1.49	4.56	12		0.03	0.31	12.27	5.5
宜城市	2.32	1.69	6.2			0.4	4.6	5.21
鄂州市	5.52	5.02	4.47	0.02	0.09	0.48	8.6	6.04
梁子湖区	1.24	1.68	1.31	0.01	0.01	0.12	2.44	1.69
华容区	1.38	1.35	0.8		0.06	0.1	2.01	1.48
鄂城区	2.9	1.99	2.36	0.01	0.02	0.26	4.15	2.87
荆门市	8.53	15.08	28.81	0.08	0.03	3.49	29.12	19.92
东宝区	0.85	1.38	2.28			0.25	2.65	1.61
掇刀区	0.47	0.86	0.6			0.21	0.92	0.8
京山县	1.5	2.77	9.21	0.02		0.68	7.34	5.48
沙洋县	2.39	4.25	5.55			0.56	6.63	5
钟祥市	3.32	5.82	11.17	0.06	0.03	1.79	11.58	7.03
孝感市	21	41.2	72.55	0.21	0.42	5.98	73.06	56.34

续表　　　　　　　　　　　　　　　　　　　　　　　　　　　　　　单位：万人

地　区	外出地点					外出从业人员从事行业		
	县内乡外	省内县外	省外	港、澳、台	境外	第一产业	第二产业	第三产业
孝感市辖区	0.14	0.24	0.19				0.31	0.26
孝南区	2.59	4.47	10.32	0.01		0.96	10.12	6.31
孝昌县	2.78	4.71	11.66	0.13	0.06	1.1	8.77	9.47
大悟县	3.58	6.63	8.78	0.02	0.08	1.22	10.33	7.54
云梦县	1.92	4.75	12.1	0.01	0.02	0.49	11.58	6.73
应城市	2.72	6.02	10.61	0.02	0.06	0.76	10.76	7.91
安陆市	2.04	4.41	9.67	0.02	0.2	0.54	9.21	6.59
汉川市	5.23	9.97	9.22			0.91	11.98	11.53
荆州市	14.05	25.83	76.86	0.04	0.01	2.74	66.81	47.24
荆州开发区	0.36	0.2	0.1				0.48	0.18
沙市区	0.84	0.51	1.41	0.01		0.03	2.09	0.65
荆州区	1.29	2.09	3.15				3.54	2.99
公安县	1.98	4	13.02	0.01		0.63	10.65	7.73
监利县	3.31	7.04	23.3			0.92	17.15	15.58
江陵县	0.56	1.56	4.32		0.01	0.09	4.24	2.12
石首市	1.92	2.84	7.84	0.01		0.27	7.7	4.64
洪湖市	1.3	4.18	10.15			0.38	8.91	6.34
松滋市	2.49	3.41	13.57	0.01		0.42	12.05	7.01
黄冈市	25.66	44.56	95.37	0.29	0.3	12.36	83.36	70.46
龙感湖农场	0.06	0.08	0.17			0.03	0.2	0.08
黄州区	1.42	1.01	1.51			0.21	2.24	1.49
团风县	2.12	3.8	4.23	0.01	0.05	1.14	5.81	3.26
红安县	3.03	5.72	5.88	0.03	0.06	1.62	7.36	5.74
罗田县	2.87	4.46	8.73		0.01	0.52	9.56	5.99
英山县	1.46	2.23	6.59	0.01	0.01	0.91	5.55	3.84
浠水县	2.95	7.21	17.06	0.03	0.11	2.31	13.26	11.79
蕲春县	3.31	4.88	15.64	0.13	0.04	2.1	11.34	10.56
黄梅县	2.33	4.92	6.5	0.01	0.01	0.17	7.82	5.78
麻城市	4.31	6.51	15.38	0.05		2.49	7.96	15.8
武穴市	1.8	3.74	13.68	0.02	0.01	0.86	12.26	6.13
咸宁市	8.53	13	32.19	0.08	0.06	5.31	27.57	20.98
咸安区	1.44	1.15	4.34	0.01		0.29	3.92	2.73
嘉鱼县	1.24	2.12	3.84			0.5	3.53	3.17
通城县	1.45	2.09	7.22			0.62	5.79	4.35
崇阳县	1.44	3.88	5.42	0.04		1.68	4.79	4.31
通山县	1.36	1.99	6.02	0.01	0.05	1.19	4.83	3.41
赤壁市	1.6	1.77	5.35	0.02	0.01	1.03	4.71	3.01
随州市	9.01	12.29	29.33	0.04	0.02	2.29	27.53	20.87
曾都区	2.43	2.41	4.66	0.01	0.01	0.69	4.62	4.21
随县	2.36	4.35	11.5	0.01	0.01	0.93	9.33	7.97
广水市	4.22	5.53	13.17	0.02		0.67	13.58	8.69
恩施自治州	11.1	16.7	57.88	0.07		4.65	51.54	29.56
恩施市	3.34	2.76	6.86			0.62	7.32	5.02
利川市	1.64	2.98	15.37			1.39	11.98	6.62
建始县	1.48	2.96	7.19	0.06		0.45	7.39	3.85
巴东县	1.33	2.16	5.26	0.01		0.54	3.99	4.23
宣恩县	0.8	1.72	7.3			0.6	6.63	2.59
咸丰县	0.72	1.36	5.98			0.25	6.07	1.74
来凤县	1.09	1.4	7.35			0.61	5.48	3.75
鹤峰县	0.7	1.36	2.57			0.19	2.68	1.76
仙桃市	5.17	10.32	17.86			1.23	14.4	17.72
潜江市	4.43	4.04	11.92		0.01	1.67	12.2	6.53
天门市	3.39	7.59	23.39	0.01	0.01	0.89	17.55	15.95
神农架林区	0.31	0.24	0.48			0.04	0.57	0.42

农村劳动力外出目的及培训情况

单位：万人

地方	外出从业目的			外出从业人员职业技能培训情况		
	务工	经商	其他	参加过职业技能培训	其中：参加过政府举办的技能培训	持有职业技术资格证书
湖北省	848.86	179.29	101.84	334.95	144.04	162.75
武汉市	52.73	9.94	6.73	24.14	11.2	10
武汉市辖区	2.7	0.35	0.4	1.4	0.61	0.7
汉南区	1.53	0.18	0.03	0.51	0.25	1.18
蔡甸区	4.61	1.29	0.42	1.46	0.75	0.83
江夏区	7.54	1.68	1.64	3.71	1.73	1.38
黄陂区	20.19	4.05	1.89	8.62	2.88	2.66
新洲区	16.16	2.39	2.35	8.44	4.98	3.25
黄石市	36.72	7.45	5.78	5.99	3.78	6.89
黄石市辖区	1.01	0.1	0.11	0.25	0.1	0.1
阳新县	22.34	3.93	3.71	3.71	2.12	3.61
大冶市	13.37	3.42	1.96	2.03	1.56	3.18
十堰市	59.48	8.11	7.53	24.62	13.53	10.34
茅箭区	0.84	0.07	0.07	0.3	0.17	0.19
张湾区	1.32	0.11	0.16	0.49	0.24	0.27
郧阳区	11.19	1.74	2.16	3.99	2.29	2.24
郧西县	10.89	2.66	1.28	6.53	3.2	2.36
竹山县	10.57	1.32	1.12	3.15	1.89	1.35
竹溪县	6.67	0.46	1.27	1.47	0.63	0.47
房县	11.3	1.1	0.89	5.41	3.22	1.51
丹江口市	6.7	0.65	0.58	3.28	1.89	1.95
宜昌市	54.02	9.19	6.26	25.81	11.94	11.88
宜昌市辖区	3.08	0.58	0.64	1.65	0.44	0.57
夷陵区	7.42	1.37	1.05	3.87	1.58	2.04
远安县	3.77	0.53	0.34	2.08	0.51	0.64
兴山县	1.91	0.16	0.13	0.82	0.45	0.39
秭归县	8.17	0.68	0.39	2.02	1.28	0.7
长阳自治县	8.06	1.34	1.3	2.96	1.4	1.72
五峰自治县	2.8	0.45	0.25	1.47	0.73	0.6
宜都市	7.42	1.81	1.01	3.78	1.94	2.01
当阳市	5.7	1.55	0.62	4.61	2.54	2.09
枝江市	5.69	0.72	0.53	2.55	1.07	1.12
襄阳市	78.08	12.21	10.29	32.66	12.71	19.89
高新区	1.04	0.18	0.1	0.15	0.08	0.12
襄城区	4.1	0.74	0.56	2.6	0.72	2.15
樊城区	4.37	0.53	1.34	1.15	0.38	0.51
襄州区	17.63	3.4	1.79	7.31	1.52	5.78
南漳县	8.52	0.75	2.6	2.49	1.23	1.06
谷城县	9.08	1.25	0.63	1.99	0.81	1.05
保康县	4.7	0.57	0.28	1.18	0.61	0.47
老河口市	7.2	0.82	0.11	2.82	0.63	1.44
枣阳市	14.11	3.26	0.71	9.5	5.11	5.4
宜城市	7.33	0.71	2.17	3.47	1.62	1.91
鄂州市	11.86	2.61	0.65	5.83	3.06	3.12
梁子湖区	3.51	0.59	0.15	1.09	0.21	0.91
华容区	3.09	0.49	0.01	0.82	0.15	0.87
鄂城区	5.26	1.53	0.49	3.92	2.7	1.34
荆门市	36.6	11.48	4.45	17.83	8.64	6.48
东宝区	3.32	0.6	0.59	2.58	1.75	1.45
掇刀区	1.62	0.21	0.1	0.71	0.26	0.23
京山县	10	2.85	0.65	5.73	1.61	1.43
沙洋县	8.83	2.16	1.2	2.96	1.98	1.36
钟祥市	12.83	5.66	1.91	5.85	3.04	2.01
孝感市	94.61	32.67	8.1	49.17	17.46	26.44

续表

单位：万人

地方	外出从业目的			外出从业人员职业技能培训情况		
	务工	经商	其他	参加过职业技能培训	其中：参加过政府举办的技能培训	持有职业技术资格证书
孝感市辖区	0.47	0.1		0.16	0.08	0.07
孝南区	13.38	3.5	0.51	3.35	1.31	1.86
孝昌县	13.6	4.72	1.02	8.12	3.9	11.21
大悟县	12.25	5.17	1.67	7.52	2.4	2.72
云梦县	14.8	3.64	0.36	8.61	1.69	3.04
应城市	13.54	4.13	1.76	4.5	3.03	2.2
安陆市	12.27	3.5	0.57	9.01	1.84	2.2
汉川市	14.3	7.91	2.21	7.9	3.21	3.14
荆州市	85.65	21.41	9.73	25.45	10.78	12.63
荆州开发区	0.59	0.06	0.01	0.06	0.01	0.02
沙市区	2.31	0.28	0.18	0.41	0.12	0.37
荆州区	5.22	0.88	0.43	1.94	0.68	0.82
公安县	15.23	2.38	1.4	5.35	1.62	2.01
监利县	20.91	9.79	2.95	4.94	1.86	2.99
江陵县	5.14	1.17	0.14	0.9	0.57	0.68
石首市	9.07	1.82	1.72	2.64	1.35	1.37
洪湖市	10.53	2.64	2.46	1.73	1.23	1.37
松滋市	16.65	2.39	0.44	7.48	3.34	3
黄冈市	129.09	20.15	16.94	47.93	23.13	23.16
龙感湖农场	0.27	0.03	0.01	0.03	0.02	0.03
黄州区	3.14	0.41	0.39	1.47	0.39	0.97
团风县	8.28	1	0.93	2.22	1.19	1.13
红安县	10.99	2.2	1.53	9.2	2.77	2.75
罗田县	13.29	1.59	1.19	3.75	1.49	2.01
英山县	7.32	2.06	0.92	5.99	2.96	2.38
浠水县	19.96	2.23	5.17	7.49	4.32	3.98
蕲春县	18.38	2.88	2.74	3.72	1.94	1.97
黄梅县	11.22	2.03	0.52	3.98	3.3	2.02
麻城市	21.3	2.72	2.23	5.79	2.41	2.99
武穴市	14.94	3	1.31	4.29	2.34	2.93
咸宁市	38.94	8.52	6.4	14.9	6.26	6.31
咸安区	5.04	0.99	0.91	1.58	0.87	0.48
嘉鱼县	5.51	0.89	0.8	2.89	1	1.22
通城县	7.37	1.65	1.74	3.5	1.45	1.27
崇阳县	8.13	1.35	1.3	2.77	0.79	0.85
通山县	6.92	1.79	0.72	1.67	1.11	1.39
赤壁市	5.97	1.85	0.93	2.49	1.04	1.1
随州市	35.51	9.62	5.56	18	6.1	8.33
曾都区	7.13	1.43	0.96	3.47	0.96	2.01
随县	12.31	3.32	2.6	6	1.5	3.68
广水市	16.07	4.87	2	8.53	3.64	2.64
恩施自治州	73.23	7.3	5.22	21.39	7.89	6.93
恩施市	10.85	1.43	0.68	3.71	1.25	1.32
利川市	16.99	1.4	1.6	3.24	1.13	1.36
建始县	10.33	0.7	0.66	2.54	0.89	0.82
巴东县	6.97	1.33	0.46	2.86	1.24	0.49
宣恩县	8.41	0.86	0.55	1.28	0.6	0.71
咸丰县	7.36	0.59	0.11	3.11	1.38	1.13
来凤县	8.66	0.6	0.58	3.55	0.87	0.7
鹤峰县	3.66	0.39	0.58	1.1	0.53	0.4
仙桃市	22.32	7.26	3.77	8.94	2.24	4
潜江市	16.02	2.58	1.8	7.04	3.48	3.69
天门市	23.1	8.73	2.56	4.76	1.56	2.49
神农架林区	0.9	0.06	0.07	0.49	0.28	0.17

农村劳动力外出务工收入情况

单位：万元、万人

地方	劳务收入					
	劳务经济总收入（年）	其中：月收入500元以下	501元-1000元	1001元-2000元	2001元-3000元	3000元以上
湖北省	**37142241**	**4.39**	**38.64**	**226.75**	**431.74**	**428.47**
武汉市	**2459737**	**0.84**	**3.62**	**18.1**	**27.58**	**19.26**
武汉市辖区	90878		0.01	0.43	1.66	1.35
汉南区	62207			0.36	1.16	0.22
蔡甸区	188203	0.01	0.1	1.27	2.65	2.29
江夏区	358326	0.09	0.15	1.74	5.91	2.97
黄陂区	924123	0.7	2.4	7.08	7.69	8.26
新洲区	836000	0.04	0.96	7.22	8.51	4.17
黄石市	**1931042**	**0.08**	**0.55**	**3.21**	**16.59**	**29.52**
黄石市辖区	43952		0.04	0.16	0.62	0.4
阳新县	1202763	0.08	0.49	0.99	10.96	17.46
大冶市	684327		0.02	2.06	5.01	11.66
十堰市	**2146204**	**0.06**	**1.02**	**10.2**	**26.51**	**37.33**
茅箭区	34195			0.08	0.34	0.56
张湾区	43155			0.49	0.62	0.48
郧阳区	398731		0.33	3.04	5.52	6.2
郧西县	428613		0.06	2.32	8.48	3.97
竹山县	361913	0.06	0.07	1.13	3.81	7.94
竹溪县	300414		0.03	0.39	1.21	6.77
房县	367894		0.5	1.99	4.07	6.73
丹江口市	211289		0.03	0.76	2.46	4.68
宜昌市	**1960212**	**0.16**	**2.7**	**18.32**	**26.34**	**21.95**
宜昌市辖区	87742		0.23	1.22	1.52	1.33
夷陵区	295842		0.12	1.26	3.27	5.19
远安县	123456		0.12	1.47	1.87	1.18
兴山县	63075			0.39	0.94	0.87
秭归县	193628	0.03	0.62	3.8	3	1.79
长阳自治县	338386	0.13	0.94	3.12	3.64	2.87
五峰自治县	56269		0.16	1.08	1.39	0.87
宜都市	339295		0.29	2.94	4.54	2.47
当阳市	219783		0.22	2.04	3.14	2.47
枝江市	242736			1	3.03	2.91
襄阳市	**3096173**	**0.1**	**1.65**	**17.8**	**36.72**	**44.31**
高新区	35300			0.11	0.71	0.5
襄城区	58006	0.01	0.29	0.87	1.63	2.6
樊城区	190581		0.08	1.2	3.16	1.8
襄州区	717223			3.93	8.65	10.24
南漳县	474800	0.08	0.61	2.25	3.88	5.05
谷城县	387873	0.01	0.01	2.22	2.63	6.09
保康县	111600		0.13	0.73	1.69	3
老河口市	259803		0.09	1.8	3.05	3.19
枣阳市	574984		0.44	2.95	8.57	6.12
宜城市	286003			1.74	2.75	5.72
鄂州市	**454041**	**0.04**	**0.65**	**4.87**	**4.41**	**5.15**
梁子湖区	131325		0.1	1.76	1.5	0.89
华容区	99116	0.04	0.17	1.79	1.17	0.42
鄂城区	223600		0.38	1.32	1.74	3.84
荆门市	**1824235**	**0.25**	**3.26**	**14.88**	**20.48**	**13.66**
东宝区	175855		0.17	1.22	1.79	1.33
掇刀区	70979		0.01	0.27	0.99	0.66
京山县	447087		0.31	3.24	6.58	3.37
沙洋县	437446	0.03	0.66	3.36	4.29	3.85
钟祥市	692868	0.22	2.11	6.79	6.83	4.45
孝感市	**5005013**	**0.49**	**4.24**	**22.82**	**49.97**	**57.86**

续表 单位：万人

地方	劳务收入					
	劳务经济总收入（年）	其中：月收入500元以下	501元-1000元	1001元-2000元	2001元-3000元	3000元以上
孝感市辖区	22510			0.02	0.19	0.36
孝南区	612870	0.05	0.31	2.23	6.02	8.78
孝昌县	691320	0.03	0.64	3.78	7.69	7.2
大悟县	755683		1.02	4.98	6.04	7.05
云梦县	646647		0.02	1.18	6.21	11.39
应城市	777156		0.64	4.21	7.48	7.1
安陆市	653600		0.1	1.05	6.38	8.81
汉川市	845227	0.41	1.51	5.37	9.96	7.17
荆州市	**4024921**	**0.77**	**4.69**	**27.24**	**46.8**	**37.29**
荆州开发区	20710			0.12	0.35	0.19
沙市区	115256	0.01		0.18	0.66	1.92
荆州区	240768			0.84	2.98	2.71
公安县	582170	0.1	1.01	4.68	8.05	5.17
监利县	1094662	0.3	2.15	10.4	10.9	9.9
江陵县	241378			0.94	4.49	1.02
石首市	437111	0.25	0.3	2.55	4.25	5.26
洪湖市	497996	0.03	0.41	2.84	6.31	6.04
松滋市	794870	0.08	0.82	4.69	8.81	5.08
黄冈市	**5321737**	**0.69**	**6.02**	**34.65**	**64.02**	**60.8**
龙感湖农场	10573		0.04	0.03	0.1	0.14
黄州区	133046	0.01	0.1	0.95	1.62	1.26
团风县	288870	0.05	0.59	2.48	3.71	3.38
红安县	543387	0.09	0.78	2.72	5.6	5.53
罗田县	641100		0.28	2.17	5.64	7.98
英山县	55670			3.03	6.22	1.05
浠水县	862250	0.23	0.74	6.52	10.15	9.72
蕲春县	816354	0.09	0.73	4.58	8.92	9.68
黄梅县	513680		0.02	0.96	6.41	6.38
麻城市	853926	0.11	1.52	5.89	8.46	10.27
武穴市	602881	0.11	1.22	5.32	7.19	5.41
咸宁市	**1642894**	**0.19**	**2.37**	**12.58**	**22.58**	**16.14**
咸安区	245184		0.32	1.96	3.11	1.55
嘉鱼县	247519		0.08	1.08	2.67	3.37
通城县	308794	0.04	0.93	3.36	3.98	2.45
崇阳县	348424			2.31	5.26	3.21
通山县	205010	0.15	0.45	2.1	3.58	3.15
赤壁市	287963		0.59	1.77	3.98	2.41
随州市	**1570572**	**0.17**	**2.28**	**13.28**	**20.06**	**14.9**
曾都区	312215	0.01	0.32	2.04	4.68	2.47
随县	439000	0.01	0.59	5.89	6.31	5.43
广水市	819357	0.15	1.37	5.35	9.07	7
恩施自治州	**2462058**	**0.3**	**3.48**	**14.19**	**37.15**	**30.63**
恩施市	518400	0.09	0.68	2.68	4.93	4.58
利川市	472120	0.1	0.59	0.09	9.2	10.01
建始县	234489	0.06	0.82	2.89	5.44	2.48
巴东县	255456	0.01	0.51	2.2	3.6	2.44
宣恩县	296822	0.01	0.23	1.88	4.72	2.98
咸丰县	302365	0.01	0.33	1.5	3.84	2.38
来凤县	261663	0.02	0.19	1.66	3.68	4.29
鹤峰县	120743		0.13	1.29	1.74	1.47
仙桃市	**1108531**	**0.16**	**0.83**	**5.55**	**12.68**	**14.13**
潜江市	**764939**	**0.01**	**0.2**	**2.16**	**7.96**	**10.07**
天门市	**1335911**	**0.08**	**1.02**	**6.7**	**11.59**	**15**
神农架林区	**34021**		**0.06**	**0.2**	**0.3**	**0.47**

农村劳动力外出从业环境及社会保障情况

单位：万人

地区	外出人员从业环境				外出从业人员社会保障					
	雇主拖欠工资人数	从事高危、有害工作人数	致伤致残人数	享受劳保补贴人数	与雇主签定劳动合同	参与养老保险人数	参与医疗保险人数	参与失业保险人数	参与生育保险人数	参与工伤保险人数
湖北省	**10.95**	**42.06**	**4.49**	**132.01**	**497.3**	**572.91**	**695.72**	**105.26**	**66.14**	**243**
武汉市	**0.73**	**0.98**	**0.23**	**7.83**	**31**	**32.42**	**43.02**	**10.14**	**10.06**	**17.74**
武汉市辖区		0.11		0.75	1.69	1.79	2	0.92	0.83	1.52
汉南区				1.25	1.69	1.65	1.6	1.58	1.57	1.56
蔡甸区	0.03	0.02		0.77	4.14	3.44	4.12	2.48	1.64	2.5
江夏区	0.02	0.07		0.26	5.34	3.83	5.32	2.74	2.59	3.68
黄陂区	0.34	0.41	0.19	1.5	8.08	13.23	21.98	0.47	0.28	5.06
新洲区	0.34	0.37	0.04	3.3	10.06	8.48	8	1.95	3.15	3.42
黄石市	**0.4**	**1.98**	**0.05**	**7.6**	**20.12**	**19.26**	**24.55**	**6.86**	**5.06**	**12.76**
黄石市辖区		0.03		0.08	0.6	0.49	0.53	0.25	0.2	0.31
阳新县	0.14	0.6	0.05	2.51	12.7	11.6	14.4	4.9	3.7	7.1
大冶市	0.26	1.35		5.01	6.82	7.17	9.62	1.71	1.16	5.35
十堰市	**0.67**	**4.67**	**0.23**	**8.25**	**29.84**	**39.53**	**49.16**	**5.17**	**2.6**	**14.26**
茅箭区	0.01	0.04	0.01	0.23	0.63	0.61	0.67	0.11	0.11	0.21
张湾区		0.03		0.22	1.01	0.92	0.95	0.23	0.06	0.34
郧阳区	0.18	0.65	0.03	1.99	6.05	7.6	10.88	1.12	0.52	2.61
郧西县	0.17	1.11	0.04	0.96	5.6	8.2	8.34	0.56	0.37	1.48
竹山县	0.11	0.95	0.07	0.84	4.03	8.46	11.61	0.41	0.65	2.31
竹溪县	0.05	0.65	0.03	0.8	2.91	3.72	5.11	0.42	0.16	0.78
房县	0.04	1.02	0.04	1.11	5.93	5.83	6.59	0.92	0.28	4.2
丹江口市	0.11	0.22	0.01	2.1	3.68	4.19	5.01	1.4	0.45	2.33
宜昌市	**0.28**	**2.87**	**0.14**	**9.3**	**35.47**	**40.27**	**44.39**	**9.3**	**7.45**	**22.06**
宜昌市辖区		0.07		0.23	2.45	3.03	3.05	1.91	1.77	2.13
夷陵区	0.07	0.38	0.03	1.74	6.05	6.76	7.18	1.46	1.09	3.47
远安县	0.01	0.23		0.45	2.16	2.49	2.67	0.51	0.42	0.92
兴山县		0.08		0.44	1.2	1.67	1.79	0.19	0.14	0.51
秭归县	0.03	0.3	0.01	0.59	3.55	3.69	4.23	1.36	0.74	1.92
长阳自治县	0.14	0.38	0.02	0.76	5.45	6.08	5.81	0.94	0.71	3.31
五峰自治县	0.02	0.43		0.94	1.79	2.32	2.99	0.23	0.18	1.19
宜都市		0.39		1.88	4.87	5.61	7.51	1.22	0.82	3.39
当阳市		0.35	0.08	1.63	4.12	4.46	4.7	0.66	0.85	2.76
枝江市	0.01	0.26		0.64	3.83	4.16	4.46	0.82	0.73	2.46
襄阳市	**0.31**	**2.1**	**2.24**	**15.98**	**45.01**	**45.04**	**52.74**	**15.11**	**5.12**	**22.86**
高新区	0.02			0.17	0.77	0.65	0.71	0.27	0.17	0.37
襄城区	0.05	0.18	0.38	1.49	2.94	2.7	2.3	0.39	0.49	1.28
樊城区	0.01	0.08		0.16	0.86	1.96	1.79	0.14	0.11	0.22
襄州区	0.03	0.3	1.63	3.91	11.21	7.1	6.47	6.78	1.32	5.62
南漳县	0.02	0.26	0.02	0.99	4.04	6.22	10.3	0.58	0.53	1.69
谷城县	0.01	0.4	0.02	0.83	4.42	3.89	3.85	0.46	0.38	2.35
保康县	0.04	0.26	0.06	0.26	2.56	3.8	4.42	0.57	0.4	1.09
老河口市	0.01	0.19	0.09	1.2	3.6	3.77	5	0.54		0.15
枣阳市		0.24	0.03	6.06	10.86	12.38	13.41	5.05	1.37	8.96
宜城市	0.12	0.19	0.01	0.91	3.75	2.57	4.49	0.33	0.35	1.13
鄂州市	**0.09**	**0.25**	**0.01**	**0.98**	**4.68**	**8.48**	**8.75**	**1.04**	**0.87**	**2.62**
梁子湖区		0.04		0.2	1.41	0.94	1.07	0.32	0.49	1.06
华容区	0.04	0.07		0.54	1.01	0.91	0.92	0.4	0.17	0.72
鄂城区	0.05	0.14	0.01	0.24	2.26	6.63	6.76	0.32	0.21	0.84
荆门市	**0.12**	**0.92**	**0.01**	**6.25**	**26.15**	**26.1**	**33.31**	**4.69**	**2.02**	**13.61**
东宝区		0.12		1.56	3.29	3.43	3.63	1.36	0.53	3.15
掇刀区		0.01		0.12	1.29	1.48	1.68	0.15	0.05	0.58
京山县	0.07	0.17		1.74	9.07	9.02	11.63	0.99	0.18	3.8
沙洋县	0.01	0.12		1.03	4.18	4.71	6.67	1.59	0.86	2.7
钟祥市	0.04	0.5	0.01	1.8	8.32	7.46	9.7	0.6	0.4	3.38
孝感市	**2.18**	**9.24**	**0.29**	**12.22**	**65.27**	**82.51**	**97.98**	**14.01**	**5.82**	**26.21**

续表 单位：万人

地区	外出人员从业环境				外出从业人员社会保障					
	雇主拖欠工资人数	从事高危、有害工作人数	致伤致残人数	享受劳保补贴人数	与雇主签定劳动合同	参与养老保险人数	参与医疗保险人数	参与失业保险人数	参与生育保险人数	参与工伤保险人数
孝感市辖区				0.02	0.38	0.57	0.57	0.31	0.31	0.37
孝南区	0.51	0.78	0.01	0.94	4.45	14.71	15.74	1.26	0.97	1.69
孝昌县	0.09	2.67	0.12	1.7	7.91	7.51	13.91	1.29	0.32	2.53
大悟县	0.35	1.31	0.06	3.15	13.55	19.09	19.09	3.62	1.34	5.84
云梦县	0.31	2.94	0.04	0.91	9.44	7.22	4.27	1.58	0.07	5.18
应城市	0.01	0.09	0.01	3.06	9.86	15.27	18.61	1.9	0.91	3.14
安陆市	0.21	1	0.03	0.04	8.74	5.11	10.66	0.93	0.14	2.11
汉川市	0.7	0.45	0.02	2.4	10.94	13.03	15.13	3.12	1.76	5.35
荆州市	**1.45**	**1.44**	**0.21**	**8.79**	**43.89**	**45.48**	**65.76**	**5.2**	**3.45**	**20.09**
荆州开发区				0.02	0.34	0.22	0.22	0.17	0.12	0.17
沙市区				0.05	0.63	1.45	1.64	0.05	0.04	0.43
荆州区		0.01	0.02	0.01	3.17	3.25	3.49	0.18	0.18	1.79
公安县	0.07	0.31	0.05	1.31	9.83	8.43	8.55	0.93	0.48	2.73
监利县	1.08	0.37	0.11	2.04	1.8	11.72	25.46	0.86	0.61	2.92
江陵县	0.08	0.12		0.53	4.68	1.21	3.78	0.3	0.11	1.59
石首市	0.05	0.26		1.02	4.83	6.25	6.09	1.81	1.69	3.52
洪湖市	0.15	0.16	0.02	0.52	5.21	5.62	9.19	0.06	0.04	0.92
松滋市	0.02	0.21	0.01	3.29	13.4	7.33	7.34	0.84	0.18	6.02
黄冈市	**2.05**	**8.59**	**0.69**	**29.38**	**72.18**	**102.76**	**115.54**	**16.41**	**12.59**	**34.18**
龙感湖农场				0.03	0.05	0.22	0.28	0.02	0.02	0.03
黄州区		0.11		0.44	1.79	1.55	1.51	0.14	0.14	
团风县	0.1	0.32	0.03	1.24	3.27	5.91	7.17	0.71	0.57	1.48
红安县	0.47	0.82	0.02	4.57	5.67	9.66	12.17	2.37	2.29	3.99
罗田县	0.23	0.94	0.15	1.21	7.22	8.4	9.48	2.62	2.07	4.77
英山县	0.07	1.03	0.01	5.3	7.97	7.95	9.52	3.41	2.09	3.96
浠水县	0.25	1.38	0.06	4.75	10.12	21.23	25.36	1.32	1.12	5.04
蕲春县	0.29	0.64	0.37	1.8	7.71	10.3	11.9	2.25	1.1	3.98
黄梅县	0.26	0.9	0.01	1.5	5.16	7.68	7.68	1.12	0.79	0.45
麻城市	0.13	1.58	0.01	6.81	13.42	11.34	11.22	1.28	1.26	6.93
武穴市	0.25	0.87	0.03	1.73	9.8	18.52	19.25	1.17	1.14	3.55
咸宁市	**0.59**	**1.74**	**0.06**	**7.47**	**27.96**	**32.43**	**35.29**	**6.74**	**3.02**	**14.25**
咸安区	0.01	0.05		0.97	3.34	2.54	2.46	0.47	0.45	2.1
嘉鱼县	0.04	0.11		1.11	5.87	6.43	6.38	1.56	0.67	3.55
通城县	0.11	0.54		1.48	5.27	4.36	5.45	1	0.05	2.59
崇阳县	0.04	0.1	0.01	1.28	5.48	8.8	8.64	1.81	0.93	1.58
通山县	0.16	0.46	0.04	1.42	3	6.52	7.48	0.83	0.3	1.71
赤壁市	0.23	0.48	0.01	1.21	5	3.78	4.88	1.07	0.62	2.72
随州市	0.71	1.04	0.06	5.73	24.26	26.45	28.33	2.67	1.74	12.6
曾都区	0.04	0.24	0.01	2.18	3.46	7.35	7.16	0.57	0.42	2.13
随县	0.07	0.3	0.01	1.81	8.65	5.46	6.1	0.59	0.51	2.8
广水市	0.6	0.5	0.04	1.74	12.15	13.64	15.07	1.51	0.81	7.67
恩施自治州	**0.6**	**3.99**	**0.22**	**6.34**	**38.92**	**39.08**	**52.4**	**3.54**	**4.13**	**14.86**
恩施市	0.03	0.98	0.01	1.22	7.41	4.47	6.17	0.81	0.53	3.75
利川市	0.2	0.47	0.03	0.87	9.73	13.73	16.58	0.93	1.92	3.83
建始县	0.06	0.6	0.02	0.9	3.68	4.86	7.23		0.76	1.96
巴东县	0.05	0.11		0.33	3.11	3.27	4.23	0.82	0.2	1.8
宣恩县	0.04	0.71	0.02	0.43	4.21	3.88	6.83	0.29	0.1	1.11
咸丰县	0.17	0.35	0.1	0.8	3.34	3.6	3.54	0.29	0.1	1.39
来凤县	0.03	0.58		1.11	5.21	3.69	6.28	0.29	0.18	0.5
鹤峰县	0.02	0.19	0.04	0.68	2.23	1.58	1.54	0.11	0.34	0.52
仙桃市	0.54	1.34	0.04	1.83	12.86	11.15	20.31	0.88	0.7	7.89
潜江市	0.06	0.25		3.03	11.25	8.38	10.71	2.26	0.96	3.48
天门市	0.12	0.62	0.01	0.99	8.14	12.97	13.39	1.19	0.51	3.36
神农架林区	0.05	0.04		0.04	0.3	0.6	0.09	0.05	0.04	0.17

2 农业产值

全省农林牧渔业总产值

（按当年价格计算）

单位：亿元

年份	农林牧渔业总产值	农业	林业	牧业	渔业	农林牧渔专业及辅助性活动
1978	84.46					
1979	109.85					
1980	94.95	64.70	7.28	17.29	1.46	
1985	192.32	129.61	8.15	39.08	8.18	
1986	219.10	146.79	8.75	43.86	10.77	
1987	249.68	160.13	9.97	54.86	14.19	
1988	297.51	175.12	10.98	80.80	18.83	
1989	335.04	198.56	11.75	91.47	20.66	
1990	402.23	252.92	14.15	98.04	23.88	
1991	405.04	247.01	16.81	102.19	25.06	
1992	435.42	265.53	17.36	110.37	27.59	
1993	501.17	301.99	22.39	134.02	42.77	
1994	786.84	481.82	26.47	219.53	59.01	
1995	988.53	612.12	28.33	268.09	79.98	
1996	1140.76	670.27	33.62	337.02	99.86	
1997	1243.68	711.91	37.33	381.40	113.04	
1998	1222.58	688.06	41.29	371.37	121.86	
1999	1126.10	645.98	40.86	311.43	127.83	
2000	1125.64	615.74	40.24	338.77	130.89	
2001	1172.82	658.26	27.11	352.63	134.82	
2002	1203.30	671.20	28.33	354.84	148.93	
2003	1342.09	733.36	34.78	383.71	170.43	
2004	1695.44	921.59	31.78	514.52	205.68	21.87
2005	1775.58	932.15	37.30	545.40	236.49	24.24
2006	1842.20	995.46	40.50	487.09	221.42	97.73
2007	2281.21	1147.31	41.86	678.27	310.83	102.94
2008	2900.59	1385.21	49.69	985.51	372.98	107.20
2009	2924.66	1490.91	57.67	851.62	413.14	111.33
2010	3407.64	1883.22	65.37	883.09	458.58	117.38
2011	4110.16	2244.55	86.10	1137.84	508.80	132.87
2012	4542.16	2416.35	100.10	1244.29	626.20	155.22
2013	4920.13	2585.15	122.00	1286.55	748.40	178.03
2014	5162.94	2651.16	157.00	1301.06	844.20	209.53
2015	5387.13	2674.07	180.60	1354.28	922.77	255.42
2016	5863.98	2794.79	203.43	1527.29	1030.01	308.46
2017	6129.72	2962.49	213.26	1478.10	1089.08	386.79

注：农林牧渔业总产值 2007 年-2017 年数据依据第三次全国农业普查结果进行了修订。

全省农林牧渔业增加值

（按当年价格计算） 单位：亿元

年 份	农林牧渔业增加值	农业	林业	牧业	渔业	农林牧渔专业及辅助性活动
1995	639.31	414.41	19.42	148.28	57.19	
1996	716.34	444.17	22.53	179.79	69.85	
1997	767.92	459.20	25.57	207.86	75.28	
1998	748.22	439.51	28.49	197.85	82.37	
1999	694.80	408.26	28.03	175.29	83.21	
2000	684.13	380.24	26.12	194.79	82.98	
2001	711.18	408.53	16.65	200.38	85.62	
2002	734.26	417.11	17.25	201.42	98.48	
2003	808.63	451.46	20.47	217.40	109.02	10.29
2004	1031.06	563.99	18.42	305.57	131.86	11.22
2005	1081.23	571.87	20.54	324.19	152.31	12.32
2006	1140.41	624.96	23.30	311.39	165.87	14.89
2007	1368.49	718.98	25.21	395.24	192.01	37.05
2008	1755.53	877.34	30.22	574.56	233.91	39.49
2009	1758.99	932.07	35.08	490.83	259.35	41.67
2010	2088.38	1207.57	40.06	507.28	288.30	45.18
2011	2518.67	1474.59	46.51	632.22	315.87	49.48
2012	2732.88	1565.46	53.54	672.96	382.84	58.06
2013	2951.62	1666.87	62.02	687.49	467.35	67.89
2014	3080.59	1715.93	76.50	691.13	518.04	79.00
2015	3210.92	1727.91	100.68	720.92	553.92	107.48
2016	3527.93	1865.06	112.33	810.63	618.44	121.47
2017	3690.30	1962.12	117.57	785.29	663.97	161.34

注：农林牧渔业增加值 2007 年-2017 年数据依据第三次全国农业普查结果进行了修订。

分地区农林牧渔业总产值

单位：万元

地区	农林牧渔业总产值	农业	林业	牧业	渔业	农林牧渔专业及辅助性活动
湖北省	**61297200**	**29624900**	**2132600**	**14781000**	**10890800**	**3867900**
武汉市	**6118426**	**3844815**	**107029**	**732446**	**1033166**	**400969**
武汉市辖区	486330	318470	1886	17996	141505	6473
汉南区	239312	113195	1486	36561	86427	1643
蔡甸区	719482	468127	4044	47169	173442	26699
江夏区	1515279	951571	36438	243924	212533	70813
黄陂区	1877925	1196090	37926	246549	254393	142967
新洲区	1280098	797362	25249	140247	164866	152374
黄石市	**1622135**	**621238**	**74777**	**329852**	**520119**	**76149**
黄石市辖区	70804	39429	974	15060	10354	4987
阳新	849645	311184	44994	138702	316884	37881
大冶	701686	270625	28809	176090	192881	33281
十堰市	**2724046**	**1512606**	**233760**	**720369**	**193594**	**63717**
茅箭区	26225	11528	3545	10030	118	1004
张湾区	47784	32824	3817	8315	1986	842
郧阳区	457520	245500	30309	167898	6936	6878
郧西县	355477	223313	29608	92696	2986	6874
竹山县	464157	290291	56411	76697	29363	11394
竹溪县	362332	242696	25159	84407	1030	9041
房县	510007	275665	52431	115137	52907	13868
丹江口市	500545	190789	32481	165189	98268	13818
宜昌市	**6579086**	**3908862**	**215191**	**1590242**	**446324**	**418467**
宜昌市辖区	160863	114294	3151	32712	2434	8272
夷陵区	1038603	690650	24056	237151	17688	69058
宜都市	773167	438617	37446	218526	32591	45987
枝江市	1311428	705773	34388	296790	190919	83558
当阳市	1312594	747616	23075	304599	153033	84271
远安县	327638	215752	17208	67595	6090	20993
兴山县	219264	117803	15387	72205	572	13297
秭归县	445225	287252	14244	113228	607	29894
长阳县	638409	365888	12120	176921	42189	41291
五峰县	351895	225217	34116	70515	201	21846
襄阳市	**7214307**	**3601564**	**168014**	**2495820**	**452633**	**496276**
高新区	38898	25482	129	7810	1806	3671
襄城区	293649	169877	12458	65914	27687	17713
樊城区	197921	148362	6917	22562	7926	12154
襄州区	1685755	771226	10256	639804	118948	145521
南漳县	763768	363747	42003	316983	13474	27561
谷城县	619522	301788	37393	227546	24766	28029
保康县	341221	193520	24350	103228	4582	15541
老河口市	762779	396010	5161	221105	78736	61767
枣阳市	1625299	778591	12814	604876	110496	118522
宜城市	885495	452961	16533	285992	64212	65797
鄂州市	**1605986**	**347786**	**30465**	**315796**	**847953**	**63986**
梁子湖区	519977	98607	11882	83170	307773	18545
华容区	451243	94507	9321	93557	236325	17532
鄂城区	634767	154672	9262	139070	303855	27908
荆门市	**3964236**	**1749312**	**79195**	**959050**	**891347**	**285332**
东宝区	331720	158840	7503	96031	54240	15106
掇刀区	215088	120732	4470	31095	44586	14204
京山市	1014599	425800	30865	247450	217823	92661
沙洋县	1121863	456219	8519	248938	343135	65052
钟祥市	1280967	587722	27838	335535	231563	98309
孝感市	**4978109**	**2228503**	**163942**	**1335253**	**944158**	**306253**

续表 单位：万元

地区	农林牧渔业总产值	农业	林业	牧业	渔业	农林牧渔专业及辅助性活动
市辖区	11913	6676	85	2500	1928	724
孝南区	575800	253481	5573	140053	134671	42022
孝昌县	567567	291230	20334	154021	77327	24655
大悟县	607567	320482	85209	120556	70472	10848
云梦县	604800	325406	7262	161121	88509	22502
应城市	813864	325636	4078	212669	245074	26407
安陆市	609138	249029	11362	248435	63847	36465
汉川市	1187460	456563	30039	295898	262330	142630
荆州市	**7021689**	**2873519**	**120712**	**1284504**	**2247602**	**495352**
荆州开发区	22782	17495	98	2787	840	1562
沙市区	267216	140543	5222	24081	65396	31974
荆州区	690877	346523	8227	135664	152412	48051
公安县	1106621	572571	15839	208779	227643	81789
监利县	1730150	638104	21508	251228	692397	126913
江陵县	428407	235532	7397	95423	50921	39134
石首市	665268	265631	24854	143945	181801	49037
洪湖市	1375096	355610	18483	110400	815554	75049
松滋市	735272	301510	19084	312197	60638	41843
黄冈市	**6534270**	**2835906**	**319722**	**1736753**	**1191975**	**449913**
龙感湖管理区	98597	13221	578	33909	48629	2260
黄州区	241074	119559	9315	21750	74945	15504
团风县	264552	107634	16376	62680	61025	16837
红安县	398007	182130	37634	119976	22713	35554
罗田县	452503	246115	29952	114977	19269	42190
英山县	532310	399598	32711	55469	8689	35842
浠水县	1034818	382965	37286	311545	255889	47132
蕲春县	839199	317991	42740	215046	210063	53359
黄梅县	811432	331508	30352	183440	211499	54633
麻城市	985196	440659	60966	302307	101489	79776
武穴市	876583	294525	21812	315655	177765	66826
咸宁市	**3241887**	**1646450**	**211918**	**665127**	**514285**	**204108**
咸安区	512485	211859	26010	157052	81540	35596
嘉鱼县	765339	463246	12319	45224	185785	44577
通城县	420392	193418	31158	147596	22432	32472
崇阳县	450235	205595	29287	153731	33227	30319
通山县	312377	146191	54411	74752	28623	14087
赤壁市	780982	426096	58658	86837	162685	47029
随州市	2543736	1205610	126607	838412	190985	182122
曾都区	490485	160435	12739	251453	28569	37290
随县	1140424	597543	46959	326214	88654	81054
广水市	912827	447633	66910	260745	73762	63778
恩施州自治州	**2992457**	**1614939**	**215623**	**972228**	**14987**	**174679**
恩施市	530088	286072	38196	172222	2655	30943
利川市	633072	341650	45616	205681	3171	36954
建始县	378067	204031	27242	122831	1893	22069
巴东县	359532	194029	25906	116809	1801	20987
宣恩县	311658	168193	22457	101256	1561	18192
咸丰县	314166	169546	22637	102070	1573	18339
来凤县	250822	135361	18073	81490	1256	14641
鹤峰县	215052	116057	15496	69869	1077	12553
仙桃市	**1438624**	**487514**	**14384**	**233516**	**648713**	**54496**
潜江市	**1289669**	**511988**	**21563**	**273735**	**392198**	**90185**
天门市	**1392681**	**613021**	**23108**	**291047**	**360797**	**104709**
神农架林区	**35909**	**20548**	**6065**	**8154**	**395**	**748**

分地区农林牧渔业增加值

单位：万元

地区	农林牧渔业增加值	农业	林业	牧业	渔业	农林牧渔专业及辅助性活动
湖北省	**36903000**	**19621200**	**1175700**	**7852900**	**6639700**	**1613400**
武汉市	**3758956**	**2521958**	**61799**	**386128**	**626155**	**162916**
武汉市辖区	268750	183627	1158	9616	71721	2629
汉南区	129301	58333	860	18850	50592	667
蔡甸区	448196	297094	2219	22411	115629	10843
江夏区	945143	649613	20196	120095	126479	28759
黄陂区	1180667	808481	23374	140242	150438	58133
新洲区	786898	524810	13993	74915	111297	61884
黄石市	**984412**	**405248**	**44316**	**182098**	**319740**	**33010**
黄石市辖区	42967	25857	498	7872	6598	2142
阳新	515205	199907	27369	78944	192695	16290
大冶	426240	179484	16449	95282	120447	14578
十堰市	**1596100**	**959567**	**120340**	**370896**	**117860**	**27437**
茅箭区	14807	7313	1825	5164	72	432
张湾区	28641	20823	1965	4281	1209	362
郧阳区	264973	155740	15603	86446	4223	2961
郧西县	209412	141665	15242	47727	1818	2960
竹山县	275467	184155	29041	39489	17876	4906
竹溪县	214892	153961	12952	43459	627	3893
房县	299329	174876	26992	59280	32209	5971
丹江口市	288580	121033	16721	85051	59826	5950
宜昌市	**4013193**	**2611778**	**112092**	**841447**	**269191**	**178685**
宜昌市辖区	100318	76368	1641	17309	1468	3532
夷陵区	639642	461471	12531	125484	10668	29488
宜都市	467497	293070	19505	115629	19657	19636
枝江市	797357	471575	17913	157041	115149	35679
当阳市	801008	499532	12020	161173	92299	35984
远安县	201527	144159	8964	35767	3673	8964
兴山县	130956	78712	8015	38206	345	5678
秭归县	272396	191933	7420	59912	366	12765
长阳县	387477	244475	6312	93614	25445	17631
五峰县	215015	150483	17771	37312	121	9328
襄阳市	**4332495**	**2431282**	**99079**	**1322308**	**277744**	**202082**
高新区	24020	17203	76	4138	1108	1495
襄城区	181153	114684	7346	34921	16989	7213
樊城区	126003	100159	4079	11953	4863	4949
襄州区	997735	520521	6050	338991	72996	59177
南漳县	457841	245566	24769	167938	8268	11300
谷城县	372951	203737	22051	120554	15196	11413
保康县	208834	130645	14359	54690	2812	6328
老河口市	460994	267346	3043	117141	48312	25152
枣阳市	969708	525627	7556	320463	67800	48262
宜城市	533256	305794	9750	151519	39400	26793
鄂州市	**965669**	**227563**	**17821**	**169992**	**524551**	**25742**
梁子湖区	314092	64520	6950	46385	190391	7059
华容区	270898	62492	5452	51707	147430	7456
鄂城区	380678	100551	5418	71900	186730	11228
荆门市	**2376112**	**1161177**	**46852**	**511716**	**539649**	**116718**
东宝区	200132	105436	4439	51239	32838	6179
掇刀区	132181	80141	2644	16591	26994	5810
京山市	602713	282642	18260	132031	131877	37904
沙洋县	675053	302834	5040	132825	207744	26610
钟祥市	766033	390124	16469	179030	140195	40214
孝感市	**2990160**	**1491900**	**87075**	**710431**	**569058**	**131696**

续表　　单位：万元

地区	农林牧渔业增加值	农业	林业	牧业	渔业	农林牧渔专业及辅助性活动
市辖区	7311	4473	45	1325	1157	311
孝南区	346377	169619	3117	74769	80803	18069
孝昌县	346048	195124	10777	82254	47217	10676
大悟县	371045	214723	45161	63895	42603	4664
云梦县	369024	216999	3849	85394	53105	9676
应城市	492168	218176	2161	113431	147044	11355
安陆市	359514	166888	6044	131732	39170	15680
汉川市	698673	305897	15921	157632	157959	61264
荆州市	**4236789**	**1920155**	**65742**	**683335**	**1366832**	**200725**
荆州开发区	14876	12214	56	1465	508	633
沙市区	163270	93821	2858	13430	40201	12960
荆州区	418510	230357	4357	70696	93623	19477
公安县	682642	389364	8498	111159	140469	33152
监利县	1056607	423672	11943	134870	434681	51441
江陵县	258414	157407	4036	49534	31575	15862
石首市	398254	177851	13521	73860	113146	19876
洪湖市	804013	230654	9964	57273	475702	30420
松滋市	440203	204815	10509	171048	36927	16904
黄冈市	**3930385**	**1913273**	**172776**	**927755**	**727075**	**189506**
龙感湖管理区	55552	6797	229	17052	30566	908
黄州区	147439	79011	4477	11316	46300	6335
团风县	157136	69520	9492	33956	37072	7096
红安县	248810	132694	21602	64196	14416	15901
罗田县	272482	163443	16730	61299	12696	18314
英山县	338013	269136	18140	29887	4989	15861
浠水县	615856	257515	18961	168361	150737	20282
蕲春县	491450	214555	21511	112056	124079	19248
黄梅县	489778	225329	15094	97943	128206	23206
麻城市	590635	294850	35112	163013	63555	34105
武穴市	523322	200447	11518	168680	114452	28225
咸宁市	**1946297**	**1061592**	**120728**	**357362**	**318185**	**88430**
咸安区	306095	140061	14600	78909	52974	14402
嘉鱼县	441248	288017	6122	21728	105360	17964
通城县	256942	128058	20363	83048	14073	14410
崇阳县	274420	131407	21041	86743	21948	14090
通山县	176874	91016	26703	37571	17896	7169
赤壁市	490717	283032	31898	49362	105934	20395
随州市	**1511475**	**793995**	**73056**	**446939**	**118328**	**79158**
曾都区	280962	105660	7351	134044	17701	16208
随县	684682	393532	27097	173898	54927	35229
广水市	545830	294804	38609	138997	45700	27721
恩施自治州	**1733359**	**1022344**	**117882**	**509191**	**9170**	**74772**
恩施市	307049	181099	20882	90199	1624	13245
利川市	366703	216283	24939	107722	1940	15818
建始县	218992	129163	14893	64331	1159	9447
巴东县	208256	122831	14163	61177	1102	8984
宣恩县	180526	106475	12277	53031	955	7787
咸丰县	181978	107332	12376	53458	963	7850
来凤县	145287	85691	9881	42679	769	6267
鹤峰县	124567	73471	8472	36593	659	5373
仙桃市	**881891**	**329783**	**7672**	**124648**	**397138**	**22650**
潜江市	**778618**	**342296**	**11506**	**148747**	**239564**	**36505**
天门市	**845004**	**413307**	**13303**	**155801**	**219598**	**42995**
神龙架林区	**21818**	**13606**	**3326**	**4333**	**241**	**312**

3 种 植 业

粮食作物播种面积

单位：千公顷

年份	粮食作物	小麦	稻谷	薯类	玉米	大豆
1978	5544.78	1122.28	2894.63	427.23	403.14	173.43
1980	5352.04	1292.29	2708.22	387.46	406.91	138.94
1985	5108.25	1331.42	2538.57	354.01	374.17	134.64
1990	5200.01	1352.10	2636.47	391.90	386.11	164.65
1991	5194.50	1347.53	2622.79	402.38	395.19	150.61
1992	4955.35	1287.91	2537.49	392.59	376.18	140.23
1993	4812.05	1271.23	2377.82	384.33	365.96	181.69
1994	4797.95	1225.60	2373.26	203.39	373.02	201.52
1995	4776.65	1179.93	2408.66	397.65	393.77	188.01
1996	4880.28	1230.14	2448.58	419.53	405.07	174.71
1997	4944.66	1276.52	2467.51	415.74	400.30	182.51
1998	4737.15	1212.08	2244.74	431.02	442.84	201.32
1999	4673.11	1074.43	2284.98	448.72	460.82	207.01
2000	4156.20	845.10	1995.29	467.61	424.10	224.75
2001	4015.73	735.85	1953.77	237.75	401.11	218.01
2002	3816.08	679.02	1888.75	430.61	384.04	217.82
2003	3572.74	603.43	1808.75	208.56	349.81	196.47
2004	3817.89	605.08	2084.02	403.79	357.49	186.05
2005	4068.05	730.61	2162.39	397.75	428.79	179.79
2006	3902.27	1016.93	1975.07	218.67	431.93	118.40
2007	4032.18	1099.41	2027.17	217.51	444.55	117.20
2008	3891.72	1006.35	1956.92	212.20	488.24	115.60
2009	4072.96	1001.98	2093.62	230.05	536.46	111.36
2010	4135.78	1011.70	2087.84	260.83	572.53	109.94
2011	4191.52	1028.32	2081.07	283.93	603.37	108.12
2012	4294.51	1084.08	2086.42	275.94	663.58	105.67
2013	4416.60	1117.11	2202.55	272.53	653.43	103.27
2014	4522.12	1099.38	2201.79	274.15	745.72	136.79
2015	4784.38	1122.15	2383.35	276.80	813.53	144.40
2016	4816.14	1140.67	2358.67	276.35	797.33	202.25
2017	4852.99	1153.21	2368.07	282.72	794.78	212.34

注:2007 年-2017 年数据依据第三次全国农业普查结果进行了修订。

经济作物播种面积

单位：千公顷

年份	经济作物	棉花	油菜籽	花生	芝麻	黄红麻	甘蔗	甜菜	烤烟
1978	2386.27	593.19	165.27	34.14	102.71	8.39	2.31	0.13	24.75
1980	2125.02	591.67	175.75	40.76	113.51	12.17	1.49	0.12	9.69
1985	2223.46	464.97	361.42	65.94	173.31	94.17	7.85	0.08	37.67
1990	2161.13	455.92	744.31	63.75	126.85	27.33	8.07	0.01	46.35
1991	2229.42	461.55	610.10	61.59	128.17	20.42	8.47	0.02	56.83
1992	2228.48	507.19	534.41	64.73	126.32	18.15	10.64	0.02	72.76
1993	2313.42	486.06	522.14	79.70	127.24	22.41	15	0.03	64.32
1994	2383.48	497.58	615.87	86.97	114.77	11.70	15.73		38.69
1995	2655.06	502.03	838.82	91.91	110.04	10.83	15.97	0.03	41.16
1996	2698.73	474.38	855.26	90.82	107.72	8.59	16.59		51.92
1997	2794.55	480.56	829.80	95.20	107.35	10.10	18		70.99
1998	2958.83	431.58	887.01	121.48	113.62	7.94	19.97		48.47
1999	3115.55	310.70	1003.64	143.87	127.14	4.30	23.34		48.32
2000	3427.87	318.07	1158.94	193.42	143.82	3.14	22.17		48.10
2001	3473.26	346.65	1118.06	210.06	129.93	2.65	18.88		40.43
2002	3465.53	286.37	1155.25	206.04	138.88	5.13	19.18		42.90
2003	3580.50	355.02	1174.63	201.11	124	2.97	17.24		39.45
2004	3407.24	408.30	1186.10	173.03	111.20	1.36	10.01		39.94
2005	3323.25	360.95	1178.65	171.71	102.52	0.98	9.95		43.68
2006	3198.32	496.40	1001.20	140.10	97.24	0.69	3.70		32.13
2007	2961.51	514.84	912.69	139.45	88.14	0.53	3.48		32.42
2008	3241.14	544.31	1056	180.24	87.79	0.41	6.19		45.97
2009	3257.20	461.74	1112.36	190.41	91.45	0.26	9.36		54.42
2010	3244.47	482.37	1089.43	198.50	82.46	0.07	7.04		39.36
2011	3266.40	491.61	1055.39	203.96	77.28	0.06	6.60		45.61
2012	3393.32	476.29	1062.61	257.57	74.28	0.05	6.37		49.40
2013	3318.17	419.11	1098.94	217.77	69.06	0.04	5.95		46.69
2014	3272.64	348.13	1101.62	218.37	71.50	0.02	5.83		36.53
2015	3201.92	267.62	1070.11	221.65	66.75	0.02	6.30		39.60
2016	3092.36	204.96	983.62	232.14	64.31	0.04	6.42	0.02	40.89
2017	3103.14	204.80	971.17	230.53	62.69	0.03	6.57	0.02	36.62

注:2007 年-2017 年数据依据第三次全国农业普查结果进行了修订。

主要农产品产量

单位：万吨

年份	粮食	夏粮	秋粮	棉花	油料	花生	油菜籽
1949	578.13	101.85	476.28	5.74	13.37	3.17	4.12
1952	747.54	148.81	598.73	12.17	22.34	4.56	7.09
1957	986.08	180.87	805.21	21.02	25.26	11.23	4.86
1962	960.41	246.34	714.07	14.22	18.30	3.81	4.29
1965	1241.34	255.01	986.33	38.29	22.32	5.15	6.76
1970	1268.67	187.06	1081.62	29.64	14.93	4.82	3.94
1975	1561.51	230.10	1331.41	40.61	21.44	5.12	10.65
1978	1725.60	315.04	1410.56	36.67	23.71	4.90	10.72
1980	1536.43	341.32	1195.11	31.63	20.58	5.85	11.59
1985	2216.13	429.58	1786.56	49.22	72.98	13.52	41.14
1990	2475.03	474.96	2000.07	51.73	95.75	12.79	70.90
1991	2244.10	476.20	1767.90	49.11	106.29	11.44	83.75
1992	2426.60	450.90	1975.70	60.99	99.74	15.72	70.86
1993	2325.70	471.87	1853.85	42.50	111.74	20.68	78.35
1994	2422.10	472.70	1949.40	45.00	137.77	24.81	98.07
1995	2463.84	447.20	2016.64	58.60	189.44	27.28	146.24
1996	2484.40	465.24	2019.16	43.01	181.82	30.77	134.88
1997	2634.40	542.60	2091.80	58.09	195.47	31.24	147.53
1998	2475.79	501.69	1974.10	32.50	216.69	42.87	154.76
1999	2451.88	392.71	2059.17	28.15	228.27	48.15	159.97
2000	2218.49	322.39	1896.10	30.43	269.98	53.46	192.40
2001	2138.49	319.14	1819.35	37.35	279.45	63.99	194.79
2002	2074.00	232.27	1841.73	32.26	245.29	72.25	151.40
2003	1921.02	255.65	1665.37	32.50	272.72	68.37	187.10
2004	2100.12	271.24	1828.96	39.54	314.38	63.19	235.12
2005	2177.38	302.49	1874.89	37.50	293.90	60.19	219.15
2006	2099.10	369.08	1730.02	55.20	254.45	48.40	191.83
2007	2139.07	409.86	1729.21	55.80	252.78	49.01	190.71
2008	2145.47	382.28	1763.19	49.98	279.20	50.24	209.17
2009	2291.05	392.08	1898.97	48.22	306.83	64.21	227.13
2010	2304.26	411.90	1892.36	47.41	302.28	66.64	220.35
2011	2407.45	415.67	1991.78	52.90	293.13	71.67	206.02
2012	2485.14	437.75	2047.39	53.53	305.13	78.16	212.15
2013	2586.21	490.08	2096.13	46.36	315.57	72.21	227.90
2014	2658.26	493.82	2164.44	36.30	321.18	73.83	230.86
2015	2914.75	493.09	2421.66	30.08	316.71	73.21	226.02
2016	2796.35	497.59	2298.76	19.00	305.15	77.98	211.14
2017	2846.12	488.25	2357.87	18.40	307.69	78.37	213.17

注:2007 年-2017 年数据依据第三次全国农业普查结果进行了修订

粮食作物生产情况（2016-2017）

单位：千公顷、万吨

指标名称	播种面积		产　量	
	2016年	2017年	2016年	2017年
全年粮食	4816.14	4852.99	2796.35	2846.12
一、夏收粮食	1344.81	1363.19	497.59	488.25
（一）谷物	1149.89	1163.11	443.68	430.05
1.小麦	1140.67	1153.22	440.74	426.90
2.其他小谷物	9.23	9.90	2.94	3.15
#大 麦	7.6	8.2	2.5	2.69
燕 麦	0.1	0.1	0.0	0.0
荞 麦	0.3	0.3	0.1	0.1
其他小杂粮	1.2	1.3	0.4	0.4
（二）豆类	17.29	17.69	3.0	3.11
#其他小豆类	17.29	17.69	3.0	3.11
（三）薯类	177.63	182.39	50.91	55.09
#马铃薯	177.63	182.39	50.9	55.09
二、秋收粮食	3471.33	3489.81	2298.76	2357.87
（一）谷物	3162.11	3168.69	2234.05	2285.98
1.稻谷	2358.67	2368.07	1874.47	1927.16
#早稻	224.74	174.04	117.87	100.87
中稻	1920.49	1991.65	1609.19	1688.73
晚稻	213.43	202.38	147.40	137.56
2.玉米	797.33	794.78	357.41	356.75
3.其他小谷物	6.11	5.84	2.17	2.07
#谷子	0.12	0.10	0.04	0.04
高粱	5.33	5.03	1.87	1.78
其他小杂粮	0.66	0.70	0.26	0.26
（二）豆类	210.50	220.78	32.35	35.37
1.大豆	202.25	212.34	31.35	34.31
2.绿 豆	4.37	4.51	0.57	0.61
3.红小豆	1.77	1.77	0.08	0.09
4.其他小豆类	2.11	2.16	0.35	0.37
（三）薯类	98.73	100.33	32.36	36.54
1.马铃薯	21.08	21.36	9.20	9.79
2.甘薯	77.65	78.97	23.16	26.75

分地区粮食作物播种面积

单位：千公顷

地区	粮食作物面积	夏收粮食	小麦	豆类	马铃薯
湖北省	**4852.99**	**1363.19**	**1153.22**	**17.69**	**182.39**
武汉市	**151.37**	**11.37**	**10.35**	**0.23**	**0.70**
武汉市辖区	11.99	0.90	0.81	0.01	0.08
蔡甸区	21.65	1.87	1.67	0.11	0.06
江夏区	32.84	0.74	0.67		0.06
黄陂区	47.22	2.77	2.43	0.03	0.29
新洲区	37.67	5.09	4.77	0.07	0.22
黄石市	**92.20**	**10.09**	**7.70**	**0.48**	**1.89**
黄石市辖区	0.69	0.06	0.05	0.01	0.01
大冶市	39.69	4.35	3.32	0.21	0.81
阳新县	51.82	5.68	4.33	0.27	1.07
十堰市	**216.54**	**80.53**	**56.76**	**7.25**	**16.26**
茅箭区	0.39	0.11	0.08	0.00	0.03
张湾区	0.54	0.17	0.11	0.00	0.05
郧阳区	52.64	25.06	22.87	0.81	1.38
竹山县	39.35	12.35	6.22	2.66	3.47
竹溪县	38.68	12.01	3.64	2.70	5.40
郧西县	39.05	16.18	11.95	0.78	3.45
房县	21.15	3.99	2.22	0.05	1.72
丹江口市	24.74	10.67	9.67	0.25	0.75
宜昌市	**316.31**	**76.41**	**38.35**	**0.57**	**35.37**
宜昌市辖区	3.82	0.10	0.03		0.07
夷陵区	42.04	6.93	0.03	0.20	6.53
当阳市	80.64	19.43	17.72		0.50
枝江市	60.73	19.80	17.47	0.07	1.92
宜都市	22.74	4.16	0.79	0.10	3.26
远安县	13.21	1.75	0.80		0.55
兴山县	13.31	3.35	0.07	0.20	3.09
秭归县	21.42	4.05	0.71		3.34
长阳县	30.06	6.98	0.61		6.37
五峰县	28.34	9.87	0.12		9.75
襄阳市	**830.32**	**398.63**	**388.84**	**0.46**	**9.08**
襄阳市直	57.21	25.49	25.33	0.01	0.16
襄州区	216.89	109.89	107.88	0.17	1.67
南漳县	81.03	38.19	36.79	0.17	1.22
谷城县	47.75	19.55	18.87	0.08	0.61
老河口市	72.59	35.11	35.11		
枣阳市	217.12	110.31	109.64	0.00	0.61
宜城市	106.58	49.91	49.10	0.00	0.80
保康县	31.14	10.18	6.12	0.03	4.02
鄂州市	**43.63**	**6.59**	**6.22**	**0.03**	**0.28**
梁子湖区	17.70	2.13	1.98	0.01	0.13
华容区	12.41	2.16	2.08	0.01	0.04
鄂城区	13.53	2.30	2.16	0.01	0.11
荆门市	**480.21**	**133.74**	**131.44**	**0.19**	**1.10**
荆门市直	47.41	7.43	7.26		0.17
京山县	123.91	36.02	35.28	0.19	0.55
沙洋县	128.91	27.64	26.70		0.05
钟祥市	179.98	62.66	62.20		0.34
孝感市	**368.02**	**88.13**	**84.76**	**0.39**	**2.81**

地区	粮食作物面积	夏收粮食	小麦	豆类	马铃薯
孝南区	32.40	3.56	3.42	0.04	0.10
孝昌县	42.13	9.01	8.60	0.02	0.39
大悟县	42.51	11.38	10.41	0.08	0.74
云梦县	39.22	8.33	7.16	0.12	1.06
应城市	53.68	7.36	7.31	0.01	0.04
安陆市	65.76	19.51	19.17	0.01	0.33
汉川市	92.33	28.97	28.70	0.12	0.15
荆州市	**744.38**	**184.77**	**177.03**	**3.69**	**0.79**
荆州市直	71.01	20.72	20.15	0.27	0.18
公安县	147.72	42.71	40.66	0.22	0.11
监利县	191.06	22.49	19.62	2.73	0.14
江陵县	90.42	39.26	39.20	0.01	0.04
石首市	52.92	10.77	10.64	0.07	0.04
洪湖市	101.58	22.44	22.00	0.37	0.06
松滋市	89.68	26.38	24.77	0.03	0.21
黄冈市	**407.57**	**48.93**	**40.81**	**0.26**	**7.81**
龙感湖	4.85	1.34	1.34	0.00	0.00
黄州区	8.74	3.64	3.60	0.00	0.04
团风县	17.97	1.85	1.63	0.01	0.21
红安县	30.00	2.25	1.70	0.00	0.55
罗田县	42.36	9.08	8.57	0.13	0.34
英山县	18.69	4.44	2.71	0.00	1.73
浠水县	56.61	2.19	1.17	0.01	1.01
蕲春县	66.15	3.02	0.56	0.06	2.39
黄梅县	63.49	9.22	8.74	0.04	0.44
麻城市	50.16	6.49	5.70	0.00	0.78
武穴市	48.55	5.42	5.08	0.01	0.33
咸宁市	**204.23**	**13.31**	**6.67**	**0.67**	**5.97**
咸安区	33.72	1.75	0.31	0.48	0.96
嘉鱼县	30.12	3.70	3.37	0.01	0.32
通城县	32.56	1.69	0.50	0.04	1.15
崇阳县	41.95	2.37	1.48	0.05	0.83
赤壁市	42.98	2.33	0.52	0.05	1.76
通山县	22.90	1.48	0.49	0.05	0.94
随州市	**218.21**	**73.41**	**70.87**	**0.25**	**2.11**
随县	126.80	47.43	46.42	0.02	0.98
曾都区	36.95	13.37	12.91	0.10	0.35
广水市	54.46	12.61	11.54	0.13	0.80
恩施州	**369.11**	**99.09**	**1.83**	**2.67**	**93.97**
恩施市	61.30	17.35	0.04	0.74	16.57
利川市	78.06	19.96	0.13	0.61	19.22
建始县	47.36	16.01	0.05	0.37	15.03
巴东县	62.33	18.17	1.58	0.66	15.89
咸丰县	45.07	11.00		0.06	10.94
宣恩县	31.41	6.58	0.02	0.06	6.49
来凤县	25.98	4.61	0.02	0.17	4.41
鹤峰县	17.59	5.41		0.01	5.41
仙桃市	**121.92**	**30.80**	**28.10**	**0.35**	**0.94**
潜江市	**108.87**	**36.83**	**36.65**		**0.14**
天门市	**174.20**	**68.50**	**66.57**	**0.17**	**1.75**
神农架林区	**6.07**	**2.04**	**0.27**	**0.03**	**1.40**

续表 2

单位：千公顷

地区	秋收粮食面积	稻谷	早稻	中稻和一季晚稻	双季晚稻
湖北省	**3489.81**	**2368.07**	**174.04**	**1991.65**	**202.38**
武汉市	**139.98**	**109.56**	**18.97**	**69.64**	**20.95**
武汉市辖区	11.08	4.54	0.04	4.42	0.08
蔡甸区	19.77	9.81	0.14	9.57	0.10
江夏区	32.10	24.05	4.03	14.57	5.45
黄陂区	44.45	41.63	7.03	27.39	7.21
新洲区	32.57	29.54	7.73	13.69	8.11
黄石市	**82.11**	**66.50**	**6.50**	**52.27**	**7.73**
黄石市辖区	0.62	0.47	0.05	0.37	0.05
大冶市	35.35	28.62	2.79	22.50	3.33
阳新县	46.14	37.41	3.66	29.40	4.35
十堰市	**136.01**	**26.99**		**26.99**	
茅箭区	0.27	0.01		0.01	
张湾区	0.37	0.02		0.02	
郧阳区	27.58	5.19		5.19	
竹山县	27.01	5.16		5.16	
竹溪县	26.68	5.29		5.29	
郧西县	22.88	2.06		2.06	
房县	17.16	4.77		4.77	
丹江口市	14.07	4.49		4.49	
宜昌市	**239.89**	**80.18**	**2.48**	**74.76**	**2.94**
宜昌市辖区	3.72	0.21		0.21	
夷陵区	35.11	9.89		9.89	
当阳市	61.21	33.35		33.35	
枝江市	40.93	23.99	2.48	18.57	2.94
宜都市	18.58	3.71		3.71	
远安县	11.46	6.01		6.01	
兴山县	9.96	1.06		1.06	
秭归县	17.37	1.01		1.01	
长阳县	23.08	0.87		0.87	
五峰县	18.47	0.08		0.08	
襄阳市	**431.69**	**198.10**		**198.10**	
襄阳市直	31.72	19.09		19.09	
襄州区	107.00	41.46		41.46	
南漳县	42.84	25.07		25.07	
谷城县	28.20	16.76		16.76	
老河口市	37.48	8.53		8.53	
枣阳市	106.81	47.46		47.46	
宜城市	56.67	37.33		37.33	
保康县	20.96	2.40		2.40	
鄂州市	**37.04**	**30.79**	**4.19**	**21.41**	**5.19**
梁子湖区	15.56	13.93	2.53	8.34	3.06
华容区	10.25	8.04	0.92	5.87	1.24
鄂城区	11.23	8.81	0.74	7.19	0.88
荆门市	**346.47**	**257.13**	**4.79**	**246.31**	**6.03**
荆门市直	39.98	34.81		34.81	
京山县	87.89	65.99	4.39	55.62	5.98
沙洋县	101.28	88.89	0.40	88.43	0.06
钟祥市	117.32	67.45		67.45	
孝感市	**279.89**	**256.81**	**5.51**	**244.82**	**6.47**

地区	秋收粮食面积	稻谷	早稻	中稻和一季晚稻	双季晚稻
孝南区	28.85	28.00	0.44	27.12	0.44
孝昌县	33.11	31.65	2.23	26.95	2.46
大悟县	31.12	29.64	0.03	29.59	0.01
云梦县	30.89	27.67	1.04	25.24	1.39
应城市	46.32	44.69	0.83	42.66	1.20
安陆市	46.25	44.01		44.01	
汉川市	63.36	51.15	0.93	49.24	0.98
荆州市	**559.61**	**485.07**	**47.62**	**381.24**	**56.21**
荆州市直	50.29	41.16	0.33	40.71	0.12
公安县	105.01	90.35	9.14	69.80	11.41
监利县	168.57	160.37	25.24	104.29	30.85
江陵县	51.16	47.55	1.10	46.05	0.39
石首市	42.15	32.08	1.79	28.53	1.76
洪湖市	79.14	70.09	7.76	53.49	8.84
松滋市	63.29	43.48	2.27	38.37	2.84
黄冈市	**358.64**	**326.46**	**46.23**	**225.84**	**54.39**
龙感湖	3.51	3.33	0.00	3.32	0.01
黄州区	5.10	4.03	0.61	2.44	0.98
团风县	16.12	15.6	1.43	12.81	1.36
红安县	27.75	25.91	4.19	17.39	4.33
罗田县	33.28	26.66	0.63	25.34	0.69
英山县	14.25	11.42	0.54	10.29	0.59
浠水县	54.42	51.85	10.14	27.63	14.08
蕲春县	63.14	59.82	16.87	22.57	20.38
黄梅县	54.27	47.1	4.65	38.46	3.99
麻城市	43.67	40.68	4.53	31.34	4.81
武穴市	43.13	40.06	2.65	34.24	3.17
咸宁市	**190.91**	**150.21**	**27.89**	**90.44**	**31.88**
咸安区	31.97	25.94	1.93	21.67	2.33
嘉鱼县	26.42	19.26	2.13	14.75	2.38
通城县	30.87	25.95	8.92	6.71	10.31
崇阳县	39.58	28.87	7.36	12.95	8.56
赤壁市	40.65	37.64	7.08	22.49	8.07
通山县	21.42	12.55	0.46	11.86	0.23
随州市	**144.79**	**130.12**		**130.12**	
随　县	79.37	71.25		71.25	
曾都区	23.58	21.08		21.08	
广水市	41.84	37.79		37.79	
恩施州	**270.03**	**45.03**		**45.03**	
恩施市	43.95	3.09		3.09	
利川市	58.10	16.48		16.48	
建始县	31.35	3.11		3.11	
巴东县	44.16	2.01		2.01	
咸丰县	34.07	6.71		6.71	
宣恩县	24.84	5.36		5.36	
来凤县	21.38	7.42		7.42	
鹤峰县	12.18	0.84		0.84	
仙桃市	**91.12**	**67.13**	**0.66**	**65.77**	**0.69**
潜江市	**72.04**	**59.18**	**0.12**	**58.93**	**0.13**
天门市	**105.70**	**78.77**	**9.09**	**59.94**	**9.75**
神农架林区	**4.03**	**0.06**		**0.06**	

续表 4 单位：千公顷

地区	秋收粮食面积	玉米	高粱	大豆	秋薯
湖北省	**3489.81**	**794.78**	**5.03**	**212.34**	**100.33**
武汉市	**139.98**	**20.29**		**8.70**	**1.12**
武汉市辖区	11.08	4.38		2.01	0.09
蔡甸区	19.77	8.04		1.77	0.11
江夏区	32.10	6.43		1.33	0.25
黄陂区	44.45	1.01		1.39	0.39
新洲区	32.57	0.43		2.20	0.28
黄石市	**82.11**	**8.83**	**0.20**	**2.45**	**4.08**
黄石市辖区	0.62	0.12	0.00	0.02	0.03
大冶市	35.35	3.80	0.09	1.05	1.76
阳新县	46.14	4.91	0.11	1.38	2.29
十堰市	**136.01**	**74.74**	**0.48**	**15.32**	**14.30**
茅箭区	0.27	0.21		0.04	0.00
张湾区	0.37	0.30		0.04	0.01
郧阳区	27.58	17.44		1.58	2.85
竹山县	27.01	13.56	0.07	4.56	2.72
竹溪县	26.68	11.71	0.28	4.33	3.51
郧西县	22.88	14.05	0.06	2.79	3.17
房县	17.16	10.92	0.04	1.15	0.11
丹江口市	14.07	6.55	0.03	0.83	1.93
宜昌市	**239.89**	**138.13**	**0.06**	**10.20**	**10.74**
宜昌市辖区	3.72	2.60		0.05	0.86
夷陵区	35.11	20.83		1.47	2.61
当阳市	61.21	24.64		1.54	1.63
枝江市	40.93	13.12		2.96	0.85
宜都市	18.58	12.82		0.36	1.49
远安县	11.46	5.23	0.06	0.12	0.04
兴山县	9.96	8.23		0.59	0.07
秭归县	17.37	15.47		0.79	0.09
长阳县	23.08	20.43		1.28	0.50
五峰县	18.47	14.76		1.03	2.60
襄阳市	**431.69**	**225.26**	**0.04**	**5.64**	**2.51**
襄阳市直	31.72	12.49		0.05	0.09
襄州区	107.00	64.44		0.82	0.28
南漳县	42.84	17.28		0.26	0.22
谷城县	28.20	10.14		0.91	0.29
老河口市	37.48	28.41		0.51	0.03
枣阳市	106.81	58.27		0.56	0.51
宜城市	56.67	18.55		0.59	0.20
保康县	20.96	15.68	0.04	1.94	0.89
鄂州市	**37.04**	**1.82**	**1.75**	**1.89**	**0.61**
梁子湖区	15.56	0.60	0.25	0.36	0.39
华容区	10.25	0.25	1.10	0.71	0.08
鄂城区	11.23	0.97	0.40	0.82	0.14
荆门市	**346.47**	**55.62**		**32.44**	**1.16**
荆门市直	39.98	4.67		0.42	0.08
京山县	87.89	15.17		6.19	0.46
沙洋县	101.28	4.81		7.47	0.09
钟祥市	117.32	30.98		18.36	0.53
孝感市	**279.89**	**14.64**	**0.07**	**7.53**	**0.59**

续表 5 单位：千公顷

地区	秋收粮食面积	玉米	高粱	大豆	秋薯
孝南区	28.85	0.57	0.00	0.26	0.01
孝昌县	33.11	0.69		0.65	0.13
大悟县	31.12	0.40	0.07	0.68	0.28
云梦县	30.89	2.50		0.59	0.02
应城市	46.32	0.57	0.00	0.95	0.09
安陆市	46.25	1.52		0.68	0.04
汉川市	63.36	8.38		3.71	0.03
荆州市	**559.61**	**34.82**	**0.07**	**38.15**	**1.20**
荆州市直	50.29	6.75		2.23	0.15
公安县	105.01	3.09		11.44	0.10
监利县	168.57	0.97	0.07	6.82	0.11
江陵县	51.16	0.42		3.16	0.04
石首市	42.15	2.20	0.01	7.81	0.05
洪湖市	79.14	3.30		5.69	0.05
松滋市	63.29	18.10		0.99	0.71
黄冈市	**358.64**	**10.77**	**0.08**	**16.10**	**4.98**
龙感湖	3.51			0.17	
黄州区	5.10	0.60		0.42	0.04
团风县	16.12	0.12		0.24	0.15
红安县	27.75	0.49		0.87	0.47
罗田县	33.28	1.92	0.05	3.65	0.87
英山县	14.25	1.48		0.80	0.55
浠水县	54.42	1.15		1.18	0.23
蕲春县	63.14	0.70	0.03	1.56	0.98
黄梅县	54.27	2.44		4.04	0.68
麻城市	43.67	1.04		1.34	0.62
武穴市	43.13	0.84		1.83	0.39
咸宁市	**190.91**	**21.25**		**7.85**	**11.07**
咸安区	31.97	3.29		1.16	1.34
嘉鱼县	26.42	5.94		1.07	0.13
通城县	30.87	1.21		1.62	1.97
崇阳县	39.58	5.13		1.71	3.78
赤壁市	40.65	1.01		1.30	0.66
通山县	21.42	4.68		0.99	3.20
咸宁高新区					
随州市	**144.79**	**13.07**		**1.19**	**0.28**
随　县	79.37	7.54		0.48	0.10
曾都区	23.58	2.28		0.14	0.03
广水市	41.84	3.25		0.57	0.16
恩施州	**270.03**	**153.77**	**1.99**	**21.40**	**46.48**
恩施市	43.95	28.01	0.55	5.30	6.70
利川市	58.10	31.11	0.05	4.65	5.62
建始县	31.35	21.42	0.01	1.83	4.91
巴东县	44.16	29.50	1.34	3.28	7.43
咸丰县	34.07	14.79	0.04	2.39	10.09
宣恩县	24.84	12.09		2.00	5.30
来凤县	21.38	8.29		1.45	4.15
鹤峰县	12.18	8.57		0.49	2.28
仙桃市	**91.12**	**13.58**	**0.00**	**9.57**	**0.52**
潜江市	**72.04**	**2.42**	**0.10**	**10.07**	**0.19**
天门市	**105.70**	**3.53**	**0.00**	**23.28**	**0.11**
神农架林区	**4.03**	**2.22**	**0.18**	**0.57**	**0.58**

分地区粮食总产量

单位：吨

地区	粮食总产量	夏粮总产量	小麦	豆类	马铃薯
湖北省	**28461238**	**4882443**	**4269048**	**31098**	**550888**
武汉市	**947716**	**32113**	**29118**	**393**	**2215**
武汉市辖区	65240	2731	2458	21	230
蔡甸区	121866	5112	4644	197	184
江夏区	210961	2136	1906		203
黄陂区	321550	7559	6511	46	891
新洲区	228099	14575	13599	129	707
黄石市	**575398**	**27281**	**21161**	**872**	**5194**
黄石市辖区	3841	174	140		34
大冶市	253803	12032	9328	390	2290
阳新县	317754	15075	11693	482	2870
十堰市	**830240**	**234875**	**160956**	**11990**	**61479**
茅箭区	1253	331	218	2	111
张湾区	1803	507	310	6	191
郧阳区	201309	76772	70069	1247	5455
竹山县	152037	35121	17256	4512	13353
竹溪县	149612	35448	10013	4435	20549
郧西县	128304	44631	30803	1273	12555
房县	98052	12387	5800	79	6509
丹江口市	97870	29678	26486	436	2755
宜昌市	**1523660**	**231989**	**118070**	**887**	**104854**
宜昌市辖区	15866	279	93		187
夷陵区	207588	23886	78	311	22929
当阳市	465327	63161	56669		1453
枝江市	315696	61146	53004	97	6793
宜都市	100955	12468	2060	161	10229
远安县	77278	4972	2350		1320
兴山县	51834	8848	208	319	8322
秭归县	80325	10797	1655		9142
长阳县	110362	19206	1616		17590
五峰县	98429	27225	338		26888
襄阳市	**5002364**	**2060767**	**2017900**	**1265**	**40555**
襄阳市直	362720	132460	132000	19	440
襄州区	1351977	653252	644600	366	7486
南漳县	446548	140369	133800	487	6077
谷城县	279911	85292	82500	195	2597
老河口市	367435	171200	171200		
枣阳市	1360930	585820	582800	2	2818
宜城市	687303	251878	248000	2	3875
保康县	145540	40496	23000	195	17262
鄂州市	**270351**	**19152**	**17467**	**90**	**1389**
梁子湖区	113872	6202	5483	27	663
华容区	73768	6234	5915	37	196
鄂城区	82711	6716	6069	26	530
荆门市	**2947581**	**412078**	**405579**	**487**	**3408**
荆门市直	332970	22289	21689		596
京山县	720176	106741	104721	487	1534
沙洋县	902380	86154	83684		170
钟祥市	992055	196894	195486		1108
孝感市	**2414299**	**244350**	**234090**	**730**	**9041**

续表 1

单位：吨

地区	粮食总产量	夏粮总产量	小麦	豆类	马铃薯
孝南区	234805	9838	9481	61	279
孝昌县	268173	24243	23350	34	856
大悟县	292240	26110	23282	132	2228
云梦县	248120	23888	19765	234	3889
应城市	361407	19694	19597	12	85
安陆市	442385	57099	55898	19	1182
汉川市	567167	83478	82716	237	522
荆州市	**4703365**	**532398**	**512407**	**6064**	**2952**
荆州市直	424477	59010	57520	434	690
公安县	904497	127005	120190	369	428
监利县	1376043	60417	55392	4485	520
江陵县	502235	115052	114854	12	143
石首市	300607	29422	29087	108	164
洪湖市	684820	64552	63695	612	232
松滋市	510686	76940	71670	44	776
黄冈市	**2772305**	**145668**	**118783**	**425**	**26305**
龙感湖	34282	3967	3967		
黄州区	44429	9853	9700	6	157
团风县	116796	5811	4879	21	911
红安县	182958	6330	4615	5	1710
罗田县	257876	26476	24667	229	1483
英山县	110464	13651	8000	1	5650
浠水县	419460	7003	3446	7	3550
蕲春县	462934	9658	1810	76	7699
黄梅县	433497	27216	25831	40	1345
麻城市	370844	19792	17100	2	2600
武穴市	338768	15930	14753	16	1161
咸宁市	**1226172**	**36539**	**18352**	**1172**	**17000**
咸安区	227896	4324	824	800	2700
嘉鱼县	182708	10564	9653	12	900
通城县	175976	4710	1238	72	3400
崇阳县	237734	6425	4022	88	2300
赤壁市	288772	6797	1581	116	5100
通山县	113085	3718	1034	84	2600
随州市	**1455105**	**253170**	**243990**	**524**	**8120**
随　县	832643	168552	164332	23	4171
曾都区	239871	44735	43421	194	1089
广水市	382591	39883	36237	307	2860
恩施州	**1497337**	**264473**	**5081**	**5210**	**251877**
恩施市	219845	46784	72	1467	45246
利川市	337599	49059	317	1203	47539
建始县	206110	49953	130	702	46921
巴东县	212409	41851	4475	1331	35977
咸丰县	201441	32003		90	31913
宣恩县	127292	17207	51	77	17079
来凤县	120164	10644	36	328	10279
鹤峰县	72476	16957		13	16944
仙桃市	**756894**	**84385**	**77464**	**598**	**2770**
潜江市	**637142**	**103942**	**103356**		**473**
天门市	**880534**	**191702**	**184335**	**300**	**7027**
神农架林区	**20820**	**7483**	**943**	**48**	**6138**

续表 2　　　　　单位：吨

地区	秋粮总产量	稻谷	早稻	中稻和一季晚稻	双季晚稻
湖北省	**23578743**	**19271639**	**1008741**	**16887341**	**1375628**
武汉市	**915603**	**796430**	**106983**	**557739**	**131708**
武汉市辖区	62509	35691	192	35029	470
蔡甸区	116754	75563	805	74140	618
江夏区	208825	173992	22573	117344	34076
黄陂区	313991	304896	39464	219401	46031
新洲区	213524	206288	43949	111825	50513
黄石市	**548116**	**498511**	**35536**	**412964**	**50011**
黄石市辖区	3667	3144	236	2576	332
大冶市	241766	219908	15664	182199	22045
阳新县	302683	275459	19636	228189	27634
十堰市	**595365**	**221680**		**221680**	
茅箭区	922	81		81	
张湾区	1296	129		129	
郧阳区	124537	42679		42679	
竹山县	116916	42610		42610	
竹溪县	114165	43763		43763	
郧西县	83673	16443		16443	
房县	85664	39629		39629	
丹江口市	68192	36346		36346	
宜昌市	**1291670**	**662563**	**14261**	**627410**	**20891**
宜昌市辖区	15587	1567		1567	
夷陵区	183702	81543		81543	
当阳市	402167	282913		282913	
枝江市	254550	191918	14261	156765	20891
宜都市	88487	30404		30404	
远安县	72306	50423		50423	
兴山县	42986	8364		8364	
秭归县	69527	7765		7765	
长阳县	91156	7044		7044	
五峰县	71204	622		622	
襄阳市	**2941597**	**1817900**		**1817900**	
襄阳市直	230260	167300		167300	
襄州区	698725	385300		385300	
南漳县	306179	220600		220600	
谷城县	194619	151400		151400	
老河口市	196235	79600		79600	
枣阳市	775110	446300		446300	
宜城市	435425	347300		347300	
保康县	105044	20100		20100	
鄂州市直	**251219**	**230145**	**24571**	**171398**	**34176**
梁子湖区	107670	101681	14812	66747	20123
华容区	67534	60791	5428	47133	8229
鄂城区	76014	67673	4331	57518	5823
荆门市	**2535503**	**2214181**	**29200**	**2145800**	**39181**
荆门市直	310681	280500		280500	
京山县	613435	541662	26700	476200	38762
沙洋县	816225	780019	2500	777100	419
钟祥市	795162	612000		612000	
孝感市	**2169948**	**2093333**	**33069**	**2017482**	**42782**

续表 3　　单位：吨

地区	秋粮总产量	稻谷	早稻	中稻和一季晚稻	双季晚稻
孝南区	224967	222097	2419	216979	2699
孝昌县	243930	239586	13888	208324	17374
大悟县	266131	261551	198	261252	101
云梦县	224232	213550	6190	198764	8595
应城市	341713	336847	4871	324468	7508
安陆市	385286	378348		378348	
汉川市	483689	441355	5502	429347	6505
荆州市	**4170966**	**3931806**	**284686**	**3240324**	**406796**
荆州市直	365467	328977	1903	326282	792
公安县	777491	740999	54778	605011	81210
监利县	1315626	1297350	151404	919831	226114
江陵县	387183	379095	6345	369984	2765
石首市	271185	247310	10293	225166	11851
洪湖市	620268	594413	46647	483094	64672
松滋市	433746	343661	13315	310955	19391
黄冈市	**2626616**	**2522180**	**262029**	**1886952**	**373199**
龙感湖	30315	30005		29902	103
黄州区	34566	30546	3400	20246	6900
团风县	110996	109280	7800	92980	8500
红安县	176599	171330	22570	122020	26740
罗田县	231380	211591	3582	203496	4513
英山县	96780	88212	2905	81320	3987
浠水县	412410	403049	57820	247250	97979
蕲春县	453267	440810	97000	201810	142000
黄梅县	406282	381270	26720	327490	27060
麻城市	351194	339634	25462	280700	33472
武穴市	322838	316439	14769	279700	21970
咸宁市	**1189655**	**1068456**	**159415**	**706791**	**202250**
咸安区	207431	190028	10700	164800	14528
嘉鱼县	171408	148917	12500	121217	15200
通城县	177926	165500	49800	50700	65000
崇阳县	234532	199165	42300	102865	54000
赤壁市	282719	276223	41800	182185	52238
通山县	115614	88599	2285	85000	1314
随州市	**1201935**	**1141261**		**1141261**	
随　县	664091	630581		630581	
曾都区	195136	184347		184347	
广水市	342708	326332		326332	
恩施州	**1232830**	**348019**		**348019**	
恩施市	173061	24053		24053	
利川市	288540	127693		127693	
建始县	156156	2440		24440	
巴东县	170558	15373		15373	
咸丰县	169438	51300		51300	
宣恩县	110085	41871		41871	
来凤县	109520	56927		56927	
鹤峰县	55520	6329		6329	
仙桃市	**672509**	**585253**	**3943**	**576513**	**4797**
潜江市	**533201**	**505054**	**670**	**503534**	**850**
天门市	**688831**	**634516**	**54419**	**511164**	**68933**
神农架林区	**13337**	**439**		**439**	

续表 4

单位：吨

地区	秋粮总产量	玉米	高粱	大豆	秋薯
湖北省	**23578743**	**3567477**	**17759**	**343135**	**365441**
武汉市	**915603**	**99469**		14422	**4905**
武汉市辖区	62509	22763		3597	393
蔡甸区	116754	37970		2697	454
江夏区	208825	31491		2162	1142
黄陂区	313991	5154		2152	1750
新洲区	213524	2091		3814	1166
黄石市	**548116**	**31282**	**753**	**3621**	**13878**
黄石市辖区	3667	407		24	92
大冶市	241766	13789	325	1596	6118
阳新县	302683	17086	428	2001	7668
十堰市	**595365**	**290568**	**1402**	**25939**	**50402**
茅箭区	922	758		68	15
张湾区	1296	1073		64	26
郧阳区	124537	67825		2680	10655
竹山县	116916	54743	210	7954	10195
竹溪县	114165	47668	830	7741	12179
郧西县	83673	51224	164	4251	10641
房县	85664	43480	101	1887	344
丹江口市	68192	23798	98	1294	6346
宜昌市	**1291670**	**572982**	**184**	**16758**	**38426**
宜昌市辖区	15587	10567		79	3373
夷陵区	183702	89213		2427	10059
当阳市	402167	110496		2741	5958
枝江市	254550	53994		5150	3488
宜都市	88487	52486		549	4817
远安县	72306	21411	184	179	109
兴山县	42986	33599		825	189
秭归县	69527	60197		1269	296
长阳县	91156	80689		1838	1584
五峰县	71204	60329		1701	8551
襄阳市	**2941597**	**1102500**	**100**	**9300**	**11594**
襄阳市直	230260	62500		100	360
襄州区	698725	310700		1300	1414
南漳县	306179	83600		800	1123
谷城县	194619	40200		1500	1452
老河口市	196235	115600		900	100
枣阳市	775110	325200		1000	2582
宜城市	435425	86200		900	1025
保康县	105044	78500	100	2800	3538
鄂州市直	**251219**	**8493**	**5587**	**3621**	**2486**
梁子湖区	107670	2792	789	680	1563
华容区	67534	1147	3517	1371	326
鄂城区	76014	4554	1281	1571	597
荆门市	**2535503**	**268528**		**48031**	**4609**
荆门市直	310681	22032		640	300
京山县	613435	73106		8966	1775
沙洋县	816225	23434		11015	338
钟祥市	795162	149957		27409	2196
孝感市	**2169948**	**62786**	**241**	**11159**	**1975**

续表 5　　　　单位：吨

地区	秋粮总产量	玉米	高粱	大豆	秋薯
孝南区	224967	2497	1	329	19
孝昌县	243930	2926		941	476
大悟县	266131	2046	239	1277	878
云梦县	224232	9561		889	79
应城市	341713	3038	1	1450	370
安陆市	385286	6210		639	89
汉川市	483689	36507		5635	63
荆州市	**4170966**	**164596**	**239**	**69054**	**4842**
荆州市直	365467	31734		4061	675
公安县	777491	14772		21202	428
监利县	1315626	4640	220	12623	498
江陵县	387183	2009		5925	154
石首市	271185	10192	18	13469	195
洪湖市	620268	15547		10059	235
松滋市	433746	85702		1715	2658
黄冈市	2626616	54603	261	26404	22663
龙感湖	30315	23		287	0
黄州区	34566	3266		577	128
团风县	110996	514		603	589
红安县	176599	2137	4	1325	1800
罗田县	231380	10018	158	5552	3723
英山县	96780	5837		1085	1641
浠水县	412410	6420	3	1799	1129
蕲春县	453267	3604	73	3074	5609
黄梅县	406282	14830		7581	2575
麻城市	351194	5159		2146	4245
武穴市	322838	2760	1	2379	1230
咸宁市	**1189655**	**71568**		**10280**	**38590**
咸安区	207431	11000		1703	4421
嘉鱼县	171408	20400		1668	411
通城县	177926	3688		1966	6588
崇阳县	234532	17000		1800	16400
赤壁市	282719	3200		1789	1451
通山县	115614	16273		1382	9347
咸宁高新区					
随州市	**1201935**	**57241**		**2043**	**1192**
随　县	664091	32218		817	469
曾都区	195136	10420		194	124
广水市	342708	14602		1031	599
恩施州	**1232830**	**678620**	**8258**	**32135**	**164357**
恩施市	173061	114534	2400	7296	24494
利川市	288540	134105	156	6440	19877
建始县	156156	108512	40	3234	19770
巴东县	170558	120480	5503	3890	24798
咸丰县	169438	79098	160	5292	33489
宣恩县	110085	47335		2899	17888
来凤县	109520	34431		2217	15836
鹤峰县	55520	40125		867	8198
仙桃市	**672509**	**68501**	**11**	**15960**	**2144**
潜江市	**533201**	**11841**	**287**	**15039**	**663**
天门市	**688831**	**15091**	**4**	**38768**	**430**
神农架林区	**13337**	**8749**	**413**	**576**	**2232**

经济作物生产情况（2016-2017）

单位：千公顷、万吨

指标名称	播种面积		产量	
	2016 年	2017 年	2016 年	2017 年
经济作物	3092.36	3103.14		
一、油料作物	1310.86	1291.33	305.15	307.69
其中：花　生	232.14	230.53	77.98	78.37
油菜籽	983.62	971.17	211.14	213.17
芝　麻	64.31	62.69	9.51	10.55
胡麻籽				
葵花籽	5.04	4.32	1.01	0.88
二、棉花	204.96	204.80	19	18.40
三、麻类合计	0.63	0.57	0.24	0.25
其中：生黄红麻	0.04	0.03	0.01	0.01
生苎麻	0.52	0.51	0.22	0.24
生大麻				
生亚麻	0.02	0.02	002	002
四、糖料	6.44	6.59	26.98	26.99
（一）甘蔗	6.42	6.57	26.97	26.98
（二）甜菜	0.02	0.02	0	0.01
五、烟叶(未加工烟草)	44.59	39.69	8.15	6.84
其中：烤烟(未去梗)	40.89	36.62	7.31	6.18
六、中草药材	139.51	155.39	0.76	0.58
其中：　人　参	0.48	0.48	0.11	0.06
甘　草	0.69	0.62	0.44	0.38
枸　杞	0.52	0.56	0.21	0.14
七、蔬菜及食用菌	1168.90	1188.62	3712.77	3826.40
（一）叶菜类	164.46	162.97	476.55	473.12
其中：芹　菜	34.74	34.92	96.98	95.36
油　菜	38.37	37.22	116.51	105.69
菠　菜	34.33	33.02	89.22	82.71
（二）白菜类	213.27	216.94	652.22	683.76
其中：大白菜	158.25	159.36	508.22	520.87
（三）甘蓝类	70.44	69.34	224.41	239.13
其中：卷心菜	51.10	53.44	157.16	174.73
（四）根茎类	196.21	200.07	664.67	688.33
其中：白萝卜	122.90	124.76	421.60	427.26
胡萝卜	22.08	22.97	73.78	76.44
生　姜	6.94	7.31	14.76	14.37
榨菜头	3.33	3.54	9.19	9.73

续表　　单位：千公顷、万吨

指标名称	播种面积		产量	
	2016 年	2017 年	2016 年	2017 年
（五）瓜菜类	110.81	114.69	411.72	423.97
其中：黄 瓜	48.99	51.57	167.48	175.23
南 瓜	20.67	20.61	84.98	80.10
冬 瓜	17.70	17.39	71.61	73.06
（六）豆类	90.79	92.45	260.51	270.53
其中：豇 豆	45.92	49.78	133.28	146.33
四季豆	31.20	31.54	85.59	84.25
（七）茄果菜类	149.27	155.76	412.87	431.23
其中：茄 子	40.30	41.02	115.13	118.26
辣 椒	74.61	79.60	167.53	181.25
西红柿	28.14	30.14	99.37	106.57
（八）葱蒜类	55.61	57.21	163.27	169.09
其中：大 葱	19.40	19.92	54.92	57.05
蒜 头	24.28	24.67	61.97	62.12
（九）水生菜类	68.10	70.55	258.77	266.86
其中：莲 藕	59.73	62.03	235.70	240.87
（十）其它蔬菜	49.93	48.64	146.88	138.62
（十一）食用菌			40.91	41.76
1.干品			14.20	14.07
其中:香 菇			11.06	11.11
黑木耳			2.04	2.09
2.鲜品			26.71	27.69
其中:蘑 菇			21.19	21.53
八、瓜果类	89.99	92.42	316.94	327.20
其中：西 瓜	68.71	72.73	255.11	268.95
香 瓜(甜瓜)	13.86	12.59	43.12	39.84
草 莓	2.79	3.20	4.81	5.80
九、其他农作物	126.49	123.72		
其中：青饲料	64.72	65.96		
十、特种作物				
花卉	41.84	34.17		
鲜切花（万枝）			12430.77	14057.69
盆栽观赏植物（万盆）			2971.85	2726.64
香料			0.37	0.40
其中： 花 椒			0.16	0.15
八 角			0.10	0.08

分地区经济作物播种面积

单位：千公顷

地区	经济作物	油料作物面积	花生	油菜籽	芝麻	棉花面积
湖北省	**3103.14**	**1291.33**	**230.53**	**971.17**	**62.69**	**204.80**
武汉市	**256.85**	**54.19**	**13.17**	**32.73**	**8.13**	**14.17**
武汉市辖区	26.62	1.59	0.37	0.50	0.71	0.19
汉南区	11.71	0.25	0.01	0.13	0.11	0.13
蔡甸区	33.52	2.92	0.38	1.91	0.64	1.13
江夏区	49.36	11	2.07	5.86	3.06	0.17
黄陂区	83.68	22.44	8.18	12.11	2.01	4.22
新洲区	51.95	15.99	2.16	12.22	1.60	8.31
黄石市	**84.31**	**45.15**	**5.30**	**32.58**	**7.12**	**5.04**
黄石市辖区	2.08	0.61	0.10	0.35	0.16	0.09
阳新县	44.96	24	2.50	17.23	4.18	2.86
大冶市	37.27	20.54	2.70	15	2.78	2.09
十堰市	**178.12**	**74.50**	**18.50**	**43.45**	**11.72**	**0.07**
茅箭区	0.82	0.10	0.03	0.02	0.05	
张湾区	2.39	0.28	0.13	0.10	0.04	
郧阳区	35.26	13.52	2.60	8.04	2.86	0.07
郧西县	32.65	10.08	2.51	5.43	2.07	
竹山县	36.86	21.31	8.68	10.88	1.68	
竹溪县	30.10	14.10	1.87	9.15	2.43	
房　县	26.66	8.76	1.25	6.52	0.97	
丹江口市	13.33	6.36	1.42	3.31	1.62	
宜昌市	**263.83**	**99.36**	**10.60**	**86.56**	**1.93**	**9.75**
宜昌市辖区	7.32	1.39	0.25	1.09	0.05	
夷陵区	37.66	11.13	1.53	9.27	0.28	
宜都市	15.67	9.33	0.96	8.34	0.03	
枝江市	51.12	18.38	1.66	16.22	0.51	8.49
当阳市	54.70	29.99	2.52	26.81	**0.65**	**1.27**
远安县	10.74	7.17	0.25	6.91	0.01	
兴山县	15.33	4.49	0.24	4.09	0.08	
秭归县	22.67	7.96	1.55	6.04	0.30	
长阳县	30.73	7.66	1.58	5.99	0.03	
五峰县	17.89	1.87	0.06	1.81		
襄阳市	**219.44**	**102.66**	**49.69**	**37.52**	**5.64**	**12.45**
高新区	1.30	0.62	0.31	0.26	0.01	
襄城区	10.84	3.29	1.61	1.21	0.02	0.15
樊城区	11.24	3.44	1.59	1.31	0.51	
襄州区	38.26	24.54	20.53	2.17	1.53	2.13
南漳县	21.58	6.63	0.60	5.01	0.13	
谷城县	17.20	7.66	2.15	3.65	0.17	
保康县	20.39	8.90	0.73	5.81	0.17	
老河口市	28.29	9.34	3.02	2.96	0.64	2.41
枣阳市	22.28	14.87	10.26	2.87	1.64	2
宜城市	48.06	23.37	8.90	12.27	0.83	5.76
鄂州市	**49.49**	**17.25**	**2.55**	**11.61**	**0.30**	**6.99**
梁子湖区	12.73	1.13	1.13	3.30	0.07	1.05
华容区	16.31	0.62	0.62	3.82	0.13	3.17
鄂城区	20.45	0.79	0.79	4.49	0.10	2.78
荆门市	**191.17**	**124.88**	**16.22**	**104.19**	**4**	**6.79**
东宝区	18.09	11.15	1.14	9.58	0.44	0.21
掇刀区	20.73	15.63	1.53	14.05	0.05	0.48
京山县	39.07	20.09	2.60	15.76	1.59	2.83
沙洋县	57.90	43.08	4.53	37.18	1.23	1.10
钟祥市	55.39	34.93	6.41	27.62	0.70	2.17
孝感市	**224.13**	**94.56**	**27.89**	**64.58**	**1.97**	**14.36**

续表 1　　单位：千公顷

地　　区	经济作物	油料作物面　积	花生	油菜籽	芝　麻	棉花面积
孝感市辖区	0.71	0.62	0.24	0.34	0.04	
孝南区	29.57	13.32	1.22	11.80	0.29	2.36
孝昌县	29.39	16.43	4.06	11.91	0.44	2.60
大悟县	39.76	23.96	18.99	4.80	0.14	0.65
云梦县	29.75	8.13	0.30	7.70	0.12	2.72
应城市	32.84	13.44	1.01	12.08	0.34	1.28
安陆市	21.57	8.35	1.79	6.02	0.52	1.43
汉川市	40.55	10.31	0.29	9.94	0.08	3.31
荆州市	**374.82**	**191.95**	**1.74**	**183.90**	**6.14**	**54.91**
荆州开发区	1.37	0.39		0.38	0.01	0
沙市区	10.21	2.45		2.45		0.33
荆州区	27.37	8.36	0.18	7.15	1.03	2.24
公安县	68.78	31.53	0.37	30.65	0.46	19.67
监利县	114.72	75.58	0.20	74.37	0.97	10.68
江陵县	22.17	15.57	0.45	14.43	0.68	1.30
石首市	34.83	14.15	0.07	13.68	0.39	7.25
洪湖市	55.93	31.88	0.11	29.49	2.26	3.96
松滋市	39.43	12.03	0.36	11.29	0.36	9.47
黄冈市	**381.82**	**177.04**	**45.22**	**122.50**	**8.66**	**35.37**
龙感湖管理区	1.05	0.05		0.05		
黄州区	15.33	2.33	0.16	2.02	0.15	2.76
团风县	14.40	6.99	1.59	3.21	2.07	2.16
红安县	38.17	25.56	18.43	6.81	0.31	1.35
罗田县	33.29	13.74	2.30	10.44	0.95	1.14
英山县	19.58	5.54	0.87	4.04	0.31	0.35
浠水县	66.41	25.27	4.38	19.63	1.21	9.92
蕲春县	62.99	23.82	1.73	21.29	0.77	3.94
黄梅县	37.08	23.68	0.99	21.75	0.91	6.33
麻城市	62.70	30.99	13.83	15.60	1.53	4.59
武穴市	30.85	19.07	0.94	17.67	0.45	2.83
咸宁市	**224.71**	**94.81**	**10.23**	**77.28**	**3.35**	**6.92**
咸安区	50.03	34.10	3.95	27.74	1.12	0.76
嘉鱼县	43.12	8.78	0.57	6.94	0.63	0.20
通城县	27.30	10.32	1.48	8.62	0.04	0.22
崇阳县	26.31	10.01	1.48	8.32	0.06	1.53
通山县	19.78	6.57	1.43	5	0.11	
赤壁市	58.19	25.03	1.32	20.67	1.39	4.22
随州市	**89.73**	**40.75**	**11.43**	**23.32**	**0.32**	**5.98**
曾都区	14.38	5.75	0.42	4.07	0.06	0.72
随县	32.11	14.36	3.71	8.24	0.13	1.32
广水市	43.24	20.63	7.29	11.01	0.13	3.94
恩施州	**335.17**	**58.32**	**9.30**	**47.24**	**0.19**	
恩施市	59.10	8.52	1.08	7.29		
利川市	77.38	7.33	0.73	5.90		
建始县	33.69	8.15	1.36	6.36		
巴东县	46.36	15.24	2.55	12.22	0.19	
宣恩县	32.98	3.67	1.35	2.32		
咸丰县	47.54	6.81	1.43	5.38		
来凤县	17.08	5.37	0.46	4.91		
鹤峰县	21.04	3.22	0.34	2.86		
仙桃市	**106.19**	**52.54**	**1.24**	**49.29**	**2.02**	**17.13**
潜江市	**46.58**	**22.50**	**0.85**	**20.99**	**0.65**	**2.72**
天门市	**73.72**	**40.26**	**6.57**	**33.16**	**0.53**	**12.12**
神农架林区	**3.08**	**0.61**	**0.03**	**0.26**		

续表 2 单位：千公顷

地区	麻类面积	糖料面积	烟叶(未加工烟草)面积	烤烟(未去梗)	中草药材面积	蔬菜及食用菌面积
湖北省	0.57	6.59	39.69	36.62	155.39	1188.62
武汉市		0.42			0.26	159.48
武汉市辖区		0.05				19.92
汉南区						8.64
蔡甸区						23.03
江夏区						31.06
黄陂区		0.15			0.01	52.31
新洲区		0.22			0.25	24.53
黄石市	0.09	0.14			1.56	28.43
黄石市辖区						1.34
阳新县	0.07	0.03			0.63	15.28
大冶市	0.02	0.11			0.93	11.81
十堰市	0.03	0.46	4.70	4.70	13.08	81.37
茅箭区		0			0.02	0.70
张湾区					0.01	2.08
郧阳区	0.01	0.01			1.92	18.78
郧西县	0	0.36	0.39	0.39	3.84	17.43
竹山县	0.01	0.02	1.10	1.10	1.55	12.82
竹溪县	0	0.06	0.96	0.96	3.60	11.35
房　县		0.01	2.21	2.21	1.74	12
丹江口市		0	0.04	0.04	0.40	6.22
宜昌市		0.05	3.32	2.98	5.48	131.17
宜昌市辖区						5.91
夷陵区			0.01	0.01	0.75	24.24
宜都市			0.01		0.06	5.87
枝江市		0.02				18.67
当阳市		0.02			0.07	21.06
远安县					0.03	2.56
兴山县			1.20	1.16	0.87	8.35
秭归县			1.52	1.52	0.54	12.51
长阳县			0.17	0.11	0.57	22.14
五峰县			0.41	0.18	2.60	9.85
襄阳市	0.01	0.11	4.29	4.29	4.66	79.54
高新区						0.55
襄城区		0			0.42	6.36
樊城区		0.02			0.03	7.43
襄州区		0.01	0.04	0.04	0.23	10.45
南漳县	0.01	0.02	1.09	1.09	0.05	12.21
谷城县		0			0.43	8.11
保康县		0	3.06	3.06	2.07	6.24
老河口市		0.01			0.16	15.36
枣阳市		0.03	0.09	0.09	0.59	4.20
宜城市		0.02			0.68	8.62
鄂州市		0.12				20.85
梁子湖区		0.02				4.58
华容区		0.04				6.05
鄂城区		0.06				10.22
荆门市		0.25	0.01		0.75	46.51
东宝区		0			0.38	5.02
掇刀区		0.01				3.43
京山县		0.09	0.01		0.05	10.35
沙洋县		0.13			0.08	11.73
钟祥市		0.02			0.24	15.98
孝感市	0.01	0.26			0.63	103.21

续表 3　　　　单位：千公顷

地区	麻类面积	糖料面积	烟叶(未加工烟草)面积	烤烟(未去梗)	中草药材面积	蔬菜及食用菌面积
孝感市辖区		0.01				0.08
孝南区		0.02			0.07	12.40
孝昌县		0.11			0.03	9.32
大悟县	0.01	0.01			0.40	12.46
云梦县						18.33
应城市		0.01				16.82
安陆市		0.03			0.09	9.94
汉川市		0.05			0.04	23.85
荆州市	0.01	0.98			0.99	89.68
荆州开发区						0.94
沙市区						6.60
荆州区		0.02				14.10
公安县		0.14			0.13	11.22
监利县		0.42				19.93
江陵县		0.11			0.02	3.78
石首市		0.12			0.21	9.26
洪湖市	0.01	0.11			0.49	11.05
松滋市		0.05			0.13	12.80
黄冈市	0.31	0.77			35.50	116.43
龙感湖管理区						0.93
黄州区	0	0.01				9.09
团风县	0	0.05			0.15	3.91
红安县	0	0.01				10.87
罗田县	0	0.12			7.90	9.03
英山县	0	0.05			6.42	6.48
浠水县	0	0.14			0.25	28.34
蕲春县	0.30	0.25			16.71	13.55
黄梅县	0	0.02				6.59
麻城市	0	0.04			4.04	21.16
武穴市	0.01	0.09			0.03	6.48
咸宁市	0.09	1.41			7.46	89.69
咸安区	0.01	0.01			0.02	12.64
嘉鱼县	0	0.61				30.36
通城县					4.70	7.16
崇阳县	0	0.29			1.19	9.57
通山县	0				0.67	7.97
赤壁市	0.07	0.50			0.88	22
随州市	0	0.03			0.32	36.96
曾都区					0.08	7.09
随县		0.01			0.14	13.39
广水市	0	0.02			0.10	16.48
恩施自治州	0.01	0.38	27.32	24.60	84.48	134.69
恩施市			3.77	2.92	18.55	27.42
利川市			5.80	5.48	15.56	36.45
建始县			2.29	1.81	5.70	11.51
巴东县			3.57	3.57	9.60	14.84
宣恩县			4.13	3.98	10.18	10.75
咸丰县			3.75	3.02	17.47	19.26
来凤县			0.89	0.72	2.85	6.58
鹤峰县			3.11	3.11	4.57	7.89
仙桃市		1.02			0.03	30.08
潜江市		0.06			0.02	19.71
天门市		0.13			0.16	18.50
神农架林区			0.05	0.05		2.33

续表 4　　　　单位：千公顷

地区	瓜果类面积	西瓜	香　瓜(甜瓜)	草　莓	其他农作物面　　积	青饲料
湖北省	**92.42**	**72.71**	**12.59**	**3.20**	**123.72**	**65.96**
武汉市	**17.34**	**14.72**	**1.67**	**0.96**	**10.99**	**6.69**
武汉市辖区	2.01	1.36	0.34	0.31	2.87	2.61
汉南区	2.27	2.25	0.01	0.01	0.42	0.40
蔡甸区	3.97	3.25	0.59	0.13	2.46	0.68
江夏区	4.50	3.97	0.49	0.04	2.64	1.24
黄陂区	2.67	2.24	0.17	0.25	1.87	1.25
新洲区	1.94	1.66	0.06	0.22	0.72	0.51
黄石市	**2.13**	**1.94**	**0.04**	**0.15**	**1.77**	**0.98**
黄石市辖区	0.04	0.04				
阳新县	1.29	1.22	0.02	0.05	0.80	0.43
大冶市	0.80	0.68	0.02	0.10	0.97	0.55
十堰市	**1.40**	**1.18**	**0.08**	**0.14**	**2.50**	**1.19**
茅箭区	0	0				
张湾区	0.02	0.01		0.01		
郧阳区	0.70	0.57	0.02	0.12	0.32	0.24
郧西县	0.22	0.21		0.01	0.32	0.06
竹山县	0.06	0.06		0		
竹溪县	0.03	0.02		0.01		
房　县	0.09	0.02	0.05	0.02	1.86	0.89
丹江口市	0.31	0.30	0.01	0.01		
宜昌市	**4.31**	**2.27**	**1.77**	**0.25**	**10.37**	**9**
宜昌市辖区	0.01	0	0.01	0	0	0
夷陵区	0.69	0.23	0.32	0.13	0.84	0.61
宜都市	0.13	0.04	0.05	0.03	0.28	0.27
枝江市	2.65	1.39	1.21	0.04	2.91	2.46
当阳市	0.57	0.37	0.18	0.02	1.73	1.39
远安县	0.04	0.04			0.94	0.64
兴山县	0.10	0.07		0.01	0.32	0.29
秭归县	0.08	0.08			0.07	0.07
长阳县	0.04	0.03		0.01	0.15	0.13
五峰县	0.02	0.02			3.14	3.14
襄阳市	**11.79**	**11.27**	**0.34**	**0.14**	**3.95**	**2.14**
高新区	0.13	0.13		0		
襄城区	0.31	0.28	0	0.03	0.30	0.14
樊城区	0.27	0.23	0.01	0.03	0.07	
襄州区	0.75	0.73	0.01	0.01	0.10	
南漳县	0.25	0.22	0.01	0.02	1.32	0.89
谷城县	0.17	0.15	0.01	0.01	0.82	0.03
保康县	0.02	0.01		0.01	0.10	0.01
老河口市	0.97	0.83	0.14	0.01	0.04	0
枣阳市	0.45	0.39	0.01	0.01	0.05	0.04
宜城市	8.47	8.31	0.13	0.02	1.16	1.02
鄂州市	**2.36**	**0.83**	**0.54**	**0.19**	**1.90**	**0.56**
梁子湖区	0.89	0.31	0.24	0	0.96	0.28
华容区	0.74	0.27	0.16	0.03	0.53	0.16
鄂城区	0.73	0.24	0.14	0.16	0.42	0.12
荆门市	**6.75**	**4.51**	**0.93**	**0.11**	**5.24**	**3.22**
东宝区	**1.13**	**0.75**	**0.16**	**0.04**	**0.15**	**0.11**
掇刀区	1.14	0.70	0.28	0.04	0.07	0.06
京山县	1.74	0.96	0.17	0.02	3.91	2.69
沙洋县	0.80	0.70	0.09	0	1	0.26
钟祥市	1.94	1.40	0.22	0.01	0.10	0.10
孝感市	**7.32**	**5.67**	**1.44**	**0.21**	**3.78**	**1.70**

续表 5 单位：千公顷

地区	瓜果类面积	西瓜	香　瓜 (甜瓜)	草　莓	其他农作物 面　　积	青饲料
孝感市辖区						
孝南区	1.25	0.99	0.24	0.02	0.14	0.06
孝昌县	0.81	0.53	0.18	0.10	0.08	0.01
大悟县	1.11	0.78	0.32	0.02	1.15	1.15
云梦县	0.45	0.39	0.06		0.11	0.02
应城市	1.14	0.91	0.19	0.04	0.14	0.06
安陆市	1.32	1.02	0.30		0.41	0.20
汉川市	1.23	1.05	0.15	0.03	1.75	0.20
荆州市	**14.28**	**11.35**	**2.73**	**0.21**	**22.02**	**10.33**
荆州开发区	0.03	0.03	0	0	0.01	0.01
沙市区	0.46	0.19	0.11	0.15	0.36	0.05
荆州区	2.11	1.21	0.89	0.01	0.53	0.05
公安县	1.89	1.45	0.43	0.01	4.21	1.75
监利县	1.72	1.34	0.38	0	6.38	2.61
江陵县	1.24	1.04	0.19	0	0.16	0.03
石首市	1.75	1.28	0.46	0.01	2.08	0.11
洪湖市	1.66	1.54	0.11	0	6.78	5.37
松滋市	3.42	3.27	0.14	0.01	1.52	0.35
黄冈市	**4.61**	**2.74**	**0.06**	**0.09**	**11.76**	**5.35**
龙感湖管理区	0.04	0.04				
黄州区	0.50	0.33	0	0.03	0.63	0.33
团风县	0.36	0.25	0	0	0.78	0.33
红安县	0.34	0.13		0.01	0.03	0.02
罗田县	0.44	0.28	0.01	0.02	0.91	0.81
英山县	0.04	0.02		0	0.72	0.31
浠水县	0.49	0.26	0.01	0	2	0.69
蕲春县	0.64	0.36	0.01	0.01	3.77	1.95
黄梅县	0.46	0.29	0.01			
麻城市	0.37	0.23	0.01		1.50	0.30
武穴市	0.92	0.54	0.02	0.01	1.42	0.61
咸宁市	**7.65**	**6.50**	**0.95**	**0.20**	**16.68**	**4.44**
咸安区	1.94	1.84	0.07	0.03	0.65	0.01
嘉鱼县	1.48	1.05	0.36	0.07	1.48	0.63
通城县	0.27	0.25	0.02		4.44	1.66
崇阳县	0.86	0.67	0.15	0.04	2.69	0.16
通山县	0.40	0.31	0.05	0.04	4.08	0.43
赤壁市	2.69	2.37	0.30	0.02	3.34	1.55
随州市	**3.19**	**2.53**	**0.56**	**0.11**	**2.49**	**0.99**
曾都区	0.47	0.37	0.10	0.01	0.26	0.12
随县	1.21	1.02	0.17	0.03	1.66	0.76
广水市	1.51	1.14	0.30	0.07	0.56	0.11
恩施自治州	**2.03**	**1.53**	**0.11**	**0.36**	**27.93**	**17.32**
恩施市	0.15	0.11	0.01	0.03	0.29	0.15
利川市	0.52	0.37	0.01	0.13	11.71	7.40
建始县	0.30	0.21	0.03	0.06	5.72	3.65
巴东县	0.30	0.14	0.04	0.11	2.81	1.32
宣恩县	0.27	0.27			3.98	3.86
咸丰县	0.25	0.23		0.02		
来凤县	0.21	0.18	0.02	0.01	1.19	0.25
鹤峰县	0.03	0.02	0.01	0	2.22	0.69
仙桃市	**3.58**	**2.84**	**0.70**	**0.04**	**1.81**	**1.69**
潜江市	**1.53**	**1.24**	**0.17**	**0.02**	**0.05**	**0.05**
天门市	**2.14**	**1.60**	**0.51**	**0.02**	**0.41**	**0.23**
神农架林区	**0**	**0**		**0**	**0.08**	**0.08**

分地区经济作物产量

单位：吨

地区	油料产量	花生	油菜籽	芝麻	棉花产量	麻类产量
湖北省	**3076877**	**783718**	**2131710**	**105451**	**183922**	**2526**
武汉市	**137121**	**44620**	**76673**	**15478**	**12781**	**3**
武汉市辖区	4213	1717	963	1503	137	
汉南区	464	26	298	140	184	
蔡甸区	9730	1685	6639	1406	1000	
江夏区	26758	6500	14007	6251	160	
黄陂区	55149	27372	23897	3560	3800	1
新洲区	40809	7320	30870	2618	7500	2
黄石市	**100234**	**14740**	**70686**	**14520**	**4551**	**1052**
黄石市辖区	2120	534	830	744	91	
阳新县	47946	6766	33457	7557	2272	814
大冶市	50168	7440	36399	6219	2188	238
十堰市	**160937**	**56032**	**86147**	**17438**	**61**	**92**
茅箭区	188	31	79	77		
张湾区	602	179	367	54		
郧阳区	22497	5923	13133	3419	61	49
郧西县	17738	7146	6695	3774		14
竹山县	55877	27156	24888	3744		27
竹溪县	27770	4663	19297	2766		2
房县	23193	7441	13989	1724		
丹江口市	13072	3493	7699	1880		
宜昌市	**224285**	**31019**	**189569**	**3287**	**8719**	**6**
宜昌市辖区	2790	740	1962	82		
夷陵区	23206	4583	18070	476		1
宜都市	22825	2773	20003	49		2
枝江市	47469	5769	40828	872	7536	2
当阳市	68057	8330	58606	1101	1183	1
远安县	14898	681	14206	11		
兴山县	8597	492	7844	143		
秭归县	17561	3699	13257	500		
长阳县	15502	3780	11591	53		
五峰县	3380	172	3202			
襄阳市	**308091**	**195935**	**87029**	**9020**	**11100**	**33**
高新区	1959	1290	597	29		
襄城区	12100	6752	4420	36	200	
樊城区	11441	7028	3389	898		
襄州区	98377	89377	6256	2650	1900	
南漳县	15860	2253	11641	276		33
谷城县	19881	8479	7900	306		
保康县	15653	2178	9837	318		
老河口市	22700	10893	6892	1326	2000	
枣阳市	45048	35595	7667	1503	2200	
宜城市	65072	32090	28430	1678	4800	
鄂州市	**42296**	**7604**	**27678**	**462**	**5939**	**3**
梁子湖区	12583	3377	7876	104	881	3
华容区	14334	1863	9105	199	2697	
鄂城区	15379	2364	10697	159	2361	
荆门市	**312985**	**61062**	**245523**	**5819**	**6187**	
东宝区	26942	4288	22045	609	213	
掇刀区	39080	5773	33242	65	394	
京山县	47307	9156	35732	2278	2545	
沙洋县	108088	17029	89056	1833	979	
钟祥市	91568	24816	65448	1034	2056	
孝感市	**225137**	**76383**	**145374**	**3072**	**12735**	**42**

续表 1

单位：吨

地区	油料产量				棉花产量	麻类产量
		花生	油菜籽	芝麻		
孝感市辖区	1254	389	838	27		
孝南区	31650	6165	24965	496	1932	
孝昌县	37358	12963	23610	745	2448	
大悟县	57028	47722	8878	328	544	42
云梦县	21243	1406	19557	245	2389	
应城市	29733	2865	26395	454	1147	
安陆市	18764	3628	14454	626	984	
汉川市	28107	1245	26677	151	3291	
荆州市	**446379**	**6529**	**427087**	**12386**	**49335**	**48**
荆州开发区	1200		1176	24	1	
沙市区	5751		5750		275	
荆州区	26529	789	23137	2581	2079	
公安县	96663	1472	94003	1077	17679	
监利县	118236	484	115611	2063	9558	
江陵县	50840	2163	46558	2099	1174	
石首市	34992	276	33984	688	6538	
洪湖市	85717	483	81890	3277	3505	48
松滋市	26451	862	24978	577	8527	
黄冈市	**457903**	**163178**	**279535**	**8989**	**31800**	**1031**
龙感湖管理区	125		125			
黄州区	5293	564	4480	165	2600	
团风县	14747	3755	7485	2207	1800	8
红安县	84080	68505	15084	289	1200	
罗田县	33737	8313	23819	905	1100	7
英山县	13221	3122	8984	308	300	
浠水县	62427	15799	44598	1274	8600	
蕲春县	55975	6244	48398	853	3400	980
黄梅县	54714	3574	49584	1034	5900	
麻城市	87714	49916	35249	1473	4400	
武穴市	45871	3385	41729	479	2500	35
咸宁市	**169762**	**29939**	**128266**	**5378**	**6327**	**180**
咸安区	67073	10935	52261	1854	667	16
嘉鱼县	15932	2477	11835	851	228	8
通城县	13649	2442	10540	90	167	
崇阳县	19775	7037	12516	89	1805	5
通山县	9805	2698	6894	162		
赤壁市	43528	4351	34219	2332	3460	152
随州市	**98358**	**38664**	**46341**	**631**	**4798**	**11**
曾都区	13702	1490	9308	65	583	
随县	32038	15081	12085	260	1171	
广水市	52618	22093	24948	307	3044	11
恩施州	**119213**	**23080**	**92312**	**166**		**25**
恩施市	20323	2964	17176			25
利川市	14367	1940	10845			
建始县	19101	3558	14649			
巴东县	25214	5207	18878	166		
宣恩县	7243	3479	3764			
咸丰县	18457	3781	14676			
来凤县	9604	1230	8374			
鹤峰县	4903	921	3951			
仙桃市	118221	4154	108645	5200	15559	
潜江市	53695	3430	48808	1457	2373	
天门市	101168	27306	71714	2148	11656	
神农架林区	1092	42	323			

续表 2　　　　单位：吨

地区	糖料产量	烟叶产量	烤烟	蔬菜及食用菌产量	食用菌	瓜果类产量
湖北省	**269945**	**68413**	**61844**	**38263995**	**417569**	**3271959**
武汉市	**16787**			**7389953**	**108647**	**547709**
武汉市辖区	1823			987458	22365	46958
汉南				277558	1000	61518
蔡甸				811889	3052	128595
江夏				1522491	10457	148572
黄陂	6144			2268961	3450	107623
新洲	8820			1521595	68323	54443
黄石市	**5632**			**647491**	**21244**	**81774**
黄石市辖区				65836	4283	478
阳新县	1228			292310	6889	41499
大冶市	4404			289345	10072	39797
十堰市	15396	8775	8775	1504887	19551	43521
茅箭区	2			22921	17	76
张湾区				81111	129	394
郧阳区	420			383857	841	20783
郧西县	11979	512	512	274037	1143	7260
竹山县	708	2494	2494	224372	746	1966
竹溪县	2074	1370	1370	166000	709	793
房县	213	4292	4292	207275	15054	2024
丹江口市		106	106	145314	912	10224
宜昌市	**2440**	**6180**	**4912**	**4485602**	**48137**	**167961**
宜昌市辖区	19			165576	510	299
夷陵区	185	25	9	800874	1291	21482
宜都市		15	1	222721	227	3543
枝江市	1239			664721	1370	108374
当阳市	997			864433	1956	24348
远安县				127874	41184	1309
兴山县		2115	1725	241937	1047	4640
秭归县		2773	2773	376725	385	2621
长阳县		481	145	763369	104	831
五峰县		771	259	257372	63	514
襄阳市	**11014**	**7722**	**7722**	**2704031**	**45385**	**507607**
高新区				21327		5730
襄城区	410			231857	265	14277
樊城区	1539			240582	798	11628
襄州区	1064	72	72	355420	1191	32499
南漳县	1607	1970	1970	355552	8420	10565
谷城县	246			287899	1130	5417
保康县	239	5512	5512	184105	3600	432
老河口市	684			532346	12800	42911
枣阳市	3283	168	168	192793	15369	19580
宜城市	1942			302150	1813	364568
鄂州市	**6523**			**987430**	**377**	**62448**
梁子湖区	1126			229501	341	23507
华容区	2127			282825	36	19576
鄂城区	3270			475104		19365
荆门市	**12200**			**1675421**	**29193**	**212236**
东宝区	126			186587	8555	38643
掇刀区	361			121785	2000	23397
京山县	3953			378904	5570	56904
沙洋县	6715			391924	4798	25207
钟祥市	1044			596221	8270	68085
孝感市	**13670**			**3965563**	**18821**	**309755**

续表 3 单位：吨

地区	糖料产量	烟叶产量	烤烟	蔬菜及食用菌产量	食用菌	瓜果类产量
孝感市辖区	134			2318		
孝南区	1762			627279	793	64848
孝昌县	6653			417729	1035	50793
大悟县	95			310552	289	14284
云梦县				816645	4185	18078
应城市	709			610114	4118	60452
安陆市	590			293771	4484	55615
汉川市	3728			887155	3917	45684
荆州市	**33392**			**2963033**	**10369**	**556040**
荆州开发区				42192		1597
沙市区				296768		20381
荆州区	1006			667454	13	96309
公安县	4742			420614	657	81813
监利县	14084			462256	2529	55123
江陵县	4869			156065	61	71167
石首市	4402			360976	3919	56332
洪湖市	2669			311190	2278	49390
松滋市	1620			245518	912	123928
黄冈市	**27887**			**3334411**	**15532**	**142242**
龙感湖管理区				23597	0	1357
黄州区	340			263680	1291	15473
团风县	2019			108894	576	11130
红安县	108			295246	297	10587
罗田县	4106			263278	3135	13573
英山县	1022			189156	1046	1086
浠水县	2629			779793	7480	15201
蕲春县	10607			390218	354	19816
黄梅县	1043			206360	938	14116
麻城市	1520			610105	115	11401
武穴市	4493			204086	301	28503
咸宁市	**77400**			**2354627**	**9131**	**195807**
咸安区	469			248680	1590	47608
嘉鱼县	44181			1195918	135	55230
通城县				122575	317	2997
崇阳县	13451			162495	702	15318
通山县				148465	2930	4967
赤壁市	19299			476495	3457	69687
随州市	**1167**			**1465940**	**85544**	**136895**
曾都区				244943	3048	5864
随县	552			437743	59857	46112
广水市	615			783254	22639	84919
恩施州	**4746**	**45579**	**40278**	**2556887**	**2704**	**44778**
恩施市	4746	6440	5512	572195	172	4395
利川市		9723	9535	771691	1381	4634
建始县		4006	3269	197417	88	13348
巴东县		5884	5884	293076	432	7293
宣恩县		6817	5303	138183	53	3584
咸丰县		6095	4244	272890		4359
来凤县		1525	1441	115446	2	6374
鹤峰县		5089	5089	195988	576	792
仙桃市	**32201**			**519980**	**1143**	**97205**
潜江市	**4215**			**876243**	**167**	**72140**
天门市	**5275**			**798907**	**98**	**93828**
神农架林区		**157**	**157**	**33589**	**1526**	**13**

4 林业及土特产

全省林业生产情况

指标名称	计量单位	全省合计
一、荒山荒(沙)地造林面积	公顷	199831
1.人工造林	公顷	162328
其中：竹林面积	公顷	1238
2.飞播造林	公顷	
3.无林地和疏林地新封	公顷	37503
(一)按经济成份分		
(1)公有经济造林	公顷	64360
①国有经济造林	公顷	13744
②集体经济造林	公顷	50616
(2)非公有经济造林	公顷	135471
(二)按林种用途分		
(1)用材林	公顷	79368
(2)经济林	公顷	41091
(3)防护林	公顷	74127
(4)薪炭林	公顷	2300
(5)特种用途林	公顷	2945
二、有林地造林面积	公顷	29956
1.林冠下造林	公顷	
2.飞播营林	公顷	
3.有林地和灌木林地新封	公顷	29956
三、更新造林	公顷	4004
四、四旁（零星）植树	万株	14577
五、年末实有封山（沙）育林面积	公顷	1151393
六、森林抚育	公顷	405782
七、林木种苗		
1.林木种子采集量	吨	2754
2.当年苗木产量	万株	147417
3.育苗面积	公顷	42808
八、主要林产品产量		
1.生漆	吨	3217
2.油桐籽	吨	21593
3.乌桕籽	吨	11701
4.油茶籽	吨	146879
5.五倍子	吨	2826
6.棕片	吨	3044
7.松脂	吨	42665
8.竹笋干	吨	22154
9.核桃	吨	121800
10.板栗	吨	434780
11.花椒	吨	1916
12.八角	吨	59
九、竹木采伐		
1.木材	万立方米	348.6
其中：村及村以下采伐	万立方米	286.4
2.竹材	万根	3825.9
其中：村及村以下采伐	万根	2809.4

茶叶产量

单位：吨

地区	茶叶产量	绿茶	青茶	红茶	黑茶
湖北省	**303254**	**211203**	**1136**	**34243**	**48431**
武汉市	**2298**	**2188**		**33**	
武汉市辖区	37	30			
汉南区					
蔡甸区					
江夏区	163	163			
黄陂区	1274	1259		15	
新洲区	824	736		18	
黄石市	973	811		52	
黄石市辖区	2	2			
阳新县	872	710		52	
大冶市	99	99			
十堰市	**13310**	**11232**	**291**	**1351**	**362**
茅箭区	183	181			
张湾区	128	115			
郧阳区	363	355		8	
郧西县	287	287			
竹山县	5628	4595		655	362
竹溪县	5162	4376	291	495	
房　县	702	702			
丹江口市	857	621		193	
宜昌市	**78799**	**64429**	**2**	**13219**	
宜昌市辖区	1084	1075	2	7	
夷陵区	23558	23415		103	
宜都市	15669	9679		5292	
枝江市	42	42			
当阳市	1030	1030			
远安县	2473	1716		560	
兴山县	2306	2203			
秭归县	6345	6141		167	
长阳县	4960	4886			
五峰县	21332	14242		7090	
襄阳市	8731	7837		363	531
高新区	1	1			
襄城区	6	6			
樊城区	1	1			
襄州区	23	23			
南漳县	676	676			
谷城县	3487	2842		220	425
保康县	3991	3742		143	106
老河口市	8	8			
枣阳市	452	452			
宜城市	86	86			
鄂州市	**241**	**139**	**57**	**42**	
梁子湖区	241	139	57	42	
华容区					
鄂城区					
荆门市	**228**	**221**		**7**	
东宝区	63	56		7	
掇刀区					
京山县	20	20			
沙洋县	1	1			
钟祥市	144	144			
孝感市	**7560**	**6801**		**719**	

续表 1

单位：吨

地区	茶叶产量	绿茶	青茶	红茶	黑茶
孝感市辖区	41	41			
孝南区	33	32		1	
孝昌县	1258	1258			
大悟县	5767	5049		718	
云梦县					
应城市	345	345			
安陆市	116	76			
汉川市					
荆州市	**280**	**80**			**200**
荆州开发区					
沙市区					
荆州区					
公安县	15	15			
监利县					
江陵县					
石首市	251	51			200
洪湖市					
松滋市	14	14			
黄冈市	**37751**	**36119**		685	98
龙感湖管理区					
黄州区	12	12			
团风县	260	258			
红安县	2579	2579			
罗田县	1236	1236			
英山县	27016	25391		685	98
浠水县	1410	1410			
蕲春县	1475	1475			
黄梅县	538	533			
麻城市	2923	2923			
武穴市	302	302			
咸宁市	**50474**	**7963**	**239**	**943**	**38153**
咸安区	2412	1747	237	0	428
嘉鱼县	1684	673			
通城县	2112	1694		182	236
崇阳县	2666	1309			
通山县	1787	930	2	190	
赤壁市	39813	1610		571	37489
随州市	**2994**	**2922**		**55**	
曾都区	103	74		29	
随县	2100	2063		26	
广水市	791	785			
恩施州	**99548**	**70414**	**527**	**16774**	**9087**
恩施市	21583	18977		2606	
利川市	16830	10236	1	6547	
建始县	578	577			
巴东县	2170	2099		5	51
宣恩县	16947	14730		892	1325
咸丰县	9073	4801	526	2595	1151
来凤县	3995	1310			
鹤峰县	28371	17684		4128	6560
仙桃					
潜江					
天门					
神农架林区	**67**	**47**	**20**		

园林水果产量

单位：吨

地区	园林水果	梨	柑桔类	柑	桔	橙	柚
湖北省	**6212480**	**374865**	**4658958**	**1825259**	**1927127**	**749703**	**156868**
武汉市	**112488**	**4665**	**30298**	**2240**	**27361**	**636**	**61**
武汉市辖区	11619	627	1049	288	748	12	1
汉南区	2527	262	257	1	171	85	
蔡甸区	11614	744	4718	1798	2322	538	60
江夏区	29957	431	20470		20470		
黄陂区	16888	849	2994		2994		
新洲区	39883	1753	810	154	656		
黄石市	**56873**	1865	39373	8188	**26458**	4034	693
黄石市辖区	1898	46	1503	36	1458	2	7
阳新县	41407	1144	32162	6930	20936	3696	600
大冶市	13568	675	5708	1222	4064	336	86
十堰市	**277141**	**640**	**239109**	**4580**	**229918**	**4611**	
茅箭区	322	6	70		70		
张湾区	2174	49	377		377		
郧阳区	34508	20	24803	4237	19793	773	
郧西县	7800	319	1008	165	843		
竹山县	6038	71	213	167	45		
竹溪县	2825	41	30		30		
房　县	8615	33	3615	11	3510	94	
丹江口市	214860	100	208994		205250	3744	
宜昌市	**3668180**	**31257**	**3566189**	**1546966**	**1287502**	**713095**	**18626**
宜昌市辖区	122331	35	122104	63745	54404	223	3732
夷陵区	787695	1178	768136	89221	674205	3728	982
宜都市	630887	348	625584	423285	197824	1486	2989
枝江市	724915	17667	692100	576818	25395	83896	5991
当阳市	524945	1412	515708	280063	230101	2420	3124
远安县	64671	628	61796		61796		
兴山县	97170	3376	91584	1184	7572	82828	
秭归县	561553	559	559104	14812	9770	534274	248
长阳县	140484	3293	121129	94754	21528	3874	973
五峰县	13529	2761	8944	3084	4907	366	587
襄阳市	414562	39640	26276	5371	20888	17	
高新区	1042	67	15		15		
襄城区	6716	2001	127	73	54		
樊城区	4465	999	158	24	134		
襄州区	39241	7593	682	682			
南漳县	27622	320	20799	3120	17662	17	
谷城县	5058	599	1604	202	1402		
保康县	2650	126	328	228	100		
老河口市	40246	19765	178		178		
枣阳市	245848	5489	534		534		
宜城市	41674	2682	1850	1042	808		
鄂州市	**37211**	**4196**	**23750**	**1623**	**18179**	**89**	**3859**
梁子湖区	8004	315	7009	675	4826	13	1495
华容区	15521	1915	8267	155	6964	0	1148
鄂城区	13686	1966	8474	793	6389	76	1216
荆门市	**350359**	**151682**	**131253**	**40377**	**86380**	**3088**	**1408**
东宝区	93137	2550	83668	23000	58532	1484	652
掇刀区	8758		6460	425	5480	470	85
京山县	93633	50022	13503	6525	6978		
沙洋县	17334	4294	8120	1022	7021	77	
钟祥市	137497	94816	19502	9405	8369	1057	671
孝感市	**148593**	**13251**	**18240**	**5996**	**11182**	**442**	**620**

单位：吨

地区	园林水果	梨	柑桔类	柑	桔	橙	柚
孝感市辖区	28		14	14			
孝南区	12351	375	1178	134	1044		
孝昌县	81134	1680	14158	5767	7356	415	620
大悟县	12690	1989	81	81			
云梦县	7337	1399	341		339	2	
应城市	12740	3285	577		577		
安陆市	12906	500	1105		1080	25	
汉川市	9407	4023	786		786		
荆州市	**435512**	**12293**	**295583**	**139914**	**103371**	**17013**	**35285**
荆州开发区	2230	6	80	35	12	6	27
沙市区	1620	182	236	117	119		
荆州区	27630	5545	8854	2394	1028	4320	1112
公安县	186049	4073	94689	11522	65294	7075	10798
监利县	8500	1688	2834	378	2456		
江陵县	7256	92	1149	145	719	39	246
石首市	22805	72	15998	3169	10019	1486	1324
洪湖市	1700	50	757		757		
松滋市	177722	585	170986	122154	22967	4087	21778
黄冈市	**47340**	**2987**	**13262**	**4846**	**8116**	**128**	**172**
龙感湖管理区	195	78	103	0	103		
黄州区	1294	132	482	0	482		
团风县	577	104	155	41	106		8
红安县	4014	395	705	0	705		
罗田县	10222	712	576	0	576		
英山县	198	24	33	20	13		
浠水县	4879	201	2852	2742		110	
蕲春县	15355	134	3856	1334	2522		
黄梅县	1895	212	1263	91	1172		
麻城市	5249	930	669	306	363		
武穴市	3462	65	2568	312	2074	18	164
咸宁市	**76581**	**11308**	**37701**	**7263**	**26892**	**3483**	**63**
咸安区	3050	331	1248	32	1209	5	2
嘉鱼县	5135	210	2389	328	1334	727	
通城县	6055	92	4506	4506	0		
崇阳县	13678	6654	1060	61	938	30	31
通山县	14708	1734	10054	40	9229	785	
赤壁市	33955	2287	18444	2296	14182	1936	30
随州市	**158461**	**9677**	**7118**	**191**	**6908**	**18**	**0**
曾都区	3761	44	352	0	352	0	0
随县	72051	3620	4332	0	4332	0	0
广水市	82650	6013	2433	191	2224	18	0
恩施州	**338278**	**71125**	**221515**	**57189**	**65528**	**2828**	**95971**
恩施市	30822	4789	14892	1866	9061	304	3662
利川市	47103	39558	4041	2675	663	74	629
建始县	16294	2950	3883	1205	702	104	1872
巴东县	74476	1451	59402	25375	30924	1173	1929
宣恩县	118163	6230	111723	24482	1780		85462
咸丰县	22407	13112	3984	38	2778	43	1125
来凤县	19554	1690	16044	1536	12115	1128	1264
鹤峰县	9459	1344	7546	12	7504	2	28
仙桃	**15559**	**2780**	**5105**	**92**	**4931**	**82**	
潜江	**59592**	**10000**	**1842**	**238**	**1354**	**140**	**110**
天门	**15478**	**7480**	**2344**	**185**	**2159**		
神农架林区	**271**	**19**					

茶园、果园面积

单位：公顷

地区	年末实有茶园面积	本年采摘面积	年末果园面积	梨园	柑桔园	桃园	葡萄园
湖北省	**283308**	**202898**	**345815**	**22909**	**217773**	**45213**	**14195**
武汉市	**6676**	**5387**	**7747**	**307**	**2187**	**2332**	**1291**
武汉市辖区	98	80	691	41	76	283	217
汉南区			191	17	20	44	53
蔡甸区			991	49	350	111	201
江夏区	479	387	2264	28	1468	279	82
黄陂区	3705	2989	1304	56	215	361	272
新洲区	2394	1932	2307	115	58	1254	465
黄石市	**3596**	**2951**	**4925**	**153**	**3057**	**524**	**319**
黄石市辖区	7	7	189	5	118	21	1
阳新县	2995	2638	3401	85	2482	262	201
大冶市	594	306	1335	63	457	241	117
十堰市	**32769**	**17488**	**23034**	**94**	**18559**	**737**	**155**
茅箭区	341	243	39	1	5	2	1
张湾区	306	168	437	7	4	40	1
郧阳区	814	482	1327	3	407	280	33
郧西县	885	381	783	47	22	53	58
竹山县	13805	8502	812	10	13	63	26
竹溪县	11890	5662	873	6	18	157	8
房县	2073	932	241	5	12	18	6
丹江口市	2656	1118	18522	15	18077	126	23
宜昌市	**49669**	**39231**	**139731**	**831**	**134289**	**1007**	**463**
宜昌市辖区	618	552	5032	1	4937	4	3
夷陵区	10745	8615	24455	30	23299	49	222
宜都市	7375	6227	21629	9	21226	276	34
枝江市	29	28	22848	436	21930	323	55
当阳市	580	374	23969	45	23424	199	71
远安县	1116	926	3692	22	3413	61	46
兴山县	1908	1170	6836	88	6441	22	13
秭归县	6719	4754	21679	16	21464	12	3
长阳县	6416	4323	9190	105	7888	58	7
五峰县	14164	12264	399	79	267	1	9
襄阳市	**15317**	**12339**	**24438**	**1984**	**1771**	**18345**	**485**
高新区	1	1	63	3	1	29	26
襄城区	10	10	410	99	9	142	63
樊城区	2	2	246	50	11	57	105
襄州区	40	40	1973	370	46	1169	37
南漳县	1187	957	1831	16	1402	324	43
谷城县	6117	4975	306	30	108	100	27
保康县	6973	5367	264	10	22	36	7
老河口市	14	14	2686	1089	12	1002	41
枣阳市	793	793	14672	225	36	13841	85
宜城市	180	180	1987	91	125	1646	51
鄂州市	**425**	**405**	**2683**	**467**	**1020**	**208**	**123**
梁子湖区	404	383	1270	140	442	65	9
华容区	21	19	596	61	224	84	70
鄂城区			818	265	355	59	44
荆门市	**1121**	**870**	**16715**	**4292**	**6798**	**3932**	**760**
东宝区	390	390	4738	68	4010	265	180
掇刀区			591		402	97	43
京山县	396	161	4755	1430	672	2406	31
沙洋县	19	19	1034	129	425	146	163
钟祥市	316	300	5598	2665	1289	1018	343
孝感市	**19810**	**12989**	**5561**	**328**	**456**	**3379**	**290**

续表 1　　单位：公顷

地区	年末实有茶园面积	本年采摘面积	年末果园面积	梨园	柑桔园	桃园	葡萄园
孝感市辖区	203	197	22		5	4	
孝南区	424	195	643	8	28	583	15
孝昌县	5943	4257	3030	55	315	1584	65
大悟县	12781	7931	874	105	8	740	0
云梦县			100	24	6	36	31
应城市	228	210	194	53	6	69	63
安陆市	231	200	547	43	83	304	79
汉川市			151	40	7	59	37
荆州市	**797**	**784**	**20350**	**546**	**15603**	**850**	**2960**
荆州开发区			66		4		62
沙市区			80	8	29	5	26
荆州区			927	247	253	53	324
公安县	85	85	5504	181	2576	423	2185
监利县			335	75	99	116	34
江陵县			327	4	109	94	106
石首市	471	471	1100	3	865	87	132
洪湖市			92	2	51	5	11
松滋市	240	228	11919	26	11616	67	79
黄冈市	**29264**	**24179**	**6097**	**417**	**1089**	**2150**	**1016**
龙感湖管理区			37	14	9		1
黄州区	17	17	183	18	43	34	67
团风县	544	404	112	15	14	1	34
红安县	2772	2217	666	50	37	80	473
罗田县	1504	1133	736	90	64	66	62
英山县	17014	15098	40	3	3	14	9
浠水县	1086	893	677	32	241	124	67
蕲春县	1515	1264	2124	22	315	1642	40
黄梅县	744	342	354	37	109	5	35
麻城市	3633	2464	620	124	68	147	137
武穴市	435	348	547	12	187	35	91
咸宁市	**30121**	**18590**	**19479**	**4014**	**8387**	**1233**	**1086**
咸安区	4863	2094	800	48	290	156	59
嘉鱼县	1464	1175	654	22	322	46	59
通城县	4624	3043	2847	51	2416	158	54
崇阳县	4892	2590	5323	2513	646	512	380
通山县	3613	2000	6285	933	3614	184	304
赤壁市	10665	7688	3569	447	1099	177	231
随州市	**7258**	**6987**	**14766**	**1013**	**1011**	**7456**	**1407**
曾都区	388	255	960	39	38	559	28
随县	4417	4410	10093	559	731	5054	1065
广水市	2454	2322	3713	415	241	1843	314
恩施州	**85757**	**60035**	**57180**	**7951**	**23305**	**2324**	**2460**
恩施市	19197	14809	6620	846	1857	334	368
利川市	11704	7383	4285	2582	527	84	108
建始县	2481	1274	3931	152	827	147	1119
巴东县	4553	2400	10444	304	6629	1041	78
宣恩县	13360	10093	12285	613	10334	110	10
咸丰县	12693	7436	15251	3047	1106	306	662
来凤县	3238	2949	3006	179	1472	72	107
鹤峰县	18530	13691	1358	229	552	230	7
仙桃			**502**	**58**	**124**	**124**	**141**
潜江			**2173**	**333**	**78**	**533**	**1200**
天门	**65**		**282**	**113**	**40**	**77**	**37**
神农架林区	**663**	**663**	**154**	**8**		**2**	**1**

林产品产量

单位：吨

地区	生漆	油桐籽	乌柏籽	油茶籽	核桃	板栗	五倍子	棕片	松脂	竹笋干
全省合计	**3217**	**21593**	**11701**	**146879**	**121800**	**434780**	**2826**	**3044**	**42665**	**22154**
武汉市				**6614**		**3017**				
蔡甸区										
江夏区						190				
黄陂区				5742		2142				
新洲区				872		685				
黄石市		**211**	**11**	**13081**		**1133**		**134**		**661**
大冶市				3000		350				
阳新县		211	11	10081		783		134		661
十堰市	**354**	**12207**	**342**	**1443**	**57095**	**39545**	**1142**	**256**	**190**	**3512**
茅箭区					125	200				
张湾区	1	14		11	190	1620	3			3
郧阳区	1	2032	335	3	7400	10523	139			122
郧西县	1	9488	7	1000	9089	2165	10			116
竹山县	5	434		120	11367	4581	622	28		500
竹溪县	84	25		60	15206	1593	242	50		135
房县	262	52		48	11297	12855	126	178	190	2635
丹江口市		150		200	2420	6000				
武当山特区		12		1	1	8				1
宜昌市	**116**	**351**	**234**	**352**	**35187**	**8605**	**1145**	**1235**	**8879**	**1718**
西陵区										
伍家岗区										
点军区						130				
猇亭区										5
夷陵区				140	2000	2200	11			450
远安县				5	300	1540				936
兴山县	7	50		50	18531	1300	11	32	156	16
秭归县	2			5	12926	1032	11	2		
长阳自治县	82		200	104	1093	1500	200			10
五峰自治县	12	5		14	125	206	880	192		2
宜都市	13	296	34		200	448	27	975		70
当阳市				34	12	39	5	4	8723	229
枝江市						210		30		
襄阳市	**13**	**372**	**176**	**19574**	**17999**	**26998**	**205**	**601**	**1883**	**457**
襄城区	5				2	277				
樊城区										
襄州区				4	5	270				
南漳县		175		2175	5535	7910	150	150	400	251
谷城县	2	42	10	12531	425	1823	8	15	203	31
保康县	6	103	166	51	11185	14693	47	436	80	175
老河口市					800					
枣阳市		16		4800		760				
宜城市		36		13	47	1265			1200	
鄂州市			**147**	**2672**		**832**				**24**
荆门市		**20**	**84**	**969**	**753**	**18586**	**16**	**12**	**25213**	**54**
东宝区				235	94	1947	16		12893	2
掇刀区				1	4					
漳河新区				90		10				
京山县		20	25	273	533	16347		12	12020	16
沙洋县				20	82	30			300	
钟祥市			59	350	40	252				35
屈家岭管理区										1
孝感市		**132**	**6253**	**8443**	**2**	**65916**			**20**	**254**

续表 单位：吨

地区	生漆	油桐籽	乌桕籽	油茶籽	核桃	板栗	五倍子	棕片	松脂	竹笋干
孝南区		2		43		63				
孝昌县		30	3	900		1300			20	
大悟县		100	6250	5000	2	63333				250
云梦县						20				
应城市										
安陆市				2500		1200				4
汉川市										
荆州市		**43**	**20**	**930**	**20**	**75**			**50**	**39**
沙市区										
荆州区										
公安县										
监利县										
江陵县										
石首市						30				
洪湖市										
松滋市		43	20	930	20	45			50	39
黄冈市		**1893**	**3208**	**27984**		**226239**	**4**		**6368**	**1723**
黄州区										
团风县		11		245		3174				15
红安县		15	721	1890		36840	4		1200	
罗田县		724	1258	1210		88827				132
英山县		135	821	8250		14987			3000	
浠水县		8	8	950		9800			210	25
蕲春县				1750		3790			458	18
黄梅县				406		1385				115
麻城市		1000	400	13027		67181			1500	1050
武穴市				256		255				368
龙感湖管理区										
咸宁市		**396**		**47877**		**3865**		**261**		**11585**
咸安区				2762		155				3000
嘉鱼县				225		64				
通城县		56		23515		1650				925
崇阳县		154		1277		804		138		3298
通山县		18		19750		592		123		2181
赤壁市		168		348		600				2181
随州市		**1048**	**1140**	**10524**	**1755**	**19458**	**74**		**61**	**1810**
曾都区		358	631	944	14	1307	74			
广水市		310	260	2150	185	3680				1750
随县		380	249	7430	1546	14471			61	60
恩施自治州	**2734**	**4920**	**86**	**6416**	**8820**	**20049**	**240**	**545**	**1**	**317**
恩施市	172	4	2	3120	2157	3108	21	18		17
利川市	1756	500		80	2150	1300				150
建始县	398	197	33	48	524	245	102	65		
巴东县	115	60		6	1391	8086	7	6	1	10
宣恩县	87	32	15	116	1384	1623	1			51
咸丰县	30	11	1	26		2505	2	6		22
来凤县	151	4093		2965	6	1404	81	28		67
鹤峰县	25	23	35	55	1208	1778	26	422		
仙桃市										
潜江市										
天门市										
神农架林区					**169**	**462**				

长江防护林工程建设情况

地区	荒山荒(沙)地造林面积（公顷）	在造林面积中			退化林修复面积（公顷）	森林抚育面积（公顷）	年末实有封山（沙）育林面积（公顷）
		人工造林（公顷）	飞播造林（公顷）	无林地和疏林地新封（公顷）			
湖北省	**14037**	**8,473**		**5564**			**147,919**
武汉市	**134**	**134**					
江夏区	67	67					
黄陂区	67	67					
黄石市	**466**	**400**		**66**			**967**
大冶市	133	133					
阳新县	333	267		66			967
十堰市	**2135**	**1,068**		**1067**			**16,667**
茅箭区							533
张湾区							667
郧阳区	467	267		200			2,266
郧西县	467	267		200			2,266
竹山县	267	67		200			1,733
竹溪县	267	267					2,202
房县	400	133		267			6,600
丹江口市	267	67		200			400
宜昌市	**1000**	**134**		**866**			**3,999**
远安县	333			333			333
秭归县	333			333			1,933
长阳自治县	67	67					133
五峰自治县	267	67		200			1,600
襄阳市	**735**	**601**		**134**			**1,334**
襄城区	67	67					
樊城区	67	67					
襄州区	67	67					
谷城县	134	67		67			333
保康县	200	133		67			1,001
老河口市	67	67					
宜城市	133	133					
鄂州市	**133**	**133**					
荆门市	**533**	**466**		**67**			**533**
京山县	200	133		67			466
沙洋县	133	133					
钟祥市	133	133					67
屈家岭管理区	67	67					
孝感市	**1067**	**534**		**533**			**1,057**
孝南区	67	67					
孝昌县	267	67		200			200
大悟县	466	133		333			677
云梦县	67	67					

续表 1

地区	荒山荒(沙)地造林面积（公顷）	在造林面积中			退化林修复面积（公顷）	森林抚育面积（公顷）	年末实有封山（沙）育林面积（公顷）
		人工造林（公顷）	飞播造林（公顷）	无林地和疏林地新封（公顷）			
应城市	67	67					
安陆市	133	133					180
荆州市	**734**	**734**					
荆州区	67	67					
公安县	133	133					
监利县	134	134					
江陵县	67	67					
石首市	133	133					
洪湖市	133	133					
松滋市	67	67					
黄冈市	**1733**	**1,000**		**733**			**84,897**
黄州区	67	67					
团风县	333	133		200			1,733
罗田县	200	67		133			6,197
英山县	133	133					76,567
浠水县	133	133					
蕲春县	400	200		200			200
黄梅县	67	67					
麻城市	400	200		200			200
咸宁市	**2134**	**1,467**		**667**			**28,599**
咸安区	133	133					20,333
嘉鱼县	67	67					
通城县	334	267		67			333
崇阳县	667	400		267			6,800
通山县	800	467		333			1,133
赤壁市	133	133					
随州市	**933**	**733**		**200**			**1,999**
曾都区	133	133					133
广水市	333	333					733
随县	467	267		200			1,133
恩施自治州	**1899**	**668**		**1231**			**7,200**
恩施市	30			30			333
利川市	400	200		200			1,667
建始县	334	67		267			733
巴东县	334	67		267			1,267
宣恩县	267	67		200			1,067
来凤县	467	200		267			1,800
鹤峰县	67	67					333
仙桃市	**134**	**134**					
潜江市	**133**	**133**					
天门市	**134**	**134**					
神农架林区							**667**

续表 2

地区	全部林业投资完成额（万元）	其中：中央投资	1.营造林	2.种苗	3.森林防火	4.病虫害防治	5.科技费用	6.其他
湖北省	**12,264**	**9,074**	**9,106**	**1989**	**418**	**112**	**46**	**593**
武汉市	**161**	**100**	**56**	**79**				**26**
江夏区	110	50	48	53				9
黄陂区	51	50	8	26				17
黄石市	**1,862**	**880**	**1,620**	**195**	**15**		**20**	**12**
大冶市	120	100	120					
阳新县	1,742	780	1,500	195	15		20	12
十堰市	**802**	**750**	**670**	**101**				**31**
茅箭区								
张湾区								
郧阳区	282	230	222	40				20
郧西县	240	240	168	61				11
竹山县								
竹溪县	200	200	200					
房县								
丹江口市	80	80	80					
宜昌市	**200**	**130**	**150**	**32**	**10**	**2**		**6**
远安县								
秭归县	50	50	12	25	10			3
长阳自治县	70		70					
五峰自治县	80	80	68	7		2		3
襄阳市	**486**	**470**	**345**	**123**	**5**	**6**		**7**
襄城区	50	50	50					
樊城区	50	50	50					
襄州区	66	50	10	48		1		7
谷城县	60	60	40	20				
保康县	110	110	45	55	5	5		
老河口市	50	50	50					
宜城市	100	100	100					
鄂州市								
荆门市	**460**	**320**	**429**	**9**	**3**	**9**		**10**
京山县	110	110	89	9	3	9		
沙洋县	240	100	240					
钟祥市	110	110	100					10
屈家岭管理区								
孝感市	**573**	**150**	**286**	**15**	**197**	**63**	**6**	**6**
孝南区	150	50	150					
孝昌县	80	80	80					
大悟县	20		56			20		
云梦县	78	20		15	2	3	1	1
应城市								
安陆市	245				195	40	5	5

续表 3

地区	全部林业投资完成额（万元）	其中：中央投资	1.营造林	2.种苗	3.森林防火	4.病虫害防治	5.科技费用	6.其他
荆州市	**754**	**570**	**575**	**152**		**14**	**7**	**6**
荆州区								
公安县	100	10	100					
监利县	100	10	100					
江陵县								
石首市	370	220	260	100		2	7	1
洪湖市	100	100	53	35		12		
松滋市	84	50	62	17				5
黄冈市	**1,105**	**890**	**788**	**186**	**71**	**16**	**8**	**36**
黄州区								
团风县	165	130	95	20	30	6		14
罗田县	250	250	250					
英山县								
浠水县	243	100	183	50				10
蕲春县	197	180	100	80	10	7		
黄梅县	70	50	54	11	1	1	1	2
麻城市	180	180	106	25	30	2	7	10
咸宁市	**3,413**	**2,380**	**2521**	**486**	**50**			**356**
咸安区	105	80	90	15				
嘉鱼县								
通城县	1,850	900	1200	300	50			300
崇阳县	900	900	900					
通山县	434	400	235	151				48
赤壁市	124	100	96	20				8
随州市	**1,513**	**1,500**	**1053**	**337**	**63**			**60**
曾都区								
广水市	713	700	435	155	63			60
随县	800	800	618	182				
恩施自治州	**735**	**734**	**563**	**128**	**4**	**2**	**5**	**33**
恩施市	33	33	33					
利川市	180	180	142	28		2	3	5
建始县	91	91	49	34				8
巴东县	90	90	90					
宣恩县	81	80	59	18				4
来凤县	190	190	162	12			2	14
鹤峰县	70	70	28	36	4			2
仙桃市								
潜江市	**100**	**100**	**50**	**46**				**4**
天门市	**100**	**100**		**100**				
神农架林区								

天然林保护工程建设情况

地区	工程区造林面积（公顷）				退化林修复面积（公顷）	森林抚育面积（公顷）	年末实有封山（沙）育林面积（公顷）	年末实有森林管护面积（公顷）
		人工造林（公顷）	飞播造林（公顷）	无林地和疏林地新封（公顷）				
湖北省	**7320**	**2000**		**5320**		**23733**	**234245**	**3322527**
十堰市	**2600**	**734**		**1866**		**8400**	**152400**	**941372**
十堰市直						600	1466	1840
茅箭区						333	4000	16699
张湾区	267	67		200		200	2200	38059
郧阳区	466	133		333		800	3933	134585
郧西县	600	200		400		667	5733	156174
竹山县	267	67		200		800	3267	137506
竹溪县	134	134				2000	4266	125280
房县	400			400		2533	5333	175202
丹江口市	466	133		333		400	121202	132027
武当山特区						67	1000	24000
宜昌市	**1866**	**533**		**1333**		**3466**	**31600**	**801510**
宜昌市直							2400	29934
西陵区								298
伍家岗区								1148
点军区						533	1166	31929
猇亭区							700	5167
夷陵区						667	5133	171073
远安县	133	133				333	3600	62116
兴山县	333			333		600	3733	128817
秭归县	333			333			2334	140660
长阳自治县	200	200					2533	134280
五峰自治县	533	200		333		1333	4667	53406
宜都市	334			334			5334	42682
襄阳市	**999**	**266**		**733**		**3534**	**12666**	**269877**
南漳县	466	133		333		800	2866	73696
谷城县						867	5267	104974
保康县	533	133		400		1867	4533	91207
恩施自治州	**1855**	**467**		**1388**		**2666**	**30766**	**985369**
恩施州直							899	55466
恩施市							2600	153203
利川市						667	2067	188019
建始县						1000	6533	86240
巴东县	466	133		333		333	3334	132033
宣恩县	533	200		333			4733	119241
咸丰县	256	67		189			4000	69487
来凤县	267	67		200		333	3533	49380
鹤峰县	333			333		333	3067	132300
神农架林区						**5667**	**6767**	**227010**

续表 1

地区	全部林业投资完成额（万元）	在全部完成投资中					
		中央投资（万元）	营造林（万元）	森林管护（万元）	生态效益补偿（万元）	社会保险（万元）	政社性支出（万元）
湖北省	**74525**	**63863**	**4881**	**19967**	**38923**	**6661**	**1603**
十堰市	**26297**	**18298**	**2368**	**8348**	**11953**	**2054**	**452**
十堰市直	1765	378	1104	97	43	281	
茅箭区	307	299		145	129	33	
张湾区	772	672		239	491	14	
郧阳区	2952	2407	150	322	2118	219	
郧西县	3522	3153	340	211	2920	51	
竹山县	5288	3894	90	4442	387	300	69
竹溪县	3373	2692	444	1279	933	614	103
房县	5400	4457	240	1403	2344	464	229
丹江口市	2466			145	2237	42	42
武当山特区	452	346		65	351	36	
宜昌市	**15715**	**14281**	**365**	**4152**	**9387**	**1162**	**245**
宜昌市直	695	668	5	203	312	74	7
西陵区	7	7		2	5		
伍家岗区	25			3	22		
点军区	201	201		135	66		
猇亭区	95	92		40	46	9	
夷陵区	2487	2152		559	1821	59	48
远安县	1255	1042		295	685	109	36
兴山县	1892	1625		699	962	187	44
秭归县	2620	2509		285	2057	260	18
长阳自治县	3584	3436	180	1053	2139	190	22
五峰自治县	2142	1939	180	758	775	210	39
宜都市	712	610		120	497	64	31
襄阳市	**7820**	**7390**	**462**	**3167**	**3194**	**775**	**29**
南漳县	1843	1771	100	50	1500		
谷城县	3398	3280		2205	753	440	
保康县	2579	2339	362	912	941	335	29
恩施自治州	**18077**	**17278**	**586**	**2315**	**12391**	**1668**	**348**
恩施州直	70	70		26	19	25	
恩施市	3048	2913	25	399	2169	359	96
利川市	2977	2873		577	2002	358	40
建始县	1729	1586		198	1135	178	40
巴东县	5090	4990	120	58	4163	151	66
宣恩县	1948	1948	200	510	1049	159	30
咸丰县	1987	1869	120	193	1332	300	42
来凤县	1228	1029	121	354	522	138	34
鹤峰县							
神农架林区	**6616**	**6616**	**1100**	**1985**	**1998**	**1002**	**529**

退耕还林工程建设情况

地区	造林面积合计（公顷）	1.退耕地造林				2.荒山荒地造林	3.无林地和疏林地新封山育林
			25°以上坡耕地退耕造林	15°-25°水源地耕地退耕造林	严重沙化耕地退耕造林		
湖北省	**17333**	**17333**	**11547**	**5786**			
武汉市							
蔡甸区							
江夏区							
黄陂区							
新洲区							
黄石市							
大冶市							
十堰市	**4237**	**4237**	**2319**	**2008**			
茅箭区							
张湾区							
郧阳区	667	667	200	467			
郧西县	400	400	400				
竹山县							
竹溪县	1287	1287	1287				
房县	1440	1440	432	1008			
丹江口市	533	533		533			
武当山特区							
宜昌市	**1067**	**1067**	**827**	**240**			
宜昌市直							
伍家岗区							
点军区							
猇亭区							
夷陵区							
远安县							
兴山县							
秭归县	400	400	160	240			
长阳自治县	667	667	667				
五峰自治县							
宜都市							
当阳市							
枝江市							
襄阳市							
襄城区							
樊城区							
襄州区							

续表 1

地区	造林面积合计（公顷）	1.退耕地造林				2.荒山荒地造林	3.无林地和疏林地新封山育林
			25°以上坡耕地退耕造林	15°-25°水源地耕地退耕造林	严重沙化耕地退耕造林		
保康县							
老河口市							
枣阳市							
宜城市							
荆门市							
东宝区							
京山县							
沙洋县							
钟祥市							
孝感市							
安陆市							
荆州市							
松滋市							
黄冈市							
团风县							
红安县							
罗田县							
英山县							
浠水县							
黄梅县							
麻城市							
武穴市							
咸宁市							
咸安区							
通山县							
随州市							
随县							
恩施自治州	**11566**	**11566**	**8400**	**3165**			
恩施市	1066	1066	1066				
利川市	4667	4667	3502	1165			
建始县	533	533	533				
巴东县	4000	4000	2000	2000			
宣恩县	413	413	413				
咸丰县	620	620	620				
来凤县	267	267	267				
鹤峰县							
天门市							
神农架林区	**373**	**373**		**373**			

续表 2

地区	全部林业投资完成额（万元）	其中：中央投资	1.种苗费	2.完善政策补助资金	3.巩固退耕还林成果专项资金	新一轮退耕还林补助资金	其他费用
湖北省	**66739**	**53618**	**6109**	**39524**	**14**	**20294**	**798**
武汉市	**1687**	**1586**		**1687**			
蔡甸区	101			101			
江夏区	142	142		142			
黄陂区	795	795		795			
新洲区	649	649		649			
黄石市	**476**	**476**		**476**			
大冶市	476	476		476			
十堰市	**17737**	**11922**	**540**	**10080**		**6367**	**750**
茅箭区	78	78		78			
张湾区	185	185		185			
郧阳区	2782	2773	300	1863		610	
郧西县	2536	2525		1775		540	221
竹山县	3198			1475		1713	10
竹溪县	2627	2600		1000		1600	27
房县	3778	3761		1791		1504	483
丹江口市	2457		240	1817		400	
武当山特区	96			96			
宜昌市	**7651**	**7636**	**300**	**5969**		**1382**	
宜昌市直	1	1		1			
伍家岗区	8			8			
点军区	204	204		204			
猇亭区	14	14		14			
夷陵区	1268	1268		1268			
远安县	471	471		471			
兴山县	255	255				255	
秭归县	1813	1806		1813			
长阳自治县	1592	1592	300	792		500	
五峰自治县	934	934		379		555	
宜都市	647	647		575		72	
当阳市	344	344		344			
枝江市	100	100		100			
襄阳市	**4523**	**3952**	**297**	**3428**		**792**	**6**
襄城区	102	102		102			
樊城区	100	100		100			
襄州区	460	460		460			
保康县	2242	2236	297	1147		792	6

续表 3

地区	全部林业投资完成额（万元）	其中：中央投资	1.种苗费	2.完善政策补助资金	3.巩固退耕还林成果专项资金	新一轮退耕还林补助资金	其他费用
老河口市	565			565			
枣阳市	479	479		479			
宜城市	575	575		575			
荆门市	**2149**	**2149**		**2149**			
东宝区	407	407		407			
京山县	708	708		708			
沙洋县	368	368		368			
钟祥市	666	666		666			
孝感市	**732**	**732**	**60**	**672**			
安陆市	732	732	60	672			
荆州市	**197**	**197**		**197**			
松滋市	197	197		197			
黄冈市	**5475**	**4491**		**4935**		**537**	**3**
团风县	452	452		451			1
红安县	865	865		865			
罗田县	762	762		762			
英山县	999	999		657		342	
浠水县	663	663		663			
黄梅县	288	288		288			
麻城市	984			787		195	2
武穴市	462	462		462			
咸宁市	**696**	**686**		**615**		**81**	
咸安区	686	686		605		81	
通山县	10			10			
随州市	**1032**			**1032**			
随县	1032			1032			
恩施自治州	**22769**	**18210**	**4704**	**7181**	**14**	**10855**	**15**
恩施市	1898	5600	258	1045		595	
利川市	5600	5600	2100			3500	
建始县	1513		240	873		400	
巴东县	6845	6845	1800	1595		3450	
宣恩县	2711	2711	186	1075		1450	15
咸丰县	1982	1967		1007		960	
来凤县	1421	1087	120	787	14	500	
鹤峰县	799			799			
天门市	**88**	**88**		**88**			
神农架林区	**1034**	**1010**	**168**	**562**		**280**	**24**

林业系统野生动植物保护及自然保护区工程建设情况

指标名称	计量单位	本年实际
一、年末实有自然保护区个数	个	59
其中：国家级	个	17
二、年末实有自然保护区面积	公顷	916996
其中：国家级	公顷	479047
三、国际重要湿地个数	个	4
国际重要湿地面积	公顷	82806
四、野生动植物保护管理站	个	105
五、野生动物救护中心	个	16
六、野生动物繁育机构	个	220
七、野生动物基因库	个	
八、野生动物疫源疫病监测站个数	个	45
九、从事野生动植物及自然保护区建设的职工人数	人	2771
其中：各类专业技术人员	人	838
十、野生动植物及自然保护区建设投资完成额	万元	8669
其中：中央投资	万元	4213
地方投资	万元	2693

5 畜 牧 业

全省畜牧生产情况

指标名称	计量单位	湖北省
一、畜禽期末存栏(笼)数		
（一）、猪存栏	万头	2578.53
其中：能繁殖母猪	万头	254.78
（二）、牛存栏	万头	238
(1)肉牛	万头	120.3
(2)奶牛	万头	4.48
（三）、羊存栏	万只	543.53
1.山羊	万只	543.53
2.绵羊	万只	
（四）、活家禽存笼	万只	34160.32
二、畜禽当年出栏(笼)数		
(一)、猪出栏	万头	4448.02
(二)、牛出栏	万头	107.9
(三)、羊出栏	万只	604.4
1.山羊	万只	604.4
2.绵羊	万只	
(四)、活家禽出笼	万只	51946.17
三、畜产品产量		
(一)猪肉产量	万吨	339.29
(二)牛肉	万吨	15.76
(三)羊肉	万吨	9.67
(四)禽肉	万吨	69.61
(五)禽蛋产量	万吨	168.17
(六)生牛奶	万吨	12.76

其它畜牧业生产情况

指标名称	计量单位	湖北省
一、存栏		
1、活牲畜存栏（除猪牛羊外）	万头	0.46
(1).马	万头	0.33
(2).驴	万头	0.11
(3).骡	万头	0.02
(4).骆驼	万头	0.01
2、家兔	万只	103.91
二、出栏		
1、活牲畜出栏（除猪牛羊外）	万头	0.13
(1).马	万头	0.08
(2).驴	万头	0.05
(3).骡	万头	0.003
(4).骆驼	万头	
2、家兔	万只	175.56
三、肉、产品产量		
1、活牲畜出栏（除猪牛羊外）	吨	169.9
(1).马	吨	112.3
(2).驴	吨	53.7
(3).骡	吨	3.9
(4).骆驼	吨	
2、家兔	吨	3779.3
3、其他肉产量	吨	6223
4、其他奶产量	吨	
5、山羊毛产量	吨	9.25
其中: 山羊粗毛	吨	9.25
6、天然蜂蜜	吨	27750
7、其它禽蛋产量	吨	1682
8、蚕茧产量	吨	4418
其中：桑蚕茧	吨	4292
柞蚕茧	吨	126

畜禽出栏（笼）

指标名称	猪出栏（万头）	牛出栏（头）	羊出栏（只）	山羊（只）	家禽出笼（万只）
湖北省	**4448.02**	**1078999**	**6043996**	**6043996**	**51946.17**
武汉市	**251.57**	**25259**	**36382**	**36382**	**3735.12**
武汉市辖区	5.35	1197	2192	2192	60.96
汉南区	16.35	58	1563	1563	58.62
蔡甸区	14.03	1740	1466	1466	411.17
江夏区	93.50	4616	1090	1090	1141.93
黄陂区	91.60	12585	18834	18834	1066.68
新洲区	30.74	5064	11236	11236	995.75
黄石市	**102.87**	**9116**	**39456**	**39456**	**1985.68**
黄石市辖区	5.46	226	360	360	17.61
阳新县	41.71	6060	32496	32496	409.81
大冶市	55.70	2830	6600	6600	1558.26
十堰市	**158.23**	**60740**	**823744**	**823744**	**2281.64**
十堰市辖区	3.67	244	16365	16365	126.12
郧县	51.68	11854	85363	85363	168.26
郧西县	20.00	8365	205265	205265	112.97
竹山县	19.74	7836	44700	44700	114.70
竹溪县	21.43	15057	54228	54228	97.59
房县	21.11	2768	376912	376912	136.59
丹江口市	20.61	14616	40911	40911	1525.42
宜昌市	**566.36**	**39067**	**1183290**	**1183290**	**2676.11**
宜昌市辖区	12.12	303	6792	6792	118.93
夷陵区	96.70	2068	59534	59534	369.14
远安县	24.66	1630	27351	27351	33.36
兴山县	24.63	1266	143723	143723	33.20
秭归县	49.33	746	50639	50639	62.77
长阳自治县	55.40	1641	454400	454400	67.90
五峰自治县	27.22	1080	73820	73820	34.40
宜都市	74.30	11442	246206	246206	410.72
当阳市	100.10	5106	97359	97359	811.98
枝江市	101.90	13785	23466	23466	733.72
襄阳市	**579.96**	**324624**	**1260584**	**1260584**	**6102.04**
襄阳市直	23.73	10968	36009	36009	355.72
襄州区	101.29	112875	297040	297040	1417.67
南漳县	104.50	47011	203016	203016	488.10
谷城县	49.69	24964	116808	116808	494.81
保康县	22.19	6438	97249	97249	143.74
老河口市	87.76	26973	88419	88419	681.26
枣阳市	109.70	69505	382660	382660	1862.12
宜城市	81.10	25890	39383	39383	658.62
鄂州市	**95.10**	**10042**	**12972**	**12972**	**1094.10**
梁子湖区	27.48	2779	1839	1839	291.65
华容区	27.76	2119	8668	8668	361.13
鄂城区	39.86	5143	2465	2465	441.32
荆门市	**392.03**	**89021**	**458053**	**458053**	**3650.98**
荆门市辖区	45.03	7649	251801	251801	476.70
京山县	99.20	10898	44497	44497	947.14
沙洋县	91.70	48013	23234	23234	1203.64
钟祥市	156.10	22461	138521	138521	1023.50
孝感市	**304.82**	**76175**	**194870**	**194870**	**8228.42**
孝感市辖区	0.44	81	1650	1650	6.07
孝南区	23.34	7265	1990	1990	568.06

续表 1

指标名称	猪出栏（万头）	牛出栏（头）	羊出栏（只）	山羊（只）	家禽出笼（万只）
孝昌县	38.80	19107	40864	40864	1023.05
大悟县	35.18	17988	47793	47793	337.94
云梦县	35.26	6021	3064	3064	1430.23
应城市	38.39	4216	8988	8988	1157.02
安陆市	73.60	20458	88549	88549	986.63
汉川市	59.82	1038	1971	1971	2719.41
荆州市	**422.50**	**25335**	**136740**	**136740**	**5628.01**
荆州市辖区	36.85	1487	9515	9515	1653.18
公安县	78.70	2162	17246	17246	463.03
监利县	72.50	5068	1630	1630	1457.25
江陵县	26.32	3979	6809	6809	524.44
石首市	46.92	5981	6687	6687	557.53
洪湖市	35.52	2322	1741	1741	377.98
松滋市	125.70	4337	93113	93113	594.60
黄冈市	**431.74**	**238173**	**594147**	**594147**	**4198.45**
龙感湖农场	7.42	0	805	805	30.03
黄州区	6.17	1234	2274	2274	88.72
团风县	7.45	9611	23358	23358	423.08
红安县	49.32	17526	26277	26277	168.07
罗田县	15.78	19128	170594	170594	977.53
英山县	14.44	3807	96054	96054	132.78
浠水县	67.30	18529	41071	41071	885.98
蕲春县	41.16	69336	62370	62370	368.03
黄梅县	49.40	6585	13079	13079	377.50
麻城市	68.60	87794	144850	144850	435.00
武穴市	104.70	4624	13416	13416	311.73
咸宁市	**229.42**	**13379**	**154236**	**154236**	**2697.92**
咸安区	50.08	1342	5681	5681	1803.44
嘉鱼县	15.45	652	2053	2053	126.89
通城县	67.90	1488	7358	7358	68.40
崇阳县	56.30	3259	33745	33745	249.74
通山县	15.78	3392	91579	91579	126.32
赤壁市	23.89	3246	13821	13821	323.12
随州市	**199.60**	**65018**	**439183**	**439183**	**5884.75**
曾都区	55.10	15658	41558	41558	1717.45
随县	76.40	27028	229965	229965	3066.86
广水市	68.10	22332	167660	167660	1100.44
恩施州	**420.96**	**66715**	**665675**	**665675**	**1042.68**
恩施市	87.30	21662	135273	135273	189.58
利川市	67.20	14306	55822	55822	243.82
建始县	62.10	3677	170882	170882	156.62
巴东县	68.60	2783	171039	171039	92.96
宣恩县	45.88	8121	34754	34754	96.84
咸丰县	48.49	8766	11619	11619	108.99
来凤县	23.47	5183	18180	18180	121.49
鹤峰县	17.93	2217	68105	68105	32.38
仙桃市	**91.70**	**7069**	**4748**	**4748**	**601.56**
潜江市	**92.60**	**14678**	**17835**	**17835**	**1255.08**
天门市	**105.00**	**13981**	**8643**	**8643**	**860.72**
神农架林区	**3.53**	**606**	**13449**	**13449**	**22.93**

主要畜禽产品产量（一）

地区	猪肉（吨）	牛肉（吨）	羊肉（吨）	禽肉（吨）	禽蛋（吨）
湖北省	**3393010**	**157612**	**96689**	**696050**	**1681700**
武汉市	**195508**	**3680**	**621**	**48273**	**87654**
武汉市辖区	4097	174	40	834	1284
汉南区	13255	8	27	683	838
蔡甸区	11086	254	26	5066	4880
江夏区	70691	672	17	15823	22564
黄陂区	73807	1834	324	14222	17990
新洲区	22573	738	187	11646	40098
黄石市	**76334**	**1316**	**658**	**28083**	**40013**
黄石市辖区	3776	28	6	312	791
阳新县	30543	881	528	5867	17539
大冶市	42016	407	124	21904	21683
十堰市	**116093**	**8803**	**9531**	**26805**	**59471**
十堰市辖区	2731	35	189	1473	1442
郧县	37944	1680	988	2193	10940
郧西县	14645	1219	2375	1475	6030
竹山县	14489	1142	517	1334	8558
竹溪县	15665	2194	627	1021	3991
房县	15504	403	4361	1589	8605
丹江口市	15115	2130	473	17721	19906
宜昌市	**438545**	**6325**	**19120**	**34357**	**58531**
宜昌市辖区	10925	38	90	1604	1656
夷陵区	74058	261	974	4879	7325
远安县	18737	314	342	473	1474
兴山县	19442	151	1786	392	992
秭归县	39609	96	722	1280	1928
长阳自治县	42270	238	8778	791	1810
五峰自治县	22829	159	878	682	1345
宜都市	56644	1659	3941	5594	5992
当阳市	76201	878	1252	9934	23482
枝江市	77831	2532	356	8729	12527
襄阳市	**439720**	**48063**	**23302**	**102853**	**335263**
襄阳市直	16709	1610	675	4098	9226
襄州区	76634	16449	4726	24873	57682
南漳县	78375	6851	3915	7569	33094
谷城县	36222	3639	2252	8702	59487
保康县	21282	866	1671	1750	9549
老河口市	66089	3818	1704	5206	19239
枣阳市	82821	11093	7692	40440	103678
宜城市	61588	3737	667	10215	43306
鄂州市	**72330**	**1460**	**160**	**15916**	**40285**
梁子湖区	20899	404	43	4243	9518
华容区	21113	308	54	5253	10475
鄂城区	30318	748	63	6420	20292
荆门市	**303982**	**12800**	**8416**	**51917**	**108730**
荆门市辖区	35674	1108	4668	8436	11760
京山县	78332	1588	690	14567	37319
沙洋县	68551	6990	439	14108	31199
钟祥市	121425	3114	2619	14805	28451
孝感市	**226258**	**10589**	**3255**	**108176**	**233663**
孝感市辖区	402	6	7	54	158
孝南区	17673	935	26	6736	19731

续表 1

地区	猪肉（吨）	牛肉（吨）	羊肉（吨）	禽肉（吨）	禽蛋（吨）
孝昌县	28437	2784	510	17399	25992
大悟县	24903	2259	759	4365	13038
云梦县	25903	866	43	15930	24391
应城市	28195	614	173	17203	63461
安陆市	55792	2981	1708	22955	30555
汉川市	44953	144	30	23534	56337
荆州市	**320116**	**3692**	**1479**	**65478**	**164553**
荆州市辖区	27634	217	103	19234	24703
公安县	59124	315	187	5387	23562
监利县	54691	738	18	16957	43500
江陵县	19681	580	74	6100	17059
石首市	35105	872	72	6485	19660
洪湖市	26590	338	19	4397	20481
松滋市	97290	632	1007	6918	15588
黄冈市	**333073**	**34304**	**11122**	**81489**	**260965**
龙感湖农场	5864	0	14	534	576
黄州区	4820	180	44	1220	3286
团风县	6025	1400	450	7622	36301
红安县	41018	2552	506	3912	13328
罗田县	11568	2533	3288	19620	15946
英山县	11086	538	1749	1379	4005
浠水县	50684	2699	791	17642	69398
蕲春县	35346	10104	1201	8562	52287
黄梅县	36222	934	247	8789	22838
麻城市	51742	12694	2574	8494	34182
武穴市	78699	671	258	3717	8817
咸宁市	**169758**	**1885**	**2973**	**31395**	**51535**
咸安区	36712	189	109	20992	24349
嘉鱼县	11327	92	39	1476	3810
通城县	51309	210	142	795	1792
崇阳县	41331	459	651	2909	7622
通山县	11568	478	1766	1468	3315
赤壁市	17512	457	266	3755	10647
随州市	**149821**	**9388**	**5643**	**59648**	**126063**
曾都区	40246	2347	506	17226	49635
随县	57959	3805	2727	31586	26740
广水市	51616	3236	2410	10836	49688
恩施州	**322969**	**10551**	**10063**	**14684**	**37386**
恩施市	66311	3345	1858	2463	4669
利川市	50860	2085	921	3078	9266
建始县	46909	608	2721	2678	4722
巴东县	51787	414	2556	1419	7501
宣恩县	36300	1365	550	1381	3689
咸丰县	37866	1605	163	1597	2364
来凤县	18316	740	252	1693	3862
鹤峰县	14620	389	1043	375	1313
仙桃市	**73174**	**995**	**55**	**4057**	**16505**
潜江市	**73028**	**2035**	**208**	**14148**	**26679**
天门市	**78801**	**2037**	**132**	**8448**	**33966**
神农架林区	**3500**	**87**	**249**	**283**	**738**

主要畜禽产品产量（二）

地区	牛奶（吨）	蜂蜜（吨）	蚕茧（吨）	桑蚕茧（吨）	柞蚕茧（吨）
湖北省	**127577**	**27750**	**4418**	**4292**	**126**
武汉市	**23251**	**950**			
武汉市辖区	9840	1			
汉南区		5			
蔡甸区		112			
江夏区	1372	275			
黄陂区	12039	236			
新洲区		320			
黄石市		**211**	**468**	**468**	
黄石市辖区					
阳新县		120	468	468	
大冶市		91			
十堰市	**2005**	**1608**	**799**	**799**	
十堰市辖区	779	86			
郧县		278	670	670	
郧西县		93	129	129	
竹山县	1226	139			
竹溪县		133			
房县		562			
丹江口市		316			
宜昌市	**5202**	**7145**	**360**	**360**	
宜昌市辖区		52			
夷陵区	5202	204			
远安县		549			
兴山县		284			
秭归县		80			
长阳自治县		356			
五峰自治县		162			
宜都市		142	360	360	
当阳市		2555			
枝江市		2761			
襄阳市	**1214**	**4316**	**490**	**490**	
襄阳市直	60	235			
襄州区		370			
南漳县		25	484	484	
谷城县		15			
保康县		51	6	6	
老河口市	726	18			
枣阳市	48	3480			
宜城市		122			
鄂州市	**380**	**280**			
梁子湖区					
华容区		280			
鄂城区	380				
荆门市	**11041**	**4518**			
荆门市辖区		982			
京山县		952			
沙洋县	11041	1183			
钟祥市		1401			
孝感市		**909**			
孝感市辖区					
孝南区		116			

续表 1

地区	牛奶（吨）	蜂蜜（吨）	蚕茧（吨）	桑蚕茧（吨）	柞蚕茧（吨）
孝昌县		98			
大悟县		96			
云梦县		114			
应城市		93			
安陆市		12			
汉川市		381			
荆州市	**583**	**2768**			
荆州市辖区	551	908			
公安县		1102			
监利县		4			
江陵县		214			
石首市	32	160			
洪湖市		84			
松滋市		295			
黄冈市	**81507**	**235**	**2082**	**2082**	
龙感湖农场	944	11			
黄州区	3320	3			
团风县	5573		32	32	
红安县	6374	16			
罗田县	5703	18	350	350	
英山县			539	539	
浠水县	1933	16			
蕲春县	4391	15			
黄梅县	14529	110			
麻城市	26929	45	1161	1161	
武穴市	11811	1			
咸宁市	**1353**	**225**			
咸安区	402	14			
嘉鱼县		1			
通城县		27			
崇阳县		147			
通山县		36			
赤壁市	950				
随州市	**101**	**3251**	**126**		**126**
曾都区		300			126
随县		1225	126		
广水市	101	1725			
恩施州	**1695**	**1012**	**93**	**93**	
恩施市	1530	42			
利川市		234			
建始县	35	65			
巴东县		172	63	63	
宣恩县	130	180			
咸丰县		174			
来凤县		32	30	30	
鹤峰县		113			
仙桃市		**4**			
潜江市	**32**	**108**			
天门市	**16**	**89**			
神农架林区		**119**			

乡镇畜牧兽医站基本情况

地区	一、基层畜牧兽医站数（个）	二、职工总数		三、离退休人员（人）
		职工总数（人）	其中：在编人数（人）	
湖北省	**1112**	**15208**	**7479**	**5847**
武汉市	**61**	**857**	**341**	**635**
武汉市辖区	5	10	6	24
汉南区	4	8	4	
蔡甸区	11	118	114	101
江夏区	12	168	75	93
黄陂区	16	273		277
新洲区	13	280	142	140
黄石市	41	340	144	355
市辖区	7	40	16	26
阳新县	19	140	95	228
大冶市	15	160	33	101
十堰市	**127**	**1117**	**194**	**506**
茅箭区	7	19	7	6
张湾区	8	16	16	6
白浪区	1	9	3	6
郧阳区	20	175	23	91
郧西县	18	158	24	4
竹山县	17	165	25	36
竹溪县	15	165	27	64
房县	20	315	69	141
丹江口市	21	95		152
宜昌市	**81**	**1456**	**591**	**554**
宜昌市辖区	3	8	5	15
夷陵区	13	214	31	57
远安县	7	40	40	
兴山县	8	59	59	15
秭归县	12	188	188	56
长阳县	11	496	263	233
五峰县	8	138		
宜都市	10	12	2	1
当阳市	1	3	3	3
枝江市	8	298		174
襄阳市	**89**	**2200**	**1201**	**1070**
襄阳市辖区	2	17	9	3
襄城区	2	168	63	39
樊城区	2	84	53	31
襄州区	12	485	24	128
南漳县	12	441	254	160
谷城县	10	243	137	145
保康县	11	19	19	4
老河口市	10	182	81	101
枣阳市	18	322	322	219
宜城市	10	239	239	240
鄂州市	**21**	**33**	**33**	**6**
荆门市	**55**	**619**	**25**	**62**
屈家岭管理区				
东宝区	7	88		55
掇刀区	4	72		
京山县	14	129		
沙洋县	13	141	25	1
钟祥市	17	189		6
孝感市	111	1196	730	328

续表 1

地区	一、基层畜牧兽医站数（个）	二、职工总数		三、离退休人员（人）
		职工总数（人）	其中：在编人数（人）	
孝南区	12	107	17	34
孝昌县	14	126	68	41
大悟县	17	228	211	81
云梦县	12	80	26	23
应城市	16	321	248	73
安陆市	16	174		
汉川市	24	160	160	76
荆州市	**120**	**1361**	**699**	**243**
荆州开发区	4	4	4	
沙市区	5	12	12	20
荆州区	10	102	38	57
公安县	16	173	173	
监利县	23	514	275	149
江陵县	12	82	82	9
石首市	14	151	30	8
洪湖市	20	158	45	
松滋市	16	165	40	
黄冈市	**136**	**2591**	**2249**	**536**
龙感湖管理区	6	6	6	
黄州区	9	43	24	
团风县	10	47	47	
红安县	12	226	112	110
罗田县	12	245	200	46
英山县	11	150	150	
浠水县	13	462	381	157
蕲春县	15	434	434	
黄梅县	16	131	48	3
麻城市	20	715	715	220
武穴市	12	132	132	
咸宁市	**72**	**491**	**98**	**351**
咸安区	14	70		44
嘉鱼县	8	67		98
通城县	11	98	98	142
崇阳县	12	69		10
通山县	12	98		20
赤壁市	15	89		37
随州市	**45**	**393**	**270**	**164**
随州市辖区	2	35	35	29
曾都区	8	137	14	91
随县	18	194	194	39
广水市	17	27	27	5
恩施州	**90**	**2090**	**762**	**497**
恩施市	17	476	84	16
利川市	14	70	70	12
建始县	10	249	33	5
巴东县	12	445	405	138
宣恩县	9	153	32	145
咸丰县	11	336	106	168
来凤县	8	226	13	
鹤峰县	9	135	19	13
仙桃市	**18**	**57**	**31**	**162**
潜江市	**20**	**162**	**43**	**264**
天门市	**25**	**245**	**68**	**114**
神农架林区				

续表 2

地区	四、技术职称状况			
	高级技术职称（人）	中级技术职称（人）	初级技术职称（人）	技术员（人）
湖北省	**66**	**1791**	**3938**	**2985**
武汉市	**2**	**63**	**247**	**169**
武汉市辖区		6	2	2
汉南区		1	3	4
蔡甸区		12	89	13
江夏区		2	10	13
黄陂区			60	122
新洲区	2	42	83	15
黄石市	5	47	54	24
市辖区		2	6	8
阳新县	4	27	24	
大冶市	1	18	24	16
十堰市	**6**	**133**	**173**	**195**
茅箭区				12
张湾区		1	15	
白浪区	1	3	3	2
郧阳区		8	9	6
郧西县		12	12	86
竹山县	5	6	7	7
竹溪县		25	2	
房县		70	105	65
丹江口市		8	20	17
宜昌市	**1**	**88**	**260**	**188**
宜昌市辖区		4	1	3
夷陵区	1	13	17	
远安县		13	17	10
兴山县		5	22	29
秭归县				
长阳县		30	148	85
五峰县				
宜都市		2	10	
当阳市			3	
枝江市		21	42	61
襄阳市	**6**	**204**	**677**	**478**
襄阳市辖区		1	1	11
襄城区	1	19	45	103
樊城区	2	14	33	34
襄州区	1	67	141	58
南漳县		18	158	115
谷城县	2	12	52	38
保康县		12	2	
老河口市		21	49	
枣阳市		33	170	119
宜城市		7	26	
鄂州市	**10**	**18**	**5**	
荆门市	**2**	**36**	**28**	**55**
屈家岭管理区				
东宝区				
掇刀区				
京山县				
沙洋县	2	36	28	55
钟祥市				
孝感市	6	127	412	328

续表 3

地区	四、技术职称状况			
	高级技术职称（人）	中级技术职称（人）	初级技术职称（人）	技术员（人）
孝南区		5	6	96
孝昌县		3	100	
大悟县		50	118	60
云梦县		3	15	9
应城市	6	52	117	73
安陆市				
汉川市		14	56	90
荆州市	**10**	**212**	**413**	**304**
荆州开发区		2		
沙市区				12
荆州区	8	24	26	31
公安县		21	82	70
监利县		82	97	96
江陵县		8	49	25
石首市		40	57	
洪湖市	1	10	20	14
松滋市	1	25	82	56
黄冈市	**12**	**487**	**993**	**548**
龙感湖管理区			6	
黄州区		5	28	10
团风县		10	27	10
红安县	8	71	87	53
罗田县		43	71	130
英山县				
浠水县		32	321	109
蕲春县		46	138	
黄梅县		33	40	9
麻城市		226	237	158
武穴市	4	21	38	69
咸宁市		**47**	**30**	**179**
咸安区		47	13	
嘉鱼县				
通城县			11	87
崇阳县				
通山县			6	92
赤壁市				
随州市		**47**	**128**	**91**
随州市辖区		8	27	
曾都区		3	7	
随县		22	85	87
广水市		14	9	4
恩施州	**4**	**197**	**434**	**424**
恩施市		13	73	
利川市		30	40	
建始县	1	11	21	
巴东县		97	140	123
宣恩县		10	16	1
咸丰县		9	108	218
来凤县		5	8	
鹤峰县	3	22	28	82
仙桃市		**8**	**11**	**2**
潜江市	**2**	**56**	**47**	
天门市		**21**	**26**	
神农架林区				

续表 4

地区	五、经营情况			
	盈余站数（个）	盈余金额（万元）	亏损站数（个）	亏损金额（万元）
湖北省	**250**	**837.22**	**143**	**802.62**
武汉市	**18**	**71.24**	**7**	**114.30**
武汉市辖区				
汉南区				
蔡甸区				
江夏区	5	71.23	7	114.30
黄陂区				
新洲区	13	0.01		
黄石市				
市辖区				
阳新县				
大冶市				
十堰市	**42**	**191.81**	**42**	**65.61**
茅箭区				
张湾区	2	18.60		
白浪区			1	2.50
郧阳区				
郧西县			18	35.80
竹山县			17	12.24
竹溪县	13	2.09	2	1.03
房县	6	2.12	4	14.03
丹江口市	21	169		
宜昌市	**28**	**260.50**		
宜昌市辖区	1	15		
夷陵区				
远安县				
兴山县	8	6.50		
秭归县				
长阳县	11	25		
五峰县	8	214		
宜都市				
当阳市				
枝江市				
襄阳市	**24**	**73.94**	**8**	**29.92**
襄阳市辖区	2	3.10		
襄城区				
樊城区			2	11
襄州区				
南漳县	12	55		
谷城县	6	5.54	3	9.62
保康县				
老河口市				
枣阳市	4	10.30	3	9.30
宜城市				
鄂州市				
荆门市	**7**	**8.96**	**6**	**5.13**
屈家岭管理区				
东宝区				
掇刀区				
京山县				
沙洋县	7	8.96	6	5.13
钟祥市				
孝感市	52	81.53	21	479.30

续表 5

地区	五、经营情况			
	盈余站数（个）	盈余金额（万元）	亏损站数（个）	亏损金额（万元）
孝南区				
孝昌县				
大悟县	12	29.95	5	29.30
云梦县				
应城市	16	22.82		
安陆市			16	450
汉川市	24	28.75		
荆州市			**5**	**50**
荆州开发区				
沙市区			5	50
荆州区				
公安县				
监利县				
江陵县				
石首市				
洪湖市				
松滋市				
黄冈市	**39**	**62.37**	**19**	**40.23**
龙感湖管理区				
黄州区				
团风县	2	13	8	19
红安县				
罗田县	12	28.80		
英山县				
浠水县				
蕲春县				
黄梅县	16	14.24		
麻城市	9	6.33	11	21.23
武穴市				
咸宁市				
咸安区				
嘉鱼县				
通城县				
崇阳县				
通山县				
赤壁市				
随州市	**10**	**10.88**	**24**	**92.56**
随州市辖区	2	1.21		
曾都区			7	65.80
随县	6	8.70	2	3.20
广水市	2	0.97	15	23.56
恩施州	**20**	**20.02**	**1**	**1.95**
恩施市				
利川市				
建始县				
巴东县	9	16.53	1	1.95
宣恩县				
咸丰县	11	3.49		
来凤县				
鹤峰县				
仙桃市				
潜江市	**10**	**55.97**	**10**	**76.38**
天门市				
神农架林区				

县以上畜牧三站一所机构和人员

地区	畜牧站		草原工作站		家畜繁育改良站		饲料监察所	
	机构数	职工人数	机构数	职工人数	机构数	职工人数	机构数	职工人数
湖北省	**104**	**1469**	**27**	**208**	**21**	**79**	**44**	**837**
武汉市	**4**	**57**	**1**	**6**	**0**	**0**	**1**	**33**
武汉市辖区	1							
汉南区	1	3						
蔡甸区								
江夏区	1	38						
黄陂区	1	16	1	6				
新洲区							1	33
黄石市	**7**	**177**						
黄石市辖区	4	10						
阳新县	2	98						
大冶市	1	69						
十堰市	**9**	**110**	**4**	**62**	**4**	**11**	**5**	**62**
茅箭区	1	3			1	1	1	1
张湾区	1	2						
白浪区	1	15						
郧阳区	1	5						
郧西县	1	8						
竹山县	1	31	1	47	1	4	1	11
竹溪县	1	27	1	5	1	2	1	10
房县	1	12	1	5	1	4	1	14
丹江口市	1	7	1	5			1	26
宜昌市	**15**	**90**	**4**	**19**	**5**	**20**	**4**	**76**
宜昌市辖区	4	17						
夷陵区	1	7	1	7	1	7	1	36
远安县	2	2			2	2		
兴山县	1	2	1	1				
秭归县	1	3					1	6
长阳县	1	5	1	6	1	7	1	31
五峰县	1	2						
宜都市	1	6	1	5	1	4	1	3
当阳市	2	37						
枝江市	1	9						
襄阳市	**10**	**147**	**3**	**19**	**1**	**3**	**2**	**7**
襄阳市辖区	1	2						
襄城区	1	7						
樊城区	2	84						
襄州区								
南漳县	1	12	1	13	1	3	1	3
谷城县	1	14						
保康县	1	5						
老河口市	1	8	1	5			1	4
枣阳市	1	6	1	1				
宜城市	1	9						
鄂州市	**1**	**33**						
荆门市	**5**	**56**					**1**	**5**
屈家岭管理区								
东宝区	1	8						
掇刀区	1	12						
京山县	1	7						
沙洋县	1	15						
钟祥市	1	14					1	5
孝感市	**8**	**195**	**2**	**16**	**1**	**3**	**4**	**119**
孝南区	1	13						

续表 1

地区	畜牧站		草原工作站		家畜繁育改良站		饲料监察所	
	机构数	职工人数	机构数	职工人数	机构数	职工人数	机构数	职工人数
孝昌县	1	59						
大悟县	1	17	1	11			1	76
云梦县	1	10					1	19
应城市	2	13	1	5	1	3	1	6
安陆市	1	70						
汉川市	1	13					1	18
荆州市	**9**	**135**					**3**	**203**
荆州开发区	1	2						
沙市区	1	10						
荆州区	1	5						
公安县	1	16					1	1
监利县	1	23					1	131
江陵县	1	29						
石首市	1	28					1	71
洪湖市	1	15						
松滋市	1	7						
黄冈市	**12**	**223**	**8**	**67**	**4**	**23**	**9**	**112**
龙感湖管理区	1	14					1	3
黄州区	1	9						
团风县	1	50	2	2	1	1	1	8
红安县	1	49	1	11			1	4
罗田县	1	4	1	5	1	5	1	9
英山县	1	12						
浠水县	1	23	1	27	1	2	1	2
蕲春县	1	2	1	2			1	4
黄梅县	1	16					1	3
麻城市	2	11	1	15	1	15	1	77
武穴市	1	33	1	5			1	2
咸宁市	**6**	**30**	**2**	**1**	**1**	**1**	**6**	**97**
咸安区	1	5	1	1			1	32
嘉鱼县	1	1					1	21
通城县	1	4	1				1	4
崇阳县	1	3			1	1	1	17
通山县	1	8					1	15
赤壁市	1	9					1	8
随州市	**6**	**116**	**1**	**5**	**1**	**3**	**2**	**9**
随州市辖区	2	34						
曾都区	1	16					1	5
随县	1	12	1	5			1	4
广水市	2	54			1	3		
恩施州	**8**	**52**	**1**	**8**	**4**	**15**	**4**	**90**
恩施市	1	4			1	2	1	5
利川市	1	5			1	5		
建始县	1	17						
巴东县	1	2						
宣恩县	1	7						
咸丰县	1	6			1	6	1	27
来凤县	1	4	1	8	1	2	1	28
鹤峰县	1	7					1	30
仙桃市	**1**	**14**	**1**	**5**			**1**	**18**
潜江市	**1**	**5**					**1**	**4**
天门市	**1**	**11**					**1**	**2**
神农架林区	**1**	**18**						

畜禽规模养殖情况

地区	1、年出栏500头以上生猪（个、户）	（1）出栏500-999头（个、户）	（2）出栏1000-2999头（个、户）	（3）出栏3000-4999头（个、户）	（4）出栏5000-9999头（个、户）	（5）出栏10000-49999头（个、户）	（6）出栏5万头以上（个、户）
湖北省	**15405**	**8827**	**4896**	**771**	**468**	**410**	**33**
武汉市	**446**	**210**	**110**	**25**	**37**	**58**	**6**
武汉市辖区	2			1		1	
汉南区	8		1	2	3	2	
蔡甸区	13	7	3		1	1	1
江夏区	114	43	22	6	11	27	5
黄陂区	260	146	66	12	16	20	
新洲区	49	14	18	4	6	7	
黄石市	**417**	**228**	**125**	**30**	**23**	**7**	**4**
黄石市辖区	17	11	1	1	3	1	
阳新县	105	67	21	7	4	3	3
大冶市	295	150	103	22	16	3	1
十堰市	**396**	**233**	**144**	**11**	**5**	**3**	
茅箭区	2	1	1				
张湾区	12	12					
白浪区	3	3					
郧阳区	151	66	85				
郧西县	19	15	4				
竹山县	12	7	2	2	1		
竹溪县	58	35	19	1	2	1	
房县	116	82	27	5		2	
丹江口市	23	12	6	3	2		
宜昌市	**1676**	**1132**	**423**	**64**	**33**	**24**	
宜昌市辖区	11	3	4		3	1	
夷陵区	94	68	18	1	3	4	
远安县	62	31	20	6	3	2	
兴山县	8	6		1	1		
秭归县	49	35	10	1	1	2	
长阳县	67	36	23	6	2		
五峰县	54	41	10	3			
宜都市	289	156	114	10	3	6	
当阳市	471	395	59	9	2	6	
枝江市	571	361	165	27	15	3	
襄阳市	**2448**	**1161**	**943**	**205**	**73**	**61**	**5**
襄阳市辖区	11	8	2			1	
襄城区	73	42	19	8	2	2	
樊城区	47		46			1	
襄州区	172	51	68	17	16	20	
南漳县	527	319	156	37	12	3	
谷城县	351	174	122	35	17	3	
保康县	222	54	157	8	2	1	
老河口市	96	25	35	27	4	4	1
枣阳市	583	266	240	53	9	13	2
宜城市	366	222	98	20	11	13	2
鄂州市	**235**	**77**	**96**	**20**	**21**	**21**	
荆门市	**1257**	**689**	**417**	**67**	**43**	**37**	**4**
屈家岭管理区	25	10	11	2		2	
东宝区	82	37	33	2	7	3	
掇刀区	43	30	8	2	2	1	
京山县	342	180	118	27	13	4	
沙洋县	445	273	124	16	17	15	
钟祥市	320	159	123	18	4	12	4
孝感市	**1763**	**1006**	**644**	**51**	**29**	**28**	**5**
孝南区	142	69	61	7	3	2	

续表 1

地区	1、年出栏500头以上生猪（个、户）	（1）出栏500-999头（个、户）	（2）出栏1000-2999头（个、户）	（3）出栏3000-4999头（个、户）	（4）出栏5000-9999头（个、户）	（5）出栏10000-49999头（个、户）	（6）出栏5万头以上（个、户）
孝昌县	235	135	86	7	4	1	2
大悟县	161	112	34	8	3	4	
云梦县	224	177	37	9	1		
应城市	165	118	33	4	4	6	
安陆市	265	97	136	10	8	11	3
汉川市	571	298	257	6	6	4	
荆州市	**1158**	**615**	**376**	**82**	**45**	**38**	**2**
荆州开发区	6	3	1	1		1	
沙市区	15	6	5	1	2	1	
荆州区	83	42	25	6	7	3	
公安县	133	85	31	12	5		
监利县	526	313	177	17	3	16	
江陵县	58	16	20	9	8	5	
石首市	65	36	8	10	8	2	1
洪湖市	94	64	19	8	2		1
松滋市	178	50	90	18	10	10	
黄冈市	**2143**	**1410**	**538**	**68**	**77**	**47**	**3**
龙感湖管理区	24	4	8	2	7	2	1
黄州区	17	6	6	1	4		
团风县	59	20	27	3	5	4	
红安县	413	279	110	10	4	10	
罗田县	86	56	20	2	6	2	
英山县	42	20	16	1	3	2	
浠水县	226	136	64	8	12	5	1
蕲春县	354	249	78	6	15	6	
黄梅县	254	164	78	7	5		
麻城市	307	249	38	6	8	5	1
武穴市	361	227	93	22	8	11	
咸宁市	**971**	**604**	**300**	**37**	**13**	**15**	**2**
咸安区	207	150	48	6		1	2
嘉鱼县	86	58	25	1	2		
通城县	220	167	37	9	2	5	
崇阳县	242	162	72	4	4		
通山县	98	30	55	6	2	5	
赤壁市	118	37	63	11	3	4	
随州市	**1338**	**917**	**343**	**44**	**19**	**13**	**2**
随州市辖区	179	138	34	5	1	1	
曾都区	369	254	90	14	6	5	
随县	406	280	100	14	8	3	1
广水市	384	245	119	11	4	4	1
恩施州	**227**	**152**	**54**	**9**	**5**	**7**	
恩施市	33	18	8	3	1	3	
利川市	43	21	16	3	1	2	
建始县	31	22	8	1			
巴东县	49	40	7		2		
宣恩县	19	16	3				
咸丰县	30	25	2	2		1	
来凤县	10	5	4		1		
鹤峰县	12	5	6			1	
仙桃市	**378**	**137**	**180**	**31**	**17**	**13**	
潜江市	**259**	**120**	**96**	**19**	**14**	**10**	
天门市	**286**	**131**	**105**	**8**	**14**	**28**	
神农架林区	**7**	**5**	**2**				

续表 2

地区	2、年存笼 2000 只以上蛋鸡（个、户）	（1）存笼 2000-9999 只（个、户）	（2）存笼 1 万 -4.99 万只（个、户）	（3）存笼 5 万 -9.99 万只（个、户）	（4）存笼 10 万-49.99 万只（个、户）	（5）存笼 50 万只以上（个、户）
湖北省	**13057**	**8222**	**4444**	**311**	**75**	**5**
武汉市	**1637**	**1328**	**277**	**23**	**8**	**1**
武汉市辖区	3	2	1			
汉南区						
蔡甸区	7	4	3			
江夏区	30	16	9	3	2	
黄陂区	109	80	25	2	1	1
新洲区	1488	1226	239	18	5	
黄石市	**187**	**95**	**86**	**5**	**1**	
黄石市辖区	18	13	5			
阳新县	101	42	55	3	1	
大冶市	68	40	26	2		
十堰市	**389**	**298**	**88**	**2**	**1**	
茅箭区	2		2			
张湾区	12	12				
白浪区						
郧阳区	184	150	33	1		
郧西县	20	7	13			
竹山县	12	2	10			
竹溪县	15	8	7			
房县	137	118	18		1	
丹江口市	7	1	5	1		
宜昌市	**151**	**54**	**80**	**14**	**3**	
宜昌市辖区	5	2	3			
夷陵区	33	11	14	7	1	
远安县	3		2		1	
兴山县	4		3	1		
秭归县	1		1			
长阳县	10	3	6	1		
五峰县	1	1				
宜都市	33	25	8			
当阳市	45	10	32	3		
枝江市	16	2	11	2	1	
襄阳市	**1386**	**663**	**610**	**101**	**11**	**1**
襄阳市辖区	4		3	1		
襄城区	28	16	10	1	1	
樊城区	63	39	21	3		
襄州区	132	75	53	3	1	
南漳县	154	78	74	2		
谷城县	258	39	129	83	7	
保康县	14	12	2			
老河口市	220	109	110		1	
枣阳市	492	282	204	6		
宜城市	21	13	4	2	1	1
鄂州市	**141**	**62**	**73**	**5**	**1**	
荆门市	**2165**	**1672**	**467**	**20**	**6**	
屈家岭管理区	3		2	1		
东宝区	53	42	11			
掇刀区	22	10	11	1		
京山县	1317	1157	158		2	
沙洋县	552	374	160	16	2	
钟祥市	218	89	125	2	2	
孝感市	**1150**	**762**	**348**	**21**	**18**	**1**
孝南区	66	45	14	5	2	

续表 3

地区	2、年存笼 2000 只以上蛋鸡（个、户）	（1）存笼 2000-9999 只（个、户）	（2）存笼 1 万-4.99 万只（个、户）	（3）存笼 5 万-9.99 万只（个、户）	（4）存笼 10 万-49.99 万只（个、户）	（5）存笼 50 万只以上（个、户）
孝昌县	45	30	15			
大悟县	32	23	9			
云梦县	484	371	112			1
应城市	202	103	87	8	4	
安陆市	148	73	59	5	11	
汉川市	173	117	52	3	1	
荆州市	**1138**	**617**	**487**	**26**	**7**	**1**
荆州开发区	20	17	1	2		
沙市区	38	23	13	1	1	
荆州区	80	58	17	1	3	1
公安县	335	174	158	2	1	
监利县	136	78	53	4	1	
江陵县	183	158	25			
石首市	154	21	125	7	1	
洪湖市	100	55	37	8		
松滋市	92	33	58	1		
黄冈市	**3325**	**1947**	**1312**	**51**	**15**	
龙感湖管理区	4	3	1			
黄州区	30	15	14	1		
团风县	397	1	382	10	4	
红安县	85	42	41	1	1	
罗田县	172	117	52	1	2	
英山县	255	183	69	2	1	
浠水县	1387	1103	272	10	2	
蕲春县	329	27	287	10	5	
黄梅县	87	14	62	11		
麻城市	544	427	114	3		
武穴市	35	15	18	2		
咸宁市	**109**	**63**	**37**	**9**		
咸安区	8	3	2	3		
嘉鱼县	49	30	18	1		
通城县	5		4	1		
崇阳县	2			2		
通山县	16	15	1			
赤壁市	29	15	12	2		
随州市	**240**	**86**	**136**	**16**	**2**	
随州市辖区	28	11	16	1		
曾都区	70	39	25	6		
随县	31	5	22	2	2	
广水市	111	31	73	7		
恩施州	**87**	**53**	**30**	**2**	**2**	
恩施市	13	6	5	1	1	
利川市	21	10	10	1		
建始县	10	7	3			
巴东县	12	10	2			
宣恩县	14	11	3			
咸丰县	6	4	2			
来凤县	2		2			
鹤峰县	9	5	3		1	
仙桃市	**667**	**346**	**312**	**9**		
潜江市	**96**	**62**	**33**	**1**		
天门市	**187**	**112**	**68**	**6**		**1**
神农架林区	**2**	**2**				

续表 4

地区	3、年存笼2000只以上蛋鸭（个、户）	（1）存笼2000-9999只（个、户）	（2）存笼10000-19999只（个、户）	（4）存笼20000-29999只（个、户）	（5）存笼30000-39999只（个、户）	（6）存笼40000-49999只（个、户）	（7）存笼50000只以上（个、户）
湖北省	**2592**	**2352**	**166**	**37**	**20**	**6**	**11**
武汉市	**22**	**17**	**5**				
武汉市辖区							
汉南区	2	2					
蔡甸区							
江夏区	7	7					
黄陂区	9	4	5				
新洲区	4	4					
黄石市	**86**	**79**	**5**	**1**	**1**		
黄石市辖区	8	6	2				
阳新县	76	71	3	1	1		
大冶市	2	2					
十堰市	**13**	**13**					
茅箭区							
张湾区							
白浪区							
郧阳区							
郧西县							
竹山县							
竹溪县							
房县	11	11					
丹江口市	2	2					
宜昌市	**16**	**14**	**1**		**1**		
宜昌市辖区							
夷陵区							
远安县							
兴山县							
秭归县							
长阳县							
五峰县							
宜都市	4	2	1		1		
当阳市	11	11					
枝江市	1	1					
襄阳市	**277**	**257**	**15**	**1**	**2**	**1**	**1**
襄阳市辖区							
襄城区	6	5	1				
樊城区							
襄州区	6	6					
南漳县	11	11					
谷城县	2	2					
保康县							
老河口市	1	1					
枣阳市	9	7			1	1	
宜城市	242	225	14	1	1		1
鄂州市	**73**	**58**	**10**	**2**	**2**		**1**
荆门市	**602**	**540**	**36**	**14**	**6**	**3**	**3**
屈家岭管理区	1				1		
东宝区	1	1					
掇刀区	1		1				
京山县	462	455	5	2			
沙洋县	44	11	17	8	4	1	3
钟祥市	93	73	13	4	1	2	
孝感市	**103**	**88**	**11**	**1**			**3**
孝南区							

续表 5

地区	3、年存笼2000只以上蛋鸭（个、户）	（1）存笼2000-9999只（个、户）	（2）存笼10000-19999只（个、户）	（4）存笼20000-29999只（个、户）	（5）存笼30000-39999只（个、户）	（6）存笼40000-49999只（个、户）	（7）存笼50000只以上（个、户）
孝昌县	5	5					
大悟县	8	7	1				
云梦县							
应城市	10	9		1			
安陆市	49	40	6				3
汉川市	31	27	4				
荆州市	**756**	**712**	**33**	**5**	**2**	**1**	**3**
荆州开发区	10	10					
沙市区	1			1			
荆州区	62	61	1				
公安县	199	186	8	2	1	1	1
监利县	105	93	9	1			2
江陵县	221	208	13				
石首市	102	100	2				
洪湖市	56	54		1	1		
松滋市							
黄冈市	**113**	**88**	**17**	**3**	**4**	**1**	
龙感湖管理区	5		3		2		
黄州区							
团风县	18	16	2				
红安县	17	6	6	3	2		
罗田县							
英山县	12	10	2				
浠水县	19	18	1				
蕲春县							
黄梅县	17	16	1				
麻城市	7	5	1			1	
武穴市	18	17	1				
咸宁市	**8**	**7**	**1**				
咸安区	3	3					
嘉鱼县	4	4					
通城县	1		1				
崇阳县							
通山县							
赤壁市							
随州市	**186**	**167**	**13**	**4**	**2**		
随州市辖区	20	19	1				
曾都区	56	52	3	1			
随县	3	1	1	1			
广水市	107	95	8	2	2		
恩施州	**8**	**6**	**1**	**1**			
恩施市							
利川市	6	5	1				
建始县							
巴东县							
宣恩县							
咸丰县	1			1			
来凤县							
鹤峰县	1	1					
仙桃市	**95**	**90**	**4**	**1**			
潜江市	**143**	**140**	**1**	**2**			
天门市	**91**	**76**	**13**	**2**			
神农架林区							

续表 6

地区	4、年出笼 1 万只以上肉鸡(个、户)	(1)出笼 1 万-2.99 万只(个、户)	(2)出笼 3 万-4.99 万只(个、户)	(3)出笼 5 万-9.99 万只(个、户)	(4)出笼 10 万-49.99 万只(个、户)	(5)出笼 50 万-99.99 万只(个、户)	(6)出笼 100 万只以上(个、户)	5、年出笼 5000 只肉鸭以上的总户数	(1)出笼 5000-9999 只(个、户)	(2)出笼 10000-29999 只(个、户)
湖北省	**3680**	**1874**	**900**	**523**	**316**	**23**	**44**	**1155**	**775**	**256**
武汉市	**310**	**102**	**156**	**41**	**11**	**0**	**0**	**201**	**165**	**21**
武汉市辖区										
汉南区										
蔡甸区										
江夏区	262	81	143	32	6			3		1
黄陂区	48	21	13	9	5			198	165	20
新洲区										
黄石市	**48**	**7**	**6**	**21**	**14**			**7**	**3**	**2**
黄石市辖区	2	1			1					
阳新县	10	6	1	2	1			7	3	2
大冶市	36		5	19	12					
十堰市	**196**	**138**	**32**	**10**	**15**		**1**			
茅箭区	2			1	1					
张湾区	26	12	8		6					
白浪区										
郧阳区	13	8	3	2						
郧西县	5	5								
竹山县	75	58	16		1					
竹溪县	9	7	2							
房县	32	32								
丹江口市	34	16	3	7	7		1			
宜昌市	**250**	**88**	**75**	**65**	**20**	**2**		**36**	**29**	
宜昌市辖区	11	1	1	5	4					
夷陵区	33	18	6	5	2	2				
远安县	4	3			1					
兴山县										
秭归县	2	2								
长阳县	11	11								
五峰县										
宜都市	83	47	23	13						
当阳市	67	3	45	10	9			33	26	
枝江市	39	3		32	4			3	3	
襄阳市	**520**	**93**	**166**	**175**	**71**	**8**	**7**	**18**	**5**	**6**
襄阳市辖区	1				1					
襄城区	3	2	1							
樊城区	10	1	3	5	1					
襄州区	55	5	16	27	7					
南漳县	122	10	65	39	8			9		6
谷城县	85	11	8	50	16					
保康县	11	10	1					1		
老河口市	27	3	9	10	5					
枣阳市	74	6	15	17	24	8	4	1		
宜城市	132	45	48	27	9		3	7	5	
鄂州市	**56**	**21**	**16**	**10**	**8**	**1**				
荆门市	**309**	**182**	**50**	**43**	**34**			**114**	**76**	**37**
屈家岭管理区	3	2		1						
东宝区	10	10						3	1	2
掇刀区	4	4						22	21	
京山县	19	16	1	1	1			13	13	
沙洋县	209	113	32	34	30			31		31
钟祥市	64	37	17	7	3			45	41	4
孝感市	**684**	**583**	**82**	**16**	**3**			**541**	**369**	**114**
孝南区								9	5	4

续表 7

地区	4、年出笼1万只以上肉鸡(个、户)	(1)出笼1万-2.99万只(个、户)	(2)出笼3万-4.99万只(个、户)	(3)出笼5万-9.99万只(个、户)	(4)出笼10万-49.99万只(个、户)	(5)出笼50万-99.99万只(个、户)	(6)出笼100万只以上(个、户)	5、年出笼5000只肉鸭以上的总户数	(1)出笼5000-9999只(个、户)	(2)出笼10000-29999只(个、户)
孝昌县	1	1						3		3
大悟县	3	3						3		3
云梦县								232	185	
应城市	3	1			2			29	12	16
安陆市	20	8	8	3	1			5	2	1
汉川市	657	570	74	13				260	165	87
荆州市	**493**	**288**	**130**	**64**	**7**	**3**	**1**	**37**	**1**	**23**
荆州开发区										
沙市区								1	1	
荆州区	47	21	11	10	2	2	1	1		
公安县	3	3								
监利县	365	207	105	51	2			35		23
江陵县	29	28				1				
石首市	6	2		2	2					
洪湖市	1				1					
松滋市	42	27	14	1						
黄冈市	**156**	**21**	**15**	**25**	**92**	**2**	**1**	**105**	**55**	**32**
龙感湖管理区										
黄州区										
团风县								3		
红安县	4	1	2		1			5		4
罗田县	72				69	2	1	2	1	1
英山县	24		7	11	6			6	4	2
浠水县	1		1							
蕲春县								34	34	
黄梅县	12	8	2	1	1			30		17
麻城市	3			1	2			12	11	1
武穴市	40	12	3	12	13			13	5	7
咸宁市	**477**	**273**	**148**	**39**	**17**			**3**	**3**	
咸安区	437	252	133	36	16					
嘉鱼县										
通城县	4		1	3						
崇阳县	3	3								
通山县	25	10	14		1					
赤壁市	8	8						3	3	
随州市	**110**	**39**	**6**	**8**	**20**	**4**	**33**	**26**	**12**	**12**
随州市辖区	20	3		2	7	2	6	1	1	
曾都区	33	1	2	3	8	2	17	2		2
随县	13	1		2	4		6	10	5	5
广水市	44	34	4	1	1		4	13	6	5
恩施州	**52**	**33**	**8**	**5**	**3**	**3**		**66**	**57**	**9**
恩施市	10	3	1	2	1	3				
利川市	17	12	2	1	2			15	6	9
建始县	3	1	1	1						
巴东县	10	8	1	1						
宣恩县	1	1								
咸丰县	7	5	2							
来凤县	3	2	1					51	51	
鹤峰县	1	1								
仙桃市								**1**		
潜江市	**17**	**4**	**10**	**1**	**1**		**1**			
天门市										
神农架林区	**2**	**2**								

续表 8

地区	（3）出笼30000-99999只(个、户)	（4）出笼100000只以上(个、户)	6、年出栏50头以上肉牛(个、户)	（1）出栏50-99头（个、户）	（2）出栏100-499头(个、户)	（3）出栏500-999头(个、户)	（4）出栏1000头以上(个、户)	7、年出栏100只以上肉羊(个、户)	（1）出栏100-199只(个、户)	（2）出栏200-499只(个、户)	（3）出栏500-999只(个、户)
湖北省	**64**	**60**	**4348**	**2085**	**1869**	**252**	**142**	**7970**	**4699**	**2446**	**549**
武汉市	**10**	**5**	**71**	**51**	**19**	**1**	**0**	**81**	**52**	**22**	**6**
武汉市辖区								3	3		
汉南区											
蔡甸区								7		5	2
江夏区		2	1		1			3	1		2
黄陂区	10	3	36	23	12	1		44	28	13	2
新洲区			34	28	6			24	20	4	
黄石市	**2**		**52**	**33**	**18**		**1**	**110**	**70**	**31**	**8**
黄石市辖区			3	1	2			5	4	1	
阳新县	2		28	13	14		1	78	45	27	5
大冶市			21	19	2			27	21	3	3
十堰市			**257**	**124**	**112**	**13**	**8**	**1246**	**1015**	**165**	**44**
茅箭区								3	2	1	
张湾区			4	3	1			37	27	10	
白浪区								2		1	1
郧阳区			78	11	61	6		119	75	37	7
郧西县			44	28	16			118	75	25	18
竹山县			53	41	10	2		91	54	21	10
竹溪县			30	23	2		5	81	27	37	7
房县			7	4	3			748	724	23	
丹江口市			41	14	19	5	3	47	31	10	1
宜昌市	**7**		**196**	**89**	**95**	**9**	**3**	**1202**	**939**	**212**	**42**
宜昌市辖区			1	1				21	18	3	
夷陵区			16	11	3	2		99	72	23	1
远安县			2		2			112	96	10	5
兴山县			2	2				37	33	4	
秭归县			2	2				60	40	17	3
长阳县			3		3			546	427	90	24
五峰县			2	2				20	18	2	
宜都市			57	31	26			152	146	5	1
当阳市	7		38	36	1		1	130	82	46	2
枝江市			73	4	60	7	2	25	7	12	6
襄阳市	**5**	**2**	**1015**	**404**	**409**	**105**	**97**	**1356**	**419**	**589**	**183**
襄阳市辖区								6	4	1	1
襄城区			8	3	5			40	22	16	2
樊城区			37		37			68	57	10	1
襄州区			48	14	17	12	5	78	16	52	4
南漳县	3		201	29	169	2	1	274	54	158	45
谷城县			335	249	83	2	1	330	79	187	59
保康县		1	33	26	7			175	142	32	1
老河口市			78	48	27	3		64		48	11
枣阳市		1	199	1	26	84	88	213	1	36	49
宜城市	2		76	34	38	2	2	108	44	49	10
鄂州市			**25**	**18**	**7**			**35**	**17**	**16**	**2**
荆门市		**1**	**512**	**133**	**326**	**36**	**17**	**572**	**285**	**222**	**48**
屈家岭管理区											
东宝区			7	4	2	1		39	12	14	7
掇刀区		1	4	3		1		10	8	1	
京山县			11	9	1		1	110	79	21	8
沙洋县			354	59	258	22	15	126	57	66	3
钟祥市			136	58	65	12	1	287	129	120	30
孝感市	**10**	**48**	**315**	**275**	**37**	**1**	**2**	**470**	**224**	**156**	**83**
孝南区			13	7	4		2	14	10	2	1

续表 9

地区	（3）出笼30000-99999只(个、户)	（4）出笼100000只以上(个、户)	6、年出栏50头以上肉牛(个、户)	（1）出栏50-99头（个、户）	（2）出栏100-499头(个、户)	（3）出栏500-999头(个、户)	（4）出栏1000头以上(个、户)	7、年出栏100只以上肉羊(个、户)	（1）出栏100-199只(个、户)	（2）出栏200-499只(个、户)	（3）出栏500-999只(个、户)
孝昌县			207	196	10	1		154	68	31	52
大悟县			22	17	5			121	73	35	13
云梦县		47	15	14	1			1	1		
应城市	1		19	14	5			60	37	22	
安陆市	2		35	25	10			71	10	45	15
汉川市	7	1	4	2	2			49	25	21	2
荆州市	**12**	**1**	**191**	**132**	**59**		**0**	**174**	**92**	**74**	**5**
荆州开发区			2	2				5	3	2	
沙市区			3		3						
荆州区	1		13	10	3			16	13	2	
公安县			20	19	1			23	9	14	
监利县	11	1	16	11	5			14	4	9	1
江陵县			27	15	12			24	17	6	1
石首市			67	47	20			57	30	26	1
洪湖市			17	14	3			15	13	1	
松滋市			26	14	12			20	3	14	2
黄冈市	**16**	**2**	**970**	**399**	**507**	**60**	**4**	**1131**	**508**	**521**	**71**
龙感湖管理区											
黄州区			2	2				6	5	1	
团风县	2	1	96	12	77	6	1	126	60	51	13
红安县	1		122	38	76	8		114	43	56	9
罗田县			50	8	40	2		224	209	13	1
英山县			68	43	25			109	51	50	8
浠水县			34	26	7	1		38	33	5	
蕲春县			307	219	82	6		138	36	94	5
黄梅县	12	1	28	17	7	4		30	7	19	2
麻城市			246	26	184	33	3	302	41	221	27
武穴市	1		17	8	9			44	23	11	6
咸宁市			**52**	**44**	**7**	**1**		**348**	**222**	**104**	**12**
咸安区			8	6	1	1		25	21	4	
嘉鱼县			3	3				18	13	5	
通城县			6	6				15	7	7	1
崇阳县			8	5	3			53	19	23	4
通山县			26	23	3			234	159	65	7
赤壁市			1	1				3	3		
随州市	**2**		**477**	**266**	**193**	**11**	**7**	**823**	**559**	**230**	**28**
随州市辖区			114	61	47	4	2	108	68	38	1
曾都区			123	64	53	4	2	114	64	48	1
随县			57	8	45	1	3	47	9	22	16
广水市	2		183	133	48	2		554	418	122	10
恩施州			**48**	**27**	**17**	**4**		**270**	**190**	**65**	**13**
恩施市			11	5	4	2		27	16	8	1
利川市			12	5	6	1		36	29	7	
建始县			3	1	2			30	24	6	
巴东县			9	8		1		104	60	35	9
宣恩县			7	5	2			7	4	3	
咸丰县			3	1	2			6	2	2	2
来凤县								46	43	2	1
鹤峰县			3	2	1			14	12	2	
仙桃市		**1**	**16**	**15**	**1**			**18**	**7**	**9**	**1**
潜江市			**20**	**14**	**4**	**2**		**46**	**33**	**11**	**2**
天门市			**128**	**58**	**58**	**9**	**3**	**74**	**53**	**19**	**1**
神农架林区			**3**	**3**				**14**	**14**		

续表 10

地区	（4）出栏1000-2999只（个、户）	（5）出栏3000只以上（个、户）	8、年存栏100头奶牛以上的总户数	（1）存栏100-199头（个、户）	（2）存栏200-499头（个、户）	（3）存栏500-999头（个、户）	（4）存栏1000-1999头（个、户）	（5）存栏2000-4999头（个、户）	（6）存栏5000头以上（个、户）	9、年出笼鹅100只以上（个、户）	10、年出笼特禽1000只以上（个、户）	11、年出栏肉兔50只以上（个、户）
湖北省	**232**	**44**	**26**	**2**	**10**	**5**	**5**	**3**	**1**	**985**	**623**	**425**
武汉市	**1**		**3**		**2**			**1**		**25**	**69**	**16**
武汉市辖区			1					1				
汉南区												
蔡甸区										10	2	1
江夏区			2		2							
黄陂区	1									10	4	3
新洲区										5	63	12
黄石市	**1**									**19**	**6**	**4**
黄石市辖区										9	2	4
阳新县	1									8	2	
大冶市										2	2	
十堰市	**19**	**3**	**1**		**1**					**5**	**7**	**60**
茅箭区												
张湾区												
白浪区												
郧阳区										1		50
郧西县												5
竹山县	3	3	1		1							
竹溪县	10											
房县	1									4	6	5
丹江口市	5										1	
宜昌市	**8**	**1**	**4**		**3**	**1**	**0**	**0**	**0**	**88**	**20**	**30**
宜昌市辖区												
夷陵区	2	1	4		3	1					2	
远安县	1											2
兴山县											5	11
秭归县											5	3
长阳县	5											
五峰县											1	
宜都市											7	1
当阳市										3		
枝江市										85		13
襄阳市	**142**	**23**	**3**	**2**	**1**					**132**	**78**	**85**
襄阳市辖区										6		
襄城区			3	2	1							
樊城区												
襄州区	6									14	10	16
南漳县	14	3										
谷城县	5											1
保康县											2	
老河口市	5									4		41
枣阳市	108	19								104	60	24
宜城市	4	1								4	6	3
鄂州市											**13**	**1**
荆门市	**12**	**5**								**137**	**37**	**60**
屈家岭管理区												
东宝区	5	1								1	6	1
掇刀区		1										
京山县	1	1									11	12
沙洋县										132	19	45
钟祥市	6	2								4	1	2
孝感市	**7**									**433**	**116**	**75**
孝南区	1									50	1	

续表 11

地区	（4）出栏1000-2999只（个、户）	（5）出栏3000只以上（个、户）	8、年存栏100头奶牛以上的总户数	（1）存栏100-199头（个、户）	（2）存栏200-499头（个、户）	（3）存栏500-999头（个、户）	（4）存栏1000-1999头（个、户）	（5）存栏2000-4999头（个、户）	（6）存栏5000头以上（个、户）	9、年出笼鹅100只以上（个、户）	10、年出笼特禽1000只以上（个、户）	11、年出栏肉兔50只以上（个、户）
孝昌县	3									38	11	23
大悟县												
云梦县										1	1	
应城市	1									29	51	6
安陆市	1									0	15	20
汉川市	1									315	37	26
荆州市	**2**	**1**								**44**	**19**	**3**
荆州开发区												
沙市区										1		
荆州区	1									1	2	
公安县										23		
监利县										3	5	1
江陵县										10		
石首市										5	5	1
洪湖市	1									1	6	1
松滋市		1									1	
黄冈市	**23**	**8**	**14**		**3**	**3**	**5**	**2**	**1**	**30**	**28**	**10**
龙感湖管理区			1		1					1		
黄州区			1		1					21		
团风县	1	1	2			1	1			2		2
红安县	3	3	2			1	1				7	1
罗田县		1	2			1	1					
英山县												
浠水县			1		1						1	1
蕲春县	3		1				1					
黄梅县	2		1					1		6	19	5
麻城市	12	1	2				1		1			
武穴市	2	2	1					1			1	1
咸宁市	**9**	**1**	**1**			**1**				**32**	**3**	**11**
咸安区												
嘉鱼县												
通城县										32	1	
崇阳县	7											3
通山县	2	1									1	8
赤壁市			1			1					1	
随州市	**4**	**2**								**6**	**188**	**7**
随州市辖区		1										
曾都区		1								2	1	
随县										4	10	7
广水市	4										177	
恩施州	**2**									**30**	**33**	**62**
恩施市	2										1	
利川市											13	6
建始县												
巴东县											11	
宣恩县										2		1
咸丰县										0	3	
来凤县										28	5	55
鹤峰县												
仙桃市	**1**									**1**	**1**	
潜江市										**1**	**2**	
天门市	**1**									**2**	**2**	**1**
神农架林区											**1**	

畜产品加工企业情况（一）

名称	肉制品			名称	禽蛋制品		
	加工企业个数（个）	固定资产(万元)	年产值(万元)		加工企业个数（个）	固定资产(万元)	年产值(万元)
合计	770	678623	5169948	合计	101	138777	633532
武汉市	38	62072	88423	武汉市	3	33000	10800
黄石市	35	8498	250	黄石市	3	717	24268
十堰市	22	18552	15222	十堰市			
宜昌市	90	56819	64950	宜昌市	14	10797	12310
襄阳市	61	98914	832507	襄阳市	10	9650	119380
鄂州市	16	4300	12416	鄂州市	1	700	351
荆门市	66	62112	73498	荆门市	9	17985	127478
孝感市	26	28054	40000	孝感市	7	28880	174534
荆州市	90	81275	58361	荆州市	17	23933	74350
黄冈市	99	114544	15196	黄冈市	9	2775	13048
咸宁市	32	17552	8000	咸宁市			
随州市	57	42972	16000	随州市	3	1885	6031
恩施州	104	58979	99469	恩施州	4	358	374
仙桃市	4	16021	5380	仙桃市	1	3602	12000
潜江市	14	5210		潜江市	16	3195	55250
天门市	14	2590	10950	天门市	4	1300	3358
神农架林区	2	160		神农架林区			

畜产品加工企业情况（二）

乳制品				蜂制品			
名称	加工企业个数（个）	固定资产(万元)	年产值(万元)	名称	加工企业个数（个）	固定资产(万元)	年产值(万元)
合计	18	307886	675683	合计	62	168739	285848
武汉市	4	62396	295500	武汉市	8	122142	37838
黄石市				黄石市			
十堰市				十堰市	2	1050	1112
宜昌市	9	73750	254240	宜昌市	5	2602	31300
襄阳市	1	1240	2905	襄阳市	14	11970	118112
鄂州市				鄂州市	1	600	1143
荆门市	1	1500	3938	荆门市	7	6010	25758
孝感市				孝感市	8	4525	24784
荆州市				荆州市	4	2970	10600
黄冈市	2	160000	112100	黄冈市	4	8050	3222
咸宁市	1	9000	7000	咸宁市	1	1700	17825
随州市				随州市	4	4980	11426
恩施州				恩施州	2	540	530
仙桃市				仙桃市	1	800	1200
潜江市				潜江市			
天门市				天门市	1	800	1000
神农架林区				神农架林区			

畜牧部门饲料加工企业情况

项　目	一、饲料加工厂(站)个数(个)	二、从业人员（人）	三、全年实际产量(吨)	其中			四、年产值(万元)	五、年利润(万元)	六、固定资产（万元）
				预混料	浓缩料	全价料			
全省合计	366	17239	14285721	955758	992340	11021035	6376125	734892	35177973
年产 1000 吨以下	92	925	95530	41714	2819	45180	20306	2083	32627
年产 1001-2000 吨	34	359	55942	16984	3850	17532	23885	2681	11563
年产 2001-4000 吨	29	652	88584	19552	7655	48629	45431	3011	25448
年产 4001-10000 吨	30	657	222247	47151	22951	146045	79331	7746	58162
年产 10001 吨以上	181	14646	13823417	830357	955065	10763649	6207171	719372	35050173

兽药生产企业情况

地区	固定资产（万元）	年销售收入(万元)	年产值(万元)	年利润(万元)	从业人数(人)
全省合计	141069	534230	555930	29833	5779
武汉市	4500	28260	28470	4060	491
黄石市	5297	6868	7605	649	168
十堰市	5713	20100	20800	940	205
宜昌市	17873	33000	36000	-3270	1120
襄阳市	5130	10267	18149	610	106
鄂州市					
荆门市	11900	30706	33502	2266	214
孝感市	24752	51700	54700	5162	256
荆州市	2600	10000	10000	1500	50
黄冈市	57400	338200	340250	17100	2905
咸宁市	900	1500	1600	30	45
随州市					
恩施州					
仙桃市					
潜江市	1004	2429	2854	486	95
天门市	4000	1200	2000	300	124
神农架林区					

畜禽规模饲养情况

项　　目	场、户数（个、户）	年存、出栏（笼）量（万头、万只）
生猪出栏 500 头以上	15405	2979.07
商品肉鸡出笼 1 万只以上	3680	29311.38
商品蛋鸡存笼 2000 只以上	13057	15526.29
年存栏奶牛 100 头以上	26	3.12
年出栏肉牛 50 头以上	4350	87.90
年出栏肉羊 100 只以上	7970	240.12
年出笼鹅 100 只以上	985	221.73
年出笼特禽 1000 只以上	623	1644.37
年出栏肉兔 50 只以上	425	77.85

6 渔业

水产品总产量及捕捞产量

单位：吨

单位	合　计	捕捞产量						
		小计	鱼类	甲壳类			贝类	其它类
				小计	虾	蟹		
湖北省	**4654222**	**292961**	**223378**	**48371**	**44749**	**3622**	**17713**	**3499**
武汉市	**436546**	**28263**	**25129**	**3094**	**3088**	**6**	**40**	
武汉市直	97120	5864	5692	172	166	6		
新洲区	99490	1544	1269	275	275			
江夏区	84081	14401	13819	582	582			
蔡甸区	61500	2175	1971	204	204			
黄陂区	94355	4279	2378	1861	1861		40	
黄石市	**213147**	**7605**	**5659**	**1380**	**1375**	**5**	**413**	**153**
黄石市直	3269	183	172					11
大冶市	79648	1983	1773	68	68			142
阳新县	130230	5439	3714	1312	1307	5	413	
十堰市	**65811**	**19028**	**18500**	**527**	**525**	**2**		**1**
十堰市直	6							
十堰市辖区	1083	68	68					
丹江口市	50056	12802	12625	176	176			1
郧县	3218	1760	1480	280	280			
郧西	964	205	199	6	6			
竹山县	7124	3420	3420					
竹溪县	554	212	201	11	10	1		
房县	2806	561	507	54	53	1		
荆州市	**1097695**	**33928**	**24220**	**8103**	**7047**	**1056**	**1071**	**534**
荆州区	108579	2628	1993	543	492	51	45	47
沙市区	43753	2932	2196	481	481		255	
荆州市开发区	725	249	249					
江陵县	29259	931	830	101	101			
松滋市	32069	1050	722	291	291			37
公安县	121626	7825	6087	1319	1283	36	215	204
石首市	110683	5960	4574	1364	913	451	22	
监利县	256754	4389	3025	1157	872	285	162	45
洪湖市	394247	7964	4544	2847	2614	233	372	201
宜昌市	**167329**	**21688**	**17643**	**4005**	**3986**	**19**	**40**	
宜昌市直	472	290	268	22	22			
夷陵区	5324	1403	1250	151	150	1	2	
宜都市	5596	923	898	25	25			
枝江市	81424	9133	7432	1701	1701			
当阳市	64242	5107	3874	1195	1177	18	38	
远安县	2031	168	158	10	10			
兴山县	195	190	180	10	10			
秭归县	173	114	102	12	12			
长阳县	7803	4322	3443	879	879			
五峰县	69	38	38					
襄阳市	**190328**	**9848**	**8969**	**812**	**706**	**106**	**52**	**15**
襄阳市辖区	19523	1067	965	102	96	6		
老河口市	36280	1040	1008	26	14	12	4	2
襄州区	40593	3176	2780	390	311	79	1	5
枣阳市	41605	970	877	80	75	5	7	6
宜城市	30800	1850	1670	180	180			
南漳县	8070	427	427					
谷城县	12491	1098	1022	34	30	4	40	2
保康县	966	220	220					
鄂州市	**380596**	**30130**	**15849**	**2408**	**1903**	**505**	**11241**	**632**
鄂城区	123618	19607	7121	808	738	70	11099	579
华容区	126030	4148	2672	1281	878	403	142	53

续表 1　　　　单位：吨

单位	合　计	捕捞产量						
		小计	鱼类	甲壳类			贝类	其它类
				小计	虾	蟹		
梁子湖区	130948	6375	6056	319	287	32		
荆门市	**447075**	**20896**	**15517**	**4579**	**4370**	**209**	**310**	**490**
沙洋县	171932	3469	2854	542	542		53	20
钟祥市	143828	6356	4705	1231	1210	21	129	291
京山县	75542	5739	3718	1798	1691	107	58	165
沙洋农场	3553	527	527					
东宝区	21540	2228	1753	475	475			
掇刀区	16152	921	661	176	176		70	14
漳河新区	12276	1656	1299	357	276	81		
屈家岭管理区	2252							
孝感市	**400182**	**27674**	**18046**	**7958**	**7334**	**624**	**1637**	**33**
孝南区	67750	3666	2419	1247	1041	206		
孝昌县	20150	2689	1650	1021	998	23		18
大悟县	24550	1959	1580	379	379			
安陆市	26980	2397	1835	560	560			2
云梦县	48900	587	447	140	140			
应城市	67690	4048	3027	1020	1020		1	
汉川市	143792	12299	7059	3591	3196	395	1636	13
孝感市辖区	370	29	29					
黄冈市	**444196**	**31647**	**24846**	**4245**	**4129**	**116**	**1610**	**946**
黄州区	43293	3377	2804	290	230	60	141	142
团风县	35665	2664	2447	78	75	3		139
红安县	13903	1852	1520	332	332			
麻城市	24659	4706	4053	585	540	45	13	55
罗田县	6506	60	60					
英山县	5388	408	370	35	35			3
浠水县	79125	9125	6978	1607	1607		490	50
蕲春县	78140	5207	4527	637	629	8	38	5
武穴市	52430	4248	2087	681	681		928	552
黄梅县	87550							
龙感湖区	17537							
咸宁市	**206192**	**25251**	**21536**	**3336**	**3163**	**173**	**99**	**280**
咸宁市直								
咸安区	42200	11643	10434	942	920	22	7	260
嘉鱼县	65174	5003	3557	1426	1426			20
赤壁市	65158	4683	3922	672	557	115	89	
通城县	11750	1300	1239	58	58		3	
崇阳县	12210	1122	1029	93	57	36		
通山县	9700	1500	1355	145	145			
恩施州	**6740**	**2716**	**2493**	**194**	**157**	**37**		**29**
恩施市	927	246	231	15	15			
建始县	508	233	233					
巴东县	580	563	478	85	85			
利川市	3406	1203	1115	62	25	37		26
宣恩县	352	230	201	29	29			
咸丰县	109	41	41					
来凤县	739	162	159					3
鹤峰县	119	38	35	3	3			
随州市	**80139**	**8656**	**6745**	**1739**	**1600**	**139**	**32**	**140**
曾都区	11988	2089	1917	163	157	6		9
随县	37200	2144	1116	947	890	57	32	49
广水市	30951	4423	3712	629	553	76		82
仙桃市	**285223**	**15847**	**12975**	**2479**	**2083**	**396**	**364**	**29**
天门市	**109540**	**2798**	**1305**	**812**	**639**	**173**	**499**	**182**
潜江市	**123320**	**6986**	**3946**	**2700**	**2644**	**56**	**305**	**35**
神农架	**163**							

水产品养殖产量(一)

单位：吨

单位	养殖产量合计	其中：一、鱼类					
		小计	草鱼	鲢鱼	鲫鱼	鳙鱼	鳊鲂
湖北省	**4361261**	**3471918**	**899387**	**531333**	**398368**	**431885**	**253359**
武汉市	**408283**	**367875**	**122968**	**57293**	**39399**	**32789**	**34794**
武汉市直	91256	84127	21199	13015	12070	7786	10223
新洲区	97946	92818	51322	13299	5753	4548	4882
江夏区	69680	62303	11598	7672	7636	8967	7752
蔡甸区	59325	51475	15406	12172	4523	5979	4561
黄陂区	90076	77152	23443	11135	9417	5509	7376
黄石市	**205542**	**186952**	**30253**	**26062**	**24351**	**30735**	**17631**
黄石市直	3086	2609	488	496	621	325	182
大冶市	77665	73867	16828	16119	11957	9363	5236
阳新县	124791	110476	12937	9447	11773	21047	12213
十堰市	**46783**	**46527**	**3484**	**8233**	**702**	**3495**	**1184**
十堰市直	6	5					
十堰市辖区	1015	1015	152	217	79	126	5
丹江口市	37254	37224	2501	6683	220	1906	469
郧县	1458	1437	120	265	15	185	190
郧西	759	716	107	250	5	180	4
竹山县	3704	3702	504	573	310	413	466
竹溪县	342	342	20	65	43	58	45
房县	2245	2086	80	180	30	627	5
荆州市	**1063767**	**631289**	**143044**	**66450**	**80237**	**47359**	**21632**
荆州区	105951	93811	14600	7810	6910	3810	6021
沙市区	40821	32616	10250	3237	11522	1707	472
荆州市开发区	476	476	116	79	56	66	32
江陵县	28328	18245	6624	2099	881	1483	520
松滋市	31019	20447	4828	4739	1838	1663	829
公安县	113801	76938	22234	9034	4343	5387	4640
石首市	104723	70027	17194	4831	15289	6185	2900
监利县	252365	79684	5967	3144	985	1112	912
洪湖市	386283	239045	61231	31477	38413	25946	5306
宜昌市	**145641**	**140768**	**22302**	**20850**	**17523**	**12820**	**20947**
宜昌市直	182	182	57	15	48	6	25
夷陵区	3921	3851	592	720	810	420	475
宜都市	4673	4581	308	230	467	400	202
枝江市	72291	70167	11231	10379	6834	4881	11820
当阳市	59135	56776	9581	8904	8992	6687	8214
远安县	1863	1647	302	386	306	182	108
兴山县	5	4	1				
秭归县	59	59	7	8	7	8	
长阳县	3481	3470	220	200	47	232	103
五峰县	31	31	3	8	12	4	
襄阳市	**180480**	**171000**	**26216**	**40422**	**17087**	**35634**	**10910**
襄阳市辖区	18456	17962	2816	5008	1213	4486	838
老河口市	35240	31970	3720	5820	4450	5150	1910
襄州区	37417	36986	6389	8220	3100	8504	4003
枣阳市	40635	40400	6470	13246	3672	9256	294
宜城市	28950	25728	4717	4814	3697	4987	1727
南漳县	7643	6786	806	1833	655	1288	465
谷城县	11393	10422	1124	1473	125	1845	1673
保康县	746	746	174	8	175	118	
鄂州市	**350466**	**335723**	**107988**	**68048**	**26159**	**60031**	**37621**
鄂城区	104011	99185	46018	22154	5249	12324	6935
华容区	121882	118900	33640	23230	9578	13711	25020
梁子湖区	124573	117638	28330	22664	11332	33996	5666
荆门市	**426179**	**332403**	**93755**	**65161**	**48314**	**44252**	**23412**

续表 1 单位：吨

单位	养殖产量合计	其中：一、鱼类					
		小计	草鱼	鲢鱼	鲫鱼	鳙鱼	鳊鲂
沙洋县	168463	129951	46812	28507	15495	11788	10515
钟祥市	137472	112354	30371	17683	22491	16331	7924
京山县	69803	50161	10631	10448	5417	9767	2390
沙洋农场	3026	2503	736	665	210	462	112
东宝区	19312	13540	1342	4123	2091	2078	731
掇刀区	15231	12674	2347	1755	1006	2221	550
漳河新区	10620	9326	1276	1580	1300	1200	800
屈家岭管理区	2252	1894	240	400	304	405	390
孝感市	**372508**	**327874**	**93365**	**62401**	**44556**	**33354**	**20649**
孝南区	64084	58313	16479	3709	9707	7237	8472
孝昌县	17461	15633	2966	2346	1583	3318	1589
大悟县	22591	20061	4744	2230	2474	4385	1020
安陆市	24583	22456	3550	2403	4749	6287	1775
云梦县	48313	44192	14001	6570	13429	2184	581
应城市	63642	53858	21646	4929	6744	5458	3238
汉川市	131493	113068	29872	40161	5829	4450	3945
孝感市辖区	341	293	107	53	41	35	29
黄冈市	**412549**	**331588**	**75142**	**32643**	**36717**	**74344**	**29798**
黄州区	39916	37905	11013	3704	3858	7557	3133
团风县	33001	32014	9389	6798	2859	7149	1416
红安县	12051	9734	2202	1492	558	2713	748
麻城市	19953	16309	4076	1987	1830	5343	816
罗田县	6446	6376	1792	1009	222	2577	222
英山县	4980	4740	1099	634	268	1768	110
浠水县	70000	59216	11506	4515	6166	11545	8313
蕲春县	72933	62531	14201	3487	9726	12836	8223
武穴市	48182	34827	8585	3846	4418	9958	1803
黄梅县	87550	54950	6883	4148	4703	10334	3874
龙感湖区	17537	12986	4396	1023	2109	2564	1140
咸宁市	**180941**	**149553**	**31525**	**17845**	**17283**	**18082**	**11566**
咸宁市直							
咸安区	30557	27465	7173	6079	3637	3277	1884
嘉鱼县	60171	50151	10289	4000	6407	6585	3145
赤壁市	60475	48270	10353	4165	5010	6180	4316
通城县	10450	9465	1817	1536	760	857	1260
崇阳县	11088	9572	1833	1765	1409	883	811
通山县	8200	4630	60	300	60	300	150
恩施州	**4024**	**3893**	**1200**	**772**	**473**	**504**	**61**
恩施市	681	666	231	70	65	40	18
建始县	275	275	85	39	24	31	
巴东县	17	17	5	3		4	
利川市	2203	2140	552	449	335	332	39
宣恩县	122	88	35	13	9	12	3
咸丰县	68	68	9	28		21	
来凤县	577	558	262	161	25	43	1
鹤峰县	81	81	21	9	15	21	
随州市	**71483**	**64285**	**8463**	**14750**	**9745**	**13065**	**4225**
曾都区	9899	9525	1691	2313	1875	1991	369
随县	35056	31285	3002	8299	4953	6694	2341
广水市	26528	23475	3770	4138	2917	4380	1515
仙桃市	**269376**	**253910**	**103961**	**33097**	**26926**	**15212**	**10846**
天门市	**106742**	**85454**	**21749**	**8691**	**7734**	**7849**	**7217**
潜江市	**116334**	**42661**	**13969**	**8521**	**1160**	**2314**	**862**
神农架	**163**	**163**	**3**	**94**	**2**	**46**	**4**

续表 2　　　　　　　　　　　　　　　　　　　　　　　　　　　　单位：吨

单位	其中：一、鱼　类						
	青鱼	鲤鱼	黄鳝	黄颡鱼	鳜鱼	泥鳅	乌鳢
湖北省	**210023**	**142777**	**172302**	**136531**	**79295**	**45518**	**31598**
武汉市	**18824**	**17914**	**5150**	**10169**	**9956**	**3633**	**3878**
武汉市直	6888	2305	3240	1732	2678	119	723
新洲区	2578	3720	1427	1897	845	485	242
江夏区	4107	4284	367	2778	2878	58	1348
蔡甸区	1337	3163	116	818	1600	495	771
黄陂区	3914	4442		2944	1955	2476	794
黄石市	**14517**	**6533**	**3151**	**6093**	**2753**	**8936**	**5047**
黄石市直	82	18	198		45	28	40
大冶市	3132	1496	740	860	720	2830	790
阳新县	11303	5019	2213	5233	1988	6078	4217
十堰市	**341**	**776**	**20**	**238**	**388**	**318**	**347**
十堰市直							
十堰市辖区		28			45	213	
丹江口市	20	240		180	205	50	272
郧县	2	25			88		
郧西		15		2	8	1	
竹山县	319	380	18	54	20	44	
竹溪县		30					
房县		58	2	2	22	10	75
荆州市	**68852**	**17666**	**70629**	**46429**	**34394**	**9455**	**3952**
荆州区	37340	2161	1197	8764	103	236	347
沙市区	73	168	76	4508	27	163	5
荆州市开发区	21	5	18	38	2	3	5
江陵县	487	63	3493	1783	3	692	74
松滋市	1080	1150	1500	620	700	450	80
公安县	4133	2666	11436	10798	676	507	448
石首市	3602	4412	2197	3838	5125	711	1293
监利县	2915	550	37013	9381	8736	1807	860
洪湖市	19201	6491	13699	6699	19022	4886	840
宜昌市	**4601**	**4853**	**194**	**24370**	**95**	**1999**	**476**
宜昌市直	12	2		5			
夷陵区	254	105		455			
宜都市	190	107		505	10	25	
枝江市	1912	1494	65	17968		471	
当阳市	2038	2961	129	5187	39	1477	476
远安县	71	87		95	16	25	
兴山县	1						
秭归县	6						
长阳县	115	97		155	30	1	
五峰县	2						
襄阳市	**7292**	**20888**	**1161**	**2161**	**484**	**1316**	**413**
襄阳市辖区	768	2160	118	35	15	52	32
老河口市	2810	3925	220	1150	460	350	
襄州区	192	4520	300	510		290	40
枣阳市	1380	4412	141	222	1	293	100
宜城市	3	4207	70	25	3	100	4
南漳县	22	740	291	92		190	185
谷城县	2117	653	21	127	5	41	52
保康县		271					
鄂州市	**11873**	**8874**	**1493**	**2369**	**2113**	**615**	**2285**
鄂城区	2372	1585	609	986	294	17	25
华容区	3835	1623	861	820	1363	585	1895
梁子湖区	5666	5666	23	563	456	13	365

续表 3　　单位：吨

单位	其中：一、鱼类						
	青鱼	鲤鱼	黄鳝	黄颡鱼	鳜鱼	泥鳅	乌鳢
荆门市	**10024**	**20888**	**5983**	**6998**	**783**	**2976**	**2236**
沙洋县	837	8280	3600	1240	370	357	805
钟祥市	3192	7705	966	2023	162	678	699
京山县	3117	2115	952	510	101	1699	344
沙洋农场	62	26			60		
东宝区	734	762	115	933	28	67	18
掇刀区	1250	1450	150	1550		35	210
漳河新区	811	500	200	720	60	100	150
屈家岭管理区	21	50		22	2	40	10
孝感市	**15885**	**17760**	**5297**	**6150**	**12829**	**5097**	**5058**
孝南区	2046	5440	859	788	426	1829	955
孝昌县	1861	180	466	575	18	684	27
大悟县	300	2800	162	300		1320	120
安陆市	476	1045	81	620	70	326	236
云梦县	592	1255	237	1562	89	148	2354
应城市	2896	3696	606	1298	751	186	914
汉川市	7713	3317	2886	1007	11475	604	452
孝感市辖区	1	27					
黄冈市	**24083**	**6505**	**6959**	**17332**	**10177**	**2148**	**4072**
黄州区	5428	946	451	1039	362	60	166
团风县	2856	1242	35	51	25	34	18
红安县	520	202	20	355	24	700	
麻城市	400	176	100	436	103	80	194
罗田县	11	111	30	10		50	50
英山县	84	253	5	10	48	12	10
浠水县	3901	898	886	2137	3756	356	362
蕲春县	4126	639	826	4269	2216	425	327
武穴市	2118	1335	514	270	941	59	264
黄梅县	4137	520	3965	7843	2672	372	2681
龙感湖区	502	183	127	912	30		
咸宁市	**11382**	**10445**	**6010**	**3468**	**2975**	**2501**	**2142**
咸宁市直							
咸安区	1206	2629	376	350	116	208	157
嘉鱼县	4311	4573	919	1470	257	441	576
赤壁市	4857	2083	4027	1162	1225	947	1131
通城县	823	770	385	17	370	120	90
崇阳县	111	290	118	374	387	165	113
通山县	74	100	185	95	620	620	75
恩施州	**65**	**580**		**16**		**3**	
恩施市	16	80		16			
建始县		26					
巴东县		5					
利川市	49	384					
宣恩县		15				1	
咸丰县							
来凤县		55				2	
鹤峰县		15					
随州市	**6709**	**2988**	**602**	**758**	**216**	**879**	**374**
曾都区	890	155	12	113	7	18	12
随县	2393	1672	261	418	54	272	23
广水市	3426	1161	329	227	155	589	339
仙桃市	**10215**	**215**	**43072**	**7920**	**765**	**1246**	**2**
天门市	**3829**	**5148**	**10761**	**1260**	**1174**	**4071**	**1230**
潜江市	**1531**	**742**	**11820**	**800**	**193**	**325**	**86**
神农架		2					

水产品养殖产量(二)

单位：吨

单位	其中：一、鱼类（续）						
	鳊鱼	鲶鱼	鮰鱼	鲈鱼	罗非鱼	长吻鮠	银鱼
湖北省	**26571**	**20204**	**4871**	**9952**	**3657**	**1254**	**2635**
武汉市	**2254**	**2555**	**53**	**188**	**155**	**48**	**10**
武汉市直	37	249		21		20	10
新洲区	537	682	3	22			
江夏区	66	820					
蔡甸区	80	289	50	40			
黄陂区	1534	515		105	155		
黄石市	1108	2228	105	130	709		362
黄石市直	31	18			26		
大冶市	692	182	105	50	170		
阳新县	385	2028		80	513		362
十堰市	**1986**	**400**	**96**	**1062**	**152**		**679**
十堰市直							
十堰市辖区	20						
丹江口市	705	310		998			591
郧县	245	55	6	21	100		80
郧西			90	12			
竹山县	346						
竹溪县	20	22		31			8
房县	650	13			52		
荆州市	**6555**	**2191**	**1038**	**5681**		**500**	**18**
荆州区			1000			12	
沙市区	15	279	17				
荆州市开发区		35					
江陵县		39					
松滋市	290	180					
公安县	101	356					
石首市	125	878	21	15		488	18
监利县	500	234		5546			
洪湖市	5524	190		120			
宜昌市	**2218**	**1499**	**1892**	**362**	**26**	**454**	
宜昌市直		2			5		
夷陵区					20		
宜都市	723	55	889			100	
枝江市	351		130	80		50	
当阳市	297	1329	123	22	1	1	
远安县	36	28					
兴山县	1		1				
秭归县		8	15				
长阳县	810	77	732	260		303	
五峰县			2				
襄阳市	**785**	**1701**	**771**	**448**	**16**	**3**	**746**
襄阳市辖区		223		12	2		
老河口市	210	520	5	380			650
襄州区	280	278	25				
枣阳市	295	365		11		3	11
宜城市		130			2		2
南漳县		95	41				83
谷城县		90	700	45	12		
保康县							
鄂州市	**1154**	**162**		**494**	**181**		
鄂城区	204	39		42	181		
华容区		123		92			
梁子湖区	950			360			
荆门市	**1524**	**2757**	**128**	**125**	**239**	**17**	**125**

续表 1　　单位：吨

单位	其中：一、鱼类（续）						
	鮰鱼	鲶鱼	鲟鱼	鲈鱼	罗非鱼	长吻鮠	银鱼
沙洋县	164	398	10	35	205	3	
钟祥市	1145	506			4		
京山县	30	1559	30	85	20		
沙洋农场							
东宝区		129	88		10	10	
掇刀区	85	65					
漳河新区	100	100		5		4	120
屈家岭管理区							
孝感市	**136**	**1073**	**1**	**108**	**267**		
孝南区		289		17			
孝昌县	2	1	1	1			
大悟县		100					
安陆市	50	90		32			
云梦县	20	271			80		
应城市	64	272		58	187		
汉川市		50					
孝感市辖区							
黄冈市	**45**	**1962**	**450**	**68**	**385**		**13**
黄州区		128					
团风县	15	71		28			
红安县		0					
麻城市	20	98	290				
罗田县		50		10			
英山县	4	20			385		
浠水县		565					
蕲春县		215	4				
武穴市	6	155	126				
黄梅县		660	30	30			13
龙感湖区							
咸宁市	**5017**	**2057**	**291**	**1265**	**1527**		**564**
咸宁市直							
咸安区		188					
嘉鱼县	4125	846	10		800		200
赤壁市	474	853			364		87
通城县	190		1	165	1		17
崇阳县	128	97			304		40
通山县	100	73	280	1100	58		220
恩施州	**113**	**74**	**32**				
恩施市	70	28	32				
建始县	39	31					
巴东县							
利川市							
宣恩县							
咸丰县	4	6					
来凤县		9					
鹤峰县							
随州市	**26**	**614**	**9**	**8**			**118**
曾都区	21	11	9	6			
随县	5	603		2			
广水市				0			118
仙桃市	**92**	**126**	**5**	**13**			
天门市	**3498**	**543**				**232**	
潜江市	**60**	**261**					
神农架		**1**					

续表 2 单位：吨

单位	其中：一、鱼类（续）							
	鳗鲡	短盖巨脂鲤	河鲀	白鱼	鲴鱼	鲌鱼	其它	
							小计	其中观赏鱼（万条）
湖北省	**845**	**97**	**5**	**24758**	**23614**	**9678**	**11401**	**763**
武汉市	**145**			**420**	**2816**	**2464**		**23**
武汉市直	145				861	806		
新洲区				345	11	220		23
江夏区					1944			
蔡甸区				75				
黄陂区						1438		
黄石市		**57**	**5**	**0**	**2115**	**2167**	**1904**	**6**
黄石市直					5	6		
大冶市		57			1130	1130	280	2
阳新县			5		980	1031	1624	4
十堰市				**11064**	**11062**		**500**	**30**
十堰市直							5	
十堰市辖区				65	65			
丹江口市				10870	10869		135	30
郧县				20	20			
郧西				6	6		30	
竹山县				103	102		50	
竹溪县								
房县							280	
荆州市				**2285**	**2116**	**522**	**284**	**4**
荆州区				1750	1750			
沙市区				97				
荆州市开发区								
江陵县							4	4
松滋市						500		
公安县				92	20		67	
石首市				346	346		213	
监利县						22		
洪湖市								
宜昌市				**3109**			**178**	**30**
宜昌市直				5				
夷陵区								
宜都市				290			80	
枝江市				2501				
当阳市				290			28	
远安县							5	
兴山县								
秭归县								
长阳县				23			65	30
五峰县								
襄阳市				**930**	**921**	**235**	**460**	**144**
襄阳市辖区					83	83	18	6
老河口市							240	94
襄州区				155	154		26	12
枣阳市				100	69		59	12
宜城市				600	600		40	
南漳县								
谷城县				75	15	152	77	20
保康县								
鄂州市				**466**	**896**	**865**	**2036**	
鄂城区				100	40		11	
华容区				366	133		2025	
梁子湖区					723	865		
荆门市	**700**	**30**	**0**	**1227**	**388**	**361**		**22**

续表 3　　　　　　　　　　　　　　　　　　　　　　　　　　　　　单位：吨

单位	其中：一、鱼类（续）							
	鳗鲡	短盖巨脂鲤	河鲀	白鱼	鳊鱼	鲍鱼	其它	
							小计	其中观赏鱼（万条）
沙洋县				530				2
钟祥市				201	193	80		
京山县	700	30		101	110			
沙洋农场				90	80			
东宝区						281		20
掇刀区								
漳河新区				300				
屈家岭管理区				5	5			
孝感市				**944**	**722**	**970**	**1252**	**5**
孝南区				29	31			
孝昌县				5	3	5	2	1
大悟县				106				
安陆市				260	260	146		
云梦县						819		
应城市				442	428		45	4
汉川市				102			1205	
孝感市辖区								
黄冈市		**10**		**2782**	**2023**	**1255**	**2675**	**235**
黄州区				15	15		30	
团风县							28	
红安县				160	40			
麻城市				180	180			160
罗田县				232				
英山县		10		10	10			10
浠水县				1300	1290		1720	
蕲春县				495	488		28	20
武穴市				390			39	45
黄梅县						1255	830	
龙感湖区								
咸宁市				**1043**	**167**	**438**	**1960**	
咸宁市直								
咸安区						152	33	
嘉鱼县							1197	
赤壁市				746			290	
通城县						286		
崇阳县				167	167		410	
通山县				130			30	
恩施州								
恩施市								
建始县								
巴东县								
利川市								
宣恩县								
咸丰县								
来凤县								
鹤峰县								
随州市				**173**	**156**	**401**	**6**	**264**
曾都区				16	10		6	2
随县				147	146			
广水市				10		401		262
仙桃市				**30**	**32**		**135**	
天门市				**278**	**190**			
潜江市				**7**	**10**			
神农架							**11**	

水产品养殖产量（三）

单位：吨

单位	二、甲壳类						
	小计	虾					河蟹
		小计	罗氏沼虾	青虾	克氏原螯虾	南美白对虾	
湖北省	**820645**	**652020**	**1624**	**14193**	**631621**	**4582**	**168625**
武汉市	**38251**	**27648**	**425**	**2567**	**23409**	**1247**	**10603**
武汉市直	6552	3559	386	1118	1770	285	2993
新洲区	4923	4163	39		3861	263	760
江夏区	7258	5059		1008	4051		2199
蔡甸区	7500	4632		34	4298	300	2868
黄陂区	12018	10235		407	9429	399	1783
黄石市	**17515**	**13098**		**714**	**12338**	**46**	**4417**
黄石市直	477	63			63		414
大冶市	3596	1920		80	1794	46	1676
阳新县	13442	11115		634	10481		2327
十堰市	**213**	**209**	**8**	**47**	**154**		**4**
十堰市直							
十堰市辖区							
丹江口市	25	25		8	17		
郧县	17	13		13			4
郧西	18	18		18			
竹山县							
竹溪县							
房县	153	153	8	8	137		
荆州市	**403575**	**289634**	**4**	**730**	**288897**	**3**	**113941**
荆州区	10073	9518			9518		555
沙市区	7120	7094			7094		26
荆州市开发区							
江陵县	9195	9085			9085		110
松滋市	8722	8012			8012		710
公安县	28111	26442			26442		1669
石首市	34038	33347		1	33343	3	691
监利县	165304	110298		201	110097		55006
洪湖市	141012	85838	4	528	85306		55174
宜昌市	**4084**	**4080**			**4045**	**35**	**4**
宜昌市直							
夷陵区	70	70			70		
宜都市	80	80			80		
枝江市	1924	1924			1889	35	
当阳市	1800	1796			1796		4
远安县	210	210			210		
兴山县							
秭归县							
长阳县							
五峰县							
襄阳市	**8412**	**7270**	**670**	**192**	**6351**	**57**	**1142**
襄阳市辖区	490	490		102	365	23	
老河口市	3217	2257		40	2205	12	960
襄州区	342	342			320	22	
枣阳市	220	190		15	175		30
宜城市	2389	2379		3	2376		10
南漳县	795	795	670		125		
谷城县	959	817		32	785		142
保康县							
鄂州市	**14418**	**10936**		**860**	**9466**	**610**	**3482**
鄂城区	4724	3139		91	2855	193	1585
华容区	2795	1478		769	612	97	1317
梁子湖区	6899	6319			5999	320	580
荆门市	**76287**	**74232**		**373**	**73787**	**72**	**2055**

续表 1　　单位：吨

单位	二、甲壳类						
	小计	虾					河蟹
		小计	罗氏沼虾	青虾	克氏原螯虾	南美白对虾	
沙洋县	36450	34902		240	34628	34	1548
钟祥市	21223	21198		3	21165	30	25
京山县	10059	9740		100	9640		319
沙洋农场	523	523			523		
东宝区	4860	4860			4852	8	
掇刀区	1790	1778			1778		12
漳河新区	1134	1051		30	1021		83
屈家岭管理区	248	180			180		68
孝感市	**38999**	**26293**	**185**	**2432**	**23668**	**8**	**12706**
孝南区	5456	5071			5071		385
孝昌县	1817	1805	5	5	1790	5	12
大悟县	2400	2400		2400			
安陆市	2117	2051		23	2025	3	66
云梦县	3927	3620			3620		307
应城市	5184	3684	180	4	3500		1500
汉川市	18050	7614			7614		10436
孝感市辖区	48	48			48		
黄冈市	**77254**	**75636**	**1**	**3550**	**70561**	**1524**	**1618**
黄州区	2011	2008		10	1422	576	3
团风县	907	807			807		100
红安县	2310	2310		180	1930	200	
麻城市	3610	3500			3500		110
罗田县	69	67			67		2
英山县	236	236			236		
浠水县	10483	10233		45	9822	366	250
蕲春县	10332	10230		25	9823	382	102
武穴市	13190	13069	1	90	12978		121
黄梅县	29580	28650		3200	25450		930
龙感湖区	4526	4526			4526		
咸宁市	**30466**	**23312**	**218**	**2282**	**20386**	**426**	**7154**
咸宁市直							
咸安区	3069	2172		52	2050	70	897
嘉鱼县	10010	5822	18	1706	3782	316	4188
赤壁市	11977	10163		286	9837	40	1814
通城县	805	790			790		15
崇阳县	1035	815		238	577		220
通山县	3570	3550	200		3350		20
恩施州	**91**	**53**			**53**		**38**
恩施市	15	15			15		
建始县							
巴东县							
利川市	63	25			25		38
宣恩县							
咸丰县							
来凤县	13	13			13		
鹤峰县							
随州市	**6177**	**5948**	**113**	**440**	**5395**		**229**
曾都区	363	360			360		3
随县	3599	3431	113	163	3155		168
广水市	2215	2157		277	1880		58
仙桃市	14703	6765		6	6594	165	7938
天门市	18423	16383			16104	279	2040
潜江市	71777	70523			70413	110	1254
神农架							

续表 2

单位：吨

单位	三、贝类				四、其它类			
	小计	河蚌	螺	蚬	小计	龟	鳖	蛙
湖北省	**4767**	**2847**	**1648**	**272**	**63931**	**8024**	**48983**	**6924**
武汉市					**2157**	**116**	**1764**	**277**
武汉市直					577	89	458	30
新洲区					205		6	199
江夏区					119	27	92	
蔡甸区					350		350	
黄陂区					906		858	48
黄石市	**630**	**67**	**402**	**161**	**445**	**102**	**231**	**112**
黄石市直								
大冶市	20	12	8		182	45	62	75
阳新县	610	55	394	161	263	57	169	37
十堰市	**11**	**2**	**5**	**4**	**32**		**10**	**22**
十堰市直					1			1
十堰市辖区								
丹江口市					5		1	4
郧县					4		4	
郧西	11	2	5	4	14		3	11
竹山县					2			2
竹溪县								
房县					6		2	4
荆州市	**620**	**308**	**295**	**17**	**28283**	**3170**	**22699**	**2414**
荆州区					2067	660	1400	7
沙市区					1085	759	109	217
荆州市开发区								
江陵县					888	169	468	251
松滋市					1850	50	1700	100
公安县	485	305	163	17	8267	83	8058	126
石首市	13	3	10		645	20	465	160
监利县					7377	1279	4657	1441
洪湖市	122	0	122		6104	150	5842	112
宜昌市					**789**	**119**	**668**	**2**
宜昌市直								
夷陵区								
宜都市					12		12	
枝江市					200	50	150	
当阳市					559	63	496	
远安县					6	1	5	
兴山县					1			1
秭归县								
长阳县					11	5	5	1
五峰县								
襄阳市	**32**	**14**	**18**		**1036**	**66**	**840**	**130**
襄阳市辖区					4	1	3	
老河口市	25	12	13		28	12	16	
襄州区					89	1	8	80
枣阳市					15	1	14	
宜城市					833	3	780	50
南漳县					62	47	15	
谷城县	7	2	5		5	1	4	
保康县								
鄂州市	**84**		**84**		**241**	**11**	**147**	**83**
鄂城区					102	4	84	14
华容区	84		84		103	5	38	60
梁子湖区					36	2	25	9
荆门市					**17489**	**3689**	**13255**	**545**

续表 3　　　　单位：吨

单位	三、贝类				四、其它类			
	小计	河蚌	螺	蚬	小计	龟	鳖	蛙
沙洋县					2062	125	1783	154
钟祥市					3895	1693	2071	131
京山县					9583	1181	8387	15
沙洋农场								
东宝区					912	416	251	245
掇刀区					767	204	563	
漳河新区					160	50	110	
屈家岭管理区					110	20	90	
孝感市	**262**	**50**	**212**		**5373**	**166**	**5190**	**17**
孝南区					315	103	212	
孝昌县					11	1	9	1
大悟县					130	28	102	
安陆市					10	2	8	
云梦县					194	32	162	
应城市					4600		4600	
汉川市	262	50	212		113		97	16
孝感市辖区								
黄冈市	**2054**	**1355**	**611**	**88**	**1653**	**50**	**198**	**1405**
黄州区								
团风县					80		10	70
红安县					7	1	6	
麻城市					34	4	18	12
罗田县					1	1		
英山县					4	1	3	
浠水县					301	21	80	200
蕲春县	55	52	3		15	2	13	
武穴市	154	42	112		11		3	8
黄梅县	1845	1261	496	88	1175	10	50	1115
龙感湖区					25	10	15	
咸宁市					**922**	**46**	**58**	**818**
咸宁市直								
咸安区					23	18	5	
嘉鱼县					10	3		7
赤壁市					228	25	30	173
通城县					180		20	160
崇阳县					481		3	478
通山县								
恩施州					**40**		**3**	**37**
恩施市								
建始县								
巴东县								
利川市								
宣恩县					34			34
咸丰县								
来凤县					6		3	3
鹤峰县								
随州市	**103**	**91**	**10**	**2**	**918**	**46**	**793**	**79**
曾都区					11		9	2
随县	103	91	10	2	69	7	61	1
广水市					838	39	723	76
仙桃市	**11**		**11**		**752**	**90**	**641**	**21**
天门市	**960**	**960**			**1905**	**183**	**1722**	
潜江市					**1896**	**170**	**764**	**962**
神农架								

主要名特优水产品养殖面积

面积：公顷；温室面积：平方米

单位	龟		鳖		河蟹	鳜鱼	青虾
	小计	#温室	小计	#温室			
湖北省	**2302**	**275403**	**37062**	**1193052**	**166772**	**115183**	**22944**
武汉市	**28**	**4800**	**624**	**23760**	**33801**	**12271**	**5398**
武汉市直	24	2300	337	1260	6596	1375	85
新洲区					672	936	
江夏区	4	2500	26	20500	20133	5401	2050
蔡甸区			198		2124	1167	2413
黄陂区			63	2000	4276	3392	850
黄石市	**132**	**2000**	**378**		**13652**	**2511**	**2423**
黄石市直					294	44	
大冶市	5	2000	185		3120	860	1060
阳新县	127		193		10238	1607	1363
十堰市			**1**			**249**	**21**
十堰市直							
十堰市辖区						41	
丹江口市						92	
郧县						115	7
郧西							13
竹山县							
竹溪县							
房县						1	1
荆州市	**1160**	**101233**	**19828**	**143472**	**75707**	**50016**	**513**
荆州区	39	9500	2304	13450	23	40	
沙市区	30	10000	55		95	35	
荆州市开发区						1	
江陵县	71	60400	382		67	2	
松滋市	250	3000	2667	10000	1500	4000	
公安县	267	833	8993	6400	4335	1230	
石首市	28		1037	40000	450	5699	1
监利县	374	17500	1806	61330	26667	18708	300
洪湖市	101		2584	12292	42570	20301	212
宜昌市	**7**		**197**		**80**	**97**	
宜昌市直							
夷陵区							
宜都市			10			1	
枝江市	2		50				
当阳市	3		134		80	85	
远安县	1		2			10	
兴山县							
秭归县							
长阳县	1		1			1	
五峰县							
襄阳市	**91**		**318**		**1304**	**354**	**460**
襄阳市辖区	5		10		154	36	140
老河口市	20		20		510	280	60
襄州区	5		10				200
枣阳市					535	28	42
宜城市	1		260		10	10	3
南漳县	60		17				
谷城县			1		95		15
保康县							
鄂州市	**12**	**100**	**7**	**2560**	**1883**	**602**	**320**
鄂城区	1	100	7	1000	1442	153	320
华容区					149	123	
梁子湖区	11			1560	292	326	
荆门市	**555**	**133120**	**8248**	**503440**	**4300**	**3318**	**1285**

续表 1　　　　面积：公顷；温室面积：平方米

单位	龟		鳖		河蟹	鳜鱼	青虾
	小计	#温室	小计	#温室			
沙洋县	13	14500	1322	89400	3794	2632	1150
钟祥市	120	53360	1120	38420	61	96	30
京山县	376	46620	5722	374500	328	456	10
沙洋农场						52	
东宝区	15	10000	1	480		20	
掇刀区		2800		350			
漳河新区	4		3		25	56	95
屈家岭管理区	27	5840	80	290	92	6	
孝感市	**34**	**1400**	**1048**	**372100**	**14757**	**11986**	**190**
孝南区	5	1000	166	24500	233	2873	
孝昌县	5		5		120	890	20
大悟县	10		25				
安陆市	14		101		170	126	167
云梦县		400	216	600	214	196	
应城市			535	347000	1810	2801	3
汉川市					12210	5100	
孝感市辖区							
黄冈市	**20**	**250**	**177**	**570**	**4205**	**18417**	**9053**
黄州区			45		325	90	325
团风县	5	50	10	50	300	1035	
红安县	1		4			600	40
麻城市					53	320	
罗田县					4		
英山县	1		2			8	
浠水县					1000	5740	1793
蕲春县		200	3		22	1059	195
武穴市			25		168	5600	2800
黄梅县			68	520	2333	3960	3900
龙感湖区	13		20			5	
咸宁市	**105**		**147**	**5600**	**6472**	**12252**	**2631**
咸宁市直							
咸安区	5		7	1100	3667	400	151
嘉鱼县	100		100		1333	33	700
赤壁市			40	40	1265	10256	1250
通城县				4460	22	230	
崇阳县					55	1233	530
通山县					130	100	
恩施州					**38**	**1**	
恩施市						1	
建始县							
巴东县							
利川市					38		
宣恩县							
咸丰县							
来凤县							
鹤峰县							
随州市	**39**		**411**	**27000**	**946**	**636**	**620**
曾都区	5		15			2	
随县	3		10		119	21	52
广水市	31		386	27000	827	613	568
仙桃市	3	3000	5249	4700	6318	1537	30
天门市	**80**	**22000**	**363**	**102000**	**2359**	**626**	
潜江市	**36**	**7500**	**66**	**7850**	**950**	**310**	
神农架							

续表 2　　　　　　　　　　　　　　　　　　　　　　　　　　　　面积：公顷；温室面积：平方米

单位	克氏螯虾	鲍鱼	罗非鱼	黄颡鱼	鳝鱼	鮰鱼	鲟鱼	长吻鮠
湖北省	**420796**	**11849**	**4690**	**101778**	**35977**	**7496**	**898**	**358**
武汉市	**13347**	**2651**	**140**	**17534**	**1005**	**988**	**56**	**28**
武汉市直	609	10		552	675	40		13
新洲区	2217	29		6231	282	89	41	
江夏区	2559			4338	39	325		15
蔡甸区	3088			3082	9	14	15	
黄陂区	4874	2612	140	3331		520		
黄石市	**16670**	**228**	**643**	**9973**	**1473**	**157**	**2**	
黄石市直	70	1	8		5	4		
大冶市	2600	45	183	650	510	64	2	
阳新县	14000	182	452	9323	958	89		
十堰市	**175**			**127**	**22**	**114**	**12**	
十堰市直								
十堰市辖区						1		
丹江口市	6			21		60		
郧县							6	
郧西							6	
竹山县				105	21	21		
竹溪县	4							
房县	165			1	1	32		
荆州市	**180776**	**3885**		**13952**	**16052**	**1511**	**103**	**239**
荆州区	7333	2333		1334	224	1	100	14
沙市区	3650	14		900	5	20	2	
荆州市开发区				2	1			
江陵县	7779			248	1153			
松滋市	6237	1200		250	180	120		
公安县	20098	223		4788	2156	104		
石首市	11677	100		672	614	48	1	225
监利县	59790	15		3572	5223	42		
洪湖市	64212			2186	6496	1176		
宜昌市	**2596**			**8258**	**40**	**229**	**130**	**14**
宜昌市直				1				
夷陵区	50			200				
宜都市	60			30		10	40	1
枝江市	1065			4764	26	40	80	6
当阳市	1221			3250	14	157	2	1
远安县	200			5		2		
兴山县							1	
秭归县							1	
长阳县				8		20	5	6
五峰县							1	
襄阳市	**3285**	**2**	**45**	**873**	**485**	**186**	**15**	
襄阳市辖区	243		43	10	42			
老河口市	1350			180	20	2		
襄州区				360	210	20		
枣阳市	730			262	47	160		
宜城市	615			14	16			
南漳县				46	150	4	10	
谷城县	347	2	2	1			5	
保康县								
鄂州市	**5294**	**563**	**47**	**1839**	**789**	**1128**		
鄂城区	1897		47	135	721	5		
华容区	321			1142	32	3		
梁子湖区	3076	563		562	36	1120		
荆门市	**33951**	**482**	**158**	**4135**	**1302**	**1121**	**19**	**37**

单位	克氏螯虾	鲌鱼	罗非鱼	黄颡鱼	鳝鱼	鮰鱼	鲟鱼	长吻鮠
沙洋县	3669	167	24	934	417	380	4	
钟祥市	12283		2	2016	387	458		
京山县	12068	15	120	610	341	55	10	2
沙洋农场	70							
东宝区	3466	300	12	65	5		5	
掇刀区	1250			350				
漳河新区	1012			150	152	228		35
屈家岭管理区	133			10				
孝感市	**18742**	**145**	**137**	**11876**	**1352**	**53**	**70**	
孝南区	1420			2000	167			
孝昌县	2354			1812	491		15	
大悟县	2400			300	162		50	
安陆市	1000	145	25	1353	4	45	5	
云梦县	1210		112	3486	175	8		
应城市	3485			2510	133			
汉川市	6873			415	220			
孝感市辖区								
黄冈市	**56105**	**3604**	**363**	**20807**	**2839**	**176**	**449**	
黄州区	823			3580	325			
团风县	3685		15	578	10	18		
红安县	870			1100				
麻城市	1333			1065	66	150	270	
罗田县	80			5	2			
英山县	116		348	6	2	3		
浠水县	10120	3604		3678	20			
蕲春县	8354			1875	306		4	
武穴市	11000			3200	300	5	75	
黄梅县	16400			5200	1800		100	
龙感湖区	3324			520	8			
咸宁市	**28779**	**151**	**3157**	**6133**	**1176**	**963**	**21**	
咸宁市直								
咸安区	7333			486	107			
嘉鱼县	6893			67	334	533		
赤壁市	13000	151	3000	5000	450	30		
通城县	533		1	20	160	200	1	
崇阳县	720		156	460	25			
通山县	300			100	100	200	20	
恩施州	**5**			**1**	**1**	**3**	**1**	
恩施市	1			1	1	1	1	
建始县						1		
巴东县								
利川市	2							
宣恩县								
咸丰县						1		
来凤县	2							
鹤峰县								
随州市	**5779**	**138**		**241**	**353**	**20**	**15**	
曾都区	194			26	9	15	15	
随县	2100			105	125	5		
广水市	3485	138		110	219			
仙桃市	**9311**			**4837**	**7460**	**415**	**4**	
天门市	**14939**			**412**	**278**	**429**		**40**
潜江市	**31042**			**780**	**1350**	**3**		
神农架							**1**	

按水面分类养殖产量、面积、单产（一）

面积：公顷；单位：吨；单产：公斤/公顷

单位	合计			湖泊		
	面积	产量	主要水面单产	面积	产量	单产
湖北省	**797575**	**4361261**	**4820**	**136662**	**172377**	**1261**
武汉市	**98432**	**408283**	**4025**	**47323**	**24117**	**510**
武汉市直	13531	91256	6740	4852	8979	1851
新洲区	17303	97946	5422	5028	3920	780
江夏区	31372	69680	2121	21324	2598	122
蔡甸区	16359	59325	3364	8652	4744	548
黄陂区	19867	90076	4509	7467	3876	519
黄石市	**46445**	**205542**	**4286**	**25280**	**29674**	**1174**
黄石市直	525	3086	5956	64	68	1063
大冶市	15161	77665	5014	8369	19814	2368
阳新县	30759	124791	3900	16847	9792	581
十堰市	**20100**	**46783**	**2316**			
十堰市直	1	6	6000			
十堰市辖区	195	1015	5205			
丹江口市	5335	37254	6983			
郧县	3124	1458	461			
郧西	1171	759	628			
竹山县	6609	3704	547			
竹溪县	2016	342	170			
房县	1649	2245	1132			
荆州市	**141302**	**1063767**	**5916**	**8516**	**3619**	**425**
荆州区	7576	105951	13594			
沙市区	2405	40821	14287			
荆州市开发区	88	476	5409			
江陵县	6458	28328	3473			
松滋市	7046	31019	3295			
公安县	15907	113801	5578	3036	867	286
石首市	7184	104723	11862			
监利县	37357	252365	3913	5480	2752	502
洪湖市	57281	386283	5865			
宜昌市	**24569**	**145641**	**5635**	**1720**	**1314**	**764**
宜昌市直	128	182	1422			
夷陵区	1462	3921	2651			
宜都市	1707	4673	2732	26	105	4038
枝江市	8355	72291	8374	1663	1009	607
当阳市	10070	59135	5597	31	200	6452
远安县	920	1863	1777			
兴山县	1	5	5000			
秭归县	39	59	1513			
长阳县	1841	3481	585			
五峰县	46	31	674			
襄阳市	**51889**	**180480**	**3381**			
襄阳市辖区	4311	18456	4239			
老河口市	7950	35240	4335			
襄州区	9998	37417	3548			
枣阳市	14614	40635	2763			
宜城市	6570	28950	4275			
南漳县	3447	7643	2163			
谷城县	4085	11393	2590			
保康县	914	746	816			
鄂州市	**26684**	**350466**	**12707**	**9274**	**67214**	**7248**
鄂城区	10108	104011	10052	3820	14956	3915
华容区	7655	121882	15690	2857	38623	13519
梁子湖区	8921	124573	13292	2597	13635	5250
荆门市	**86740**	**426179**	**4132**	**9549**	**1031**	**108**

续表 1　　面积：公顷；单位：吨；单产：公斤/公顷

单位	合计			湖泊		
	面积	产量	主要水面单产	面积	产量	单产
沙洋县	25281	168463	5449	7868	520	66
钟祥市	21655	137472	5411	1632	500	306
京山县	16212	69803	3743			
沙洋农场	649	3026	4475	49	11	224
东宝区	11005	19312	1420			
掇刀区	4281	15231	2964			
漳河新区	6657	10620	1437			
屈家岭管理区	1000	2252	2004			
孝感市	**74333**	**372508**	**4740**	**4177**	**5969**	**1429**
孝南区	11746	64084	5316	1251	513	410
孝昌县	7703	17461	2034			
大悟县	6000	22591	3253			
安陆市	6907	24583	3342			
云梦县	6934	48313	6785			
应城市	13062	63642	4551	2211	4313	1951
汉川市	21833	131493	5718	715	1143	1599
孝感市辖区	148	341	1993			
黄冈市	**79534**	**412549**	**4356**	**12563**	**24900**	**1982**
黄州区	4325	39916	9090	674	2244	3329
团风县	6001	33001	5101	218	979	4491
红安县	6883	12051	1596			
麻城市	10165	19953	1717			
罗田县	3040	6446	2098			
英山县	2116	4980	2251			
浠水县	11658	70000	5145	1821	2370	1301
蕲春县	13728	72933	4686	3686	8295	2250
武穴市	10678	48182	3556	4498	8320	1850
黄梅县	9590	87550	6430	1666	2692	1616
龙感湖区	1350	17537	9638			
咸宁市	**54046**	**180941**	**3035**	**16009**	**12950**	**809**
咸宁市直						
咸安区	12561	30557	2409	4430	4000	903
嘉鱼县	16871	60171	3234	7864	4000	509
赤壁市	12554	60475	4154	3715	4950	1332
通城县	2236	10450	4342			
崇阳县	5430	11088	1948			
通山县	4394	8200	985			
恩施州	**1394**	**4024**	**2821**			
恩施市	109	681	6248			
建始县	125	275	2200			
巴东县	7	17	2429			
利川市	674	2203	3289			
宣恩县	101	122	947			
咸丰县	103	68	660			
来凤县	132	577	4484			
鹤峰县	143	81	566			
随州市	**32312**	**71483**	**2134**			
曾都区	6321	9899	1492			
随县	17088	35056	2051			
广水市	8903	26528	2734			
仙桃市	34281	269376	7799			
天门市	15060	106742	6226	2251	1589	706
潜江市	10437	116334	5538			
神农架	17	163	9588			

续表 2

面积：公顷；单位：吨；单产：公斤/公顷

单位	水库			池塘			河沟		
	面积	产量	单产	面积	产量	单产	面积	产量	单产
湖北省	**122584**	**112960**	**921**	**531167**	**3532593**	**6651**	**2813**	**5972**	2123
武汉市	**5006**	**3160**	**631**	**45355**	**367815**	**8110**	**748**	**1050**	1404
武汉市直	57	133	2333	8613	82072	9529	9	13	1444
新洲区	1136	562	495	11139	89339	8020			
江夏区	415	721	1737	9081	62738	6909	552	468	848
蔡甸区				7707	50283	6524			
黄陂区	3398	1744	513	8815	83383	9459	187	569	3043
黄石市	**3615**	**4799**	**1328**	**17464**	**161859**	**9268**	**48**	**2569**	53521
黄石市直	5	7	1400	430	2897	6737			
大冶市	1352	3740	2766	5380	49836	9263	48	2569	53521
阳新县	2258	1052	466	11654	109126	9364			
十堰市	**18031**	**32024**	**1776**	**1862**	**14056**	**7549**			
十堰市直				1	6	6000			
十堰市辖区	174	820	4713	21	195	9286			
丹江口市	4535	26707	5889	800	10547	13184			
郧县	2896	767	265	202	660	3267			
郧西	1157	678	586	3	50	16667			
竹山县	6141	1715	279	438	1885	4304			
竹溪县	1895	179	94	121	163	1347			
房县	1233	1158	939	276	550	1993			
荆州市				**131460**	**827814**	**6297**	**586**	**176**	300
荆州区				7058	95947	13594			
沙市区				2405	34360	14287			
荆州市开发区				88	476	5409			
江陵县				6458	22431	3473			
松滋市				7046	23219	3295			
公安县				12263	87566	7141	586	176	300
石首市				7184	85220	11862			
监利县				31677	142638	4503			
洪湖市				57281	335957	5865			
宜昌市	**10187**	**10135**	**995**	**12432**	**126290**	**10158**	**111**	**45**	405
宜昌市直	10	10	1000	118	172	1458			
夷陵区	231	350	1515	1231	3526	2864			
宜都市	1116	1355	1214	565	3203	5669			
枝江市	1641	2252	1372	4940	66655	13493	111	45	405
当阳市	5157	5303	1028	4882	50861	10418			
远安县	271	95	351	649	1540	2373			
兴山县	1	5	5000						
秭归县	39	59	1513						
长阳县	1689	693	410	33	315	9545			
五峰县	32	13	406	14	18	1286			
襄阳市	**22980**	**12983**	**565**	**28909**	**162478**	**5620**			
襄阳市辖区	1264	664	525	3047	17612	5780			
老河口市	4096	2390	583	3854	32070	8321			
襄州区	3209	1648	514	6789	33828	4983			
枣阳市	7630	4786	627	6984	35596	5097			
宜城市	2776	1447	521	3794	26638	7021			
南漳县	1459	786	539	1988	6671	3356			
谷城县	1653	828	501	2432	9751	4009			
保康县	893	434	486	21	312	14857			
鄂州市	**405**	**1113**	**2748**	**16109**	**263078**	**16331**	**416**	**1558**	3745
鄂城区	353	957	2711	5502	84059	15278	395	1248	3159
华容区				4356	74546	17113			
梁子湖区	52	156	3000	6251	104473	16713	21	310	14762
荆门市	**25882**	**8320**	**321**	**51296**	**349001**	**6804**			

续表 3　　面积：公顷；单位：吨；单产：公斤/公顷

单位	水库			池塘			河沟		
	面积	产量	单产	面积	产量	单产	面积	产量	单产
沙洋县	3463	241	70	13950	137002	9821			
钟祥市	6603	4950	750	13420	111728	8325			
京山县	4142	660	159	12070	60018	4972			
沙洋农场	48	14	292	539	2821	5234			
东宝区	6810	1325	195	4195	14298	3408			
掇刀区	830	148	178	3451	12543	3635			
漳河新区	3636	932	256	3021	8637	2859			
屈家岭管理区	350	50	143	650	1954	3006			
孝感市	**5794**	**8949**	**1545**	**64357**	**337395**	**5243**			
孝南区				10495	61930	5901			
孝昌县	1318	350	266	6385	15321	2400			
大悟县	742	2075	2796	5258	17440	3317			
安陆市	2455	1900	774	4452	21183	4758			
云梦县	133	302	2271	6801	46747	6874			
应城市	1146	4322	3771	9705	50807	5235			
汉川市				21113	123672	5858			
孝感市辖区				148	295	1993			
黄冈市	**14665**	**14980**	**1021**	**52306**	**306577**	**5861**			
黄州区	44	178	4045	3607	36893	10228			
团风县	979	493	504	4804	29139	6066			
红安县	1059	635	600	5824	10349	1777			
麻城市	3933	1812	461	6232	15641	2510			
罗田县	1556	1092	702	1484	5287	3563			
英山县	1370	1172	855	746	3591	4814			
浠水县	983	1050	1068	8854	56558	6388			
蕲春县	2118	3276	1547	7924	52765	6659			
武穴市	1464	2910	1988	4716	26737	5669			
黄梅县	1159	2362	2038	6765	56606	8367			
龙感湖区				1350	13011	9638			
咸宁市	**8287**	**5561**	**671**	**26703**	**138160**	**5174**	**700**	**227**	324
咸宁市直									
咸安区	1390	500	360	5858	24231	4136	298	120	403
嘉鱼县	1295	800	618	6864	47709	6951	221	22	100
赤壁市	1564	2635	1685	7055	44312	6281	181	85	470
通城县		576		2236	9132	4084			
崇阳县	2856			2574	10576	4109			
通山县	1182	1050	888	2116	2200	1040			
恩施州	**343**	**842**	**2455**	**804**	**2434**	**3027**	**22**	**22**	1000
恩施市	51	523	10255	58	158	2724			
建始县	103	213	2068	22	62	2818			
巴东县				7	17	2429			
利川市				460	1513	3289			
宣恩县	72	54	750	22	35	1591			
咸丰县	8	9	1125	95	59	621			
来凤县				106	552	5208	22	22	1000
鹤峰县	109	43	394	34	38	1118			
随州市	**7049**	**9650**	**1369**	**24906**	**58594**	**2353**	**182**	**325**	1786
曾都区	1212	2124	1752	4937	7047	1427		5	
随县	4667	5411	1159	12421	29645	2387			
广水市	1170	2115	1808	7548	21902	2902	182	320	1758
仙桃市				34281	267349	7799			
天门市	340	334	982	12469	91837	7365			
潜江市				10437	57803	5538			
神农架		110		17	53	3118			

按水面分类养殖产量、面积、单产（二）

面积：公顷；单位：吨；单产：公斤/公顷

单位	其它养殖			稻田水产养殖			养殖面积中：工厂化	
	面积	产量	单产	面积	产量	单产	面积(千立方米)	产量
湖北省	**4349**	**20375**	**4685**	**334890**	**516984**	**1544**	**2688**	**8930**
武汉市				**9336**	**12141**	**1300**	**23**	**119**
武汉市直				39	59	1513		
新洲区				2034	4125	2028		
江夏区				3508	3155	899	23	119
蔡甸区				3088	4298	1392		
黄陂区				667	504	756		
黄石市	**38**	**68**	**1789**	**3879**	**6573**	**1695**	**1**	**6**
黄石市直	26	42	1615	39	72	1846		
大冶市	12	26	2167	1400	1680	1200	1	6
阳新县				2440	4821	1976		
十堰市	**207**	**617**	**2981**	**65**	**86**	**1323**	**20**	**100**
十堰市直								
十堰市辖区								
丹江口市								
郧县	26	30	1154	1	1	1000		
郧西	11	31	2818				20	100
竹山县	30	60	2000	33	44	1333		
竹溪县								
房县	140	496	3543	31	41	1323		
荆州市	**740**	**1366**	**1846**	**139011**	**230792**	**1660**	**1105**	**192**
荆州区	518	486	938	5333	9518	1785		
沙市区				3650	6461	1770		
荆州市开发区								
江陵县				7606	5897	775		
松滋市				5664	7800	1377		
公安县	22	33	1500	20017	25159	1257		
石首市				12975	19503	1503	5	42
监利县	200	847	4235	42689	106128	2486		
洪湖市				41077	50326	1225	1100	150
宜昌市	**119**	**2473**	**20782**	**2538**	**5384**	**2121**	**266**	**4032**
宜昌市直								
夷陵区				35	45	1286		
宜都市				60	10	167	120	1000
枝江市				1065	2330	2188	60	600
当阳市				1221	2771	2269		
远安县				157	228	1452		
兴山县								
秭归县							5	10
长阳县	119	2473	20782				80	2420
五峰县							1	2
襄阳市				**2421**	**5019**	**2073**	**79**	**650**
襄阳市辖区				112	180	1607	7	64
老河口市				373	780	2091		
襄州区				432	1941	4493		
枣阳市				343	253	738		
宜城市				818	865	1057		
南漳县					186		3	150
谷城县				343	814	2373	69	436
保康县								
鄂州市	**480**	**9151**	**19065**	**4588**	**8352**	**1820**		
鄂城区	38	548	14421	1382	2243	1623		
华容区	442	8603	19464	129	110	853		
梁子湖区			#DIV/0!	3077	5999	1950		
荆门市	**13**	**1280**	**98462**	**46876**	**66547**	**1420**	**161**	**2303**

续表 1　　　　面积：公顷；单位：吨；单产：公斤/公顷

单位	其它养殖			稻田水产养殖			养殖面积中：	
							工厂化	
	面积	产量	单产	面积	产量	单产	面积(千立方米)	产量
沙洋县				16884	30700	1818	15	440
钟祥市		1100		13177	19194	1457	54	1100
京山县				10135	9125	900	92	763
沙洋农场	13	180	13846					
东宝区				3662	3689	1007		
掇刀区				2008	2540	1265		
漳河新区				877	1051	1198		
屈家岭管理区				133	248	1865		
孝感市	**5**	**19**	**3800**	**16087**	**20176**	**1254**		
孝南区				1653	1641	993		
孝昌县				2145	1790	834		
大悟县				1209	3076	2544		
安陆市				1000	1500	1500		
云梦县				1220	1264	1036		
应城市				3600	4200	1167		
汉川市	5	19	3800	5200	6659	1281		
孝感市辖区				60	46	767		
黄冈市				**41053**	**66092**	**1610**		
黄州区				823	601	730		
团风县				2302	2390	1038		
红安县				1021	1067	1045		
麻城市				1333	2500	1875		
罗田县				80	67	838		
英山县				145	217	1497		
浠水县				7634	10022	1313		
蕲春县				6661	8597	1291		
武穴市				6330	10215	1614		
黄梅县				11400	25890	2271		
龙感湖区				3324	4526	1362		
咸宁市	**2347**	**3557**	**1516**	**18320**	**20486**	**1118**	**775**	**900**
咸宁市直								
咸安区	585	106	181	1900	1600	842		
嘉鱼县	627	940	1499	4200	6700	1595	16	900
赤壁市	39	279	7154	9300	8214	883		
通城县		182		420	560	1333		
崇阳县				800	512	640	759	
通山县	1096	2050	1870	1700	2900	1706		
恩施州	**225**	**723**	**3213**	**5**	**3**	**600**		
恩施市								
建始县								
巴东县								
利川市	214	690	3224					
宣恩县	7	33	4714					
咸丰县								
来凤县				5	3	600		
鹤峰县								
随州市	**175**	**1121**	**6406**	**2427**	**1793**	**739**	**3**	**575**
曾都区	172	546	3174	232	177	763		
随县								
广水市	3	575	191667	2195	1616	736	3	575
仙桃市				3312	2027	612		
天门市				13930	12982	932		
潜江市				31042	58531	1886		
神农架							255	53

水产苗种生产投放

单位	投放鱼种总量（吨）	鱼种产量（吨）	鱼苗生产数量（亿尾）		扣蟹（公斤）	稚龟（万只）	稚鳖（万只）	虾类育苗（亿尾）	贝类育苗（万粒）
			合计	其中:罗非鱼					
湖北省	**1074731**	**1113338**	**1165**		**9160648**	**2653**	**7272**	**405.30**	**94**
武汉市	**91079**	**94678**	**102**			**97**	**311**	**3.66**	
武汉市直	17247	23255	13			56	181	0.95	
新洲区	17690	19820	46						
江夏区	23675	19324	20			41	47	0.71	
蔡甸区	14867	14299	16				59		
黄陂区	17600	17980	7				24	2	
黄石市	**55745**	**49527**	**71**			**6**	**161**	**9.15**	
黄石市直	1458	1333	7						
大冶市	21000	17032	10			3	5	4.56	
阳新县	33287	31162	54			3	156	4.59	
十堰市	**17283**	**15541**	**7**						
十堰市直									
十堰市辖区	10	5	1						
丹江口市	12920	14160	4						
郧县	1010	728	1						
郧西	275	20							
竹山县	1890	493	1						
竹溪县	252	40	1						
房县	926	95							
荆州市	**264294**	**253737**	**250**		**2390808**	**536**	**3834**	**236.37**	**44**
荆州区	25000	30000	30			36	1000	6	
沙市区	10850	3150	8			50	10		
荆州市开发区	96	5							
江陵县	10755	7464	20		1752	35	94	2	
松滋市	11000	12000	7		15000	30	300		
公安县	31809	29766	30		40073	31	601	76	44
石首市	31076	28963	12		20203	2	89	16.37	
监利县	37620	48846	51		607203	344	1296	70	
洪湖市	106088	93543	92		1706577	8	444	66	
宜昌市	**50354**	**45713**	**11**		**325**	**51**	**162**	**2.50**	
宜昌市直	110	5							
夷陵区	2150	1850							
宜都市	900	800					3		
枝江市	22884	20353	5						
当阳市	21950	21210	4		325	51	157	2	
远安县	1380	1250	1				2	0.50	
兴山县	140	20							
秭归县	35	25	1						
长阳县	800	200	1						
五峰县	5								
襄阳市	**34460**	**37058**	**23**		**14872**	**2**	**35**	**5.73**	
襄阳市辖区	2710	5250	2		630	1	1	0.60	
老河口市	6020	9890	2		3800			0.38	
襄州区	7380	4462	3				1	1.25	
枣阳市	7830	7320	4		300		1		
宜城市	5870	5005	4				30	2	
南漳县	1630	3180	5				1		
谷城县	2873	1518	3		10142	1	1	1.50	
保康县	147	433							
鄂州市	**68187**	**27359**	**61**		**52580**	**1**	**12**	**10**	
鄂城区	18865	12769	17		1350				
华容区	19913	13869	42						
梁子湖区	29409	721	2		51230	1	12	10	
荆门市	**116997**	**116167**	**82**		**19913**	**1871**	**1734**	**33.17**	

续表

单位	投放鱼种总量（吨）	鱼种产量（吨）	鱼苗生产数量（亿尾）		扣蟹（公斤）	稚龟（万只）	稚鳖（万只）	虾类育苗（亿尾）	贝类育苗（万粒）
			合计	其中:罗非鱼					
沙洋县	46850	47330	22		0	82	37	13.90	
钟祥市	40610	34599	18		2403	752	138	5.97	
京山县	17592	21523	17		13610	743	1483	4.30	
沙洋农场	896	810							
东宝区	4500	4602	6			36		9	
掇刀区	3120	3958	8			8	25		
漳河新区	2400	2920	8		300				
屈家岭管理区	1029	425	2		3600	250	51		
孝感市	**97860**	**115519**	**79**		**6544500**	**8**	**21**	**2.27**	
孝南区	18000	18130	16				5	0.60	
孝昌县	8760	6750	2		39500			1	
大悟县	6750	6075	4			2	7	0.60	
安陆市	7262	7945	4		5000	1	5	0.07	
云梦县	12437	11862	4			5	4		
应城市	11421	9669	12						
汉川市	33000	54978	38		6500000				
孝感市辖区	230	110							
黄冈市	**96759**	**148866**	**297**		**6300**	**4**	**25**	**26.56**	
黄州区	10067	27993	170					1.66	
团风县	8405	4996	25						
红安县	6000	5100	10						
麻城市	10000	9500	3		2500			0.10	
罗田县	1950	380	2		100	3			
英山县	2350	2050	3						
浠水县	19000	25815	41					1.30	
蕲春县	9675	36152	13					1.50	
武穴市	10350	14387	16				4	9	
黄梅县	15500	19600	13		3700		20	13	
龙感湖区	3462	2893	2			1	1		
咸宁市	**54500**	**94152**	**52**		**107900**	**1**	**11**	**9.30**	
咸宁市直									
咸安区	7050	15882	9		32300		1	5.30	
嘉鱼县	19500	2000	19					2	
赤壁市	18000	68000	16		75600	1	10	2	
通城县	3800	1300	1						
崇阳县	3850	4970	2						
通山县	2300	2000	4						
恩施州	**1338**	**1172**							
恩施市	198	156							
建始县	76	61							
巴东县	5	5							
利川市	846	762							
宣恩县	23	19							
咸丰县	19	14							
来凤县	152	141							
鹤峰县	19	14							
随州市	**19373**	**15257**	**19**				**262**	**5.59**	
曾都区	2451	2006	3				2	4	
随县	9660	7515	1					0.21	
广水市	7262	5736	15				260	1.38	
仙桃市	**53127**	**58491**	**40**			**2**	**248**	**3**	
天门市	**26920**	**27561**	**49**			**3**	**350**	**5**	**50**
潜江市	**26450**	**12540**	**22**		**23450**	**71**	**106**	**53**	
神农架	**5**								

水产加工业（一）

单位	水产加工企业			水产冷库				部分水产品年加工量(吨)		
	总数(个)	加工能力(吨/年)	其中:规模以上的加工企业个数(个)	座数(座)	冻结能力(吨/日)	冷藏能力(吨/次)	制冰能力(吨/日)	克氏螯虾	鳊鲂	斑点叉尾鮰
湖北省	**243**	**1852667**	**118**	**370**	**86114**	**116651**	**7568**	**166471**	**7284**	**12709**
武汉市	**21**	**150260**	**11**	**12**	**430**	**24200**	**120**	**5826**	**170**	**2270**
武汉市直	4	15020	2							
新洲区	11	65240	4	2	200			1400		2270
江夏区	3	55000	3	4	120	24000	90	2726		
蔡甸区	1	5000		2	50	50	30			
黄陂区	2	10000	2	4	60	150		1700	170	
黄石市	**28**	**37520**	**12**	**10**	**133**	**980**	**170**	**990**	**4387**	**53**
黄石市直	3	1400	1	1	10	60	15		25	2
大冶市	17	28620	8	6	78	560	100	990	1309	36
阳新县	8	7500	3	3	45	360	55		3053	15
十堰市	**7**	**24200**	**3**	**13**	**250**	**4830**	**68**			**10**
十堰市直										
十堰市辖区										
丹江口市	6	24000	2	6	200	4800	60			
郧县				0						
郧西										
竹山县	1	200	1	7	50	30	8			10
竹溪县										
房县										
荆州市	**49**	**517068**	**33**	**164**	**15525**	**19110**	**3490**	**60750**	**1520**	**5280**
荆州区	5	150000	1	5	300	300	70	1700		
沙市区	1	10000	1	3	50	300	10			
荆州市开发区	1	2000		5	300	300	50			
江陵县	1	1800	1							
松滋市	2	5000	2	5	1000	1100	3	2700		
公安县	5	85100	3	4	6800	5500	9	16000		
石首市	4	36400	3	3	650	780	24			
监利县	7	106560	6	58	1315	5770	707	9480		280
洪湖市	23	120208	16	81	5110	5060	2617	30870	1520	5000
宜昌市	**10**	**114000**	**5**	**11**	**550**	**3850**	**420**			**1320**
宜昌市直										
夷陵区										
宜都市	2	40000	2	2	100	500	20			
枝江市	4	50000	3	4	250	1050	100			1000
当阳市				2	100	800	200			
远安县										
兴山县										
秭归县										
长阳县	4	24000		3	100	1500	100			320
五峰县										
襄阳市	**10**	**18690**	**1**	**7**	**132**	**155**	**31**	**25**		
襄阳市辖区	1	750								
老河口市	5	15100	1	3	50	50		25		
襄州区	1	960								
枣阳市	1	860		1	2	25	1			
宜城市	2	1020								
南漳县										
谷城县				3	80	80	30			
保康县										
鄂州市	**16**	**29768**	**9**	**13**	**1293**	**1853**	**320**	**23**	**87**	
鄂城区	5	29658	4	2	663	980				
华容区										
梁子湖区	11	110	5	11	630	873	320	23	87	
荆门市	**14**	**150000**	**9**	**20**	**2925**	**4940**	**525**	**30400**		**1014**

续表

单位	水产加工企业			水产冷库				部分水产品年加工量(吨)		
	总数(个)	加工能力(吨/年)	其中:规模以上的加工企业个数(个)	座数(座)	冻结能力(吨/日)	冷藏能力(吨/次)	制冰能力(吨/日)	克氏螯虾	鳊鲂	斑点叉尾鮰
沙洋县	4	72000	4	6	2555	2630	100	27800		980
钟祥市	6	45000	3	8	120	1250	225	2000		34
京山县	2	12000	1	3	150	900	120	600		
沙洋农场										
东宝区										
掇刀区				1	20	35				
漳河新区	2	21000	1	2	80	125	80			
屈家岭管理区										
孝感市	**28**	**38810**	**3**	**11**	**240**	**2200**	**1620**	**5050**		
孝南区	1	2200								
孝昌县	1	10	1							
大悟县										
安陆市	1	300	1	1	150	1000				
云梦县	15	30000		4		1000	1500			
应城市	2	4000		3	50	200		1500		
汉川市	8	2300	1	3	40		120	3550		
孝感市辖区										
黄冈市	**25**	**92200**	**6**	**32**	**1291**	**11593**	**367**	**475**		
黄州区	4	1750		1	15	65	14			
团风县										
红安县	2	1200		5	25	50	9			
麻城市	5	3750	1	2	13	6		80		
罗田县										
英山县										
浠水县	6	40000	2	9	1000	10000	100	300		
蕲春县	2	7500		6	55	1150	87			
武穴市	1	10000	1	2	130	42	51	95		
黄梅县	3	3000		5	50	200	6			
龙感湖区	2	25000	2	2	3	80	100			
咸宁市	**9**	**25121**	**3**	**25**	**130**	**3940**	**200**	**160**		**100**
咸宁市直										
咸安区	1	521	1							
嘉鱼县	4	15000		15		3500		160		100
赤壁市	3	9100	1	5	30	40				
通城县										
崇阳县										
通山县	1	500	1	5	100	400	200			
恩施州										
恩施市										
建始县										
巴东县										
利川市										
宣恩县										
咸丰县										
来凤县										
鹤峰县										
随州市	**1**	**25000**	**1**	**1**	**45**	**6000**	**37**	**15200**	**1120**	
曾都区										
随县										
广水市	1	25000	1	1	45	6000	37	15200	1120	
仙桃市	**10**	**64830**	**8**	**4**	**150**	**2000**	**100**	**872**		**12**
天门市	**2**	**20200**	**1**	**2**	**20**	**1000**	**100**	**1700**		**500**
潜江市	**13**	**545000**	**13**	**45**	**63000**	**30000**		**45000**		**2150**
神农架										

水产加工业（二）

单位	水产加工品（吨）						
	总量	（一）水产品冷冻			（二）鱼糜制品及干腌制品		
		小计	#冷冻品	#冷冻加工品	小计	#鱼糜制品	#干腌制品
湖北省	**912021**	**486797**	**181954**	**304843**	**401277**	**241101**	**160176**
武汉市	**78430**	**11246**	**300**	**10946**	**64761**	**57928**	**6833**
武汉市直	15020				15020	15000	20
新洲区	24118	6170		6170	17948	15376	2572
江夏区	34582	4216		4216	29763	25682	4081
蔡甸区	1300						
黄陂区	3410	860	300	560	2030	1870	160
黄石市	**29104**	**796**	**796**		**28196**	**13025**	**15171**
黄石市直	1003				1003	285	718
大冶市	17850	796	796		16942	4130	12812
阳新县	10251				10251	8610	1641
十堰市	**24797**	**19297**	**12455**	**6842**	**5500**		**5500**
十堰市直							
十堰市辖区							
丹江口市	24650	19150	12350	6800	5500		5500
郧县							
郧西							
竹山县	147	147	105	42			
竹溪县							
房县							
荆州市	**178456**	**95356**	**60800**	**34556**	**81659**	**64855**	**16804**
荆州区	20390	2900	2900		17480	17000	480
沙市区	24500	7000		7000	17500	14500	3000
荆州市开发区	1000				1000	1000	
江陵县	176						
松滋市	3500	2700	2700		800	800	
公安县	57670	28400	16300	12100	29270	25400	3870
石首市	6945	4536		4536	1154		1154
监利县	64275	49820	38900	10920	14455	6155	8300
洪湖市							
宜昌市	**47728**	**33000**	**6700**	**26300**	**14728**	**2500**	**12228**
宜昌市直	220				220		220
夷陵区	850				850		850
宜都市	11000	9000		9000	2000		2000
枝江市	21800	16200	6700	9500	5600	2500	3100
当阳市	3250				3250		3250
远安县	620				620		620
兴山县	28				28		28
秭归县	60				60		60
长阳县	9800	7800		7800	2000		2000
五峰县	100				100		100
襄阳市	**9804**	**9125**	**9075**	**50**	**679**	**82**	**597**
襄阳市辖区	610	430	430		180	50	130
老河口市	6686	6510	6510		176	22	154
襄州区	708	580	580		128	10	118
枣阳市	730	730	730				
宜城市	650	650	635	15			
南漳县	225	75	70	5	150		150
谷城县	195	150	120	30	45		45
保康县							
鄂州市	**64613**	**12123**	**4392**	**7731**	**42629**	**9433**	**33196**
鄂城区	22620	761	82	679	17014	4513	12501
华容区							
梁子湖区	41993	11362	4310	7052	25615	4920	20695
荆门市	**113565**	**75357**	**4377**	**70980**	**37698**	**24828**	**12870**

续表

单位	水 产 加 工 品 （吨）						
	总量	（一）水产品冷冻			（二）鱼糜制品及干腌制品		
		小计	#冷冻品	#冷冻加工品	小计	#鱼糜制品	#干腌制品
沙洋县	55650	41320		41320	14330	8220	6110
钟祥市	37976	21176	1812	19364	16290	13540	2750
京山县	15739	12411	2285	10126	3328	1668	1660
沙洋农场	260				260	110	150
东宝区							
掇刀区	1060				1060	410	650
漳河新区	2685	450	280	170	2235	800	1435
屈家岭管理区	195				195	80	115
孝感市	**17183**	**10547**	**7250**	**3297**	**5136**	**3246**	**1890**
孝南区	40				40	40	
孝昌县	10				10		10
大悟县	0						
安陆市	300				300		300
云梦县	3353	367		367	2986	2986	
应城市	4200	1500	500	1000	1200		1200
汉川市	9280	8680	6750	1930	600	220	380
孝感市辖区							
黄冈市	**63951**	**14065**	**6780**	**7285**	**47889**	**34158**	**13731**
黄州区	2165	65		65	2100	1300	800
团风县	6888				4904	3444	1460
红安县	1371	1032	756	276	339	215	124
麻城市	4742	581	456	125	4161	4080	81
罗田县	820				820	240	580
英山县	941				941	85	856
浠水县	8898	1760	250	1510	7135	4150	2985
蕲春县	12009	5787	3678	2109	6222	3655	2567
武穴市	5183	3040	290	2750	2143	765	1378
黄梅县	8310	1800	1350	450	6500	3600	2900
龙感湖区	12624				12624	12624	
咸宁市	**11626**	**5922**	**5402**	**520**	**5161**	**2586**	**2575**
咸宁市直							
咸安区	1525				1502	1028	474
嘉鱼县	2200	2000	2000		200	200	
赤壁市	5601	3442	3052	390	2159	1298	861
通城县	300				300		300
崇阳县	460				460		460
通山县	1540	480	350	130	540	60	480
恩施州							
恩施市							
建始县							
巴东县							
利川市							
宣恩县							
咸丰县							
来凤县							
鹤峰县							
随州市	**6080**	**4260**		**4260**	**1820**		**1820**
曾都区							
随县							
广水市	6080	4260		4260	1820		1820
仙桃市	**12548**	**6287**	**2707**	**3580**	**6261**		**6261**
天门市	**4346**	**3796**	**500**	**3296**	**550**		**550**
潜江市	**249790**	**185620**	**60420**	**125200**	**58610**	**28460**	**30150**
神农架							

续表 2

单位	水产加工品（吨）					用于加工的水产品总量(吨)
	(三)罐制品	(四)水产饲料(鱼粉)	(五)鱼油制品	(六)其它水产品加工		
				小计	#助剂和添加剂	
湖北省	**15565**	**2020**		**6362**	**626**	**1857273**
武汉市	**1820**			**603**	**603**	**108199**
武汉市直						28110
新洲区						41270
江夏区				603	603	31022
蔡甸区	1300					2167
黄陂区	520					5630
黄石市	**112**					**58880**
黄石市直						2143
大冶市	112					36036
阳新县						20701
十堰市						**42600**
十堰市直						
十堰市辖区						
丹江口市						42000
郧县						
郧西						
竹山县						600
竹溪县						
房县						
荆州市	**1265**			**176**		**362592**
荆州区	10					48000
沙市区						50000
荆州市开发区						3500
江陵县				176		249
松滋市						5000
公安县						69500
石首市	1255					43054
监利县						143289
洪湖市						
宜昌市						**138033**
宜昌市直						660
夷陵区						4400
宜都市						28500
枝江市						59000
当阳市						8500
远安县						200
兴山县						103
秭归县						120
长阳县						36150
五峰县						400
襄阳市						**14120**
襄阳市辖区						270
老河口市						10060
襄州区						1350
枣阳市						1200
宜城市						940
南漳县						300
谷城县						
保康县						
鄂州市	**9861**					**134794**
鄂城区	4845					40738
华容区						
梁子湖区	5016					94056
荆门市		**510**				**174995**

续表 3

单位	水 产 加 工 品 (吨)					用于加工的水产品总量(吨)
	(三)罐制品	(四)水产饲料(鱼粉)	(五)鱼油制品	(六)其它水产品加工		
				小计	#助剂和添加剂	
沙洋县						82289
钟祥市		510				54326
京山县						28620
沙洋农场						710
东宝区						
掇刀区						2100
漳河新区						6500
屈家岭管理区						450
孝感市		**1500**				**31145**
孝南区						55
孝昌县						17
大悟县						
安陆市						900
云梦县						4913
应城市		1500				6700
汉川市						18560
孝感市辖区						
黄冈市	**1987**	**10**				**119491**
黄州区						6900
团风县	1984					
红安县						2340
麻城市						12000
罗田县						2460
英山县						2365
浠水县	3					17655
蕲春县						17385
武穴市						18141
黄梅县		10				24000
龙感湖区						16245
咸宁市	**520**			**23**	**23**	**30570**
咸宁市直						
咸安区				23	23	2652
嘉鱼县						14420
赤壁市						11098
通城县						
崇阳县						
通山县	520					2400
恩施州						
恩施市						
建始县						
巴东县						
利川市						
宣恩县						
咸丰县						
来凤县						
鹤峰县						
随州市						**24330**
曾都区						
随县						
广水市						24330
仙桃市						**56658**
天门市						**10866**
潜江市				**5560**		**550000**
神农架						

渔业人口与从业人员

单位	渔业乡（个）	渔业村（个）	渔业户（户）	渔业人口（人）		渔业从业人员（人）		
				小计	其中：传统渔民	合计	其中：专业从业人员	
							小计	捕捞
湖北省	**59**	**876**	**507701**	**1696154**	**738867**	**1253872**	**854691**	**78912**
武汉市		**108**	**56809**	**174730**	**95877**	**123817**	**86102**	**10324**
武汉市直		39	6698	15985	11644	12080	10454	1326
新洲区		45	11716	36570	13865	28346	18873	1095
江夏区		6	20030	53027	44437	37785	29261	3451
蔡甸区		17	6375	22950	8736	24380	11969	2642
黄陂区		1	11990	46198	17195	21226	15545	1810
黄石市	**1**	**16**	**12869**	**44363**	**8915**	**45218**	**20512**	**4541**
黄石市直		1	503	1498	914	2346	1300	267
大冶市	1	4	6900	21000	1950	14690	7060	1960
阳新县		11	5466	21865	6051	28182	12152	2314
十堰市		**2**	**9125**	**40547**	**21419**	**23877**	**12612**	**6194**
十堰市直			20	70	14	70	70	
十堰市辖区		1	650	2376	1935	1555	1170	160
丹江口市		1	3300	19323	11200	9100	6200	3000
郧县			2955	10160	4685	4673	2743	2173
郧西			275	1088	330	810	705	240
竹山县			622	2610	1150	4265	1100	321
竹溪县			501	1811	605	1202	312	150
房县			802	3109	1500	2202	312	150
荆州市	**14**	**328**	**106910**	**344776**	**171142**	**272788**	**224743**	**15256**
荆州区		8	4362	17953	1603	17076	13093	850
沙市区			5026	10230	5765	8975	7115	187
荆州市开发区			280	560	380	446	446	26
江陵县		1	4280	16134	3022	8583	6709	727
松滋市		16	5476	15800	4878	15055	10900	1310
公安县		32	8553	24700	9567	37032	32041	483
石首市			3106	8147	7164	3924	3175	486
监利县	3	135	35675	129545	58464	93131	68927	8651
洪湖市	11	136	40152	121707	80299	88566	82337	2536
宜昌市		**10**	**24372**	**73990**	**10780**	**57863**	**36579**	**6579**
宜昌市直			213	620	320	330	200	100
夷陵区			5525	12065	1385	8701	2286	856
宜都市		2	685	2000	770	3000	2000	500
枝江市		4	9380	32431	1386	20586	14083	420
当阳市		2	6835	16272	4597	15965	11025	2149
远安县						3820	2758	580
兴山县			10	30		24	4	4
秭归县			624	2215	258	2578	2144	1072
长阳县		2	1100	8357	2064	2823	2064	898
五峰县						36	15	
襄阳市	**4**	**23**	**44671**	**118803**	**49026**	**57623**	**34452**	**4460**
襄阳市辖区		1	5830	11750	9170	9100	5767	1510
老河口市	1	5	15030	25450	12980	6910	4290	360
襄州区		1	4765	24310	19970	5917	2845	1412
枣阳市			8600	27000	4530	14530	9130	180
宜城市	1	4	5723	16573	120	7489	3381	241
南漳县	2	10	3000	8500	1500	8500	6000	
谷城县		2	1723	5170	751	5170	3034	754
保康县				50	5	7	5	3
鄂州市	**4**	**13**	**18084**	**63153**	**31876**	**39873**	**30144**	**2548**
鄂城区	1	4	4305	14417	8789	11295	9266	1796
华容区	1	5	4819	20131	2031	13283	10960	130
梁子湖区	2	4	8960	28605	21056	15295	9918	622
荆门市	**9**	**135**	**36887**	**101563**	**43702**	**87669**	**60784**	**4126**

续表 1

单位	渔业乡（个）	渔业村（个）	渔业户（户）	渔业人口（人）		渔业从业人员（人）		
				小计	其中：传统渔民	合计	其中：专业从业人员	
							小计	捕捞
沙洋县	6	23	7320	25330	18630	20660	18080	860
钟祥市		79	10560	35067	14412	33480	22458	1428
京山县	3	29	7512	20324	8420	18496	11249	908
沙洋农场			1286	3786		2674	2549	
东宝区			5642	8662	598	4775	1958	370
掇刀区			1610	4750		2755	2235	295
漳河新区		4	2570	2664	1642	4152	1700	265
屈家岭管理区			387	980		677	555	
孝感市	**1**	**41**	**36153**	**135681**	**80828**	**114214**	**76968**	**6671**
孝南区			6498	20510	13910	9608	8895	301
孝昌县			3132	12710	9880	11403	10235	250
大悟县			2951	11408	2705	10355	5650	42
安陆市		1	5493	21395	11154	21096	12332	1407
云梦县			3258	9448	5163	10233	6987	146
应城市			5525	20496	7230	16226	11586	1370
汉川市	1	40	8826	37864	30246	34009	20869	3135
孝感市辖区			470	1850	540	1284	414	20
黄冈市	**12**	**125**	**51801**	**186315**	**73144**	**155201**	**90168**	**7838**
黄州区	1	7	4565	14890	13106	16206	13606	215
团风县		5	4439	12653	6266	6901	5411	215
红安县	1	1	4121	12365	1485	12048	7970	284
麻城市			5120	14300	3365	14430	10270	230
罗田县			1225	2450	350	1080	320	
英山县	1	12	1890	3780	400	6932	1033	96
浠水县	1	23	7728	25187	12010	25187	11456	1585
蕲春县	1	25	5276	21859	6350	20274	9630	689
武穴市		2	5480	27400	4000	16856	9710	950
黄梅县	1	11	11341	49775	24428	33631	19589	3553
龙感湖区	6	39	616	1656	1384	1656	1173	21
咸宁市	**14**	**59**	**14880**	**68438**	**24994**	**59120**	**29031**	**3532**
咸宁市直								
咸安区	8	26	2900	10812	4100	6468	3739	64
嘉鱼县	1	8	324	648	0	15989	7059	1300
赤壁市	5	17	4300	21000	13060	18470	7700	320
通城县			2156	6378	2874	4150	3370	200
崇阳县		4	3750	15000	960	7343	1813	248
通山县		4	1450	14600	4000	6700	5350	1400
恩施州			**2133**	**7851**		**5835**	**2715**	**527**
恩施市			128	541		730	253	48
建始县			21	83		285	42	
巴东县			200	785		591	419	403
利川市			1152	4212		2476	1259	76
宣恩县			152	621		399	179	
咸丰县			116	367		485	117	
来凤县			311	1023		645	422	
鹤峰县			53	219		224	24	
随州市			**21200**	**77018**	**6876**	**27692**	**13419**	**2026**
曾都区								
随县			16802	61147	3535	19116	10596	1006
广水市			4398	15871	3341	8576	2823	1020
仙桃市			**38166**	**133971**	**46512**	**103683**	**83781**	**2119**
天门市			**12932**	**49148**	**15176**	**36337**	**22130**	**1120**
潜江市		**15**	**20640**	**75600**	**58600**	**43062**	**30551**	**1051**
神农架		**1**	**69**	**207**				

续表 2

单位	渔业从业人员（人）						
	其中：专业从业人员		专业从业人员中：女性	兼业从业人员		临时从业人员	
	养殖	其它		小计	其中：女性	小计	其中：女性
湖北省	**712065**	**63714**	**212847**	**285099**	**68397**	**114082**	**28830**
武汉市	**69299**	**6479**	**21796**	**29362**	**6689**	**8353**	**2116**
武汉市直	8966	162	4232	1330	679	296	118
新洲区	17166	612	4297	8371	1765	1102	149
江夏区	24930	880	3814	6389	1495	2135	889
蔡甸区	9327		720	8651	800	3760	330
黄陂区	8910	4825	8733	4621	1950	1060	630
黄石市	**15101**	**870**	**5841**	**21126**	**2832**	**3580**	**1419**
黄石市直	785	248	47	889	68	157	5
大冶市	4800	300	3100	6310	1230	1320	600
阳新县	9516	322	2694	13927	1534	2103	814
十堰市	**4916**	**1502**	**3590**	**8675**	**1734**	**2590**	**993**
十堰市直	70		20				
十堰市辖区	300	710	245	160	65	225	65
丹江口市	2600	600	2250	2600	400	300	200
郧县	570		740	1510	165	420	71
郧西	380	85	13	80	30	25	8
竹山县	672	107	258	1605	427	1560	635
竹溪县	162		32	860	87	30	2
房县	162		32	1860	560	30	12
荆州市	**185551**	**23936**	**64288**	**34539**	**10263**	**13506**	**4987**
荆州区	12243		2186	3138	654	845	400
沙市区	6338	590	2230	890	520	970	456
荆州市开发区	400	20	55				
江陵县	5887	95	1697	1392	791	482	197
松滋市	9305	285	1707	3534	670	621	138
公安县	13878	17680	4846	3158	1010	1833	860
石首市	2300	389	315	451	59	298	33
监利县	57576	2700	23578	17097	5725	7107	2626
洪湖市	77624	2177	27674	4879	834	1350	277
宜昌市	**28546**	**1454**	**11462**	**12697**	**4477**	**8587**	**2454**
宜昌市直	100		15	130	30		
夷陵区	1235	195	546	3165	846	3250	968
宜都市	1400	100	400	500	100	500	100
枝江市	13211	452	5980	3890	1451	2613	781
当阳市	8694	182	3902	3321	1147	1619	412
远安县	1910	268	460	960	750	102	95
兴山县				20			
秭归县	964	108		434	130		
长阳县	1032	134	159	256	19	503	98
五峰县		15		21	4		
襄阳市	**26004**	**3988**	**4587**	**13964**	**3673**	**9207**	**2076**
襄阳市辖区	3347	910	420	1770	785	1563	605
老河口市	3820	110	290	1960	410	660	90
襄州区	675	758	1675	1860	635	1212	445
枣阳市	8770	180	930	3400	350	2000	295
宜城市	3120	20	1127	2658	895	1450	483
南漳县	4000	2000		2000	500	500	100
谷城县	2270	10	145	315	98	1821	58
保康县	2			1		1	
鄂州市	**26477**	**1119**	**7321**	**4296**	**1835**	**5433**	**1405**
鄂城区	6991	479	1714	1251	636	778	408
华容区	10400	430	2218	629	101	1694	135
梁子湖区	9086	210	3389	2416	1098	2961	862
荆门市	**53075**	**3583**	**18713**	**22399**	**6933**	**4486**	**1268**

续表 3

单位	渔业从业人员（人）						
	其中：专业从业人员		专业从业人员中：女性	兼业从业人员		临时从业人员	
	养殖	其它		小计	其中：女性	小计	其中：女性
沙洋县	15980	1240	8760	1655	588	925	330
钟祥市	19865	1165	5386	9021	2608	2001	642
京山县	10036	305	2741	6737	2899	510	182
沙洋农场	2549			125	35		
东宝区	1424	164	677	2213	382	604	56
掇刀区	1620	320	615	350	45	170	25
漳河新区	1082	353	388	2182	348	270	30
屈家岭管理区	519	36	146	116	28	6	3
孝感市	**64267**	**6030**	**12633**	**25091**	**5879**	**12155**	**2104**
孝南区	8232	362	1671	246	31	467	63
孝昌县	9985		1315	782	98	386	43
大悟县	5058	550	1200	4140	1290	565	110
安陆市	8849	2076	3557	7085	1516	1679	611
云梦县	6841		2257	2138	326	1108	82
应城市	8704	1512	608	3640	1204	1000	320
汉川市	16228	1506	1987	6640	1358	6500	785
孝感市辖区	370	24	38	420	56	450	90
黄冈市	**74339**	**7991**	**15004**	**38742**	**8467**	**26291**	**5015**
黄州区	12891	500	1080	2000	100	600	80
团风县	4946	250	890	1300	150	190	12
红安县	6964	722	995	2862	659	1216	330
麻城市	9760	280	345	3360	110	800	100
罗田县	320		8	620	15	140	15
英山县	727	210	217	2767	402	3132	521
浠水县	9291	580	1859	7960	4630	5771	1270
蕲春县	8312	629	2579	4516	1152	6128	1537
武穴市	8550	210	1800	5210	350	1936	315
黄梅县	11426	4610	4829	7714	660	6328	809
龙感湖区	1152		402	433	239	50	26
咸宁市	**24765**	**734**	**6087**	**26589**	**2408**	**3500**	**473**
咸宁市直							
咸安区	3646	29	1169	1884	560	845	255
嘉鱼县	5609	150		8930			
赤壁市	7380		3360	8930	1210	1840	143
通城县	3080	90	350	480	137	300	30
崇阳县	1550	15	8	5165	221	365	15
通山县	3500	450	1200	1200	280	150	30
恩施州	**2188**		**28**	**1731**	**215**	**1389**	**168**
恩施市	205			215	24	262	26
建始县	42			127	22	116	23
巴东县	16			114		58	
利川市	1183			705	123	512	81
宣恩县	179		28	194	19	26	
咸丰县	117			127		241	
来凤县	422			141	27	82	21
鹤峰县	24			108		92	17
随州市	**10582**	**811**	**2314**	**10251**	**3032**	**4022**	**1160**
曾都区							
随县	9062	528	2046	4865	1250	3655	1024
广水市	1520	283	268	5386	1782	367	136
仙桃市	78975	2687	20530	12871	3304	7031	2325
天门市	**19460**	**1550**	**8083**	**11741**	**2425**	**2466**	**442**
潜江市	**28520**	**980**	**10570**	**11025**	**4231**	**1486**	**425**
神农架							

渔业船舶拥有量

单位	机动渔船合计			机动渔船按船长分					
				24 米以上			12—24 米		
	艘	总吨	千瓦	艘	总吨	千瓦	艘	总吨	千瓦
湖北省	**43371**	**82673**	**351914**	**4**	**283**	**1718**	**3181**	**13149**	**35218**
武汉市	**1288**	**1945**	**15924**	**3**	**202**	**1493**	**18**	**67**	**544**
武汉市直	201	470	3714	2	152	1153	1	9	180
新洲区	306	430	3084						
江夏区	383	518	3740	1	50	340	13	46	312
蔡甸区	149	173	3007				4	12	52
黄陂区	249	354	2379						
黄石市	**1676**	**2341**	**12359**				**47**	**289**	**797**
黄石市直	61	181	570						
大冶市	248	352	1462				11	106	225
阳新县	1367	1808	10327				36	183	572
十堰市	**3192**	**16538**	**41915**				**1035**	**6468**	**15608**
十堰市直									
十堰市辖区	68	62	842				1	8	103
丹江口市	1861	12260	24228				910	5600	13640
郧县	887	3656	11602				121	834	1556
郧西	109	126	1738						
竹山县	134	115	2065				2	17	206
竹溪县	29	79	523				1	9	103
房县	104	240	917						
荆州市	**22610**	**35815**	**150907**				**1370**	**3282**	**8657**
荆州市直	3468	5588	20854				160	108	324
荆州区	293	345	1487						
沙市区	16	23	220				3	8	135
荆州市开发区									
江陵县	90	135	451						
松滋市	213	404	1391				6	50	85
公安县	487	1106	3449						
石首市	689	719	6641						
监利县	5307	13918	55905				12	22	66
洪湖市	12047	13577	60509				1189	3094	8047
宜昌市	**2169**	**5356**	**14274**				**120**	**457**	**2133**
宜昌市直	267	573	2353				10	128	763
夷陵区	317	792	1173						
宜都市	313	362	1900				1	50	320
枝江市	197	404	1373						
当阳市	94	204	579						
远安县	50	155	389						
兴山县	51	133	313				1	8	105
秭归县	500	1500	2900				96	203	768
长阳县	380	1233	3294				12	68	177
五峰县									
襄阳市	**2224**	**4935**	**37248**				**54**	**438**	**1028**
襄阳市辖区	467	950	9395						
老河口市	430	766	8237						
襄州区	200	715	3690						
枣阳市	180	609	2655				21	192	433
宜城市	248	393	3696						
南漳县	185	260	800						
谷城县	490	1210	8677				33	246	595
保康县	24	32	98						
鄂州市	**479**	**1245**	**2173**				**280**	**945**	**1573**
鄂城区	182	602	1026				93	452	726
华容区	142	320	606				87	245	456
梁子湖区	155	323	541				100	248	391
荆门市	**1416**	**2119**	**14499**				**27**	**174**	**723**

续表 1

单位	机动渔船合计			机动渔船按船长分					
				24 米以上			12—24 米		
	艘	总吨	千瓦	艘	总吨	千瓦	艘	总吨	千瓦
荆门市直	117	160	1414				2	14	208
沙洋县	607	1019	5652				2	18	147
钟祥市	261	377	3725				16	104	256
京山县	159	257	1590				6	32	99
沙洋农场									
东宝区	98	82	691						
掇刀区	56	80	467				1	6	13
漳河新区	94	144	664						
屈家岭管理区	24		296						
孝感市	**1209**	**1666**	**8937**				**14**	**136**	**363**
孝南区	3	3	101						
孝昌县	84	168	378						
大悟县	98	276	679				4	90	52
安陆市	176	148	1201						
云梦县	107	92	665				3	6	48
应城市	165	208	1048						
汉川市	524	709	4404				7	40	263
孝感市辖区	52	62	461						
黄冈市	**1375**	**2316**	**12288**	**1**	**81**	**225**	**78**	**406**	**1465**
黄冈市直	118	461	2372	1	81	225	8	170	345
黄州区	148	288	1223				3	14	47
团风县	143	315	1356				59	191	769
红安县	33	55	505						
麻城市	39	52	355						
罗田县	27	37	452						
英山县	26	26	160						
浠水县	234	280	1595				2	11	127
蕲春县	360	396	2060				5	12	74
武穴市	149	187	1393						
黄梅县	86	200	644						
龙感湖区	12	19	173				1	8	103
咸宁市	**3664**	**4912**	**23217**				**21**	**97**	**211**
咸宁市直									
咸安区	176	314	1305				12	36	105
嘉鱼县	593	946	5013				4	33	41
赤壁市	331	410	1685				5	28	65
通城县	171	341	759						
崇阳县	709	712	2667						
通山县	1684	2189	11788						
恩施州	**210**	**591**	**3190**				**87**	**325**	**1601**
恩施市	3	21	339						
建始县	1	7	103						
巴东县	198	513	1960				82	293	1049
利川市	2	11	213				2	11	213
宣恩县	2	11	133						
咸丰县	1	7	103						
来凤县	3	21	339				3	21	339
鹤峰县									
随州市	**669**	**1122**	**5668**						
曾都区	72	127	635						
随县	281	574	2549						
广水市	316	421	2484						
仙桃市	**452**	**905**	**3828**				**1**	**8**	**105**
天门市	**346**	**366**	**2494**						
潜江市	**392**	**501**	**2993**				**29**	**57**	**410**
神农架									

续表 2

单位	机动渔船按船长分			非机动渔船合计	
	12 米以下				
	艘	总吨	千瓦	艘	总吨
湖北省	**40186**	**69241**	**314978**	**63829**	**54954**
武汉市	**1267**	**1676**	**13887**	**83**	**197**
武汉市直	198	309	2381	83	197
新洲区	306	430	3084		
江夏区	369	422	3088		
蔡甸区	145	161	2955		
黄陂区	249	354	2379		
黄石市	**1629**	**2052**	**11562**	**400**	**400**
黄石市直	61	181	570		
大冶市	237	246	1237	400	400
阳新县	1331	1625	9755		
十堰市	**2157**	**10070**	**26307**	**2991**	**3055**
十堰市直					
十堰市辖区	67	54	739		
丹江口市	951	6660	10588	2700	2700
郧县	766	2822	10046		
郧西	109	126	1738		
竹山县	132	98	1859	131	170
竹溪县	28	70	420	110	110
房县	104	240	917	50	75
荆州市	**21240**	**32533**	**142250**	**44533**	**37914**
荆州市直	3308	5480	20530	459	230
荆州区	293	345	1487		
沙市区	13	15	85	15	12
荆州市开发区					
江陵县	90	135	451	590	296
松滋市	207	354	1306	17	21
公安县	487	1106	3449		
石首市	689	719	6641	502	502
监利县	5295	13896	55839	13256	12381
洪湖市	10858	10483	52462	29694	24472
宜昌市	**2049**	**4899**	**12141**	**3484**	**2965**
宜昌市直	257	445	1590		
夷陵区	317	792	1173		
宜都市	312	312	1580	37	18
枝江市	197	404	1373	43	32
当阳市	94	204	579	3230	2750
远安县	50	155	389	158	145
兴山县	50	125	208		
秭归县	404	1297	2132	16	20
长阳县	368	1165	3117		
五峰县					
襄阳市	**2170**	**4497**	**36220**	**179**	**234**
襄阳市辖区	467	950	9395	40	91
老河口市	430	766	8237	62	31
襄州区	200	715	3690	30	75
枣阳市	159	417	2222	47	37
宜城市	248	393	3696		
南漳县	185	260	800		
谷城县	457	964	8082		
保康县	24	32	98		
鄂州市	**199**	**300**	**600**	**2840**	**2840**
鄂城区	89	150	300	1080	1080
华容区	55	75	150	900	900
梁子湖区	55	75	150	860	860
荆门市	**1389**	**1945**	**13776**	**2210**	**2002**

续表 3

单位	机动渔船按船长分			非机动渔船合计	
	12 米以下				
	艘	总吨	千瓦	艘	总吨
荆门市直	115	146	1206		
沙洋县	605	1001	5505	1000	1000
钟祥市	245	273	3469	1014	800
京山县	153	225	1491		
沙洋农场					
东宝区	98	82	691		
掇刀区	55	74	454		
漳河新区	94	144	664	196	202
屈家岭管理区	24		296		
孝感市	**1195**	**1530**	**8574**	**1500**	**1428**
孝南区	3	3	101	820	278
孝昌县	84	168	378	84	84
大悟县	94	186	627	40	40
安陆市	176	148	1201	470	940
云梦县	104	86	617		
应城市	165	208	1048		
汉川市	517	669	4141	86	86
孝感市辖区	52	62	461		
黄冈市	**1296**	**1829**	**10598**	**223**	**226**
黄冈市直	109	210	1802	19	13
黄州区	145	274	1176	30	45
团风县	84	124	587	2	2
红安县	33	55	505	34	31
麻城市	39	52	355	11	12
罗田县	27	37	452	14	10
英山县	26	26	160		
浠水县	232	269	1468		
蕲春县	355	384	1986		
武穴市	149	187	1393	113	113
黄梅县	86	200	644		
龙感湖区	11	11	70		
咸宁市	**3643**	**4815**	**23006**	**1497**	**1327**
咸宁市直					
咸安区	164	278	1200	266	311
嘉鱼县	589	913	4972		
赤壁市	326	382	1620	550	550
通城县	171	341	759	34	72
崇阳县	709	712	2667	150	150
通山县	1684	2189	11788	497	244
恩施州	**123**	**266**	**1589**		
恩施市	3	21	339		
建始县	1	7	103		
巴东县	116	220	911		
利川市	0	0	0		
宣恩县	2	11	133		
咸丰县	1	7	103		
来凤县					
鹤峰县					
随州市	**669**	**1122**	**5668**	**339**	**259**
曾都区	72	127	635	102	50
随县	281	574	2549		
广水市	316	421	2484	237	209
仙桃市	**451**	**897**	**3723**	**3550**	**2107**
天门市	**346**	**366**	**2494**		
潜江市	**363**	**444**	**2583**		
神农架					

渔业船舶拥有量（机动渔船中的生产渔船）

单位	机动渔船中：生产渔船					
	生产渔船合计			捕捞渔船小计		
	艘	总吨	千瓦	艘	总吨	千瓦
湖北省	**42797**	**80677**	**333514**	**19520**	**39393**	**157338**
武汉市	**1272**	**1646**	**12850**	**802**	**1076**	**4936**
武汉市直	191	261	1500	148	192	789
新洲区	304	413	2876	240	331	1843
江夏区	381	461	3295	250	304	1556
蔡甸区	148	165	2904	5	5	35
黄陂区	248	346	2275	159	244	713
黄石市	**1669**	**2303**	**11747**	**1122**	**1510**	**6488**
黄石市直	57	160	245	37	98	160
大冶市	247	343	1359	183	232	1030
阳新县	1365	1800	10143	902	1180	5298
十堰市	**3160**	**16201**	**40742**	**2081**	**9790**	**29035**
十堰市直						
十堰市辖区	67	54	739	67	54	739
丹江口市	1841	12036	23815	1071	6676	16117
郧县	880	3581	11348	722	2704	9457
郧西	108	122	1644	66	70	971
竹山县	132	98	1859	63	36	721
竹溪县	28	70	420	28	70	420
房县	104	240	917	64	180	610
荆州市	**22460**	**35400**	**148128**	**6406**	**10299**	**39502**
荆州市直	3413	5417	19737	564	816	3058
荆州区	293	345	1487	248	248	1091
沙市区	15	18	117	13	16	109
荆州市开发区						
江陵县	90	135	451	81	121	371
松滋市	212	398	1296	114	177	501
公安县	487	1106	3449	312	704	2078
石首市	688	689	6531	541	542	4734
监利县	5232	13749	54664	3714	6091	22787
洪湖市	12030	13543	60396	819	1584	4773
宜昌市	**2123**	**4976**	**12125**	**2020**	**4766**	**11396**
宜昌市直	262	445	1655	262	445	1655
夷陵区	317	792	1173	317	792	1173
宜都市	312	312	1580	312	312	1580
枝江市	196	396	1268	93	186	539
当阳市	94	204	579	94	204	579
远安县	50	155	389	50	155	389
兴山县	50	125	208	50	125	208
秭归县	499	1480	2797	499	1480	2797
长阳县	343	1067	2476	343	1067	2476
五峰县						
襄阳市	**2095**	**5307**	**36815**	**1350**	**3062**	**25311**
襄阳市辖区	415	858	8248	332	678	7240
老河口市	408	1395	9653	246	685	6872
襄州区	145	550	2840	63	245	1190
枣阳市	180	609	2803			
宜城市	248	393	3696	147	191	2313
南漳县	185	260	800	185	260	800
谷城县	490	1210	8677	377	1003	6896
保康县	24	32	98			
鄂州市	**443**	**1074**	**1830**	**366**	**878**	**1518**
鄂城区	177	411	791	157	369	649
华容区	128	333	550	99	255	464
梁子湖区	138	330	489	110	254	405
荆门市	**1404**	**2024**	**13713**	**545**	**801**	**6429**

续表 1

单位	机动渔船中：生产渔船					
	生产渔船合计			捕捞渔船小计		
	艘	总吨	千瓦	艘	总吨	千瓦
荆门市直	115	146	1206	7	8	60
沙洋县	606	1011	5549	215	383	2418
钟祥市	257	335	3330	180	223	2630
京山县	154	226	1510	47	94	664
沙洋农场						
东宝区	98	82	691	49	41	362
掇刀区	56	80	467	9	10	63
漳河新区	94	144	664	38	42	232
屈家岭管理区	24	0	296			
孝感市	**1193**	**1603**	**8102**	**666**	**846**	**5016**
孝南区						
孝昌县	83	166	338			
大悟县	97	272	594			
安陆市	173	138	994			
云梦县	105	90	606	73	61	379
应城市	162	203	1018	71	106	411
汉川市	522	679	4226	522	679	4226
孝感市辖区	51	55	326			
黄冈市	**1337**	**2118**	**10721**	**639**	**909**	**4084**
黄冈市直	112	333	1669			
黄州区	130	321	1223	80	209	709
团风县	142	315	1356	78	125	705
红安县	32	55	505			
麻城市	37	39	334			
罗田县	24	16	153			
英山县	26	26	160			
浠水县	233	272	1491	175	186	1037
蕲春县	359	393	1966	184	184	918
武穴市	148	171	1393	39	39	314
黄梅县	83	166	401	83	166	401
龙感湖区	11	11	70			
咸宁市	**3597**	**4718**	**20876**	**2231**	**3226**	**12898**
咸宁市直						
咸安区	133	178	887	42	45	178
嘉鱼县	591	938	3647	324	418	2282
赤壁市	327	396	1525	213	257	993
通城县	171	341	759	123	306	632
崇阳县	706	706	2630	539	539	2048
通山县	1669	2159	11428	990	1661	6765
恩施州	**195**	**463**	**1634**	**195**	**463**	**1634**
恩施市						
建始县						
巴东县	195	463	1634	195	463	1634
利川市						
宣恩县						
咸丰县						
来凤县						
鹤峰县						
随州市	**665**	**1106**	**5504**	**196**	**320**	**1696**
曾都区	71	126	591	32	55	315
随县	281	574	2549	76	148	635
广水市	313	406	2364	88	117	746
仙桃市	**451**	**897**	**3723**	**451**	**897**	**3723**
天门市	**343**	**353**	**2205**	**135**	**137**	**1188**
潜江市	**390**	**488**	**2799**	**315**	**413**	**2484**
神农架						

续表 2

单位	机动渔船中：生产渔船								
	捕捞渔船小计						养殖渔船小计		
	45-440 千瓦(61-599 马力)			44 千瓦（60 马力）以下					
	艘	总吨	千瓦	艘	总吨	千瓦	艘	总吨	千瓦
湖北省	**14**	**78**	**3029**	**19506**	**39315**	**154309**	**23277**	**41284**	**176176**
武汉市				**802**	**1076**	**4936**	**470**	**570**	**7914**
武汉市直				148	192	789	43	69	711
新洲区				240	331	1843	64	82	1033
江夏区				250	304	1556	131	157	1739
蔡甸区				5	5	35	143	160	2869
黄陂区				159	244	713	89	102	1562
黄石市				**1122**	**1510**	**6488**	**547**	**793**	**5259**
黄石市直				37	98	160	20	62	85
大冶市				183	232	1030	64	111	329
阳新县				902	1180	5298	463	620	4845
十堰市				**2081**	**9790**	**29035**	**1079**	**6411**	**11707**
十堰市直									
十堰市辖区				67	54	739			
丹江口市				1071	6676	16117	770	5360	7698
郧县				722	2704	9457	158	877	1891
郧西				66	70	971	42	52	673
竹山县				63	36	721	69	62	1138
竹溪县				28	70	420			
房县				64	180	610	40	60	307
荆州市				**6406**	**10299**	**39502**	**16054**	**25101**	**108626**
荆州市直				564	816	3058	2849	4601	16679
荆州区				248	248	1091	45	97	396
沙市区				13	16	109	2	2	8
荆州市开发区									
江陵县				81	121	371	9	14	80
松滋市				114	177	501	98	221	795
公安县				312	704	2078	175	402	1371
石首市				541	542	4734	147	147	1797
监利县				3714	6091	22787	1518	7658	31877
洪湖市				819	1584	4773	11211	11959	55623
宜昌市				**2020**	**4766**	**11396**	**103**	**210**	**729**
宜昌市直				262	445	1655			
夷陵区				317	792	1173			
宜都市				312	312	1580			
枝江市				93	186	539	103	210	729
当阳市				94	204	579			
远安县				50	155	389			
兴山县				50	125	208			
秭归县				499	1480	2797			
长阳县				343	1067	2476			
五峰县									
襄阳市	**14**	**78**	**3029**	**1336**	**2984**	**22282**	**745**	**2245**	**11504**
襄阳市辖区				332	678	7240	83	180	1008
老河口市	14	78	3029	232	607	3843	162	710	2781
襄州区				63	245	1190	82	305	1650
枣阳市							180	609	2803
宜城市				147	191	2313	101	202	1383
南漳县				185	260	800			
谷城县				377	1003	6896	113	207	1781
保康县							24	32	98
鄂州市				**366**	**878**	**1518**	**77**	**196**	**312**
鄂城区				157	369	649	20	42	142
华容区				99	255	464	29	78	86
梁子湖区				110	254	405	28	76	84
荆门市				**545**	**801**	**6429**	**859**	**1223**	**7284**

续表 3

单位	机动渔船中：生产渔船								
	捕捞渔船小计						养殖渔船小计		
	45-440 千瓦(61-599 马力)			44 千瓦（60 马力）以下			艘	总吨	千瓦
	艘	总吨	千瓦	艘	总吨	千瓦			
荆门市直				7	8	60	108	138	1146
沙洋县				215	383	2418	391	628	3131
钟祥市				180	223	2630	77	112	700
京山县				47	94	664	107	132	846
沙洋农场									
东宝区				49	41	362	49	41	329
掇刀区				9	10	63	47	70	404
漳河新区				38	42	232	56	102	432
屈家岭管理区							24	0	296
孝感市				**666**	**846**	**5016**	**527**	**757**	**3086**
孝南区									
孝昌县							83	166	338
大悟县							97	272	594
安陆市							173	138	994
云梦县				73	61	379	32	29	227
应城市				71	106	411	91	97	607
汉川市				522	679	4226			
孝感市辖区							51	55	326
黄冈市				**639**	**909**	**4084**	**698**	**1209**	**6637**
黄冈市直							112	333	1669
黄州区				80	209	709	50	112	514
团风县				78	125	705	64	190	651
红安县							32	55	505
麻城市							37	39	334
罗田县							24	16	153
英山县							26	26	160
浠水县				175	186	1037	58	86	454
蕲春县				184	184	918	175	209	1048
武穴市				39	39	314	109	132	1079
黄梅县				83	166	401			
龙感湖区							11	11	70
咸宁市				**2231**	**3226**	**12898**	**1366**	**1492**	**7978**
咸宁市直									
咸安区				42	45	178	91	133	709
嘉鱼县				324	418	2282	267	520	1365
赤壁市				213	257	993	114	139	532
通城县				123	306	632	48	35	127
崇阳县				539	539	2048	167	167	582
通山县				990	1661	6765	679	498	4663
恩施州				**195**	**463**	**1634**			
恩施市									
建始县									
巴东县				195	463	1634			
利川市									
宣恩县									
咸丰县									
来凤县									
鹤峰县									
随州市				**196**	**320**	**1696**	**469**	**786**	**3808**
曾都区				32	55	315	39	71	276
随县				76	148	635	205	426	1914
广水市				88	117	746	225	289	1618
仙桃市				**451**	**897**	**3723**			
天门市				**135**	**137**	**1188**	**208**	**216**	**1017**
潜江市				**315**	**413**	**2484**	**75**	**75**	**315**
神农架									

渔业船舶拥有量（机动渔船中的辅助渔船）

单位	机 动 渔船中：辅助渔船								
	艘	总吨	千瓦	其中：捕捞辅助船			其中：渔业执法船		
				艘	总吨	千瓦	艘	总吨	千瓦
湖北省	**574**	**2775**	**20288**	**373**	**743**	**2460**	**201**	**2032**	**17828**
武汉市	**16**	**299**	**3074**				**16**	**299**	**3074**
武汉市直	10	209	2214				10	209	2214
新洲区	2	17	208				2	17	208
江夏区	2	57	445				2	57	445
蔡甸区	1	8	103				1	8	103
黄陂区	1	8	104				1	8	104
黄石市	**7**	**38**	**612**				**7**	**30**	**612**
黄石市直	4	21	325				4	21	325
大冶市	1	9	103				1	9	103
阳新县	2	8	184				2		184
十堰市	**32**	**337**	**1173**				**32**	**337**	**1173**
十堰市直									
十堰市辖区	1	8	103				1	8	103
丹江口市	20	224	413				20	224	413
郧县	7	75	254				7	75	254
郧西	1	4	94				1	4	94
竹山县	2	17	206				2	17	206
竹溪县	1	9	103				1	9	103
房县									
荆州市	**150**	**415**	**2779**	**115**	**169**	**973**	**35**	**246**	**1806**
荆州市直	55	171	1117	35	60	300	20	111	817
荆州区									
沙市区	1	5	103				1	5	103
荆州市开发区									
江陵县									
松滋市	1	6	95				1	6	95
公安县									
石首市	1	30	110				1	30	110
监利县	75	169	1241	63	75	560	12	94	681
洪湖市	17	34	113	17	34	113			
宜昌市	**46**	**380**	**2149**	**32**	**96**	**193**	**14**	**284**	**1956**
宜昌市直	5	128	698				5	128	698
夷陵区									
宜都市	1	50	320				1	50	320
枝江市	1	8	105				1	8	105
当阳市									
远安县									
兴山县	1	8	105				1	8	105
秭归县	1	20	103				1	20	103
长阳县	37	166	818	32	96	193	5	70	625
五峰县									
襄阳市	**129**	**267**	**911**	**123**	**249**	**720**	**6**	**18**	**191**
襄阳市辖区	52	96	167	51	94	147	1	2	20
老河口市	22	59	472	18	45	318	4	14	154
襄州区	55	112	272	54	110	255	1	2	17
枣阳市									
宜城市									
南漳县									
谷城县									
保康县									
鄂州市	**36**	**171**	**343**	**29**	**83**	**101**	**7**	**88**	**242**
鄂城区	5	45	128	2	6	12	3	39	116
华容区	14	60	109	12	34	35	2	26	74
梁子湖区	17	66	106	15	43	54	2	23	52
荆门市	**12**	**95**	**786**	**5**	**31**	**80**	**7**	**64**	**706**

续表

单位	机动渔船中：辅助渔船								
	艘	总吨	千瓦	其中：捕捞辅助船			其中：渔业执法船		
				艘	总吨	千瓦	艘	总吨	千瓦
荆门市直	2	14	208				2	14	208
沙洋县	1	8	103				1	8	103
钟祥市	4	42	395				4	42	395
京山县	5	31	80	5	31	80			
沙洋农场									
东宝区									
掇刀区									
漳河新区									
屈家岭管理区									
孝感市	**16**	**63**	**835**				**16**	**63**	**835**
孝南区	3	3	101				3	3	101
孝昌县	1	2	40				1	2	40
大悟县	1	4	85				1	4	85
安陆市	3	10	207				3	10	207
云梦县	2	2	59				2	2	59
应城市	3	5	30				3	5	30
汉川市	2	30	178				2	30	178
孝感市辖区	1	7	135				1	7	135
黄冈市	**38**	**343**	**2458**	**15**	**30**		**23**	**313**	**2458**
黄冈市直	6	128	703				6	128	703
黄州区	18	96	592	15	30		3	66	592
团风县	1	9	103				1	9	103
红安县	1	7	105				1	7	105
麻城市	2	13	21				2	13	21
罗田县	3	21	299				3	21	299
英山县									
浠水县	1	8	103				1	8	103
蕲春县	1	3	93				1	3	93
武穴市	1	16	93				1	16	93
黄梅县	3	34	243				3	34	243
龙感湖区	1	8	103				1	8	103
咸宁市	**67**	**189**	**2860**	**54**	**69**	**288**	**13**	**120**	**2572**
咸宁市直									
咸安区	43	53	103	42	45		1	8	103
嘉鱼县	2	58	2000				2	58	2000
赤壁市	4	42	360				4	42	360
通城县									
崇阳县	3	6	37				3	6	37
通山县	15	30	360	12	24	288	3	6	72
恩施州	**15**	**128**	**1556**				**15**	**128**	**1556**
恩施市	3	21	339				3	21	339
建始县	1	7	103				1	7	103
巴东县	3	50	326				3	50	326
利川市	2	11	213				2	11	213
宣恩县	2	11	133				2	11	133
咸丰县	1	7	103				1	7	103
来凤县	3	21	339				3	21	339
鹤峰县									
随州市	**4**	**16**	**164**				**4**	**16**	**164**
曾都区	1	1	44				1	1	44
随县									
广水市	3	15	120				3	15	120
仙桃市	**1**	**8**	**105**		**8**	**105**	**1**		
天门市	**3**	**13**	**289**				**3**	**13**	**289**
潜江市	**2**	**13**	**194**				**2**	**13**	**194**
神农架									

渔业工业和建筑业产值、增加值

单位：万元

单位	渔业工业和建筑业产值合计	增加值合计	水产品加工		渔用机具制造					
			产值	增加值	产值小计	增加值小计	#渔船渔机修造		#渔用绳网制造	
							产值	增加值	产值	增加值
湖北省	**5152061**	**1742276**	**3819414**	**1270073**	**13434**	**7145**	**2726**	**1366**	**10688**	**5753**
武汉市	**193354**	**104663**	**152765**	**83425**						
武汉市直	330	198	330	198						
新洲区	51030	16627	38473	10892						
江夏区	120304	75792	104074	65567						
蔡甸区	13588	6452	3068	1994						
黄陂区	8102	5594	6820	4774						
黄石市	**69405**	**38650**	**51347**	**29114**	**207**	**137**	**120**	**75**	**87**	**62**
黄石市直	5709	2269	3545	1151						
大冶市	41734	24762	31387	18839						
阳新县	21962	11619	16415	9124	207	137	120	75	87	62
十堰市	**29940**	**9913**	**28820**	**9445**	**990**	**440**	**660**	**230**	**330**	**210**
十堰市直										
十堰市辖区										
丹江口市	28490	9810	27500	9370	990	440	660	230	330	210
郧县										
郧西	70	20								
竹山县	1380	83	1320	75						
竹溪县										
房县										
荆州市	**2149465**	**463498**	**1760044**	**342608**	**40**	**10**	**40**	**10**		
荆州区	126000	38050	50000	20000						
沙市区	72226	26453	41026	21353						
荆州市开发区	88066	32548	32000	14006						
江陵县	1665	507	550	160						
松滋市	21000	5055	21000	5055						
公安县	340682	107801	301366	91232						
石首市	70655	24992	65343	23388						
监利县	427009	84211	393677	77546						
洪湖市	1002162	143881	855082	89868	40	10	40	10		
宜昌市	**271953**	**123474**	**103000**	**66500**	**470**	**190**	**380**	**145**	**60**	**30**
宜昌市直	460	195								
夷陵区	8000	2840								
宜都市	60050	38280	45000	32500						
枝江市	110460	39035	35000	19000	260	85	260	85		
当阳市	53515	21001								
远安县	4011	1454								
兴山县	81	19								
秭归县	860	320			210	105	120	60	60	30
长阳县	34500	20325	23000	15000						
五峰县	16	5								
襄阳市	**25095**	**7836**	**11884**	**4920**						
襄阳市辖区	812	330	313	105						
老河口市	8550	3440	7110	2880						
襄州区	2205	952	1460	648						
枣阳市	4210	1199	1470	653						
宜城市	1640	690	1340	540						
南漳县	291	184	88	42						
谷城县	7347	1021	103	52						
保康县	40	20								
鄂州市	**129694**	**50103**	**120619**	**46657**						
鄂城区	2880	901	2740	850						
华容区	602	258								
梁子湖区	126212	48944	117879	45807						
荆门市	**540291**	**244311**	**428072**	**201865**						

续表

单位：万元

单位	渔业工业和建筑业产值合计	增加值合计	水产品加工		渔用机具制造					
			产值	增加值	产值小计	增加值小计	#渔船渔机修造		#渔用绳网制造	
							产值	增加值	产值	增加值
沙洋县	231938	110725	187921	94164						
钟祥市	166250	73514	145804	65611						
京山县	104961	45299	79171	35627						
沙洋农场	1691	358	1589	318						
东宝区	7982	3205	3764	1694						
掇刀区	9591	3651	2226	1032						
漳河新区	8286	3640	7185	3233						
屈家岭管理区	9592	3919	412	186						
孝感市	**47498**	**5478**	**43701**	**4577**	**699**	**28**			**699**	**28**
孝南区	62	51	62	51						
孝昌县	495	308	85	50						
大悟县	420	273								
安陆市										
云梦县	9568	2573	9568	2573						
应城市	1775	460	1000	300						
汉川市	35178	1813	32986	1603	699	28			699	28
孝感市辖区										
黄冈市	**989239**	**363732**	**529041**	**198363**	**480**	**245**	**480**	**230**	**10**	**4**
黄州区	91047	41137	38317	12531						
团风县	31511	7690	30747	7385					10	4
红安县	38246	9006	17266	6100						
麻城市	35630	14690	13580	5040						
罗田县	4870	2922								
英山县	226	25								
浠水县	215378	77535	106218	38238						
蕲春县	160893	69076	113743	50151						
武穴市	109326	25444	71568	17892						
黄梅县	233075	85229	102375	43484	480	245	480	230		
龙感湖区	69037	30978	35227	17542						
咸宁市	**64855**	**9936**	**50980**	**8107**	**515**	**59**	**365**	**59**	**150**	
咸宁市直										
咸安区	26100	491	23500	391						
嘉鱼县	9720	200	9720	200						
赤壁市	12135	7011	9420	5652	15	9	15	9		
通城县	900	270	900	270						
崇阳县	1940	1094	1940	1094						
通山县	14060	870	5500	500	500	50	350	50	150	
恩施州										
恩施市										
建始县										
巴东县										
利川市										
宣恩县										
咸丰县										
来凤县										
鹤峰县										
随州市	**26280**	**3511**	**26280**	**3511**						
曾都区										
随县										
广水市	26280	3511	26280	3511						
仙桃市	**87712**	**21922**	**55267**	**3596**	**8773**	**5524**	**681**	**617**	**8092**	**4907**
天门市	**54876**	**27955**	**19334**	**11345**	**1260**	**512**			**1260**	**512**
潜江市	**472404**	**267294**	**438260**	**256040**						
神农架										

续表 2

单位：万元

单位	渔用饲料		渔用药物		建筑		其它	
	产值	增加值	产值	增加值	产值	增加值	产值	增加值
湖北省	**899911**	**304935**	**31248**	**12662**	**386790**	**147026**	**1264**	**435**
武汉市	**18178**	**9067**	**3404**	**2030**	**19007**	**10141**		
武汉市直								
新洲区	12557	5735						
江夏区	4010	2526	2520	1588	9700	6111		
蔡甸区	1611	806	884	442	8025	3210		
黄陂区					1282	820		
黄石市	**17352**	**9074**	**499**	**325**				
黄石市直	2007	1018	157	100				
大冶市	10005	5698	342	225				
阳新县	5340	2358						
十堰市					**70**	**20**	**60**	**8**
十堰市直								
十堰市辖区								
丹江口市								
郧县								
郧西					70	20		
竹山县							60	8
竹溪县								
房县								
荆州市	**310644**	**89754**	**2405**	**334**	**76094**	**30744**	**238**	**48**
荆州区	45000	8000	1000	50	30000	10000		
沙市区	31200	5100						
荆州市开发区	56066	18542						
江陵县					1115	347		
松滋市								
公安县	23256	8011			16060	8558		
石首市	5312	1604						
监利县	27322	5449			6010	1216		
洪湖市	122488	43048	1405	284	22909	10623	238	48
宜昌市	**69041**	**23520**	**10061**	**3569**	**89381**	**29695**		
宜昌市直	200	90	110	45	150	60		
夷陵区	1000	400	500	220	6500	2220		
宜都市	3200	1150	450	110	11400	4520		
枝江市	35850	10850	4000	500	35350	8600		
当阳市	25010	9260	4005	2221	24500	9520		
远安县	650	210	540	255	2821	989		
兴山县	22	7	4	2	55	10		
秭归县	100	50	50	15	500	150		
长阳县	3000	1500	400	200	8100	3625		
五峰县	9	3	2	1	5	1		
襄阳市	**5990**	**745**			**6675**	**1968**	**546**	**203**
襄阳市辖区					499	225		
老河口市					1440	560		
襄州区					415	129	330	175
枣阳市	2390	469			350	77		
宜城市					300	150		
南漳县					203	142		
谷城县	3600	276			3428	665	216	28
保康县					40	20		
鄂州市	**233**	**106**	**478**	**158**	**8364**	**3182**		
鄂城区					140	51		
华容区	233	106	129	55	240	97		
梁子湖区			349	103	7984	3034		
荆门市	**67928**	**23794**	**9724**	**4228**	**34567**	**14424**		

续表 2　　　　单位：万元

单位	渔用饲料		渔用药物		建筑		其它	
	产值	增加值	产值	增加值	产值	增加值	产值	增加值
沙洋县	28938	10128	3217	1448	11862	4985		
钟祥市	11540	4039	1460	509	7446	3355		
京山县	12875	4506			12915	5166		
沙洋农场					102	40		
东宝区	3533	1237			685	274		
掇刀区	6565	2317			800	302		
漳河新区	665	233			436	174		
屈家岭管理区	3812	1334	5047	2271	321	128		
孝感市	**671**	**100**			**2147**	**606**	**280**	**167**
孝南区								
孝昌县					340	210	70	48
大悟县					260	169	160	104
安陆市								
云梦县								
应城市					725	145	50	15
汉川市	671	100			822	82		
孝感市辖区								
黄冈市	**344878**	**119915**	**720**	**320**	**113980**	**44880**	**140**	**9**
黄州区	50539	27700			2191	906		
团风县	544	218			220	87		
红安县	9750	1662			11230	1244		
麻城市	19950	8540			2100	1110		
罗田县					4870	2922		
英山县					86	16	140	9
浠水县	73540	26474			35620	12823		
蕲春县	38297	14269			8853	4656		
武穴市	37758	7552						
黄梅县	84500	21500	720	320	45000	19680		
龙感湖区	30000	12000			3810	1436		
咸宁市	**2960**	**1370**			**10400**	**400**		
咸宁市直								
咸安区					2600	100		
嘉鱼县								
赤壁市	2700	1350						
通城县								
崇阳县								
通山县	260	20			7800	300		
恩施州								
恩施市								
建始县								
巴东县								
利川市								
宣恩县								
咸丰县								
来凤县								
鹤峰县								
随州市								
曾都区								
随县								
广水市								
仙桃市	**14915**	**7825**	**1104**	**638**	**7653**	**4339**		
天门市	**28330**	**14149**			**5952**	**1949**		
潜江市	**18791**	**5516**	**2853**	**1060**	**12500**	**4678**		
神农架								

渔业流通和服务业产值、增加值

单位：万元

单位	渔业流通和服务业产值合计	增加值合计	水产流通		水产（仓储）运输		休闲渔业		其它	
			产值	增加值	产值	增加值	产值	增加值	产值	增加值
湖北省	**8056664**	**2723415**	**6471702**	**2169171**	**304474**	**85421**	**1249082**	**457826**	**31406**	**10997**
武汉市	**1465275**	**873223**	**1412071**	**839861**	**10773**	**6339**	**42431**	**27023**		
武汉市直	1367960	814815	1360026	810186	1344	713	6590	3916		
新洲区	16787	9754	4780	2390	2792	1423	9215	5941		
江夏区	49597	31347	36471	22977	6339	3994	6787	4376		
蔡甸区	21478	11112	9278	3247			12200	7865		
黄陂区	9453	6195	1516	1061	298	209	7639	4925		
黄石市	**54652**	**23496**	**27088**	**8382**	**4502**	**1209**	**23062**	**13905**		
黄石市直	9810	2894	7236	1956	1079	345	1495	593		
大冶市	15502	7421	4865	1453	1002	280	9635	5688		
阳新县	29340	13181	14987	4973	2421	584	11932	7624		
十堰市	**60150**	**13312**	**32145**	**7091**	**18450**	**3602**	**8355**	**2269**	**1200**	**350**
十堰市直	920	40					920	40		
十堰市辖区	10750	1760	5150	720	5300	950	300	90		
丹江口市	40280	9440	20430	4800	13000	2600	5650	1690	1200	350
郧县	340	121	165	61	130	46	45	14		
郧西	570	181	320	80	20	6	230	95		
竹山县	4660	1000	4500	900			160	100		
竹溪县	870	320	380	130			490	190		
房县	1760	450	1200	400			560	50		
荆州市	**3215466**	**713769**	**2509976**	**557821**	**61599**	**6933**	**642687**	**148630**	**1204**	**385**
荆州区	194876	41285	120000	25000	1436	285	73440	16000		
沙市区	35362	8980	15650	4230			19212	4670	500	80
荆州市开发区	1580	340	580	140			1000	200		
江陵县	16884	5638	12822	4041			4062	1597		
松滋市	35000	9840	15000	4935			20000	4905		
公安县	237968	39986	201694	19006	4974	1213	31300	19767		
石首市	61505	9435	10936	3874	766	202	49803	5359		
监利县	792941	166605	592666	133317	31775	4369	168500	28919		
洪湖市	1839350	431660	1540628	363278	22648	864	275370	67213	704	305
宜昌市	**374603**	**155331**	**274765**	**115693**	**63340**	**22049**	**35998**	**17369**	**500**	**220**
宜昌市直	28602	13895	23102	11195	1500	600	4000	2100		
夷陵区	15110	7280	6560	2850	2100	1150	6450	3280		
宜都市	40200	18860	35000	16000	4000	2200	1000	550	200	110
枝江市	153636	55625	112300	42000	29203	8060	12133	5565		
当阳市	114505	49057	86510	38110	23345	8655	4650	2292		
远安县	5075	2228	2105	858	720	415	2250	955		
兴山县	980	625	355	251	310	182	315	192		
秭归县	959	448	228	111	321	122	410	215		
长阳县	15350	7253	8500	4288	1800	655	4750	2200	300	110
五峰县	186	60	105	30	41	10	40	20		
襄阳市	**83230**	**24708**	**52695**	**12133**	**7672**	**1216**	**22387**	**11102**	**476**	**257**
襄阳市辖区	7428	1301	4758	805	1183	48	1466	442	21	6
老河口市	8620	3910	2210	650	720	280	5650	2960	40	20
襄州区	20316	9368	14016	5586	350	210	5800	3480	150	92
枣阳市	4674	1428	2526	567	168	40	1790	730	190	91
宜城市	29110	5476	25400	3810	1560	156	2100	1470	50	40
南漳县	4010	1805	1000	300	0	0	3000	1500	10	5
谷城县	8980	1374	2715	380	3681	477	2569	514	15	3
保康县	92	46	70	35	10	5	12	6		
鄂州市	**331323**	**135154**	**189445**	**63286**	**27645**	**12741**	**114233**	**59127**		
鄂城区	141540	51183	88379	26514	10605	4242	42556	20427		
华容区	26285	12861	20566	8598	3643	3140	2076	1123		
梁子湖区	163498	71110	80500	28174	13397	5359	69601	37577		
荆门市	**692625**	**222529**	**612966**	**180251**	**6167**	**1567**	**73492**	**40711**		

续表　　　　单位：万元

单位	渔业流通和服务业产值合计	增加值合计	水产流通		水产（仓储）运输		休闲渔业		其它	
			产值	增加值	产值	增加值	产值	增加值	产值	增加值
沙洋县	162336	54032	141000	42300	9	2	21327	11730		
钟祥市	148496	48993	129930	38979	740	210	17826	9804		
京山县	125527	40691	113394	34018			12133	6673		
沙洋农场	3026	802	2846	712			180	90		
东宝区	115490	36162	102930	30879	5418	1355	7142	3928		
掇刀区	79922	22136	74494	18851			5428	3285		
漳河新区	54790	18771	45456	13637			9334	5134		
屈家岭管理区	3038	942	2916	875			122	67		
孝感市	**283579**	**73100**	**242892**	**58159**	**7198**	**1089**	**31230**	**13302**	**2259**	**550**
孝南区	68225	17213	66423	16566			1600	558	202	89
孝昌县	45380	24340	40120	19760			5260	4580		
大悟县	890	581	250	163			510	332	130	86
安陆市	68547	12877	58995	11358	2458	499	7094	1020		
云梦县	32694	8654	28664	6882			4030	1772		
应城市	20182	6875	12000	2200	370	170	7800	4500	12	5
汉川市	47661	2560	36440	1230	4370	420	4936	540	1915	370
孝感市辖区										
黄冈市	**956614**	**345673**	**706896**	**228545**	**36844**	**13322**	**191101**	**95410**	**21773**	**8396**
黄州区	69241	17106	34408	8921	5199	1347	29634	6838		
团风县	11613	4643	5082	2033	272	108	6161	2464	98	38
红安县	37313	15363	8171	1066	1679	483	27463	13814		
麻城市	28894	12407	17949	6444	330	100	10615	5863		
罗田县	5590	3353	501	300			5089	3053		
英山县	1424	407	233	146	35	10	1146	246	10	5
浠水县	224392	80783	178376	64216	5560	2002	21956	7905	18500	6660
蕲春县	144821	82215	115523	66353	5293	2428	23360	13037	645	397
武穴市	153660	48577	113845	22769	4720	3068	34375	22344	720	396
黄梅县	232952	64040	194072	42240	9800	2420	27280	18480	1800	900
龙感湖区	46714	16779	38736	14057	3956	1356	4022	1366		
咸宁市	**112597**	**22259**	**59403**	**10278**	**29411**	**5365**	**20830**	**6376**	**2953**	**240**
咸宁市直										
咸安区	19400	525	13100	265			3500	112	2800	148
嘉鱼县	61421	13500	34421	8000	25000	5000	2000	500		
赤壁市	7916	3209	2032	813	411	165	5320	2139	153	92
通城县	2300	920					2300	920		
崇阳县	4560	2905	1350	700			3210	2205		
通山县	17000	1200	8500	500	4000	200	4500	500		
恩施州	**8973**	**2027**	**6537**	**1290**			**2436**	**737**		
恩施市	2054	476	1452	293			602	183		
建始县	738	169	552	112			186	57		
巴东县	660	148	453	87			207	61		
利川市	2162	488	1614	325			548	163		
宣恩县	694	153	497	96			197	57		
咸丰县	754	166	547	104			207	62		
来凤县	1418	318	1091	211			327	107		
鹤峰县	493	109	331	62			162	47		
随州市	**31841**	**8320**	**22530**	**3991**	**3985**	**2550**	**5326**	**1779**		
曾都区										
随县										
广水市	31841	8320	22530	3991	3985	2550	5326	1779		
仙桃市	**41178**	**8051**	**25168**	**3893**	**8667**	**724**	**6530**	**2938**	**813**	**496**
天门市	**73959**	**18586**	**62125**	**12897**	**2619**	**1095**	**8987**	**4491**	**228**	**103**
潜江市	**270402**	**83680**	**235000**	**65600**	**15602**	**5620**	**19800**	**12460**		
神农架	**197**	**197**					**197**	**197**		

渔业灾情（一）

单位：水产品数量-吨；损失价值：万元

单位	一、水产品损失					
	总量	损失小计	#台风、洪涝		#病害	
			数量	价值	数量	价值
湖北省	**127054**	**148436**	**100408**	**114187**	**14871**	**22196**
武汉市	**144**	**132**			**144**	**132**
武汉市直						
新洲区						
江夏区						
蔡甸区						
黄陂区	144	132	0	0	144	132
黄石市	**54221**	**36818**	**52740**	**35051**	**1078**	**735**
黄石市直	200	200	200	200		
大冶市	500	890	200	150		
阳新县	53521	35728	52340	34701	1078	735
十堰市	**401**	**851**	**370**	**666**	**16**	**145**
十堰市直						
十堰市辖区						
丹江口市	70	145	60	120	10	25
郧县	50	240	35	200		
郧西	100	120	100	120		
竹山县	15	26	15	26		
竹溪县	160	200	160	200		
房县	6	120			6	120
荆州市	**3859**	**16217**	**1815**	**6109**	**1456**	**8366**
荆州区	1240	8546	1082	4211	93	3243
沙市区	245	300			245	300
荆州市开发区						
江陵县	667	1404	449	1018	144	274
松滋市	500	600	0	0	100	120
公安县	560	4077	210	296	335	3760
石首市	393	452	13	17	346	398
监利县						
洪湖市	254	838	61	567	193	271
宜昌市	**5448**	**4368**	**3828**	**3370**	**1374**	**894**
宜昌市直						
夷陵区	120	26			120	26
宜都市	350	500			300	450
枝江市	2994	2023	2098	1700	826	285
当阳市	1756	1359	1525	1250	105	93
远安县	213	235	200	220	13	15
兴山县						
秭归县	5	200	5	200		
长阳县	10	25			10	25
五峰县						
襄阳市	**12439**	**10529**	**859**	**787**	**2110**	**1787**
襄阳市辖区	226	194	2	1	36	29
老河口市	596	464			56	84
襄州区	256	306	36	36	0	0
枣阳市	9033	7733	0	0	1200	1400
宜城市	820	750	800	730	20	20
南漳县	557	501			50	32
谷城县	951	581	21	20	748	222
保康县						
鄂州市	**1128**	**712**	**553**	**267**	**104**	**122**
鄂城区	261	288			104	114
华容区	822	289	508	132		8
梁子湖区	45	135	45	135		
荆门市	**6552**	**28335**	**5026**	**26998**	**1426**	**1187**

续表 1　　单位：水产品数量-吨；损失价值：万元

单位	一、水产品损失					
	总量	损失小计	#台风、洪涝		#病害	
			数量	价值	数量	价值
沙洋县	3675	24112	2495	23135	1180	977
钟祥市	1856	3060	1650	2910	206	150
京山县	160	260	20	50	40	60
沙洋农场						
东宝区						
掇刀区						
漳河新区	861	903	861	903		
屈家岭管理区						
孝感市	**3288**	**2955**	**640**	**862**	**2632**	**2078**
孝南区	232	256			232	256
孝昌县	726	865	520	670	190	180
大悟县	500	800	120	192	380	608
安陆市						
云梦县						
应城市						
汉川市	1830	1034			1830	1034
孝感市辖区						
黄冈市	**10521**	**13182**	**7226**	**9297**	**2999**	**3524**
黄州区						
团风县	46	849	46	849		
红安县	400	650	170	350	230	300
麻城市	3360	3027	3000	2700	350	315
罗田县	38	53	35	50	3	3
英山县	163	968	163	968		
浠水县	1226	1426	110	150	980	1127
蕲春县	408	543	192	268	216	275
武穴市	3830	4366	3010	3462	670	704
黄梅县	1050	1300	500	500	550	800
龙感湖区						
咸宁市	**8116**	**15315**	**8056**	**15115**	**60**	**80**
咸宁市直						
咸安区	3838	5830	3838	5830		
嘉鱼县	756	907	756	907		
赤壁市						
通城县	1000	2400	1000	2400		
崇阳县	1210	1930	1150	1730	60	80
通山县	1312	4248	1312	4248		
恩施州						
恩施市						
建始县						
巴东县						
利川市						
宣恩县						
咸丰县						
来凤县						
鹤峰县						
随州市	**4245**	**8100**	**4245**	**8100**		
曾都区						
随县	2800	3800	2800	3800		
广水市	1445	4300	1445	4300		
仙桃市	**12249**	**3634**	**11679**	**1912**	**568**	**1721**
天门市	**100**	**217**	**83**	**132**	**17**	**85**
潜江市	**4300**	**6971**	**3245**	**5421**	**887**	**1340**
神农架	**43**	**100**	**43**	**100**		

续表 2　　　　　　　　　　　　　　　　　　　　　　　单位：水产品数量-吨；损失价值：万元

单位	一、水 产 品 损 失						人员损失（人）		
	#干旱		#污染		#其它		失踪	死亡	重伤
	数量	价值	数量	价值	数量	价值			
湖北省	**9844**	**10007**	**466**	**717**	**1465**	**1329**			
武汉市									
武汉市直									
新洲区									
江夏区									
蔡甸区									
黄陂区									
黄石市	**300**	**740**	**23**	**168**	**80**	**124**			
黄石市直									
大冶市	300	740							
阳新县			23	168	80	124			
十堰市	**15**	**40**							
十堰市直									
十堰市辖区									
丹江口市									
郧县	15	40							
郧西									
竹山县									
竹溪县									
房县									
荆州市	**555**	**1703**	**33**	**39**					
荆州区	65	1092							
沙市区									
荆州市开发区									
江陵县	74	112							
松滋市	400	480							
公安县			15	21					
石首市	16	19	18	18					
监利县									
洪湖市									
宜昌市	**196**	**54**	**50**	**50**					
宜昌市直									
夷陵区									
宜都市			50	50					
枝江市	70	38							
当阳市	126	16							
远安县									
兴山县									
秭归县									
长阳县									
五峰县									
襄阳市	**8202**	**6909**	**33**	**33**	**1235**	**1013**			
襄阳市辖区					188	164			
老河口市					540	380			
襄州区	220	270							
枣阳市	7800	6300	33	33					
宜城市									
南漳县					507	469			
谷城县	182	339							
保康县									
鄂州市	**431**	**293**			**40**	**30**			
鄂城区	157	174							
华容区	274	119			40	30			
梁子湖区									
荆门市					**100**	**150**			

续表 3 单位：水产品数量-吨；损失价值：万元

单位	一、水产品损失						人员损失（人）		
	#干旱		#污染		#其它		失踪	死亡	重伤
	数量	价值	数量	价值	数量	价值			
沙洋县									
钟祥市									
京山县					100	150			
沙洋农场									
东宝区									
掇刀区									
漳河新区									
屈家岭管理区									
孝感市	**16**	**15**							
孝南区									
孝昌县	16	15							
大悟县									
安陆市									
云梦县									
应城市									
汉川市									
孝感市辖区									
黄冈市	**81**	**83**	**205**	**266**	**10**	**12**			
黄州区									
团风县									
红安县									
麻城市					10	12			
罗田县									
英山县									
浠水县	51	45	85	104					
蕲春县									
武穴市	30	38	120	162					
黄梅县									
龙感湖区									
咸宁市		**120**							
咸宁市直									
咸安区									
嘉鱼县									
赤壁市									
通城县									
崇阳县		120							
通山县									
恩施州									
恩施市									
建始县									
巴东县									
利川市									
宣恩县									
咸丰县									
来凤县									
鹤峰县									
随州市									
曾都区									
随县									
广水市									
仙桃市			**2**	**1**					
天门市									
潜江市	**48**	**50**	**120**	**160**					
神农架									

渔业灾情（二）

单位：万元

单位	二、渔业设施损毁（台风、洪涝）						
	经济损失总计	池塘		围栏		沉船	
		公顷	价值	千米	价值	艘	价值
湖北省	**27858**	**15961**	**17270**			**8**	**10**
武汉市							
武汉市直							
新洲区							
江夏区							
蔡甸区							
黄陂区							
黄石市	**5226**	**4903**	**4787**				
黄石市直	240	80	20				
大冶市	208	292	200				
阳新县	4778	4531	4567				
十堰市	**131**	**120**	**90**				
十堰市直							
十堰市辖区							
丹江口市	36						
郧县	60	110	60				
郧西	5						
竹山县	30	10	30				
竹溪县							
房县							
荆州市	**1351**	**1320**	**848**				
荆州区	557	310	400				
沙市区							
荆州市开发区							
江陵县							
松滋市	200						
公安县	256	216	256				
石首市	3	2	3				
监利县							
洪湖市	335	792	189				
宜昌市	**900**	**507**	**569**				
宜昌市直							
夷陵区							
宜都市							
枝江市	299	225	186				
当阳市	158	169	158				
远安县	193	63	175				
兴山县							
秭归县	200						
长阳县	50	50	50				
五峰县							
襄阳市	**1670**	**1947**	**1549**			**8**	**10**
襄阳市辖区	169	157	164				
老河口市							
襄州区	310	870	300			8	10
枣阳市	280		280				
宜城市	300	730	300				
南漳县	469	183	469				
谷城县	142	7	36				
保康县							
鄂州市	**875**						
鄂城区	575						
华容区							
梁子湖区	300						
荆门市	**3821**	**465**	**1395**				

续表 1　　　　单位：万元

单位	二、渔业设施损毁（台风、洪涝）						
	经济损失总计	池塘		围栏		沉船	
		公顷	价值	千米	价值	艘	价值
沙洋县	3821	465	1395				
钟祥市							
京山县							
沙洋农场							
东宝区							
掇刀区							
漳河新区							
屈家岭管理区							
孝感市	**487**	**475**	**320**				
孝南区							
孝昌县	377	140	210				
大悟县	110	335	110				
安陆市							
云梦县							
应城市							
汉川市							
孝感市辖区							
黄冈市	**4123**	**2767**	**2381**				
黄州区							
团风县	849	200	828				
红安县	232	12	12				
麻城市	90	60	90				
罗田县	50	30	30				
英山县	704	47	579				
浠水县							
蕲春县	294	218	206				
武穴市	1554	2100	336				
黄梅县	350	100	300				
龙感湖区							
咸宁市	**7150**	**1915**	**3925**				
咸宁市直							
咸安区	5830	1205	3625				
嘉鱼县							
赤壁市							
通城县							
崇阳县	1320	710	300				
通山县							
恩施州							
恩施市							
建始县							
巴东县							
利川市							
宣恩县							
咸丰县							
来凤县							
鹤峰县							
随州市	**1017**	**740**	**912**			**0**	**0**
曾都区							
随县	900	200	800				
广水市	117	540	112				
仙桃市							
天门市	**48**	**37**	**34**				
潜江市	**1009**	**760**	**410**				
神农架	**50**	**5**	**50**				

续表 2　　　　单位：万元

单位	二、渔业设施损毁（台风、洪涝）							
	船损		泵站		涵闸		堤坝	
	艘	价值	座	价值	座	价值	米	价值
湖北省	**124**	**106**	**127**	**349**	**367**	**277**	**271760**	**2794**
武汉市								
武汉市直								
新洲区								
江夏区								
蔡甸区								
黄陂区								
黄石市	**72**	**65**	**46**	**68**	**127**	**41**	**126254**	**45**
黄石市直								
大冶市			3	2			22076	6
阳新县	72	65	43	66	127	41	104178	39
十堰市	**10**	**6**					**20**	**5**
十堰市直								
十堰市辖区								
丹江口市	10	6						
郧县								
郧西							20	5
竹山县								
竹溪县								
房县								
荆州市			**40**	**54**	**5**	**3**	**1060**	**126**
荆州区			40	54	5	3	800	100
沙市区								
荆州市开发区								
江陵县								
松滋市								
公安县								
石首市								
监利县								
洪湖市							260	26
宜昌市					**3**	**6**	**2000**	**12**
宜昌市直								
夷陵区								
宜都市								
枝江市								
当阳市								
远安县					3	6	2000	12
兴山县								
秭归县								
长阳县								
五峰县								
襄阳市	**8**	**0**	**3**	**4**	**5**	**3**	**1328**	**104**
襄阳市辖区	8			3			200	2
老河口市								
襄州区								
枣阳市								
宜城市								
南漳县								
谷城县			3	1	5	3	1128	102
保康县								
鄂州市							**3000**	**300**
鄂城区							3000	300
华容区								
梁子湖区								
荆门市			**5**	**28**	**173**	**2**		**6**

续表 3

单位：万元

单位	二、渔业设施损毁（台风、洪涝）							
	船损		泵站		涵闸		堤坝	
	艘	价值	座	价值	座	价值	米	价值
沙洋县			5	28	173	2		6
钟祥市								
京山县								
沙洋农场								
东宝区								
掇刀区								
漳河新区								
屈家岭管理区								
孝感市	**12**	**1**						
孝南区								
孝昌县	12	1						
大悟县								
安陆市								
云梦县								
应城市								
汉川市								
孝感市辖区								
黄冈市	**10**	**11**	**13**	**21**	**13**	**27**	**23898**	**1480**
黄州区								
团风县					1	21		
红安县							130	170
麻城市								
罗田县							1000	10
英山县	4	9	2	16			1240	83
浠水县								
蕲春县							528	62
武穴市	6	2	11	5	12	6	21000	1155
黄梅县								
龙感湖区								
咸宁市	**2**	**1**	**2**	**4**			**7400**	**650**
咸宁市直								
咸安区	2	1	2	4			6800	200
嘉鱼县								
赤壁市								
通城县								
崇阳县							600	450
通山县								
恩施州								
恩施市								
建始县								
巴东县								
利川市								
宣恩县								
咸丰县								
来凤县								
鹤峰县								
随州市	**10**	**22**	**14**	**50**	**5**	**15**	**8100**	**18**
曾都区								
随县	10	20	5	50	5	15	2000	15
广水市		2	9				6100	3
仙桃市								
天门市								
潜江市			**4**	**120**	**36**	**180**	**98700**	**48**
神农架								

渔业灾情（三）

单位	二、渔业设施损毁（续）										
	码头		护岸		防波堤		工厂化养殖		苗种繁育场		其它设施损失价值
	米	价值	米	价值	米	价值	座	价值	个	价值	
湖北省	**320**	**300**	**20990**	**555**	**523**	**5**	**3**	**201**	**19**	**494**	**5266**
武汉市											
武汉市直											
新洲区											
江夏区											
蔡甸区											
黄陂区											
黄石市										**220**	
黄石市直										220	
大冶市											
阳新县											
十堰市									**2**	**30**	
十堰市直											
十堰市辖区											
丹江口市									2	30	
郧县											
郧西											
竹山县											
竹溪县											
房县											
荆州市											**320**
荆州区											
沙市区											
荆州市开发区											
江陵县											
松滋市											200
公安县											
石首市											
监利县											
洪湖市											120
宜昌市	**0**	**0**	**12800**	**80**	**0**	**0**	**2**	**201**	**5**	**2**	**30**
宜昌市直											
夷陵区											
宜都市											
枝江市			12800	80			1	1	5	2	30
当阳市											
远安县											
兴山县											
秭归县							1	200			
长阳县											
五峰县											
襄阳市							**1**		**1**		
襄阳市辖区							1		1		
老河口市											
襄州区											
枣阳市											
宜城市											
南漳县											
谷城县											
保康县											
鄂州市			**5500**	**275**							**300**
鄂城区			5500	275							
华容区											
梁子湖区											300
荆门市									**4**	**40**	**2350**

续表 1

单位	二、渔业设施损毁（续）										
	码头		护岸		防波堤		工厂化养殖		苗种繁育场		其它设施损失价值
	米	价值	米	价值	米	价值	座	价值	个	价值	
沙洋县									4	40	2350
钟祥市											
京山县											
沙洋农场											
东宝区											
掇刀区											
漳河新区											
屈家岭管理区											
孝感市			**120**	**6**	**23**				**1**	**160**	
孝南区											
孝昌县			120	6	23				1	160	
大悟县											
安陆市											
云梦县											
应城市											
汉川市											
孝感市辖区											
黄冈市			**2440**	**94**	**500**	**5**			**5**	**22**	**82**
黄州区											
团风县											
红安县			230	50							
麻城市											
罗田县			1000	10							
英山县									2	17	
浠水县											
蕲春县			760	26							
武穴市			450	8	500	5			3	5	32
黄梅县											50
龙感湖区											
咸宁市	**320**	**300**	**130**	**100**					**1**	**20**	**2150**
咸宁市直											
咸安区											2000
嘉鱼县											
赤壁市											
通城县											
崇阳县	320	300	130	100					1	20	150
通山县											
恩施州											
恩施市											
建始县											
巴东县											
利川市											
宣恩县											
咸丰县											
来凤县											
鹤峰县											
随州市											
曾都区											
随县											
广水市											
仙桃市											
天门市											**14**
潜江市											**20**
神农架											

续表 2

单位	三、受灾养殖面积（公顷）					
	小计	台风、洪涝	病害	干旱	污染	其它
湖北省	**59089**	**42285**	**14595**	**1363**	**485**	**361**
武汉市	**176**	**0**	**176**			
武汉市直						
新洲区						
江夏区						
蔡甸区						
黄陂区	176		176			
黄石市	**7974**	**6820**	**1014**	**0**	**124**	**16**
黄石市直	80	80				
大冶市						
阳新县	7894	6740	1014		124	16
十堰市	**772**	**740**	**6**	**24**		**2**
十堰市直						
十堰市辖区						
丹江口市	5		3			2
郧县	134	110		24		
郧西	600	600				
竹山县	30	30				
竹溪县						
房县	3		3			
荆州市	**5749**	**2962**	**1837**	**921**	**29**	
荆州区	1627	637	590	400		
沙市区	185		185			
荆州市开发区						
江陵县	1573	1184	202	187		
松滋市	400		66	334		
公安县	496	256	216		24	
石首市	776	335	436		5	
监利县						
洪湖市	692	550	142			
宜昌市	**2977**	**2977**				
宜昌市直						
夷陵区						
宜都市						
枝江市	2977	2977				
当阳市						
远安县						
兴山县						
秭归县						
长阳县						
五峰县						
襄阳市	**1252**	**731**	**181**			**340**
襄阳市辖区	181	1	23			157
老河口市						
襄州区						
枣阳市						
宜城市	863	730	133			
南漳县	208		25			183
谷城县						
保康县						
鄂州市	**20**	**20**				
鄂城区						
华容区						
梁子湖区	20	20				
荆门市	**4349**	**3434**	**800**		**112**	**3**

续表 3

单位	三、受灾养殖面积（公顷）					
	小计	台风、洪涝	病害	干旱	污染	其它
沙洋县	4150	3360	790			
钟祥市	84	74	10			
京山县						
沙洋农场						
东宝区	3					3
掇刀区						
漳河新区	112				112	
屈家岭管理区						
孝感市	**10769**	**3760**	**6996**	**13**		
孝南区	9		9			
孝昌县	3393	3120	260	13		
大悟县	1146	640	506			
安陆市						
云梦县						
应城市						
汉川市	6221		6221			
孝感市辖区						
黄冈市	**9226**	**6504**	**2517**	**85**	**120**	
黄州区						
团风县	200	200				
红安县	500	180	320			
麻城市						
罗田县						
英山县	1130	1130				
浠水县	919	55	768	45	51	
蕲春县	68	39	29			
武穴市	6309	4800	1400	40	69	
黄梅县	100	100				
龙感湖区						
咸宁市	**5886**	**5886**				
咸宁市直						
咸安区	1537	1537				
嘉鱼县	1512	1512				
赤壁市						
通城县	2017	2017				
崇阳县	820	820				
通山县						
恩施州						
恩施市						
建始县						
巴东县						
利川市						
宣恩县						
咸丰县						
来凤县						
鹤峰县						
随州市	**740**	**740**				
曾都区						
随县	200	200				
广水市	540	540				
仙桃市	**3164**	**3109**	**53**		**2**	
天门市	**72**	**37**	**35**			
潜江市	**5958**	**4560**	**980**	**320**	**98**	
神农架	**5**	**5**				

7 农业机械化

农机化系统机构及人员

单位名称	一、农机化管理机构			1.省级			2.地级			3.县级		
	年末机构数(个)	年末人数（人）		年末机构数(个)	年末人数（人）		年末机构数(个)	年末人数（人）		年末机构数(个)	年末人数(人)	
		合计	其中：科技人员(教师)		合计	其中：科技人员(教师)		合计	其中：科技人员(教师)		合计	其中：科技人员(教师)
湖北省	**919**	**2891**	**1692**	**1**	**23**		**15**	**146**	**57**	**98**	**890**	**505**
武汉市	**73**	**210**	**93**				**1**	**6**		**7**	**17**	**7**
洪山区	5	6								1	1	
东西湖区	1	1								1	1	
汉南区	7	12								1	5	
蔡甸区	11	23	11							1	2	1
江夏区	14	105	34							1	3	2
黄陂区	20	29	21							1	2	2
新洲区	14	28	27							1	3	2
市直	1	6					1	6				
黄石市	**37**	**126**	**101**				**1**	**2**		**2**	**31**	**19**
黄石港区												
西塞山区												
下陆区												
铁山区												
阳新县	20	55	39							1	20	14
大冶市	15	67	61							1	11	5
经济开发区	1	2	1									
市直	1	2					1	2				
十堰市	**76**	**253**	**172**				**1**	**19**		**8**	**104**	**51**
茅箭区	1	2								1	2	
张湾区	1	10	6							1	10	6
郧阳区	19	32	26							1	12	6
郧西县	1	12	5							1	12	5
竹山县	1	17	12							1	17	12
竹溪县	16	42	32							1	26	16
房县	21	78	59							1	12	
丹江口市	15	41	32							1	13	6
市直	1	19					1	19				
宜昌市	**42**	**81**	**48**				**1**	**7**	**6**	**12**	**43**	**24**
西陵区	2	2	2							1	1	1
伍家岗区												
点军区	6									1		
猇亭区	1	2	2							1	2	2
夷陵区	14	14								1	1	
远安县	1	2								1	2	
兴山县	1	3	3							1	3	3
秭归县	1	1								1	1	
长阳自治县	1	4								1	4	
五峰自治县	1	3	2							1	3	2
宜都市	11	28	28							1	11	11
当阳市	1	5	2							1	5	2
枝江市	1	10	3							1	10	3
市直	1	7	6				1	7	6			
襄阳市	**70**	**527**	**187**				**1**	**4**		**12**	**96**	**50**

续表 1

单位名称	一、农机化管理机构			1.省级			2.地级			3.县级		
	年末机构数(个)	年末人数（人）		年末机构数(个)	年末人数（人）		年末机构数(个)	年末人数（人）		年末机构数(个)	年末人数(人)	
		合计	其中：科技人员(教师)		合计	其中：科技人员(教师)		合计	其中：科技人员(教师)		合计	其中：科技人员(教师)
襄城区	4	13								1	3	
樊城区	4	7								2	2	
襄州区	14	124	58							1	25	20
开发区	3	9								1	1	
南漳县	1	19								1	19	
谷城县	11	19	11							1	3	1
保康县	1	5	5							1	5	5
老河口市	1	10								1	10	
枣阳市	18	209	84							1	15	14
宜城市	11	106	27							1	11	8
襄北农场	1	2	2							1	2	2
市直	1	4					1	4				
鄂州市	**27**	**45**	**41**				**1**	**10**	**9**	**5**	**10**	**7**
梁子湖区	7	11	9							1	5	3
华容区	6	9	9							1	2	2
鄂城区	11	13	13							1	1	1
开发区	1	1	1							1	1	1
葛店开发区	1	1								1	1	
西山街办												
市直	1	10	9				1	10	9			
荆门市	**46**	**163**	**120**				**1**	**24**	**20**	**8**	**59**	**45**
东宝区	9	30	30							1	6	6
掇刀区	6	17	10							1	10	6
京山县	1	16	14							1	16	14
沙洋县	14	19	13							1	6	5
钟祥市	1	11	8							1	11	8
屈家岭	1	4	2							1	4	2
沙洋农场	9	37	23							1	4	4
漳河新区	4	5								1	2	
市直	1	24	20				1	24	20			
孝感市	**49**	**154**	**94**				**1**	**13**	**3**	**7**	**94**	**58**
孝南区	1	16	12							1	16	12
孝昌县	1	10	6							1	10	6
大悟县	1	18	16							1	18	16
云梦县	1	8	4							1	8	4
应城市	1	14								1	14	
安陆市	16	32	12							1	11	5
汉川市	27	43	41							1	17	15
市直	1	13	3				1	13	3			
荆州市	**117**	**188**	**123**					**4**	**3**	**9**	**71**	**55**
沙市区	6	7	5							1	2	1
荆州区	1	19	19							1	10	10
公安县	17	28	26							1	12	10
监利县	24	43	19							1	20	14
江陵县	9	11	11							1	3	3

续表 2

单位名称	一、农机化管理机构			1.省级			2.地级			3.县级		
	年末机构数(个)	年末人数（人）		年末机构数(个)	年末人数（人）		年末机构数(个)	年末人数（人）		年末机构数(个)	年末人数（人）	
		合计	其中：科技人员(教师)		合计	其中：科技人员(教师)		合计	其中：科技人员(教师)		合计	其中：科技人员(教师)
石首市	16									1		
洪湖市	22	29	13							1	8	6
松滋市	17	42	27							1	15	11
开发区	5	5								1	1	
市直		4	3					4	3			
黄冈市	**139**	**400**	**248**				**1**	**19**		**11**	**157**	**69**
黄州区	5	10	1							1	6	1
龙感湖区	8	12								1	5	
团风县	7	18	10							1	10	2
红安县	13	47	41							1	20	16
罗田县	13	21	4							1	9	
英山县	12	36	24							1	21	11
浠水县	14	54	37							1	24	10
蕲春县	16	40	24							1	14	
黄梅县	17	28	28							1	12	12
麻城市	20	83	79							1	21	17
武穴市	13	32								1	15	
市直	1	19					1	19				
咸宁市	**56**	**206**	**133**				**1**	**4**		**5**	**138**	**83**
咸安区	15	30	20							1	16	6
嘉鱼县	9	29	19							1	21	11
通城县	12	40	24							1	21	13
崇阳县	7	40	18							1	28	12
通山县	2	26	10							1	18	8
赤壁市	12	63	52							1	52	41
市直	1	4					1	4				
随州市	**47**	**113**	**82**				**1**	**6**	**5**	**3**	**28**	**15**
随县	20	58	37							1	11	4
曾都区	7	19	11							1	5	
广水市	19	30	29							1	12	11
市直	1	6	5				1	6	5			
恩施自治州	**90**	**319**	**219**				**1**	**3**		**8**	**31**	**22**
恩施市	18	36								1	2	
利川市	15	77	77							1	3	3
建始县	11	52	47							1	1	
巴东县	13	27								1	3	
宣恩县	10	49	49							1	6	6
咸丰县	12	32	23							1	13	13
来凤县	9	43	23							1	3	
鹤峰县	1									1		
市直	1	3					1	3				
仙桃市	**19**	**31**	**6**				**1**	**11**	**6**			
潜江市	**1**	**11**								**1**	**11**	
天门市	**28**	**33**	**25**				**1**	**6**	**5**			
神农架林区	**1**	**8**					**1**	**8**				
省直	**1**	**23**		**1**	**23**							

续表 3

单位名称	4.乡级			其中：单设机构			二、农机化教育、培训机构			1、农机化大、中专		
	年末机构数(个)	年末人数(人)		年末机构数(个)	年末人数(人)		年末机构数(个)	年末人数（人）		年末机构数(个)	年末人数(人)	
		合计	其中：科技人员(教师)		合计	其中：科技人员(教师)		合计	其中：科技人员（教师）		合计	其中：科技人员(教师)
湖北省	**805**	**1832**	**1130**	**226**	**470**	**327**	**48**	**616**	**394**			
武汉市	**65**	**187**	**86**	**29**	**132**	**57**	**3**	**8**	**6**			
洪山区	4	5		1	2		1					
东西湖区												
汉南区	6	7		2	3							
蔡甸区	10	21	10									
江夏区	13	102	32	13	102	32	1	4	3			
黄陂区	19	27	19									
新洲区	13	25	25	13	25	25	1	4	3			
市直												
黄石市	**34**	**93**	**82**	**17**	**64**	**63**	**1**	**34**	**14**			
黄石港区												
西塞山区												
下陆区												
铁山区												
阳新县	19	35	25	2	6	6	1	34	14			
大冶市	14	56	56	14	56	56						
经济开发区	1	2	1	1	2	1						
市直												
十堰市	**67**	**130**	**121**	**14**	**28**	**26**	**3**	**19**	**18**			
茅箭区												
张湾区												
郧阳区	18	20	20				1	9	9			
郧西县												
竹山县							1	5	5			
竹溪县	15	16	16				1	5	4			
房县	20	66	59									
丹江口市	14	28	26	14	28	26						
市直												
宜昌市	**29**	**31**	**18**				**3**	**10**	**4**			
西陵区	1	1	1									
伍家岗区												
点军区	5											
猇亭区												
夷陵区	13	13					1	4	4			
远安县							1	6				
兴山县												
秭归县												
长阳自治县												
五峰自治县							1					
宜都市	10	17	17									
当阳市												
枝江市												
市直												
襄阳市	**57**	**427**	**137**	**2**	**8**		**4**	**94**	**45**			

续表 4

单位名称	4.乡级			其中：单设机构			二、农机化教育、培训机构			1、农机化大、中专		
	年末机构数(个)	年末人数(人)		年末机构数(个)	年末人数(人)		年末机构数(个)	年末人数（人）		年末机构数(个)	年末人数(人)	
		合计	其中：科技人员(教师)		合计	其中：科技人员(教师)		合计	其中：科技人员（教师）		合计	其中：科技人员(教师)
襄城区	3	10										
樊城区	2	5										
襄州区	13	99	38									
开发区	2	8		2	8							
南漳县												
谷城县	10	16	10				1	23	12			
保康县							1	1				
老河口市							1	35				
枣阳市	17	194	70				1	35	33			
宜城市	10	95	19									
襄北农场												
市直												
鄂州市	**21**	**25**	**25**	**6**	**6**	**6**						
梁子湖区	6	6	6	6	6	6						
华容区	5	7	7									
鄂城区	10	12	12									
开发区												
葛店开发区												
西山街办												
市直												
荆门市	**37**	**80**	**55**	**23**	**40**	**34**	**4**	**49**	**30**			
东宝区	8	24	24	8	24	24						
掇刀区	5	7	4	2	3	2	1	5	4			
京山县												
沙洋县	13	13	8	13	13	8	1	7	7			
钟祥市							1	29	13			
屈家岭							1	8	6			
沙洋农场	8	33	19									
漳河新区	3	3										
市直												
孝感市	**41**	**47**	**33**				**4**	**54**	**41**			
孝南区							1	9	6			
孝昌县							1	5	5			
大悟县							1	10	5			
云梦县												
应城市												
安陆市	15	21	7									
汉川市	26	26	26				1	30	25			
市直												
荆州市	**108**	**113**	**65**	**55**	**55**	**28**	**6**	**91**	**61**			
沙市区	5	5	4									
荆州区		9	9				1	5	5			
公安县	16	16	16	16	16	16	1	5	4			
监利县	23	23	5	21	21	5	1	13	12			
江陵县	8	8	8									

续表 5

单位名称	4.乡级			其中：单设机构			二、农机化教育、培训机构			1、农机化大、中专		
	年末机构数(个)	年末人数(人)		年末机构数(个)	年末人数(人)		年末机构数(个)	年末人数（人）		年末机构数(个)	年末人数(人)	
		合计	其中：科技人员(教师)		合计	其中：科技人员(教师)		合计	其中：科技人员（教师）		合计	其中：科技人员(教师)
石首市	15						1	34	15			
洪湖市	21	21	7	18	18	7	1	14	10			
松滋市	16	27	16				1	20	15			
开发区	4	4										
市直												
黄冈市	**127**	**224**	**179**	**42**	**63**	**56**	**8**	**144**	**85**			
黄州区	4	4					1	41	15			
龙感湖区	7	7										
团风县	6	8	8	2	2							
红安县	12	27	25				1	20	16			
罗田县	12	12	4				1	12	12			
英山县	11	15	13	11	15	13	1	4	4			
浠水县	13	30	27	13	30	27	1	6	5			
蕲春县	15	26	24									
黄梅县	16	16	16	16	16	16	1	1	1			
麻城市	19	62	62				1	53	28			
武穴市	12	17					1	7	4			
市直												
咸宁市	**50**	**64**	**50**	**14**	**14**	**14**	**3**	**16**	**13**			
咸安区	14	14	14	14	14	14	1	2	2			
嘉鱼县	8	8	8				1	6	6			
通城县	11	19	11									
崇阳县	6	12	6				1	8	5			
通山县	1	8	2				1	13	10			
赤壁市	11	11	11									
市直												
随州市	**43**	**79**	**62**	**24**	**60**	**43**	**3**	**37**	**30**			
随县	19	47	33	19	47	33	2	20	15			
曾都区	6	14	11	5	13	10						
广水市	18	18	18				1	17	15			
市直												
恩施自治州	**81**	**285**	**197**				**4**	**37**	**29**			
恩施市	17	34										
利川市	14	74	74				1	25	19			
建始县	10	51	47									
巴东县	12	24					1	4	4			
宣恩县	9	43	43				1	1	1			
咸丰县	11	19	10									
来凤县	8	40	23				1	7	5			
鹤峰县												
市直												
仙桃市	**18**	**20**										
潜江市												
天门市	**27**	**27**	**20**				**1**	**18**	**13**			
神农架林区							**1**	**5**	**5**			
省直												

续表 6

单位名称	2、农机化学校			三、农机化科研机构			1.省级			2.地级		
	年末机构数(个)	年末人数(人)		年末机构数(个)	年末人数(人)		年末机构数(个)	年末人数(人)		年末机构数(个)	年末人数(人)	
		合计	其中：科技人员(教师)		合计	其中：科技人员(教师)		合计	其中：科技人员(教师)		合计	其中：科技人员(教师)
湖北省	**48**	**616**	**394**	**3**	**94**	**74**	**1**	**68**	**58**	**2**	**26**	**16**
武汉市	**3**	**8**	**6**									
洪山区	1											
东西湖区												
汉南区												
蔡甸区												
江夏区	1	4	3									
黄陂区												
新洲区	1	4	3									
市直												
黄石市	**1**	**34**	**14**									
黄石港区												
西塞山区												
下陆区												
铁山区												
阳新县	1	34	14									
大冶市												
经济开发区												
市直												
十堰市	**3**	**19**	**18**	**1**	**10**					**1**	**10**	
茅箭区												
张湾区												
郧阳区	1	9	9									
郧西县												
竹山县	1	5	5									
竹溪县	1	5	4									
房县												
丹江口市												
市直				1	10					1	10	
宜昌市	**3**	**10**	**4**									
西陵区												
伍家岗区												
点军区												
猇亭区												
夷陵区	1	4	4									
远安县	1	6										
兴山县												
秭归县												
长阳自治县												
五峰自治县	1											
宜都市												
当阳市												
枝江市												
市直												
襄阳市	**4**	**94**	**45**									

续表 7

单位名称	2、农机化学校			三、农机化科研机构			1.省级			2.地级		
	年末机构数(个)	年末人数(人)		年末机构数(个)	年末人数(人)		年末机构数(个)	年末人数(人)		年末机构数(个)	年末人数(人)	
		合计	其中：科技人员(教师)		合计	其中：科技人员(教师)		合计	其中：科技人员(教师)		合计	其中：科技人员(教师)
襄城区												
樊城区												
襄州区												
开发区												
南漳县												
谷城县	1	23	12									
保康县	1	1										
老河口市	1	35										
枣阳市	1	35	33									
宜城市												
襄北农场												
市直												
鄂州市				**1**	**16**	**16**				**1**	**16**	**16**
梁子湖区												
华容区												
鄂城区												
开发区												
葛店开发区												
西山街办												
市直				1	16	16				1	16	16
荆门市	**4**	**49**	**30**									
东宝区												
掇刀区	1	5	4									
京山县												
沙洋县	1	7	7									
钟祥市	1	29	13									
屈家岭	1	8	6									
沙洋农场												
漳河新区												
市直												
孝感市	**4**	**54**	**41**									
孝南区	1	9	6									
孝昌县	1	5	5									
大悟县	1	10	5									
云梦县												
应城市												
安陆市												
汉川市	1	30	25									
市直												
荆州市	**6**	**91**	**61**									
沙市区												
荆州区	1	5	5									
公安县	1	5	4									
监利县	1	13	12									
江陵县												

续表 8

单位名称	2、农机化学校			三、农机化科研机构			1.省级			2.地级		
	年末机构数(个)	年末人数(人)		年末机构数(个)	年末人数(人)		年末机构数(个)	年末人数(人)		年末机构数(个)	年末人数(人)	
		合计	其中：科技人员(教师)		合计	其中：科技人员(教师)		合计	其中：科技人员(教师)		合计	其中：科技人员(教师)
石首市	1	34	15									
洪湖市	1	14	10									
松滋市	1	20	15									
开发区												
市直												
黄冈市	**8**	**144**	**85**									
黄州区	1	41	15									
龙感湖区												
团风县												
红安县	1	20	16									
罗田县	1	12	12									
英山县	1	4	4									
浠水县	1	6	5									
蕲春县												
黄梅县	1	1	1									
麻城市	1	53	28									
武穴市	1	7	4									
市直												
咸宁市	**3**	**16**	**13**									
咸安区	1	2	2									
嘉鱼县	1	6	6									
通城县												
崇阳县	1	8	5									
通山县	1	13	10									
赤壁市												
市直												
随州市	**3**	**37**	**30**									
随县	2	20	15									
曾都区												
广水市	1	17	15									
市直												
恩施自治州	**4**	**37**	**29**									
恩施市												
利川市	1	25	19									
建始县												
巴东县	1	4	4									
宣恩县	1	1	1									
咸丰县												
来凤县	1	7	5									
鹤峰县												
市直												
仙桃市												
潜江市												
天门市	**1**	**18**	**13**									
神农架林区	**1**	**5**	**5**									
省直				**1**	**68**	**58**	**1**	**68**	**58**			

续表 9

单位名称	四、农机试验鉴定机构			1.省级			2.地级			五、农机化技术推广机构		
	年末机构数(个)	年末人数(人)		年末机构数(个)	年末人数(人)		年末机构数(个)	年末人数(人)		年末机构数(个)	年末人数(人)	
		合计	其中：科技人员（教师）		合计	其中：科技人员(教师)		合计	其中：科技人员(教师)）		合计	其中：科技人员(教师)
湖北省	**1**	**22**	**15**	**1**	**22**	**15**				**95**	**718**	**472**
武汉市										**7**	**46**	**24**
洪山区												
东西湖区										1	1	
汉南区										1	2	
蔡甸区										1	5	1
江夏区										1	8	6
黄陂区										1	11	8
新洲区										1	6	3
市直										1	13	6
黄石市										3	53	41
黄石港区												
西塞山区												
下陆区												
铁山区												
阳新县										1	20	20
大冶市										1	26	14
经济开发区												
市直										1	7	7
十堰市										**8**	**33**	**22**
茅箭区												
张湾区										1	2	2
郧阳区										1	4	4
郧西县										1	3	3
竹山县										1	4	4
竹溪县										1	5	5
房县										1	3	3
丹江口市										1	2	1
市直										1	10	
宜昌市										**10**	**78**	**72**
西陵区												
伍家岗区												
点军区												
猇亭区												
夷陵区										1	8	8
远安县										1	1	
兴山县										1		
秭归县										1	3	3
长阳自治县										1	5	3
五峰自治县										1	10	10
宜都市										1	11	11
当阳市										1	14	13
枝江市										1	21	20
市直										1	5	4
襄阳市										**10**	**108**	**44**

续表 10

单位名称	四、农机试验鉴定机构			1.省级			2.地级			五、农机化技术推广机构		
	年末机构数(个)	年末人数(人)		年末机构数(个)	年末人数(人)		年末机构数(个)	年末人数(人)		年末机构数(个)	年末人数(人)	
		合计	其中：科技人员（教师）		合计	其中：科技人员(教师)		合计	其中：科技人员(教师))		合计	其中：科技人员(教师)
襄城区												
樊城区										1	2	
襄州区										1	8	6
开发区												
南漳县										1	5	3
谷城县										1	10	6
保康县										1	7	7
老河口市										1	7	
枣阳市										1	16	8
宜城市										1	3	3
襄北农场										1	15	11
市直										1	35	
鄂州市										**4**	**10**	**9**
梁子湖区										1	3	3
华容区										1	2	2
鄂城区												
开发区												
葛店开发区										1	1	
西山街办												
市直										1	4	4
荆门市										**5**	**28**	**26**
东宝区										1	8	8
掇刀区												
京山县										1	7	7
沙洋县										1	3	3
钟祥市										1	6	6
屈家岭										1	4	2
沙洋农场												
漳河新区												
市直												
孝感市										**8**	**58**	**42**
孝南区										1	6	5
孝昌县										1	5	5
大悟县										1	15	11
云梦县										1	3	2
应城市										1	5	2
安陆市										1	12	5
汉川市										1	7	7
市直										1	5	5
荆州市										**7**	**56**	**41**
沙市区												
荆州区										1	10	10
公安县										1	5	3
监利县										1	9	8
江陵县										1	1	1

续表 11

单位名称	四、农机试验鉴定机构			1.省级			2.地级			五、农机化技术推广机构		
	年末机构数(个)	年末人数(人)		年末机构数(个)	年末人数(人)		年末机构数(个)	年末人数(人)		年末机构数(个)	年末人数(人)	
		合计	其中：科技人员（教师）		合计	其中：科技人员(教师)		合计	其中：科技人员(教师)）		合计	其中：科技人员(教师)
石首市										1	7	3
洪湖市										1	11	6
松滋市										1	7	5
开发区												
市直											6	5
黄冈市										**12**	**86**	**45**
黄州区										1	4	2
龙感湖区										1	1	
团风县										1	7	3
红安县										1	10	8
罗田县										1	12	2
英山县										1	3	3
浠水县										1	6	5
蕲春县										1	7	7
黄梅县										1	1	1
麻城市										1	9	6
武穴市										1	3	3
市直										1	23	5
咸宁市										**5**	**39**	**25**
咸安区										1	2	2
嘉鱼县										1	5	5
通城县										1	3	3
崇阳县										1	24	10
通山县										1	3	2
赤壁市										1	5	5
市直												
随州市										**4**	**31**	**28**
随县										1	2	2
曾都区										1	4	3
广水市										1	19	18
市直										1	6	5
恩施自治州										**7**	**11**	**7**
恩施市												
利川市												
建始县										1	1	
巴东县										1	3	
宣恩县										1	1	1
咸丰县										1		
来凤县										1	1	1
鹤峰县										1	1	1
市直										1	4	4
仙桃市										**1**	**3**	**2**
潜江市										**1**	**39**	**35**
天门市										**1**	**9**	**7**
神农架林区										**1**	**3**	**2**
省直	**1**	**22**	**15**	**1**	**22**	**15**				**1**	**27**	

续表 12

单位名称	1.省级			2.地级			3.县级			六、农机安全监理机构		
	年末机构数(个)	年末人数(人)		年末机构数(个)	年末人数(人)		年末机构数(个)	年末人数(人)		年末机构数(个)	年末人数(人)	
		合计	其中：科技人员(教师)		合计	其中：科技人员(教师)		合计	其中：科技人员(教师)		合计	其中：科技人员(教师)
湖北省	**1**	**27**		**13**	**133**	**56**	**81**	**558**	**416**	**102**	**1011**	**504**
武汉市				**1**	**13**	**6**	**6**	**33**	**18**	**7**	**45**	**22**
洪山区												
东西湖区							1	1		1	1	
汉南区							1	2		1	3	
蔡甸区							1	5	1	1	6	1
江夏区							1	8	6	1	9	7
黄陂区							1	11	8	1	9	2
新洲区							1	6	3	1	14	10
市直				1	13	6				1	3	2
黄石市				1	7	7	2	46	34	3	27	9
黄石港区												
西塞山区												
下陆区												
铁山区												
阳新县							1	20	20	1	13	7
大冶市							1	26	14	1	10	2
经济开发区												
市直				1	7	7				1	4	
十堰市				**1**	**10**		**7**	**23**	**22**	**8**	**52**	**38**
茅箭区												
张湾区							1	2	2	1	2	2
郧阳区							1	4	4	1	6	6
郧西县							1	3	3	1	5	5
竹山县							1	4	4	1	8	8
竹溪县							1	5	5	1	4	3
房县							1	3	3	1	9	8
丹江口市							1	2	1	1	7	6
市直				1	10					1	11	
宜昌市				**1**	**5**	**4**	**9**	**73**	**68**	**10**	**57**	**40**
西陵区												
伍家岗区												
点军区												
猇亭区										1	2	2
夷陵区							1	8	8	1	3	3
远安县							1	1		1	2	
兴山县							1			1	4	4
秭归县							1	3	3	1	4	4
长阳自治县							1	5	3	1	8	4
五峰自治县							1	10	10	1	3	2
宜都市							1	11	11	1	5	5
当阳市							1	14	13			
枝江市							1	21	20	1	12	5
市直				1	5	4				1	14	11
襄阳市				**1**	**35**		**9**	**73**	**44**	**11**	**169**	**44**

续表 13

单位名称	1.省级			2.地级			3.县级			六、农机安全监理机构		
	年末机构数(个)	年末人数(人)		年末机构数(个)	年末人数(人)		年末机构数(个)	年末人数(人)		年末机构数(个)	年末人数(人)	
		合计	其中：科技人员(教师)		合计	其中：科技人员(教师)		合计	其中：科技人员(教师)		合计	其中：科技人员(教师)
襄城区										1	4	
樊城区							1	2		1	2	
襄州区							1	8	6	1	42	3
开发区												
南漳县							1	5	3	1	18	
谷城县							1	10	6	1	13	8
保康县							1	7	7	1	10	10
老河口市							1	7		1	29	
枣阳市							1	16	8	1	18	10
宜城市							1	3	3	1	12	8
襄北农场							1	15	11	1	6	5
市直				1	35					1	15	
鄂州市				**1**	**4**	**4**	**3**	**6**	**5**	**3**	**11**	**10**
梁子湖区							1	3	3	1	3	3
华容区							1	2	2			
鄂城区												
开发区												
葛店开发区							1	1		1	1	
西山街办												
市直				1	4	4				1	7	7
荆门市							**5**	**28**	**26**	**6**	**59**	**38**
东宝区							1	8	8	1	8	8
掇刀区												
京山县							1	7	7	1	9	4
沙洋县							1	3	3	1	8	8
钟祥市							1	6	6	1	17	10
屈家岭							1	4	2	1	4	2
沙洋农场										1	13	6
漳河新区												
市直												
孝感市				**1**	**5**	**5**	**7**	**53**	**37**	**8**	**118**	**50**
孝南区							1	6	5	1	14	14
孝昌县							1	5	5	1	13	13
大悟县							1	15	11	1	20	5
云梦县							1	3	2	1	9	3
应城市							1	5	2	1	19	
安陆市							1	12	5	1	15	3
汉川市							1	7	7	1	24	11
市直				1	5	5				1	4	1
荆州市					**6**	**5**	**7**	**50**	**36**	**10**	**96**	**60**
沙市区										1	4	4
荆州区							1	10	10	1	10	10
公安县							1	5	3	1	8	7
监利县							1	9	8	1	14	11
江陵县							1	1	1	1	3	3

续表 14

单位名称	1.省级			2.地级			3.县级			六、农机安全监理机构		
	年末机构数(个)	年末人数(人)		年末机构数(个)	年末人数(人)		年末机构数(个)	年末人数(人)		年末机构数(个)	年末人数(人)	
		合计	其中：科技人员(教师)		合计	其中：科技人员(教师)		合计	其中：科技人员(教师)		合计	其中：科技人员(教师)
石首市							1	7	3	1	21	6
洪湖市							1	11	6	1	20	11
松滋市							1	7	5	1	9	4
开发区										1	1	
市直					6	5				1	6	4
黄冈市				**1**	**23**	**5**	**11**	**63**	**40**	**12**	**117**	**61**
黄州区							1	4	2	1	4	
龙感湖区							1	1		1	2	
团风县							1	7	3	1	9	4
红安县							1	10	8	1	24	18
罗田县							1	12	2	1	9	1
英山县							1	3	3	1	5	5
浠水县							1	6	5	1	9	7
蕲春县							1	7	7	1	6	6
黄梅县							1	1	1	1	8	8
麻城市							1	9	6	1	18	8
武穴市							1	3	3	1	16	4
市直				1	23	5				1	7	
咸宁市							**5**	**39**	**25**	**6**	**51**	**27**
咸安区							1	2	2	1	6	6
嘉鱼县							1	5	5	1	7	3
通城县							1	3	3	1	14	6
崇阳县							1	24	10	1	12	4
通山县							1	3	2	1	8	2
赤壁市							1	5	5	1	8	8
市直										1	4	
随州市				**1**	**6**	**5**	**3**	**25**	**23**	**4**	**39**	**29**
随县							1	2	2	1	9	4
曾都区							1	4	3	1	5	4
广水市							1	19	18	1	19	16
市直				1	6	5				1	6	5
恩施自治州				**1**	**4**	**4**	**6**	**7**	**3**	**9**	**61**	**26**
恩施市										1	2	
利川市										1	7	7
建始县							1	1		1	19	
巴东县							1	3		1	8	
宣恩县							1	1	1	1	3	3
咸丰县							1			1		
来凤县							1	1	1	1	11	5
鹤峰县							1	1	1	1	5	5
市直				1	4	4				1	6	6
仙桃市				**1**	**3**	**2**				**1**	**10**	**3**
潜江市							**1**	**39**	**35**	**1**	**38**	**15**
天门市				**1**	**9**	**7**				**1**	**30**	**30**
神农架林区				**1**	**3**	**2**				**1**	**4**	**2**
省直	**1**	**27**								**1**	**27**	

续表 15

单位名称	1.省级			2.地级			3.县级		
	年末机构数(个)	年末人数（人）		年末机构数(个)	年末人数（人）		年末机构数(个)	年末人数（人）	
		合计	其中：科技人员（教师）		合计	其中：科技人员（教师）		合计	其中：科技人员（教师）
湖北省	**1**	**27**		**15**	**131**	**71**	**86**	**853**	**433**
武汉市				**1**	**3**	**2**	**6**	**42**	**20**
洪山区									
东西湖区							1	1	
汉南区							1	3	
蔡甸区							1	6	1
江夏区							1	9	7
黄陂区							1	9	2
新洲区							1	14	10
市直				1	3	2			
黄石市				1	4		2	23	9
黄石港区									
西塞山区									
下陆区									
铁山区									
阳新县							1	13	7
大冶市							1	10	2
经济开发区									
市直				1	4				
十堰市				**1**	**11**		**7**	**41**	**38**
茅箭区									
张湾区							1	2	2
郧阳区							1	6	6
郧西县							1	5	5
竹山县							1	8	8
竹溪县							1	4	3
房县							1	9	8
丹江口市							1	7	6
市直				1	11				
宜昌市				**1**	**14**	**11**	**9**	**43**	**29**
西陵区									
伍家岗区									
点军区									
猇亭区							1	2	2
夷陵区							1	3	3
远安县							1	2	
兴山县							1	4	4
秭归县							1	4	4
长阳自治县							1	8	4
五峰自治县							1	3	2
宜都市							1	5	5
当阳市									
枝江市							1	12	5
市直				1	14	11			
襄阳市				**1**	**15**		**10**	**154**	**44**

续表 16

单位名称	1.省级			2.地级			3.县级		
	年末机构数(个)	年末人数（人）		年末机构数(个)	年末人数（人）		年末机构数(个)	年末人数（人）	
		合计	其中：科技人员（教师）		合计	其中：科技人员（教师）		合计	其中：科技人员（教师）
襄城区							1	4	
樊城区							1	2	
襄州区							1	42	3
开发区									
南漳县							1	18	
谷城县							1	13	8
保康县							1	10	10
老河口市							1	29	
枣阳市							1	18	10
宜城市							1	12	8
襄北农场							1	6	5
市直				1	15				
鄂州市				**1**	**7**	**7**	**2**	**4**	**3**
梁子湖区							1	3	3
华容区									
鄂城区									
开发区									
葛店开发区							1	1	
西山街办									
市直				1	7	7			
荆门市							**6**	**59**	**38**
东宝区							1	8	8
掇刀区									
京山县							1	9	4
沙洋县							1	8	8
钟祥市							1	17	10
屈家岭							1	4	2
沙洋农场							1	13	6
漳河新区									
市直									
孝感市				**1**	**4**	**1**	**7**	**114**	**49**
孝南区							1	14	14
孝昌县							1	13	13
大悟县							1	20	5
云梦县							1	9	3
应城市							1	19	
安陆市							1	15	3
汉川市							1	24	11
市直				1	4	1			
荆州市				**1**	**6**	**4**	**9**	**90**	**56**
沙市区							1	4	4
荆州区							1	10	10
公安县							1	8	7
监利县							1	14	11
江陵县							1	3	3

续表 17

单位名称	1.省级			2.地级			3.县级		
	年末机构数(个)	年末人数（人）		年末机构数(个)	年末人数（人）		年末机构数(个)	年末人数（人）	
		合计	其中：科技人员（教师）		合计	其中：科技人员（教师）		合计	其中：科技人员（教师）
石首市							1	21	6
洪湖市							1	20	11
松滋市							1	9	4
开发区							1	1	
市直				1	6	4			
黄冈市				**1**	**7**		**11**	**110**	**61**
黄州区							1	4	
龙感湖区							1	2	
团风县							1	9	4
红安县							1	24	18
罗田县							1	9	1
英山县							1	5	5
浠水县							1	9	7
蕲春县							1	6	6
黄梅县							1	8	8
麻城市							1	18	8
武穴市							1	16	4
市直				1	7				
咸宁市				**1**	**4**		**5**	**47**	**27**
咸安区							1	6	6
嘉鱼县							1	7	3
通城县							1	14	6
崇阳县							1	12	4
通山县							1	8	2
赤壁市							1	8	8
市直				1	4				
随州市				**1**	**6**	**5**	**3**	**33**	**24**
随县							1	9	4
曾都区							1	5	4
广水市							1	19	16
市直				1	6	5			
恩施自治州				**1**	**6**	**6**	**8**	**55**	**20**
恩施市							1	2	
利川市							1	7	7
建始县							1	19	
巴东县							1	8	
宣恩县							1	3	3
咸丰县							1		
来凤县							1	11	5
鹤峰县							1	5	5
市直				1	6	6			
仙桃市				**1**	**10**	**3**			
潜江市							**1**	**38**	**15**
天门市				**1**	**30**	**30**			
神农架林区				**1**	**4**	**2**			
省直	**1**	**27**							

农机化服务组织及人员

单位名称	一、农机化作业服务组织及农机户 1.农机化作业服务组织		（1）其中：拥有农机原值20-50万元（含20万元）的		拥有农机原值50万元（含50万元）以上的		（2）其中：农机专业合作社	
	年末机构数(个)	年末人数(人)	年末机构数(个)	年末人数(人)	年末机构数(个)	年末人数(人)	年末机构数(个)	年末人数(人)
湖北省	**7819**	**119780**	**2373**	**23825**	**1641**	**42141**	**2562**	**92395**
武汉市	**2464**	**9081**	**148**	**1266**	**63**	**672**	**151**	**1755**
洪山区	5	59	3	31			3	38
东西湖区	8	352	5	227	1	3	3	125
汉南区	24	589	7	286	3	117	10	121
蔡甸区	49	570	6	138	15	204	28	346
江夏区	1901	4798	26	245	9	153	30	434
黄陂区	126	633	65	173	30	169	46	287
新洲区	349	2062	34	148	5	26	31	404
市直	2	18	2	18				
黄石市	**118**	**2306**	**44**	**212**	**9**	**62**	**65**	**1700**
黄石港区	1	35	1	35				
西塞山区	2	48	1	35			1	13
下陆区								
铁山区								
阳新县	63	920	28	82	6	26	29	812
大冶市	51	1205	14	60	3	36	34	777
经济开发区	1	98					1	98
市直								
十堰市	**163**	**4261**	**66**	**729**	**41**	**681**	**95**	**3104**
茅箭区	3	8	1	3	2	5		
张湾区	1	12					1	12
郧阳区	11	810					11	810
郧西县	39	885	13	68	4	30	35	770
竹山县	7	172	1	23	6	128	7	172
竹溪县	17	754	10	150	2	112	9	467
房县	25	684	13	65	5	26	14	605
丹江口市	60	936	28	420	22	380	18	268
市直								
宜昌市	**488**	**9351**	**131**	**1027**	**124**	**3151**	**142**	**6510**
西陵区								
伍家岗区								
点军区	1	4					1	4
猇亭区	7	309	6	9			1	300
夷陵区	64	522	29	111	17	69	25	175
远安县	12	292			10	280	12	285
兴山县	8	1500					5	1100
秭归县	3	970					3	970
长阳自治县	6	301					6	301
五峰自治县	20	305	10	55	3	15	9	271
宜都市	30	687	22	165			8	441
当阳市	282	2361	64	687	39	687	17	563
枝江市	55	2100			55	2100	55	2100
市直								
襄阳市	**463**	**8886**	**67**	**796**	**219**	**5150**	**321**	**19078**

续表 1

单位名称	一、农机化作业服务组织及农机户 1.农机化作业服务组织		（1）其中：拥有农机原值 20-50 万元（含 20 万元）的		拥有农机原值 50 万元（含 50 万元）以上的		（2）其中：农机专业合作社	
	年末机构数(个)	年末人数(人)	年末机构数(个)	年末人数(人)	年末机构数(个)	年末人数(人)	年末机构数(个)	年末人数(人)
襄城区	6	260	2	80	1	90	6	260
樊城区	3	150	2	22	1	128	3	150
襄州区	150	1800	10	40	35	1300	94	13000
开发区	11	130	2	45	9	85	11	130
南漳县	48	625			21	315	48	625
谷城县	50	1892	30	484	10	277	15	1231
保康县	24	444	4	40	3	48	7	328
老河口市	15	593					15	593
枣阳市	85	1241	17	85	68	1156	79	1185
宜城市	43	1576			43	1576	43	1576
襄北农场	28	175			28	175		
市直								
鄂州市	**86**	**1161**	**39**	**328**	**7**	**198**	**61**	**862**
梁子湖区	33	774	4	126	2	169	29	578
华容区	28	245	15	75	3	16	10	163
鄂城区	21	134	17	121	2	13	21	119
开发区	4	8	3	6			1	2
葛店开发区								
西山街办								
市直								
荆门市	**592**	**9063**	**172**	**2394**	**150**	**3120**	**485**	**8338**
东宝区	33	662	2	12	9	85	22	565
掇刀区	34	373	22	26	2	102	10	245
京山县	69	1175					69	1175
沙洋县	118	1674	27	541	28	755	109	1536
钟祥市	292	4448	109	1705	89	1870	246	4362
屈家岭	17	152	12	110	5	42	17	142
沙洋农场	20	321			17	266	3	55
漳河新区	9	258					9	258
市直								
孝感市	**555**	**6752**	**321**	**1003**	**136**	**2289**	**145**	**5322**
孝南区	56	1005	35	140	18	275	21	865
孝昌县	56	1146	26	156	18	882	18	882
大悟县	35	301	16	70	11	54	12	177
云梦县	10	466			10	466	10	466
应城市	85	705	52	249	33	456	33	456
安陆市	216	1299	130	320	46	156	19	826
汉川市	97	1830	62	68			32	1650
市直								
荆州市	**619**	**21041**	**351**	**6844**	**150**	**6524**	**252**	**13345**
沙市区	121	1049	97	318	12	41	12	690
荆州区	33	1210	2	10	31	1200	11	590
公安县	24	1728	15	178	3	94	21	1141
监利县	87	5200	6	195	15	230	66	4500
江陵县	199	5408	188	5114	11	272	19	365

续表 2

单位名称	一、农机化作业服务组织及农机户 1.农机化作业服务组织		（1）其中：拥有农机原值 20-50 万元（含 20 万元）的		拥有农机原值 50 万元（含 50 万元）以上的		（2）其中：农机专业合作社	
	年末机构数(个)	年末人数(人)	年末机构数(个)	年末人数(人)	年末机构数(个)	年末人数(人)	年末机构数(个)	年末人数(人)
石首市	35	1585	18	710	17	875	33	1460
洪湖市	56	3869	4	226	52	3643	56	3869
松滋市	54	965	12	71	8	164	34	730
开发区	10	27	9	22	1	5		
市直								
黄冈市	**363**	**14844**	**123**	**2543**	**216**	**8801**	**319**	**13724**
黄州区	6	207			6	207	6	207
龙感湖区	5	281			5	281	5	281
团风县	39	782	18	161	10	179	30	658
红安县	42	876	19	70	18	152	23	742
罗田县	38	3140	16	570	16	670	38	3140
英山县	21	590	7	70	14	400	19	370
浠水县	38	2346	16	830	20	1360	36	2285
蕲春县	70	2754	47	842	23	1684	66	2424
黄梅县	37	1520			37	1520	37	1520
麻城市	33	1633			33	1633	26	1437
武穴市	34	715			34	715	33	660
市直								
咸宁市	**200**	**3030**	**97**	**443**	**48**	**1216**	**84**	**2332**
咸安区	16	906			12	545	16	702
嘉鱼县	60	465	40	143	4	37	18	285
通城县	24	355	14	120	4	168	13	301
崇阳县	48	387	27	57	10	43	11	287
通山县	8	386			8	386	8	386
赤壁市	44	531	16	123	10	37	18	371
市直								
随州市	**95**	**1570**	**36**	**191**	**24**	**561**	**71**	**1446**
随县	29	198	14	46	3	14	16	149
曾都区	23	522	6	25	17	497	15	487
广水市	43	850	16	120	4	50	40	810
市直								
恩施自治州	**263**	**5352**	**148**	**2049**	**62**	**1411**	**61**	**1826**
恩施市	33	136	4	47	1	14	20	82
利川市	117	1713	78	828	29	211	10	350
建始县	6	593	5	35	1	8	6	550
巴东县	9	53	3	19	2	16	7	49
宣恩县	10	372	8	299	2	73	3	118
咸丰县	74	1019	43	194	22	473	9	352
来凤县	6	328	3	79	3	246	6	325
鹤峰县	8	1138	4	548	2	370		
市直								
仙桃市	**35**	**1318**			**35**	**1318**	**35**	**1318**
潜江市	**639**	**3795**	**320**	**1599**	**175**	**679**	**84**	**2576**
天门市	**669**	**17930**	**305**	**2370**	**180**	**6300**	**184**	**9120**
神农架林区	**7**	**39**	**5**	**31**	**2**	**8**	**7**	**39**
省直								

续表 3

单位名称	2.农机户		（1）其中：拥有农机原值 20-50 万元（含 20）的		拥有农机原值 50 万元（含 50）以上的		（2）其中：农机化作业服务专业户	
	年末机构数(个)	年末人数(人)	年末机构数(个)	年末人数(人)	年末机构数(个)	年末人数(人)	年末机构数(个)	年末人数(人)
湖北省	**1722346**	**2251378**	**12550**	**32319**	**2151**	**7388**	**252121**	**510718**
武汉市	**62795**	**83209**	**344**	**783**	**146**	**362**	**21358**	**29412**
洪山区	1502	1846					1502	1846
东西湖区	3852	3852	42	42	8	8	1098	1098
汉南区	7556	8335	2	4			816	847
蔡甸区	7120	7120	3	3			307	307
江夏区	12784	15048	49	82	5	7	5234	6664
黄陂区	7327	13290	183	513	108	306	7062	12471
新洲区	20872	31862	65	139	25	41	5283	6112
市直	1782	1856					56	67
黄石市	**2164**	**7555**	**246**	**637**	**35**	**103**	**1703**	**6485**
黄石港区	206	413	9	24	2	19	8	25
西塞山区	116	267	8	25	2	5	113	253
下陆区	79	149	2	2			77	146
铁山区								
阳新县	674	3863	162	407	21	54	491	3402
大冶市	976	2710	64	173	10	25	902	2512
经济开发区	113	153	1	6			112	147
市直								
十堰市	**40233**	**79742**	**512**	**1981**	**96**	**562**	**28198**	**60210**
茅箭区		276						
张湾区	1710	4161	2	40	1	25	1559	3210
郧阳区	6400	23490	260	1328	61	396	6058	21726
郧西县	9165	15567	24	95			2150	4087
竹山县	8303	9281	98	206	17	78	4428	5332
竹溪县	221	246					151	197
房县	4734	13321	60	164	1	7	4672	13058
丹江口市	9700	13400	68	148	16	56	9180	12600
市直								
宜昌市	**203910**	**238243**	**1192**	**2354**	**124**	**533**	**24571**	**34346**
西陵区	39	74	13	24	8	16	16	30
伍家岗区	1030	1120	5	7	1	2		
点军区	830	830	186	186			644	644
猇亭区								
夷陵区	56943	57929	172	421	53	121	9371	10254
远安县	9890	9890	52	75	3	5	500	500
兴山县	16523	17123					610	652
秭归县	25550	27000	72	450	16	200		
长阳自治县	8805	8805	2	2				
五峰自治县	5513	5870					910	1810
宜都市	7451	8146	168	494	19	148	1034	1306
当阳市	42126	55756	242	415	9	26	4786	5830
枝江市	29210	45700	280	280	15	15	6700	13320
市直								
襄阳市	**275186**	**407041**	**2012**	**6049**	**153**	**480**	**16299**	**45358**

续表 4

单位名称	2.农机户		（1）其中：拥有农机原值 20-50 万元（含 20）的		拥有农机原值 50 万元（含 50）以上的		（2）其中：农机化作业服务专业户	
	年末机构数(个)	年末人数(人)	年末机构数(个)	年末人数(人)	年末机构数(个)	年末人数(人)	年末机构数(个)	年末人数(人)
襄城区	180	216	5	5			120	143
樊城区	75	80	68	72	7	8		
襄州区	89900	133000	600	1800	100	300	600	800
开发区								
南漳县	1878	3980	118	349			1783	3448
谷城县	15896	19774	80	126	2	6	76	138
保康县	44059	87218	56	166			4200	13600
老河口市	23000	27500	800	2800			2510	6200
枣阳市	15129	45387	223	669	34	136	6773	20319
宜城市	84922	89739			10	30	237	710
襄北农场	147	147	62	62				
市直								
鄂州市	**8361**	**15274**	**174**	**716**	**46**	**281**	**7048**	**12648**
梁子湖区	2402	5041	63	296	11	65	2326	4769
华容区	1456	2820	75	197	3	64	1378	2169
鄂城区	3341	5690	18	187	32	152	3329	5690
开发区	535	815						
葛店开发区	627	908	18	36			15	20
西山街办								
市直								
荆门市	**298057**	**326676**	**761**	**1807**	**98**	**303**	**6747**	**8280**
东宝区	25564	26747	134	303	1	3	1477	1751
掇刀区	15026	15026	24	51			2028	2028
京山县	62660	64330	142	324	48	146	535	1070
沙洋县	74051	80275	232	657	21	82	1648	1648
钟祥市	119658	138909	170	366	28	72	368	698
屈家岭	407	623	20	48			22	360
沙洋农场	17	17	17	17			17	17
漳河新区	674	749	22	41			652	708
市直								
孝感市	**85022**	**108146**	**1377**	**3639**	**188**	**952**	**15820**	**26010**
孝南区	5120	5822	200	550	35	445	54	150
孝昌县	4250	8500	160	410	18	54	410	820
大悟县	2603	3078	192	429	28	72	2383	2577
云梦县	7104	19890	283	1132	51	210	3825	11475
应城市	2008	2712	122	170	3	12	1883	2530
安陆市	16957	21164	358	880	53	159	4515	5708
汉川市	46980	46980	62	68			2750	2750
市直								
荆州市	**363072**	**437023**	**1697**	**2953**	**239**	**948**	**24848**	**88480**
沙市区	13434	16121	102	290	10	30	546	958
荆州区	19815	23496	310	335	20	80	380	1100
公安县	65636	78763	137	338	14	63	4935	63629
监利县	75802	90962	48	102	35	288	5200	6120
江陵县	31952	38835	130	528	8	52	615	2246

续表 5

单位名称	2.农机户		(1) 其中：拥有农机原值 20-50 万元（含 20）的		拥有农机原值 50 万元（含 50）以上的		(2) 其中：农机化作业服务专业户	
	年末机构数(个)	年末人数(人)	年末机构数(个)	年末人数(人)	年末机构数(个)	年末人数(人)	年末机构数(个)	年末人数(人)
石首市	34080	40907	155	155	23	160	1550	1870
洪湖市	78796	95745	667	854	117	248	1387	1387
松滋市	39506	47407	116	290	5	5	10159	10980
开发区	4051	4787	32	61	7	22	76	190
市直								
黄冈市	**156868**	**243890**	**1462**	**3358**	**342**	**788**	**37714**	**80390**
黄州区	181	234	8	13	3	6	110	223
龙感湖区	156	262	15	30	2	6	139	226
团风县	3734	4367	44	118	8	44	3682	4205
红安县	7836	8527	124	194	108	171	2315	3412
罗田县	5180	13614	103	350	38	86	1427	2953
英山县	8120	33430	512	1260	40	90	7500	32110
浠水县	38717	42386	63	157	12	48	4912	7104
蕲春县	26720	44210	72	154	36	84	3396	4187
黄梅县	28849	33618	224	406	16	42	1672	3445
麻城市	27668	49352	58	179	9	26	3158	9475
武穴市	9707	13890	239	497	70	185	9403	13050
市直								
咸宁市	**54827**	**71960**	**345**	**1417**	**61**	**228**	**21205**	**33385**
咸安区	19630	20160	110	136	23	40	1120	1140
嘉鱼县	8002	16012	32	305	4	37	8002	16012
通城县	9852	11436	130	809	11	72	5264	6022
崇阳县	3596	5423	27	75	7	30	3562	5318
通山县	8375	9214	18	30	6	19	154	281
赤壁市	5372	9715	28	62	10	30	3103	4612
市直								
随州市	**42699**	**47316**	**661**	**1039**	**56**	**225**	**6898**	**8232**
随县	3489	5106	102	188	14	35	3278	4264
曾都区	28510	29210	176	251			1320	1468
广水市	10700	13000	383	600	42	190	2300	2500
市直								
恩施自治州	**81546**	**107379**	**800**	**2764**	**188**	**743**	**22261**	**35084**
恩施市	2300	2300	30	30	14	14	14	40
利川市	20342	28932	274	876			2384	4712
建始县	4500	10250	7	15			4367	9598
巴东县	8285	12351					8285	12351
宣恩县	38400	42670	220	830	23	92	760	895
咸丰县	2253	3257					2253	3257
来凤县	5120	6126	24	68	50	95	4198	4231
鹤峰县	346	1493	245	945	101	542		
市直								
仙桃市	**40180**	**48675**	**150**	**375**	**60**	**150**	**10569**	**15705**
潜江市	**702**	**1892**	**385**	**730**	**267**	**471**	**658**	**1237**
天门市	**6690**	**27212**	**402**	**1589**	**48**	**242**	**6190**	**25311**
神农架林区	**34**	**145**	**30**	**128**	**4**	**17**	**34**	**145**
省直								

续表 6

单位名称	二、农机化中介服务组织		三、农机维修厂及维修点		其中：1.一级维修点		2.二级维修点		3.三级维修点	
	年末机构数(个)	年末人数(人)	年末机构数(个)	年末人数(人)	年末机构数(个)	年末人数(人)	年末机构数(个)	年末人数(人)	年末机构数(个)	年末人数(人)
湖北省	**161**	**472**	**5093**	**16005**	**33**	**404**	**251**	**1309**	**1640**	**4860**
武汉市			**278**	**994**			**6**	**36**	**57**	**204**
洪山区			2	3						
东西湖区			1	1					1	1
汉南区										
蔡甸区			43	137			3	18	4	17
江夏区			117	590					21	95
黄陂区			46	78			2	13	2	10
新洲区			66	179			1	5	28	79
市直			3	6					1	2
黄石市			**76**	**176**			**5**	**49**	**11**	**36**
黄石港区										
西塞山区										
下陆区										
铁山区										
阳新县			48	104			2	26	2	6
大冶市			28	72			3	23	9	30
经济开发区										
市直										
十堰市	**2**	**6**	**575**	**2104**	**1**	**6**	**7**	**26**	**129**	**515**
茅箭区										
张湾区			11	25			1	3		
郧阳区	2	6	275	1220						
郧西县			88	407					88	407
竹山县			82	162						
竹溪县			19	36	1	6	4	11	3	6
房县			22	48					22	48
丹江口市			78	206			2	12	16	54
市直										
宜昌市	**9**	**53**	**132**	**504**			**14**	**87**	**53**	**228**
西陵区										
伍家岗区			2	5			2	5		
点军区			10	41						
猇亭区										
夷陵区			32	70					2	5
远安县	1	15	17	58			1	5		
兴山县			22	22					22	22
秭归县										
长阳自治县			2	11			1	6	1	5
五峰自治县			20	178					20	178
宜都市			6	14					6	14
当阳市	7	28	15	45			4	11	2	4
枝江市	1	10	6	60			6	60		
市直										
襄阳市			**975**	**2266**	**5**	**54**	**45**	**202**	**347**	**849**

续 7

单位名称	二、农机化中介服务组织		三、农机维修厂及维修点		其中：1.一级维修点		2.二级维修点		3.三级维修点	
	年末机构数(个)	年末人数(人)	年末机构数(个)	年末人数(人)	年末机构数(个)	年末人数(人)	年末机构数(个)	年末人数(人)	年末机构数(个)	年末人数(人)
襄城区			64	140			6	20	58	120
樊城区			3	12			1	7		
襄州区			300	853	4	40	17	73	73	225
开发区			6	45					4	32
南漳县			31	101			8	32	16	57
谷城县			86	197			1	6	8	20
保康县			1	85					1	85
老河口市			111	295					11	35
枣阳市			258	315	1	14	4	39	78	95
宜城市			109	211			8	25	98	180
襄北农场			6	12						
市直										
鄂州市	**12**	**30**	**100**	**362**			**5**	**26**	**3**	**10**
梁子湖区	11	27	16	34			2	10		
华容区			13	45			2	10	1	4
鄂城区	1	3	68	277			1	6	1	4
开发区			2	4						
葛店开发区			1	2					1	2
西山街办										
市直										
荆门市			**656**	**1820**			**32**	**160**	**451**	**1353**
东宝区			31	59			2	10		
掇刀区			33	90			7	35		
京山县			72	220					70	210
沙洋县			114	324			5	25	90	270
钟祥市			362	1003			10	50	277	831
屈家岭			23	94			8	40	14	42
沙洋农场										
漳河新区			21	30						
市直										
孝感市	**73**	**103**	**475**	**1164**	**2**	**20**	**17**	**60**	**227**	**587**
孝南区			31	128	1	12			28	97
孝昌县	5	15	29	116			3	15	24	72
大悟县			27	59			3	9	24	50
云梦县			50	121					42	105
应城市			124	507	1	8	2	8	41	195
安陆市	26	46	9	28			9	28		
汉川市	42	42	205	205					68	68
市直										
荆州市	**25**	**25**	**384**	**950**	**10**	**104**	**34**	**195**	**126**	**405**
沙市区			19	63			8	24	8	27
荆州区			11	109	4	55	4	35	3	19
公安县	16	16	207	306	1	10	6	61	35	70
监利县			11	45			6	30	5	15
江陵县			5	18			2	8	3	10

续表 8

单位名称	二、农机化中介服务组织		三、农机维修厂及维修点		其中：1.一级维修点		2.二级维修点		3.三级维修点	
	年末机构数(个)	年末人数(人)	年末机构数(个)	年末人数(人)	年末机构数(个)	年末人数(人)	年末机构数(个)	年末人数(人)	年末机构数(个)	年末人数(人)
石首市			2	17	1	11	1	6		
洪湖市	9	9	112	296	1	3	3	10	62	214
松滋市			15	88	2	20	3	18	10	50
开发区			2	8	1	5	1	3		
市直										
黄冈市	**6**	**154**	**436**	**1568**	**1**	**3**	**29**	**173**	**47**	**177**
黄州区			16	33			1	7	3	6
龙感湖区			4	9			1	3	3	6
团风县			47	151			4	26		
红安县	2	5	77	408					1	3
罗田县	3	86	16	156			2	55	4	45
英山县			43	107			3	10		
浠水县			44	157			9	43	9	36
蕲春县			92	212	1	3	5	14	2	10
黄梅县	1	63	31	72			3	9	11	23
麻城市			15	54			1	6	14	48
武穴市			51	209						
市直										
咸宁市			**185**	**730**	**10**	**61**	**30**	**177**	**47**	**139**
咸安区			26	72	1	10	3	14	2	8
嘉鱼县			14	37	5	21	3	7	3	6
通城县			13	27			3	12	10	15
崇阳县			43	175	1	7	8	45	15	58
通山县			62	276			2	16	4	15
赤壁市			27	143	3	23	11	83	13	37
市直										
随州市	**6**	**16**	**182**	**1760**			**7**	**24**	**22**	**74**
随县			92	1577					13	42
曾都区	1	1	40	75					2	8
广水市	5	15	50	108			7	24	7	24
市直										
恩施自治州	**5**	**19**	**325**	**711**					**71**	**120**
恩施市	5	19	3	10					1	4
利川市			81	167					3	11
建始县			20	25					20	25
巴东县			1	2					1	2
宣恩县			16	65						
咸丰县			71	112					46	78
来凤县			68	135						
鹤峰县			65	195						
市直										
仙桃市			**49**	**127**					**4**	**12**
潜江市	**18**	**39**	**55**	**179**			**13**	**65**	**2**	**20**
天门市	**5**	**27**	**197**	**510**	**4**	**156**	**7**	**29**	**43**	**131**
神农架林区			**13**	**80**						
省直										

续表 9

单位名称	4.专项维修点		四、农机经销机构 1.农机经销企业		2.农机经销点		五、农机供油站（点）		六、拖拉机驾驶培训机构	
	年末机构数(个)	年末人数(人)	年末机构数(个)	年末人数(人)	年末机构数(个)	年末人数(人)	年末机构数(个)	年末人数(人)	年末机构数(个)	年末人数(人)
湖北省	**2616**	**7450**	**585**	**3834**	**2922**	**7422**			**69**	**668**
武汉市	**215**	**754**	**15**	**65**	**151**	**309**			**4**	**20**
洪山区	2	3			1	2			1	1
东西湖区			5	5	20	20			1	1
汉南区			1	5	10	18				
蔡甸区	36	102	2	2	18	18			1	10
江夏区	96	495			28	63			1	8
黄陂区	42	55	6	38	21	69				
新洲区	37	95	1	15	52	118				
市直	2	4			1	1				
黄石市	**60**	**91**	**11**	**29**	**24**	**62**			**2**	**39**
黄石港区										
西塞山区										
下陆区			4	8						
铁山区										
阳新县	44	72			6	17			1	34
大冶市	16	19	5	18	18	45			1	5
经济开发区			2	3						
市直										
十堰市	**438**	**1557**	**33**	**256**	**248**	**666**			**5**	**41**
茅箭区					3	8				
张湾区	10	22	1	5	2	4				
郧阳区	275	1220	1	6	106	362			1	9
郧西县			1	12	78	180			1	8
竹山县	82	162	5	24	24	47			1	10
竹溪县	11	13	5	17	10	21			1	5
房县			8	32	8	10			1	9
丹江口市	60	140	12	160	17	34				
市直										
宜昌市	**46**	**118**	**73**	**246**	**171**	**370**			**6**	**31**
西陵区										
伍家岗区					3	10				
点军区					3	6				
猇亭区			1	2	2	5				
夷陵区	30	65	20	50	10	15			1	3
远安县	16	53	3	8	13	40			1	5
兴山县			6	6	15	15				
秭归县			7	21					1	4
长阳自治县			4	9	10	15				
五峰自治县			3	18	18	47			1	4
宜都市			3	7	46	107				
当阳市			16	60	38	75			1	10
枝江市			10	65	13	35			1	5
市直										
襄阳市	**431**	**761**	**76**	**745**	**455**	**1096**			**6**	**61**

续表 10

单位名称	4.专项维修点		四、农机经销机构 1.农机经销企业		2.农机经销点		五、农机供油站（点）		六、拖拉机驾驶培训机构	
	年末机构数(个)	年末人数(人)	年末机构数(个)	年末人数(人)	年末机构数(个)	年末人数(人)	年末机构数(个)	年末人数(人)	年末机构数(个)	年末人数(人)
襄城区					48	68				
樊城区					3	6				
襄州区	206	415	30	258	110	280			1	9
开发区	2	13			10	20				
南漳县	3	8	13	186	36	93				
谷城县	66	140	1	63	45	79			1	24
保康县					5	25			1	4
老河口市					40	130				
枣阳市	145	167	14	168	85	285			1	12
宜城市	3	6	18	70	72	108			1	7
襄北农场	6	12			1	2			1	5
市直										
鄂州市	**89**	**322**	**2**	**6**	**26**	**87**				
梁子湖区	14	24			8	21				
华容区	10	31	1	5	9	39				
鄂城区	65	267			6	23				
开发区			1	1	2	2				
葛店开发区					1	2				
西山街办										
市直										
荆门市	**173**	**307**	**83**	**453**	**326**	**639**			**6**	**59**
东宝区	29	49			20	47			1	6
掇刀区	26	55	10	56	24	46			1	5
京山县	2	10	6	35	38	136			1	6
沙洋县	19	29	10	58	59	88			1	7
钟祥市	75	122	53	167	166	279			1	29
屈家岭	1	12	3	56	15	30			1	6
沙洋农场			1	81						
漳河新区	21	30			4	13				
市直										
孝感市	**227**	**468**	**31**	**252**	**142**	**303**			**7**	**59**
孝南区	2	19	9	80	15	46			1	8
孝昌县			6	30	16	58			1	5
大悟县					25	56			1	9
云梦县	8	16	4	20	16	32			1	7
应城市	80	296	5	62	5	15			1	4
安陆市			4	25	25	56			1	6
汉川市	137	137	3	35	40	40			1	20
市直										
荆州市	**170**	**183**	**56**	**443**	**313**	**918**			**7**	**82**
沙市区	3	12	1	7	6	12				
荆州区			23	130	23	88			1	5
公安县	165	165	14	180	22	281			1	8
监利县			5	35	121	190			1	13
江陵县			8	41	29	84			1	13

续表 11

单位名称	4.专项维修点		四、农机经销机构 1.农机经销企业		2.农机经销点		五、农机供油站（点）		六、拖拉机驾驶培训机构	
	年末机构数(个)	年末人数(人)	年末机构数(个)	年末人数(人)	年末机构数(个)	年末人数(人)	年末机构数(个)	年末人数(人)	年末机构数(个)	年末人数(人)
石首市			4	35	21	51			1	34
洪湖市	2	6			76	161			1	2
松滋市			1	15	13	45			1	7
开发区					2	6				
市直										
黄冈市	**275**	**789**	**47**	**474**	**392**	**1220**			**8**	**105**
黄州区	4	4	1	4	16	31				
龙感湖区					2	5				
团风县	43	125	3	65	35	156				
红安县			1	145	42	96			1	20
罗田县	10	56	6	35	42	58			1	12
英山县	40	97	18	85	30	65			1	5
浠水县	26	78	4	51	32	80			1	6
蕲春县	84	184			20	54			1	13
黄梅县	17	36	7	36	26	63			1	10
麻城市			6	48	42	102			1	29
武穴市	51	209	1	5	105	510			1	10
市直										
咸宁市	**98**	**293**	**25**	**226**	**121**	**440**			**5**	**49**
咸安区	20	40	7	43	20	56			1	10
嘉鱼县	3	3	2	99	35	95			1	13
通城县			4	31	13	48			1	7
崇阳县	19	65	5	24	18	64			1	6
通山县	56	185	2	9	6	25			1	13
赤壁市			5	20	29	152				
市直										
随州市	**118**	**1305**	**33**	**117**	**116**	**263**			**3**	**34**
随县	79	1236	19	42	66	136			2	24
曾都区	38	67	7	35	19	37				
广水市	1	2	7	40	31	90			1	10
市直										
恩施自治州	**120**	**237**	**83**	**283**	**222**	**483**			**7**	**67**
恩施市	2	6	18	38	27	61			2	24
利川市	78	156	9	40	62	118			1	11
建始县			4	25	16	58				
巴东县			12	37	18	40				
宣恩县	7	21	9	46	41	105			1	5
咸丰县	25	34	5	22	25	43			1	15
来凤县	8	20	5	27	33	58			1	7
鹤峰县			21	48					1	5
市直										
仙桃市			**3**	**35**	**142**	**355**			**1**	**6**
潜江市			**8**	**75**	**28**	**85**			**1**	**7**
天门市	**143**	**185**	**5**	**126**	**42**	**116**			**1**	**8**
神农架林区	**13**	**80**	**1**	**3**	**3**	**10**				
省直										

续表 12

单位名称	七、乡村农机从业人员	1.其中：初中（含初中）以上文化程度	2.其中：高中（含高中）以上文化程度	3.其中：拖拉机驾驶从业人员	4.其中：联合收获机驾驶从业人员	5.其中：农用运输车驾驶从业人员	6.其中：农机维修人员	其中：获得农机职业技能鉴定证书人员	其中：修理工
	年末人数（人）	年末人数（人）	年末人数（人）	年末人数（人）	年末人数（人）	年末人数（人）	年末人数（人）	年末人数（人）	年末人数（人）
湖北省	**2448697**	**1404535**	**762361**	**1023496**	**119545**		**30994**	**2503**	**1335**
武汉市	**68533**	**45328**	**15870**	**20203**	**1929**		**2012**	**232**	**169**
洪山区	1921	1321	285	304	8		3	15	14
东西湖区	4525			1434	138		99	46	29
汉南区	1740	1410	348	1008	56		142		
蔡甸区	7548	6264	1287	2731	360		136	112	100
江夏区	26329	21615	3950	6060	649		601	12	2
黄陂区	4979	2751	2228	2165	281		425	47	24
新洲区	19854	11203	7544	6308	435		580		
市直	1637	764	228	193	2		26		
黄石市	**12482**	**6933**	**1801**	**4390**	**1342**		**489**	**196**	**196**
黄石港区	543	438	268	149	17		30		
西塞山区	59	33	27	18	4				
下陆区	136	95		65					
铁山区									
阳新县	6437	2968	972	1645	770		82		
大冶市	5214	3361	508	2488	546		377	196	196
经济开发区	93	38	26	25	5				
市直									
十堰市	**78494**	**48729**	**26042**	**32475**	**377**		**3244**	**32**	**27**
茅箭区	276	188	88						
张湾区	712	202	105	20			25		
郧阳区	22780	15100	4262	20998	28		1485		
郧西县	16730	6690	10038	1835	60		545	5	
竹山县	15095	6412	5772	2738	42		627		
竹溪县	1786	1452	151	546	22		36	18	18
房县	5735	4025	1196	2698	165		320		
丹江口市	15380	14660	4430	3640	60		206	9	9
市直			0						
宜昌市	**242900**	**135488**	**102089**	**45738**	**3861**		**995**	**53**	**53**
西陵区									
伍家岗区	850	562	125				6		
点军区									
猇亭区	1480	1050	200	200			5		
夷陵区	59208	31229	15200	4265	78		561		
远安县	9941	6340	3300	1398	340		55		
兴山县	9627	4155	2454	2983			35	4	4
秭归县	27480	10400	17000	800					
长阳自治县	14125	7653	4315	695	4		78		
五峰自治县	5875	4058	1817	586	8		83		
宜都市	8525	2589	1456	1646	54		67		
当阳市	57239	54052	35572	5005	1937		45		
枝江市	48550	13400	20650	28160	1440		60	49	49
市直									
襄阳市	**491601**	**387870**	**157130**	**267861**	**19588**		**3519**	**283**	**137**

续表 13

单位名称	七、乡村农机从业人员	1.其中：初中（含初中）以上文化程度	2.其中：高中（含高中）以上文化程度	3.其中：拖拉机驾驶从业人员	4.其中：联合收获机驾驶从业人员	5.其中：农用运输车驾驶从业人员	6.其中：农机维修人员	其中：获得农机职业技能鉴定证书人员	其中：修理工
	年末人数(人)	年末人数(人)	年末人数(人)	年末人数(人)	年末人数(人)	年末人数(人)	年末人数(人)	年末人数(人)	年末人数(人)
襄城区	1501	1100	1071	1003	928		135		
樊城区	9945	8100	1700	7990	450		15	2	12
襄州区	155000	132000	3000	15050	4600		1535	29	29
开发区	230	120	110	85	55		40		
南漳县	28532	14205	7156	16758	1560		623		
谷城县	18713	14787	4246	10519	848		267		
保康县	36250	25758	6910	2967	119		85		
老河口市	27295	7440	19855	26000	1000		295		
枣阳市	119012	107110	95209	108193	6382		315		
宜城市	94957	77178	17779	79200	3595		197	86	84
襄北农场	166	72	94	96	51		12	166	12
市直									
鄂州市	**15096**	**9885**	**6150**	**4475**	**303**		**1452**	**10**	**10**
梁子湖区	7112	3150	3926	1614	38		33	10	10
华容区	3060	2100	395	350	130		85		
鄂城区	3890	3601	1734	2110	132		1320		
开发区									
葛店开发区	1034	1034	95	401	3		14		
西山街办									
市直									
荆门市	**282971**	**164720**	**95119**	**245153**	**17353**		**1765**	**163**	**161**
东宝区	28198	20904	6994	25951	2180		67		
掇刀区	16384	14160	2001	15021	977		165	114	112
京山县	59598	39946	16885	54940	4410		250	45	45
沙洋县	76178	31530	30210	72131	3762		285	2	2
钟祥市	87025	48700	33153	63558	4844		913	2	2
屈家岭	2585	2036	500	1740	580		30		
沙洋农场	338	55	251	249	75		14		
漳河新区	12665	7389	5125	11563	525		41		
市直									
孝感市	**96773**	**58259**	**27080**	**40460**	**6346**		**1875**	**160**	**55**
孝南区	6535	4985	150	3020	340		188		
孝昌县	16026	8426	3300	4294	426		406		
大悟县	9037	5309	1439	3261	565		249		
云梦县	12105	5820	4800	4940	501		105		
应城市	8125	2706	5419	1715	764		59		
安陆市	26165	15153	10012	7180	1086		418	130	25
汉川市	18780	15860	1960	16050	2664		450	30	30
市直									
荆州市	**363054**	**109418**	**207412**	**131272**	**35581**		**2208**	**330**	**241**
沙市区	18073	5428	10843	8725	900		68		
荆州区	33689	4950	12150	14356	2108		80	7	7
公安县	66118	19845	39672	11915	6775		325	77	72
监利县	87589	26277	52553	21895	11116		602		
江陵县	47001	14035	27439	19430	4420		232	99	34

续表 14

单位名称	七、乡村农机从业人员	1.其中：初中（含初中）以上文化程度	2.其中：高中（含高中）以上文化程度	3.其中：拖拉机驾驶从业人员	4.其中：联合收获机驾驶从业人员	5.其中：农用运输车驾驶从业人员	6.其中：农机维修人员	其中：获得农机职业技能鉴定证书人员	其中：修理工
	年末人数(人)	年末人数(人)	年末人数(人)	年末人数(人)	年末人数(人)	年末人数(人)	年末人数(人)	年末人数(人)	年末人数(人)
石首市	33233	9969	19939	5020	3939		210	46	27
洪湖市	48325	18175	28974	28453	3090		381	84	84
松滋市	25711	7713	15427	18353	3112		275	17	17
开发区	3315	3026	415	3125	121		35		
市直									
黄冈市	**191774**	**98675**	**41857**	**35587**	**6028**		**5158**	**508**	**87**
黄州区	2297	1326	1012	1075	118		117		
龙感湖区	445	300	145	310	126		9	9	9
团风县	11453	1839	562	615	369		498	16	16
红安县	9956	6532	1263	2737	192		386	185	
罗田县	12780	3110	9670	2782	423		258		
英山县	8113	4320	2253	1295	193		52		
浠水县	47769	35216	2527	8030	681		768		
蕲春县	36742	22954	2284	7345	1010		284		
黄梅县	34358	3159	14725	7137	1276		478	298	62
麻城市	17451	9969	4016	2571	623		1698		
武穴市	10410	9950	3400	1690	1017		610		
市直									
咸宁市	**78366**	**42161**	**18915**	**18874**	**5068**		**2339**	**139**	**29**
咸安区	20160	15322	6451	4200	1103		374	23	23
嘉鱼县	16896	6931	5010	3497	712		820	27	
通城县	11419	3392	283	4166	695		392		
崇阳县	11117	5960	2563	1537	882		175		
通山县	7751	4825	2926	3162	463		276	89	6
赤壁市	11023	5731	1682	2312	1213		302		
市直									
随州市	**146731**	**43587**	**12193**	**106724**	**3984**		**1842**	**99**	**97**
随县	96966	2580	2872	87747	2568		1199	56	54
曾都区	30265	22807	7321	14127	756		343	2	2
广水市	19500	18200	2000	4850	660		300	41	41
市直									
恩施自治州	**150272**	**72748**	**34160**	**10399**	**529**		**2123**	**271**	**64**
恩施市	8081	3812	2405	1394	90		380		
利川市	27834	12783	2456	2166	330		125		
建始县									
巴东县	25810	19981	3213	1185	2		155		
宣恩县	31194	11986	2139	442	20		60		
咸丰县	39396	15891	20734	2648	37		86	271	64
来凤县	16195	8295	3213	1990	40		137		
鹤峰县	1762			574	10		1180		
市直									
仙桃市	**68345**	**64612**	**3700**	**23980**	**2310**		**142**		
潜江市	**33252**	**17246**	**368**	**23089**	**2650**		**1341**		
天门市	**128048**	**98876**	**12475**	**12811**	**12296**		**490**		
神农架林区	**5**			**5**				**27**	**9**
省直									

农机机械拥有量

单位名称	一、农业机械总动力(千瓦)	1.柴油发动机动力(千瓦)	2.汽油发动机动力(千瓦)	3.电动机动力(千瓦)	4.其它机械动力(千瓦)
	数量	数量	数量	数量	数量
湖北省	**43354699.08**	**29975329.12**	**1803831.29**	**11467111.87**	**108426.8**
武汉市	**2287099.81**	**1334997.66**	**75054.42**	**850207.13**	**26840.6**
洪山区	111475.45	73648.41	6047.07	31779.97	
东西湖区	134415.18	105653.58	5453	23308.6	
汉南区	129426.57	75482.77	9701.8	44242	
蔡甸区	378063	210192	8979	158892	
江夏区	420144	256089	10470	153585	
黄陂区	577978.82	307717.33	11344.33	258917.16	
新洲区	519179.79	299847.57	17897.22	174594.4	26840.6
市直	16417	6367	5162	4888	
黄石市	**1165835.61**	**575282.95**	**25699.81**	**564852.85**	
黄石港区	3255.8	1776.5	101	1378.3	
西塞山区	8544.9	3583.4	89	4872.5	
下陆区	3166.2	2516.2	23	627	
铁山区	101	96		5	
阳新县	618937	371824	10277	236836	
大冶市	518347.81	188268.45	14923.81	315155.55	
经济开发区	13482.9	7218.4	286	5978.5	
市直					
十堰市	**1882860.95**	**1050619**	**31597.5**	**794139.45**	**6505**
茅箭区	8350	5810	205	2335	
张湾区	33342.05	23415.1	1018.5	8908.45	
郧阳区	308913	153625	5108	150180	
郧西县	312520	156600	1820	154100	
竹山县	261762.7	168313.7	3838	89611	
竹溪县	290018	147540	3212	138956	310
房县	429390	245600	13745	163850	6195
丹江口市	238565.2	149715.2	2651	86199	
市直					
宜昌市	**2929880.69**	**1762321.35**	**181442.99**	**975471.45**	**10644.9**
西陵区	2785	1247	840	698	
伍家岗区	15296	7354	2314	5628	
点军区	22916	2066	8610	12240	
猇亭区	11035	2800	3400	4535	300
夷陵区	342947	172897	28763	141287	
远安县	254520.52	194050.7	2662.2	57807.62	
兴山县	142744.82	75482.06	12492.34	53954.52	815.9
秭归县	169730	48410	30036	91284	
长阳自治县	241213.43	133377.19	5250.7	102585.54	
五峰自治县	119333.84	6932.84	16502	92310	3589
宜都市	179776.08	85261.56	18322.75	76191.77	
当阳市	732748	584953	18505	129290	
枝江市	694835	447490	33745	207660	5940
市直					
襄阳市	**6460701.58**	**5374182.27**	**226595.09**	**859564.22**	**360**

续表 1

单位名称	一、农业机械总动力(千瓦)	1.柴油发动机动力(千瓦)	2.汽油发动机动力(千瓦)	3.电动机动力(千瓦)	4.其它机械动力(千瓦)
	数量	数量	数量	数量	数量
襄城区	286299	197510	1512	86917	360
樊城区	152813.5	137708	1825	13280.5	
襄州区	1329656	1245048	13689	70919	
开发区	13386	12898	158	330	
南漳县	664997	593863	2302	68832	
谷城县	305710	193690	5758	106262	
保康县	434138.67	136929.2	177599.75	119609.72	
老河口市	724408	661447	8653	54308	
枣阳市	1553658.01	1293961.67	9266.34	250430	
宜城市	978685	886211	5637	86837	
襄北农场	16950.4	14916.4	195	1839	
市直					
鄂州市	**592750.87**	**282888.55**	**18126.92**	**291525.4**	**210**
梁子湖区	204061.82	92993.9	5054.72	105803.2	210
华容区	167192	84221	4563	78408	
鄂城区	204030.65	98704.65	5766	99560	
开发区	6105.7	2142	881.2	3082.5	
葛店开发区	11360.7	4827	1862	4671.7	
西山街办					
市直					
荆门市	**4764735.64**	**4203747.35**	**125682.4**	**435305.89**	
东宝区	389937.22	341193.22	6593	42151	
掇刀区	256411.69	221702.36	5316.13	29393.20	
京山县	1075573	988551	35200	51822	
沙洋县	1113784.99	986120.99	49909	77755	
钟祥市	1653053	1429596	24626	198831	
屈家岭	107359.83	97456.56	566.58	9336.69	
沙洋农场	35139.06	19395.06	666	15078	
漳河新区	133476.85	119732.16	2805.69	10939	
市直					
孝感市	**2608628.95**	**1738293.17**	**112854.59**	**739541.19**	**17940**
孝南区	287350	168750	17800	100800	
孝昌县	335045	185661	7300	128648	13436
大悟县	245765.95	149331.17	4975.59	91459.19	
云梦县	274691	183871	5820	85000	
应城市	364981	306337	9789	44393	4462
安陆市	331417	182214	44520	104641	42
汉川市	769379	562129	22650	184600	
市直					
荆州市	**6255873.51**	**4869912.18**	**178903.52**	**1207022.81**	**35**
沙市区	226245	164484	9473	52288	
荆州区	395611	322516	14510	58585	
公安县	936661	664539	45685	226402	35
监利县	1657854.79	1382978.79	29958	244918	
江陵县	581795.43	491835.33	21676.6	68283.5	

续表 2

单位名称	一、农业机械总动力(千瓦)	1.柴油发动机动力(千瓦)	2.汽油发动机动力(千瓦)	3.电动机动力(千瓦)	4.其它机械动力(千瓦)
	数量	数量	数量	数量	数量
石首市	511781	429403	24045	58333	
洪湖市	1188701.07	824486.34	19459.92	344754.81	
松滋市	674180	513594	11682	148904	
开发区	83044.22	76075.72	2414	4554.5	
市直					
黄冈市	**3534213.34**	**2066946.4**	**224608.52**	**1239955.12**	**2703.3**
黄州区	122071.9	56732.1	5169.4	60125.1	45.3
龙感湖区	142908.42	87076.15	2225.87	53606.4	
团风县	267038	144304	23040	99694	
红安县	343504.52	173302.65	32265.25	135278.62	2658
罗田县	272732	165187	8989	98556	
英山县	284980	123480	18700	142800	
浠水县	482867.6	268935.6	37125	176807	
蕲春县	378710.6	238541.6	13468	126701	
黄梅县	523172	348687	31773	142712	
麻城市	412106.3	289012.3	26902	96192	
武穴市	304122	171688	24951	107483	
市直					
咸宁市	**1830785.12**	**1000701.35**	**70410.47**	**748748.3**	**10925**
咸安区	357779.28	226071.86	8997.12	122710.3	
嘉鱼县	414873	265371	2253	143998	3251
通城县	260936	149403	10531	96088	4914
崇阳县	212250	93202	7110	109178	2760
通山县	155890.84	49583.49	29738.35	76569	
赤壁市	429056	217070	11781	200205	
市直					
随州市	**2137092.91**	**1757958.88**	**81431.41**	**297702.62**	
随县	1250891.27	1125036.24	60238.91	65616.12	
曾都区	414984.64	309818.64	7064.5	98101.5	
广水市	471217	323104	14128	133985	
市直					
恩施自治州	**2379105.07**	**969686.03**	**227402.10**	**1156066.94**	**25950**
恩施市	253979	146184	19063	88732	
利川市	351020.25	116215.95	77680.3	157124	
建始县	324200	121980	16148	160122	25950
巴东县	339448.65	58620.83	70362	210465.82	
宣恩县	249118	87518	16500	145100	
咸丰县	286855.17	160712.25	10753.8	115389.12	
来凤县	204076	107982	8398	87696	
鹤峰县	370408	170473	8497	191438	
市直					
仙桃市	**1405420**	**805276**	**65541**	**528290**	**6313**
潜江市	**1436454**	**985150**	**75698**	**375606**	
天门市	**1598467**	**1187535**	**72508**	**338424**	
神农架林区	**84794.03**	**9830.98**	**10274.55**	**64688.5**	
省直					

续表 3

单位名称	二、拖拉机及配套机械 (一)拖拉机		1.大中型(14.7 千瓦及以上)		(1)其中：14.7-18.4 千瓦(含 14.7 千瓦)		18.4-36.7 千瓦(含 18.4 千瓦)	
	数量(台)	数量(千瓦)	数量(台)	数量(千瓦)	数量(台)	数量(千瓦)	数量(台)	数量(千瓦)
湖北省	**1340828**	**15930238.16**	**189653**	**7580888.3**	**22519**	**380111.89**	**54144**	**1460375.67**
武汉市	**31134**	**540691.38**	**10479**	**359647.59**	**1703**	**26489.58**	**4515**	**106619.42**
洪山区	1540	34540.8	848	28667.8	123	2054	446	10145.7
东西湖区	3061	50208.06	772	32157.78	40	720.28	140	3730.2
汉南区	1581	27540.07	350	17304.71	2	29.4	74	1557.92
蔡甸区	4004	73506.5	1108	49263.5	290	5230	102	2650.6
江夏区	6074	88252	1349	45432	39	574	753	16188
黄陂区	7705	134520.12	2987	91933.3	1203	17776.2	691	20579.9
新洲区	7033	130335.42	3035	94097.5			2289	51259.3
市直	136	1788.41	30	791	6	105.7	20	507.8
黄石市	**9063**	**265158.56**	**5660**	**236079.48**	**75**	**1242.3**	**1947**	**48814.77**
黄石港区	26	594.10	17	541.6			15	445.6
西塞山区	43	2114.6	29	1929.38			2	55.13
下陆区	49	843.86	38	698.30	38	698.3		
铁山区	2	41.16	2	41.16			2	41.16
阳新县	6033	189014	3696	169150	37	544	828	21528
大冶市	2871	71517.14	1848	62764.54			1073	25930.38
经济开发区	39	1033.7	30	954.5			27	814.5
市直								
十堰市	**13937**	**172459.21**	**3464**	**104171.69**	**753**	**13709.30**	**1751**	**46444.19**
茅箭区								
张湾区	7	153.5	2	113.5				
郧阳区	1528	17475	298	10122	45	788	89	1929
郧西县	834	11120	298	7455			231	4545
竹山县	957	18807.11	420	12128.59			389	10720.69
竹溪县	134	2538.8	134	2538.8			133	2480
房县	2897	63957	1972	55711	694	12664	863	25361
丹江口市	7580	58407.8	340	16102.8	14	257.30	46	1408.50
市直								
宜昌市	**91865**	**961943.12**	**12658**	**405696.43**	**4293**	**73041.27**	**3716**	**99373.74**
西陵区								
伍家岗区								
点军区	194	1762	49	794	49	794		
猇亭区	239	3527	134	2687	67	1227	63	1160
夷陵区	3469	41843	626	16811	428	7821	69	1649
远安县	6009	60246	895	24007.04	169	2642	574	14788.8
兴山县	3772	29682.31	427	7868.3	409	7279	16	508.3
秭归县	830	12225	650	10853	555	8668	88	1914
长阳自治县	481	8482.4	418	7990.6	395	6888.4	5	165.5
五峰自治县	1531	13767.44	171	3478.44	87	1598.49	84	1879.95
宜都市	1505	24269.97	867	19351.05	673	12030.38	91	2517.19
当阳市	46127	448510	4713	186228	8	118	1376	30567
枝江市	27708	317628	3708	125628	1453	23975	1350	44224
市直								
襄阳市	**385422**	**3872550.21**	**43905**	**1696930.52**	**3603**	**60389**	**16505**	**464355.87**

续表 4

单位名称	二、拖拉机及配套机械 (一)拖拉机		1.大中型 (14.7 千瓦及以上)		(1)其中：14.7-18.4 千瓦(含 14.7 千瓦)		18.4-36.7 千瓦 (含 18.4 千瓦)	
	数量(台)	数量(千瓦)	数量(台)	数量(千瓦)	数量(台)	数量(千瓦)	数量(台)	数量(千瓦)
襄城区	18413	111065	1226	45285	141	2573	172	4947
樊城区	8092	84031	812	26651	25	385	365	8142
襄州区	80449	954308	10459	458028	1410	22626	3203	104386
开发区	158	9192	158	9192				
南漳县	45259	487996.07	2636	112061.07	186	3412	1317	47929.06
谷城县	12138	127752	1819	51283	30	478	1320	30911
保康县	7718	68328.2	473	11213.2			400	8293.5
老河口市	38408	487889.1	6558	256669.1			1293	23979.3
枣阳市	108197	890344.23	10829	428277.23	934	14779	2779	67022.35
宜城市	66396	644843	8824	292019	877	16136	5642	168484
襄北农场	194	6801.61	111	6251.92			14	261.66
市直								
鄂州市	**7060**	**104890.52**	**2282**	**61663.16**	**1279**	**20557.2**	**499**	**13072.72**
梁子湖区	2394	41465.3	692	24801.3	228	4000	198	5335
华容区	2076	29634	828	18560	550	8800	190	5263
鄂城区	2338	31211.42	723	17277.56	480	7421.20	103	2274.52
开发区	45	763.3	22	590.8	13	208	2	46
葛店开发区	207	1816.5	17	433.5	8	128	6	154.20
西山街办								
市直								
荆门市	**299030**	**3065289.25**	**24189**	**1005087.43**	**1146**	**20462.99**	**4336**	**123115.05**
东宝区	24714	214312.04	1621	52406.24	12	176.4	909	22686.51
掇刀区	15468	153977.34	739	29675.64	8	147.01	106	3303.83
京山县	60430	756462	7830	322885.5			1040	33810
沙洋县	72297	746959.49	3519	182109.49	73	1135.58	253	7664.58
钟祥市	113202	1047640	9443	364188	1053	19004	1987	54566
屈家岭	2539	40426	490	25104.19				
沙洋农场	178	11766.06	157	11681.06				
漳河新区	10202	93746.32	390	17037.31			41	1084.13
市直								
孝感市	**59265**	**1073559.98**	**17461**	**687985.37**	**3156**	**53442.88**	**5122**	**158667.49**
孝南区	4155	107077	1885	85367	40	697	740	24320
孝昌县	7492	109727	2746	72402	1061	16976	930	25716
大悟县	4136	66355.98	1590	46796.37	658	12080.88	593	17886.49
云梦县	4296	106715	2294	88674	180	2860	1200	40063
应城市	10311	248462	3098	167724			375	12699
安陆市	7430	121430	2518	85319	782	13919	457	14000
汉川市	21445	313793	3330	141703	435	6910	827	23983
市直								
荆州市	**139375**	**2184024.19**	**26467**	**1305637.68**	**298**	**4412.10**	**2622**	**68971.91**
沙市区	8755	121958	1064	62227			61	1516
荆州区	14978	234844.48	2419	127513.9			170	6028
公安县	12067	228822	3631	165543	75	1103	403	10410
监利县	22518	503736.24	6480	360092.25			77	1616.27
江陵县	19843	240339.04	3211	128676.1			397	13148.14

续表 5

单位名称	二、拖拉机及配套机械 (一)拖拉机		1.大中型 (14.7 千瓦及以上)		(1)其中：14.7-18.4 千瓦(含 14.7 千瓦)		18.4-36.7 千瓦 (含 18.4 千瓦)	
	数量(台)	数量(千瓦)	数量(台)	数量(千瓦)	数量(台)	数量(千瓦)	数量(台)	数量(千瓦)
石首市	5021	140777	2411	121413	154	2271	363	7886
洪湖市	31771	390060.11	3793	188497.41	13	191.1	361	7872.5
松滋市	20925	260141	2625	109911	39	597	699	18102
开发区	3497	63346.32	833	41764.02	17	250	91	2393
市直								
黄冈市	**39782**	**630742.75**	**11731**	**381923.12**	**2310**	**39180.80**	**4775**	**106081.58**
黄州区	1604	19988.7	653	14472.9	421	6235	59	1182
龙感湖区	934	40209.22	700	37314.64				
团风县	2641	41827	800	26938	168	2703	389	10859
红安县	2734	58452.08	1772	48949.48	1120	19932	382	12913.88
罗田县	2950	36809	642	14701	50	900	490	9016
英山县	1488	21535	463	12595	275	5015	133	4410
浠水县	7902	90006.4	1557	32988.7	118	1885	1326	25268.4
蕲春县	6301	71247.5	766	27282.9	33	515.4	385	8736.4
黄梅县	8139	140696	1644	76846			91	2091
麻城市	3492	64023.85	1969	51101.5	82	1205.4	1465	29686.9
武穴市	1597	45948	765	38733	43	790	55	1918
市直								
咸宁市	**19591**	**350303.84**	**5256**	**218803.01**	**791**	**13774.13**	**1016**	**28909.81**
咸安区	3513	69427.38	1212	48716.55	246	4171.13	291	9416.09
嘉鱼县	6597	129818	1936	87137	376	6508	101	2946
通城县	4141	48117	461	14225	163	2994	160	3963
崇阳县	1313	24254	333	15544			30	988
通山县	827	16336.46	222	10932.46			21	445.72
赤壁市	3200	62351	1092	42248	6	101	413	11151
市直								
随州市	**131943**	**1034826.74**	**7883**	**276047.82**	**1651**	**29964.94**	**2905**	**78002.07**
随县	92098	640107.79	4013	116885.37	1181	21326.94	1925	50865.87
曾都区	29329	233117.95	1695	54945.45	470	8638	420	8566.2
广水市	10516	161601	2175	104217			560	18570
市直								
恩施自治州	**8651**	**139202.56**	**2953**	**70494.15**	**909**	**15214.40**	**1876**	**48142**
恩施市	100	2374	50	1724	14	257	21	702
利川市	2166	30506.10	637	12352.1	426	7090	166	3374.3
建始县	75	1863	73	1842	40	588	23	844
巴东县	324	4728.93	170	3370.65	158	2828.2		
宣恩县	658	17399	450	14345	60	1080	389	13213
咸丰县	2746	37446.53	412	7408.4	120	1939.20	291	5401.7
来凤县	2177	35866	811	20980	24	360	708	17442
鹤峰县	405	9019	350	8472	67	1072	278	7165
市直								
仙桃市	**22385**	**386634.80**	**4504**	**246249.80**			**434**	**8743**
潜江市	**40970**	**551730**	**4045**	**230113**	**92**	**1375**	**344**	**7723**
天门市	**40995**	**591933**	**6513**	**291316**	**260**	**3914**	**1779**	**53284**
神农架林区	**360**	**4298.05**	**203**	**3042.05**	**200**	**2942**	**2**	**55.05**
省直								

续表 6

单位名称	36.7-58.8 千瓦(含 36.7 千瓦)		58.8 千瓦及以上		(2)其中：轮式		2.小型(2.2-14.7 千瓦，含2.2 千瓦)	
	数量(台)	数量(千瓦)	数量(台)	数量(千瓦)	数量(台)	数量(千瓦)	数量(台)	数量(千瓦)
湖北省	**86219**	**3982085.42**	**26771**	**1758315.32**	**176000**	**6889845.32**	**1151175**	**8349349.86**
武汉市	**2908**	**134393.98**	**1353**	**92144.61**	**10051**	**323794.44**	**20655**	**181043.79**
洪山区	201	10674	78	5794.1	684	15374.20	692	5873
东西湖区	538	23883.8	54	3823.5	771	32084.28	2289	18050.28
汉南区	195	9939.68	79	5777.71	322	15166.76	1231	10235.36
蔡甸区	395	18274.6	321	23108.3	1083	48208.5	2896	24243
江夏区	412	19291	145	9379	1292	42262	4725	42820
黄陂区	671	27216.8	422	26360.4	2971	87156.8	4718	42586.82
新洲区	493	24995.4	253	17842.8	2898	82750.9	3998	36237.92
市直	3	118.7	1	58.8	30	791	106	997.41
黄石市	**3176**	**156543.87**	**462**	**29478.54**	**3752**	**124216.67**	**3403**	**29079.08**
黄石港区	2	96					9	52.5
西塞山区	2	110.25	25	1764	27	1819.13	14	185.22
下陆区							11	145.56
铁山区								
阳新县	2667	136017	164	11061	1853	58925	2337	19864
大冶市	502	20180.62	273	16653.54	1848	62764.54	1023	8752.6
经济开发区	3	140			24	708	9	79.2
市直								
十堰市	**832**	**35615.1**	**128**	**8403.1**	**3206**	**92579.89**	**10473**	**68287.52**
茅箭区								
张湾区	1	40	1	73.5	1	40	5	40
郧阳区	142	5984	22	1421	178	5302	1230	7353
郧西县	62	2440	5	470	293	6985	536	3665
竹山县	28	1143.3	3	264.6	389	10720.69	537	6678.52
竹溪县			1	58.8	134	2538.8		
房县	404	16850	11	836	1926	53443	925	8246
丹江口市	195	9157.8	85	5279.20	285	13550.4	7240	42305
市直								
宜昌市	**3480**	**154636.80**	**1169**	**78644.62**	**11464**	**326899.26**	**79207**	**556246.69**
西陵区								
伍家岗区								
点军区							145	968
猇亭区			4	300			105	840
夷陵区	87	4451	42	2890	624	14491	2843	25032
远安县	149	6329.62	3	246.62	895	24000	5114	36238.96
兴山县	2	81			410	7708	3345	21814.01
秭归县	7	271					180	1372
长阳自治县	15	701.5	3	235.2	418	7990.60	63	491.80
五峰自治县					120	3061	1360	10289
宜都市	89	3844.68	14	958.8	854	18620.66	638	4918.92
当阳市	2844	124608	485	30935	4713	186228	41414	262282
枝江市	287	14350	618	43079	3430	64800	24000	192000
市直								
襄阳市	**19779**	**900292.22**	**4018**	**271893.43**	**42591**	**1652131.49**	**341517**	**2175619.69**

续表 7

单位名称	36.7-58.8 千瓦(含 36.7 千瓦)		58.8 千瓦及以上		(2)其中：轮式		2.小型(2.2-14.7 千瓦，含 2.2 千瓦)	
	数量(台)	数量(千瓦)	数量(台)	数量(千瓦)	数量(台)	数量(千瓦)	数量(台)	数量(千瓦)
襄城区	907	37353	6	412	1048	38089	17187	65780
樊城区	372	15006	50	3118	812	26651	7280	57380
襄州区	5106	278328	740	52688	10459	458028	69990	496280
开发区	68	3891	90	5301	158	9192		
南漳县	1072	56911.81	61	3808.20	2636	112061.07	42623	375935
谷城县	458	18924	11	970	1754	48314	10319	76469
保康县	71	2785.7	2	134	466	10962.2	7245	57115
老河口市	4257	169366.8	1008	63323	6420	255081.6	31850	231220
枣阳市	5285	219379.38	1831	127096.5	9905	396570.33	97368	462067
宜城市	2144	96351	161	11048	8824	292019	57572	352824
襄北农场	39	1995.53	58	3994.73	109	5163.29	83	549.69
市直								
鄂州市	**323**	**13927.64**	**181**	**14105.6**	**2090**	**52253.54**	**4778**	**43227.36**
梁子湖区	178	6956.5	88	8509.8	654	23191.3	1702	16664
华容区	80	4025	8	472	749	14560	1248	11074
鄂城区	58	2638.84	82	4943	659	13785.74	1615	13933.86
开发区	5	218	2	118.8	17	386	23	172.5
葛店开发区	2	89.3	1	62	11	330.5	190	1383
西山街办								
市直								
荆门市	**16016**	**680371.6**	**2691**	**181137.79**	**24088**	**995261.58**	**274841**	**2060201.82**
东宝区	661	27022.28	39	2521.05	1621	52406.24	23093	161905.8
掇刀区	588	23681.7	37	2543.1	730	29334.13	14729	124301.7
京山县	6500	267466.5	290	21609	7745	315535.5	52600	433576.5
沙洋县	1940	90287.4	1253	83021.93	3519	182109.48	68778	564850
钟祥市	5612	239458	791	51160	9443	364188	103759	683452
屈家岭	383	17982.04	107	7122.15	485	23102.6	2049	15321.81
沙洋农场	31	1534	126	10147.06	155	11548.32	21	85
漳河新区	301	12939.68	48	3013.5	390	17037.31	9812	76709.01
市直								
孝感市	**8176**	**411559.3**	**1007**	**64315.7**	**17136**	**660892.09**	**41804**	**385574.61**
孝南区	940	50450	165	9900	1782	78850	2270	21710
孝昌县	710	26785	45	2925	2683	69221	4746	37325
大悟县	259	11833.3	80	4995.7	1569	46260.09	2546	19559.61
云梦县	720	32918	194	12833	2202	75488	2002	18041
应城市	2469	139023	254	16002	3052	164258	7213	80738
安陆市	1144	48048	135	9352	2518	85112	4912	36111
汉川市	1934	102502	134	8308	3330	141703	18115	172090
市直								
荆州市	**15588**	**724714.29**	**7959**	**507539.38**	**21668**	**1106422.18**	**112908**	**878386.51**
沙市区	336	17677	667	43034	976	57052	7691	59731
荆州区	1573	74903.85	676	46582.05			12559	107330.58
公安县	2357	105564	796	48466	3481	158733	8436	63279
监利县	3731	191412.43	2672	167063.55	6287	344851.97	16038	143643.99
江陵县	2412	91527.96	402	24000	1630	111951.43	16632	111662.94

续表 8

单位名称	36.7-58.8 千瓦(含 36.7 千瓦)		58.8 千瓦及以上		(2)其中：轮式		2.小型(2.2-14.7 千瓦，含 2.2 千瓦)	
	数量(台)	数量(千瓦)	数量(台)	数量(千瓦)	数量(台)	数量(千瓦)	数量(台)	数量(千瓦)
石首市	769	38428	1125	72828	2237	113245	2610	19364
洪湖市	2402	115608.05	1017	64825.76	3640	180577.76	27978	201562.7
松滋市	1378	56705	509	34507	2623	100279	18300	150230
开发区	630	32888	95	6233.02	794	39732.02	2664	21582.3
市直								
黄冈市	**3132**	**139603.74**	**1514**	**97057**	**10775**	**316517.88**	**28051**	**248819.63**
黄州区	146	5454.4	27	1601.5	631	14283	951	5515.8
龙感湖区	244	9042.64	456	28272	474	28914	234	2894.58
团风县	177	9202	66	4174	683	21273	1841	14889
红安县	120	5796.3	150	10307.3	1695	37267.78	962	9502.6
罗田县	65	2522	37	2263	618	13055	2308	22108
英山县	37	1890	18	1280	441	10098	1025	8940
浠水县	75	3501.8	38	2333.5	1557	32988.7	6345	57017.7
蕲春县	232	10802.6	116	7228.5	702	20970.5	5535	43964.6
黄梅县	1178	50350	375	24405	1562	65973	6495	63850
麻城市	348	15340	74	4869.2	1926	49318.9	1523	12922.35
武穴市	510	25702	157	10323	486	22376	832	7215
市直								
咸宁市	**3085**	**153596.97**	**364**	**22522.10**	**5122**	**209938.57**	**14335**	**131500.83**
咸安区	513	25023.08	162	10106.25	1201	47898.11	2301	20710.83
嘉鱼县	1426	75515	33	2168	1824	80188	4661	42681
通城县	116	5932	22	1336	456	13280	3680	33892
崇阳县	243	11020	60	3536	333	15544	980	8710
通山县	152	7531.89	49	2954.85	222	10932.46	605	5404
赤壁市	635	28575	38	2421	1086	42096	2108	20103
市直								
随州市	**2841**	**136175.86**	**486**	**31904.95**	**7692**	**263222.63**	**124060**	**758778.92**
随县	693	29531.91	214	15160.65	3825	107697.18	88085	523222.42
曾都区	717	32201.95	88	5539.3	1695	54945.45	27634	178172.5
广水市	1431	74442	184	11205	2172	100580	8341	57384
市直								
恩施自治州	**166**	**7011.25**	**2**	**126.50**	**1890**	**47751.1**	**5698**	**68708.41**
恩施市	15	765					50	650
利川市	44	1828.80	1	59	627	12286.1	1529	18154
建始县	10	410			2	140	2	21
巴东县	12	542.45					154	1358.28
宣恩县	1	52			450	14345	208	3054
咸丰县			1	67.50			2334	30038.13
来凤县	79	3178			811	20980	1366	14886
鹤峰县	5	235					55	547
市直								
仙桃市	**2573**	**138547.8**	**1497**	**98959**	**4474**	**243897**	**17881**	**140385**
潜江市	**1277**	**64616**	**2332**	**156399**	**3646**	**182774**	**36925**	**321617**
天门市	**2866**	**130434**	**1608**	**103684**	**6355**	**291293**	**34482**	**300617**
神农架林区	**1**	**45**					**157**	**1256**
省直								

续表 9

单位名称	其中：手扶式		(二)拖拉机配套农具	1.大中型	2.小型	三、种植业机械 (一)耕整地机械 1.耕整机	
	数量(台)	数量(千瓦)	数量（部）	数量（部）	数量（部）	数量（台/套）	数量（千瓦）
湖北省	**1097872**	**7813945.47**	**2636570**	**405522**	**2231048**	**493710**	**2648896.79**
武汉市	**18869**	**159550.35**	**59862**	**23198**	**36664**	**34067**	**206619.6**
洪山区	675	5468	1632	685	947	1709	10166
东西湖区	2200	17570.28	4708	1405	3303	1991	13140.65
汉南区	1175	9533.03	2634	1113	1521	5744	24577.95
蔡甸区	2864	23834	6594	2623	3971	5251	30378
江夏区	4451	39968	7961	2518	5443	4865	30278
黄陂区	4071	36588.42	24714	9203	15511	7437	50180.1
新洲区	3431	26566.62	11479	5620	5859	6957	47271.9
市直	2	22	140	31	109	113	627
黄石市	**2219**	**23075.80**	**26770**	**15764**	**11006**	**4441**	**31573.85**
黄石港区			92	32	60		
西塞山区			50	17	33	18	47
下陆区			74	24	50		
铁山区			5	2	3	1	6
阳新县	1187	14244	22232	13425	8807	2011	19707
大冶市	1023	8752.6	4212	2199	2013	2253	10881.85
经济开发区	9	79.20	105	65	40	158	932
市直							
十堰市	**9142**	**56868.67**	**39495**	**8057**	**31438**	**39294**	**232910**
茅箭区						280	2250
张湾区						1437	9089.8
郧阳区	685	5016	4734	2394	2340	16300	101075
郧西县	458	2788	9350	490	8860	6826	37493
竹山县	18	258.67	2266	697	1569	3476	22889.2
竹溪县			242	86	156	2485	16471
房县	925	8246	6112	3849	2263	4190	18414
丹江口市	7056	40560	16791	541	16250	4300	25228
市直							
宜昌市	**77876**	**550978.88**	**265181**	**25755**	**239426**	**77241**	**411681.60**
西陵区						8	56
伍家岗区			30		30	27	
点军区						1265	1890
猇亭区	105	840	10	8	2		
夷陵区	2843	25032	10750	662	10088	18326	83963
远安县	5114	36238.96	29006	672	28334	13025	99484.71
兴山县	2422	18206	6857	391	6466	6193	29422.3
秭归县	180	1372	12	12		7323	30953
长阳自治县						13818	67035.68
五峰自治县	1360	10289	1338	5	1333	924	292
宜都市	638	4918.92	2993	1305	1688	6163	37091.91
当阳市	41414	262282	146465	14940	131525	4339	31973
枝江市	23800	191800	67720	7760	59960	5830	29520
市直							
襄阳市	**320314**	**1973452.5**	**834382**	**108702**	**725680**	**14963**	**77177.2**

续表 10

单位名称	其中：手扶式		(二)拖拉机配套农具	1.大中型	2.小型	三、种植业机械 (一)耕整地机械 1.耕整机	
	数量(台)	数量(千瓦)	数量（部）	数量（部）	数量（部）	数量（台/套）	数量（千瓦）
襄城区	17187	65780	50356	1936	48420	1369	10023
樊城区	7210	56372	7672	1572	6100		
襄州区	66720	462840	157684	21788	135896		
开发区			240	240			
南漳县	42619	319642.5	83958	7236	76722	3867	25136
谷城县	10100	75505	21386	3202	18184	226	1236
保康县	7245	57115	16590	1362	15228	4951	29886
老河口市	16890	136000	94620	15820	78800		
枣阳市	94768	447334	219870	32072	187798	4526	9191
宜城市	57572	352824	181378	22942	158436		
襄北农场	3	40	628	532	96	24	1705.2
市直							
鄂州市	**3302**	**28340.62**	**13432**	**6113**	**7319**	**3026**	**18953.62**
梁子湖区	1397	12976	4161	874	3287	1069	5693.02
华容区	590	4290	4693	2148	2545	742	4280
鄂城区	1258	10562.12	4318	3048	1270	997	7673.9
开发区	17	127.5	48	21	27	76	491.4
葛店开发区	40	385	212	22	190	142	815.3
西山街办							
市直							
荆门市	**272784**	**2044792.01**	**523594**	**41165**	**482429**	**2569**	**6201.5**
东宝区	23093	161905.8	59412	3100	56312		
掇刀区	14729	124301.7	27206	1359	25847		
京山县	52600	433576.5	73910	10660	63250	2080	4160
沙洋县	68778	564850	137346	6339	131007	269	941.50
钟祥市	103751	683364	192443	16053	176390		
屈家岭			8524	2502	6022	220	1100
沙洋农场	21	85	544	534	10		
漳河新区	9812	76709.01	24209	618	23591		
市直							
孝感市	**40597**	**373296.61**	**99072**	**39179**	**59893**	**18638**	**108091.33**
孝南区	1987	18210	6130	3220	2910	1840	10730
孝昌县	4746	37325	22415	13591	8824	791	8305.5
大悟县	2546	19559.61	10210	2649	7561	5536	31112.83
云梦县	2002	18041	8592	4588	4004	850	4998
应城市	7213	80738	14432	5500	8932	285	937
安陆市	4912	36111	13374	4032	9342	7123	39176
汉川市	17191	163312	23919	5599	18320	2213	12832
市直							
荆州市	**105748**	**812386.59**	**258831**	**72870**	**185961**	**85089**	**339931.46**
沙市区	7655	59255	16795	2369	14426	360	1440
荆州区	11895	100690	22410	2558	19852	1601	6404
公安县	8206	60236	26759	7046	19713	28574	114296
监利县	15846	141103.83	46718	36461	10257	14242	56423
江陵县	16477	109612.12	54118	7710	46408	4010	16040

续表 11

单位名称	其中：手扶式		(二)拖拉机配套农具	1.大中型	2.小型	三、种植业机械 (一)耕整地机械 1.耕整机	
	数量(台)	数量(千瓦)	数量（部）	数量（部）	数量（部）	数量（台/套）	数量（千瓦）
石首市	2055	12073	10210	4438	5772	17380	69520
洪湖市	26758	195130.3	58313	6621	51692	10831	43445.46
松滋市	14345	114758	18685	4384	14301	7933	31731
开发区	2511	19528.34	4823	1283	3540	158	632
市直							
黄冈市	**22447**	**189205.44**	**80133**	**18677**	**61456**	**83540**	**446283.53**
黄州区	575	3220	1415	617	798	1557	8454.6
龙感湖区	234	2894.58	2045	1429	616	4	260
团风县	1841	14889	2702	749	1953	8867	35976
红安县	587	4707.41	10768	3162	7606	8398	48476.98
罗田县	1552	17047	10333	848	9485	13794	71404
英山县	900	7350	5545	395	5150	2860	17160
浠水县	5432	45212.7	14276	2216	12060	11263	69186
蕲春县	2599	13915.4	8430	1662	6768	8236	53228.20
黄梅县	6383	59994	15505	3310	12195	8935	46600
麻城市	1523	12922.35	5054	2393	2661	17777	87757.75
武穴市	821	7053	4060	1896	2164	1849	7780
市直							
咸宁市	**13291**	**121086.8**	**33042**	**9889**	**23153**	**31195**	**157850.99**
咸安区	1778	15119.8	7120	2652	4468	3868	26370.99
嘉鱼县	4661	42681	6767	1907	4860	3735	18325
通城县	3272	30135	5914	694	5220	10782	45373
崇阳县	980	8710	1770	550	1220	4147	16875
通山县	605	5404	1156	374	782	3344	13295
赤壁市	1995	19037	10315	3712	6603	5319	37612
市直							
随州市	**123744**	**755218.92**	**268697**	**9301**	**259396**	**38489**	**234082.89**
随县	88085	523222.42	177326	3459	173867	26736	156748.09
曾都区	27558	177336.5	68394	1891	66503	148	756.8
广水市	8101	54660	22977	3951	19026	11605	76578
市直							
恩施自治州	**985**	**9390.28**	**9223**	**1688**	**7535**	**52418**	**314523.94**
恩施市	45	585	289	117	172	6274	52074
利川市	516	5557	2793	650	2143	8351	45508.94
建始县	2	21	146	144	2	5500	36963
巴东县	154	1358.28	1810	42	1768	10710	64260
宣恩县	40	320	133	101	32	6231	32356
咸丰县	100	525	2001	271	1730	8016	41061
来凤县	128	1024	1344	159	1185	6121	33235
鹤峰县			707	204	503	1215	9066
市直							
仙桃市	**17871**	**140267**	**14727**	**7552**	**7175**	**3395**	**19970**
潜江市	**36099**	**278322**	**53341**	**5885**	**47456**	**2679**	**17414**
天门市	**32463**	**296745**	**56638**	**11677**	**44961**	**2342**	**14282**
神农架林区	**121**	**968**	**150**	**50**	**100**	**324**	**11349.28**
省直							

续表 12

单位名称	2.机耕船		3.机引犁(台)	4.旋耕机(台)	5.深松机(台)	6.机引耙(台)	(二)种植施肥机械	其中：免耕播种机(台)	精少量播种机(台)
							1.播种机(台)		
	数量(艘)	数量(千瓦)	数量	数量	数量	数量	数量	数量	数量
湖北省	**47990**	**467202.29**	**842791**	**715024**	**2261**	**590051**	**64993**	**7199**	**38030**
武汉市	**5657**	**82251.57**	**9817**	**20930**	**135**	**3648**	**3322**	**394**	**442**
洪山区	35	386	531	468			1		1
东西湖区	388	5143.41	1314	2794		48	10	5	5
汉南区	270	2812.48	645	948	20	264	77	43	17
蔡甸区	1273	17509	300	2641	2	154	148	31	15
江夏区	3292	51828	2771	2457	27	1089	140	6	2
黄陂区	91	1565	2905	7801	0	1501	1315	36	105
新洲区	297	2902.68	1295	3733	85	586	1631	273	297
市直	11	105	56	88	1	6			
黄石市	**4830**	**57039.28**	**4709**	**5839**	**40**	**2891**	**269**	**130**	**139**
黄石港区			25	57					
西塞山区	22	353	7	14			2		2
下陆区	4	36	29	33					
铁山区				1					
阳新县	3383	39662	3867	3719	27	2636	116	29	87
大冶市	1268	14962.28	595	1819	13	255	150	101	49
经济开发区	153	2026	186	196			1		1
市直									
十堰市	**80**	**1196.60**	**3622**	**8126**	**296**	**1481**	**1266**	**20**	**395**
茅箭区									
张湾区			55	1810			3		3
郧阳区			692	905	65	647	350	15	260
郧西县	7	60	134	127		97	464		72
竹山县	27	614.60	220	900		131	35		
竹溪县			93	1954	220	28	49		
房县	46	522	2208	2255	6	578	5	5	
丹江口市			220	175	5		360		60
市直									
宜昌市	**10**	**166**	**70128**	**81769**	**37**	**41968**	**3658**	**133**	**2160**
西陵区									
伍家岗区				6					
点军区				35					
猇亭区				90					
夷陵区			9438	15618		1716	325	4	321
远安县			11403	7484		9202			
兴山县			2308	2451			106		106
秭归县			12	12		12	5		5
长阳自治县				6069			2	2	
五峰自治县			582	990		42			
宜都市			277	961		35	11		11
当阳市	8	140	43968	43675	11	29621	1645	107	1489
枝江市	2	26	2140	4378	26	1340	1564	20	228
市直									
襄阳市	**35**	**527**	**297105**	**152728**	**676**	**209689**	**30482**	**1472**	**17064**

续表 13

单位名称	2.机耕船		3.机引犁(台)	4.旋耕机(台)	5.深松机(台)	6.机引耙(台)	(二)种植施肥机械 1.播种机(台)	其中：免耕播种机(台)	精少量播种机(台)
	数量(艘)	数量(千瓦)	数量	数量	数量	数量	数量	数量	数量
襄城区			24390	926		23995	38	11	16
樊城区			5975	967		330	145	145	
襄州区			69860	16288	163	58400	2960	499	1750
开发区			60	160		20	90	68	22
南漳县			1269	12603	21	18965	6627	86	2103
谷城县	34	507	9219	4021	9	6874	29	4	25
保康县			5314	6311		986	704		
老河口市			31000	31500	40	31800	8115	115	8000
枣阳市	1	20	79495	48877	200	66993	4977	304	4673
宜城市			70442	31013	239	1200	6736	214	440
襄北农场			81	62	4	126	61	26	35
市直									
鄂州市	**1218**	**17701.53**	**1842**	**4587**	**104**	**719**	**254**	**134**	**119**
梁子湖区	499	7214	856	1965	20	343	90	50	40
华容区	203	2870	212	306	2	56	24	9	15
鄂城区	481	7111.23	772	2209	82	316	140	75	64
开发区	15	212	1	89		4			
葛店开发区	20	294.30	1	18					
西山街办									
市直									
荆门市	**68**	**724.92**	**183596**	**159456**	**186**	**137679**	**9787**	**1360**	**5772**
东宝区			20987	11024		18206	92		92
掇刀区	1	8.82	10147	14113	5	2517	344		344
京山县	6	36	23190	32100	48	16580	615		615
沙洋县	56	636	36028	72649	93	28458	872	40	832
钟祥市			84396	19276	11	61898	7493	1026	3856
屈家岭	5	44.10	120	1510	20	2952	286	274	8
沙洋农场			158	99	9	139	60	20	
漳河新区			8570	8685		6929	25		25
市直									
孝感市	**2846**	**30469.99**	**17324**	**48378**	**20**	**8491**	**2094**	**371**	**1437**
孝南区	288	3288	1580	2490		1020	410	195	205
孝昌县			4680	9061		3600	260	80	180
大悟县	35	422.99	2339	3418		1656	76	29	47
云梦县	440	3695	1125	5420		680	316	34	6
应城市	10	261	1750	8960	5		294		294
安陆市				6560	13	1245	251		251
汉川市	2073	22803	5850	12469	2	290	487	33	454
市直									
荆州市	**15099**	**92822.30**	**87331**	**106187**	**68**	**44332**	**2697**	**1081**	**1616**
沙市区	48	288	6605	7709		2306			
荆州区	75	450	8280	9957	20	1826	116	116	
公安县	300	1800	7967	12224	28	3982	485	164	321
监利县	5837	35022	12160	12718	12	12382	650	421	229
江陵县	236	1416	17260	19433	3	17617	147	98	49

续表 14

单位名称	2.机耕船		3.机引犁(台)	4.旋耕机(台)	5.深松机(台)	6.机引耙(台)	(二)种植施肥机械 1.播种机(台)	其中：免耕播种机(台)	精少量播种机(台)
	数量(艘)	数量(千瓦)	数量	数量	数量	数量	数量	数量	数量
石首市	4910	29790	3018	4275	5	1038	357		357
洪湖市	3448	22584.30	25271	27302		2391	702	112	590
松滋市	30	182	5943	9530		1958	232	170	62
开发区	215	1290	827	3039		832	8		8
市直									
黄冈市	**6331**	**62756.60**	**12270**	**41179**	**355**	**7548**	**4806**	**1641**	**3131**
黄州区	75	612	52	1238	10	8	47	38	9
龙感湖区	7	126	742	1128		175	35	32	3
团风县	369	4578	689	1719	18	36	316	257	59
红安县	151	1386.07	2284	3452	74	3012	452	40	409
罗田县	92	1083	2620	4375	51	1570	239	231	8
英山县	80	760	250	1685	65	90	13	5	8
浠水县	929	6848	1370	8520	12	447	436	318	118
蕲春县	2286	21945.21	1572	6126	64	508	398	78	320
黄梅县	1120	12526	1460	8114	27	1510	265	152	113
麻城市	3	47.32	881	2739	4		2230	411	1819
武穴市	1219	12845	350	2083	30	192	375	79	265
市直									
咸宁市	**4612**	**54118.50**	**7762**	**17463**	**5**	**2920**	**558**	**79**	**460**
咸安区	447	5492.50	2701	3554		579	228	7	221
嘉鱼县	1819	21367	1979	2511		1659	19	10	
通城县	136	1502	913	4121		229	151	4	137
崇阳县	78	510	253	1520			58	58	
通山县	20	176	155	1912	5	95	63		63
赤壁市	2112	25071	1761	3845		358	39		39
市直									
随州市	**89**	**320**	**112188**	**5028**	**46**	**114298**	**304**	**74**	**145**
随县			88721	2272	12	90162	56	41	15
曾都区			17715	610	21	17686	31	3	28
广水市	89	320	5752	2146	13	6450	217	30	102
市直									
恩施自治州	**3**	**61**	**1685**	**7095**	**20**	**734**	**59**	**0**	**23**
恩施市			12	33			6		6
利川市			421	987		303	4		4
建始县			100	1706					
巴东县			372	1659			2		
宣恩县			29	65					
咸丰县			371	1149		281	16		13
来凤县	3	61	380	572	20	150	31		
鹤峰县				924					
市直									
仙桃市	**6218**	**55549**	**4395**	**8935**	**28**	**920**	**1166**	**8**	**1158**
潜江市	**386**	**6578**	**16147**	**24950**	**18**	**8821**	**234**	**19**	**215**
天门市	**508**	**4920**	**12870**	**22374**	**227**	**3912**	**4037**	**283**	**3754**
神农架林区									
省直									

续表 15

单位名称	2.水稻种植机械 (1)水稻直播机(台)	(2)水稻插秧机		其中：乘坐式		(3)水稻浅栽机		3.化肥深施机	4.地膜覆盖机
	数量	数量(台)	数量(千瓦)	数量(台)	数量(千瓦)	数量(台)	数量(千瓦)	数量(台)	数量(台)
湖北省	**6016**	**71471**	**238933.12**	**3660**	**33122**			**23226**	**4900**
武汉市	**49**	**1963**	**9743.31**	**227**	**1790.46**			**1863**	**433**
洪山区		6	42	3	39				
东西湖区		8	63	2	14				
汉南区		3	6.6	3	6.6			48	422
蔡甸区	2	358	1813.6	46	298			15	
江夏区	35	374	1705	5	42			47	6
黄陂区	5	741	4025.4	131	1024.3				
新洲区	7	473	2087.71	37	366.56			1753	5
市直									
黄石市	**505**	**1523**	**3344.33**	**28**	**327**			**201**	**14**
黄石港区									
西塞山区									
下陆区									9
铁山区									
阳新县	446	607	1226	19	260			170	
大冶市	47	913	2109.33	9	67			31	5
经济开发区	12	3	9						
市直									
十堰市		**446**	**1097.60**	**5**	**75**			**1350**	**492**
茅箭区									
张湾区									
郧阳区		102	205					70	
郧西县		30	124	4	60			605	40
竹山县		45	118	1	15				
竹溪县		57	169					675	452
房县		100	266.6						
丹江口市		112	215						
市直									
宜昌市	**19**	**1425**	**4542.2**	**83**	**831.2**			**3144**	**1582**
西陵区									
伍家岗区									
点军区									
猇亭区									
夷陵区	1	161	573					696	31
远安县		84	250.2	4	51.20				
兴山县		2	3					1269	829
秭归县		1	3					12	
长阳自治县		9	18						
五峰自治县		1	2					75	141
宜都市	1	121	288	3	9			76	
当阳市	1	476	1845	66	663			1009	461
枝江市	16	570	1560	10	108			7	120
市直									
襄阳市	**179**	**9650**	**29939.24**	**178**	**1779**			**5850**	**1220**

续表 16

单位名称	2.水稻种植机械 (1)水稻直播机(台)	(2)水稻插秧机		其中：乘坐式		(3)水稻浅栽机		3.化肥深施机	4.地膜覆盖机
	数量	数量(台)	数量(千瓦)	数量(台)	数量(千瓦)	数量(台)	数量(千瓦)	数量(台)	数量(台)
襄城区		192	873	2	20			12	
樊城区		148	695	5	63				
襄州区	177	2006	6419	61	732			900	400
开发区		125	386	3	75				
南漳县		2129	9152	27	162			3362	293
谷城县		259	1290	17	195				
保康县		76	182					64	233
老河口市		268	719.9	8	14.6			600	
枣阳市		3579	7964.34	23	211.4			281	260
宜城市	2	868	2258	32	306			609	34
襄北农场								22	
市直									
鄂州市	**35**	**801**	**1925.60**	**22**	**145**			**11**	**2**
梁子湖区	24	227	577.80	11	55				2
华容区	4	282	626	2	45			2	
鄂城区	4	284	702	9	45			9	
开发区	3	7	15.4						
葛店开发区		1	4.4						
西山街办									
市直									
荆门市	**201**	**22068**	**71455.95**	**275**	**2957.52**			**113**	**21**
东宝区		363	1230	28	219				2
掇刀区		534	1762.13	16	208.13				
京山县	180	6800	23800	27	229.5			15	
沙洋县		8918	29109	66	528				
钟祥市	10	5149	14592	117	1556			98	19
屈家岭	7	65	184.13	9	131.2				
沙洋农场	4	17	82	8	42				
漳河新区		222	696.69	4	43.69				
市直									
孝感市	**222**	**5064**	**15472.46**	**276**	**2456.3**			**2500**	**14**
孝南区	80	250	1325	25	329			48	12
孝昌县	15	380	1204	35	368.67			2	2
大悟县		226	813.66	25	208.03				
云梦县	18	74	261.8	7	41.6				
应城市	54	1810	5253	18	115				
安陆市	55	1062	3590	46	342				
汉川市		1262	3025	120	1052			2450	
市直									
荆州市	**1919**	**10358**	**32102.30**	**1187**	**9265.58**			**3229**	**16**
沙市区		236	807	39	301				
荆州区		1258	3594	70	540				
公安县	1000	1909	5529	121	934			750	
监利县		2851	9683.5	564	4651.9			664	3
江陵县	301	946	2780.6	39	301.08			260	13

续表 17

单位名称	2.水稻种植机械 (1)水稻直播机(台)	(2)水稻插秧机		其中：乘坐式		(3)水稻浅栽机		3.化肥深施机	4.地膜覆盖机
	数量	数量(台)	数量(千瓦)	数量(台)	数量(千瓦)	数量(台)	数量(千瓦)	数量(台)	数量(台)
石首市	412	621	1718	23	178			986	
洪湖市	206	1992	6371.2	286	2014.6			5	
松滋市		533	1568	41	314			564	
开发区		12	51	4	31				
市直									
黄冈市	**1176**	**7207**	**25106.2**	**398**	**3179.1**			**1077**	**11**
黄州区		102	328.3					8	
龙感湖区		55	134.2	1	10				
团风县	11	947	4347	27	179				
红安县	45	642	1802.6	16	119.8			4	10
罗田县		395	714	26	220				
英山县	110	125	450	6	150			65	
浠水县	289	1488	6025	138	1146			63	
蕲春县		942	2896.6	43	248.6				
黄梅县	628	753	2420	103	560			285	1
麻城市	93	980	3091.5	29	290.7			2	
武穴市		778	2897	9	255			650	
市直									
咸宁市	**264**	**1791**	**7689.81**	**188**	**1554.3**			**85**	**27**
咸安区		316	1570.81	36	398.3			1	
嘉鱼县		297	1771	6	55				
通城县	63	425	818	13	91				
崇阳县		169	690	22	110				
通山县	3	133	659	20	298			26	27
赤壁市	198	451	2181	91	602			58	
市直									
随州市	**45**	**3405**	**9742.12**	**136**	**1415.54**			**54**	**1**
随县	45	1599	3278.62	37	459.04			34	
曾都区		618	2124.5	27	291.5				1
广水市		1188	4339	72	665			20	
市直									
恩施自治州	**10**	**551**	**1803**	**3**	**25**				**400**
恩施市		3	39						
利川市	7	360	1113	3	25				400
建始县	2	10							
巴东县		7	26.9						
宣恩县		41	246						
咸丰县		52	130						
来凤县	1	75	225						
鹤峰县		3	23.10						
市直									
仙桃市	**1120**	**1015**	**3343**	**58**	**480**				
潜江市		**905**	**5882**	**386**	**4632**			**215**	**159**
天门市	**272**	**3299**	**15744**	**210**	**2209**			**3534**	**508**
神农架林区									
省直									

续表 18

单位名称	(三)农用排灌机械 1.排灌动力机械		其中：柴油机		电动机		2.农用水泵（台）	3.节水灌溉类机械(套)
	数量(台)	数量（千瓦）	数量(台)	数量（千瓦）	数量(台)	数量（千瓦）	数量	数量
湖北省	**1068838**	**7634082.11**	**255356**	**2362643.35**	**764601**	**5146300.36**	**1113772**	**120218**
武汉市	**54132**	**678462.69**	**16752**	**153319.74**	**36480**	**522018.57**	**43810**	**21029**
洪山区	2506	24069	872	8460	1634	15609	1457	178
东西湖区	3730	37290	2523	32418	1207	4872	3375	6905
汉南区	3064	26413.08	414	2887	1827	20777.70	2255	690
蔡甸区	6742	138874	1279	12083	5391	126746	6242	1603
江夏区	9274	115362	3680	31963	5594	83068	7604	3880
黄陂区	13622	197961	4008	22442	9614	175519	12110	3918
新洲区	14670	128896.61	3883	42245.74	10787	86650.87	9774	3849
市直	524	9597	93	821	426	8776	993	6
黄石市	**25572**	**298126.4**	**3278**	**28977.1**	**22289**	**269136.1**	**28526**	**7686**
黄石港区	282	1008	23	378.5	259	628.7	266	1071
西塞山区	82	3988	15	279	67	3709	91	23
下陆区	167	511	4	17.6	160	483	160	9
铁山区	2	2					2	
阳新县	8621	94542	1891	15128	6730	79414	10751	2371
大冶市	15855	193772	1276	12618	14579	181154	16387	4212
经济开发区	563	4303.4	69	556	494	3747.40	869	
市直								
十堰市	**54124**	**454122.8**	**11006**	**205366**	**40399**	**233447**	**48827**	**12454**
茅箭区	460	4500			460	4500	420	40
张湾区	884	4441.8	165	1456	644	2317	2450	398
郧阳区	3743	39786	199	5699	3544	34056	3900	2200
郧西县	10285	59490	175	2165	9574	54790	21950	1272
竹山县	3678	28695	708	4956	2970	23739	300	5000
竹溪县	23978	101475	7043	22375	15047	67275	12542	2445
房县	3796	157155	1456	141055	2120	15850	3235	869
丹江口市	7300	58580	1260	27660	6040	30920	4030	230
市直								
宜昌市	**107721**	**344983.4**	**5647**	**42673**	**101313**	**302060.40**	**135321**	**8045**
西陵区	66	632			66	632	24	1
伍家岗区	555	1354	21	120	534	1234	867	91
点军区	4094	6690	49	180	4044	6260	8055	2055
猇亭区	2400	2400			2400	2400	2400	
夷陵区	28470	41020	530	4942	27940	36078	30057	1591
远安县	14347	25095	219	1896	13888	23199	12372	2
兴山县	1292	4038	816	2539	476	1499	1346	448
秭归县	12540	23547	470	2235	12070	21312	12573	5
长阳自治县	1735	6654	755	3648	980	3006	3725	1280
五峰自治县	219	495.6	8	147.2	211	348.4	365	152
宜都市	5668	28024.8	1684	10285.8	3984	17739	8356	40
当阳市	7835	77533	45	580	7270	76953	26781	1040
枝江市	28500	127500	1050	16100	27450	111400	28400	1340
市直								
襄阳市	**42303**	**538976**	**11664**	**138083**	**30639**	**400585**	**58531**	**9354**

续表 19

单位名称	(三)农用排灌机械 1.排灌动力机械		其中：柴油机		电动机		2.农用水泵(台)	3.节水灌溉类机械(套)
	数量(台)	数量（千瓦）	数量(台)	数量（千瓦）	数量(台)	数量（千瓦）	数量	数量
襄城区	2114	28462	527	5339	1587	23123	8760	18
樊城区	3060	34252	2190	26091	870	8161	2240	70
襄州区	6910	50085	1725	18975	5185	31110	4500	8
开发区	56	770	18	282	38	360	38	
南漳县	4270	33542	1834	20579	2436	12963	36	57
谷城县	4489	60398	604	6459	3885	53939	3606	
保康县	7522	38424	587	8227	6935	30017	6321	1926
老河口市	2700	34100	1100	12400	1600	21700	7100	4500
枣阳市	8187	204701	3039	38835	5148	165866	18257	2395
宜城市	2910	52526			2910	52526	7619	315
襄北农场	85	1716	40	896	45	820	54	65
市直								
鄂州市	**10332**	**134892**	**2810**	**21830**	**7500**	**111717**	**15959**	**1439**
梁子湖区	4080	22112	1231	5449	2849	16663	6078	821
华容区	2462	51314	365	4185	2097	47129	4303	305
鄂城区	3521	54570	1201	11880	2320	42684	5139	307
开发区	44	2950	7	140	36	1571	190	6
葛店开发区	225	3946	6	176	198	3670	249	
西山街办								
市直								
荆门市	**25971**	**246870.19**	**3480**	**35575.3**	**22491**	**211294.89**	**67941**	**422**
东宝区	2126	24621	937	8267	1189	16354	19773	
掇刀区	6406	19750.8			6406	19750.8	9044	
京山县	4240	27250	1070	11400	3170	15850	11628	135
沙洋县	2315	30095			2315	30095	2318	
钟祥市	9972	124597	1458	15776	8514	108821	19537	110
屈家岭	142	5587.39	15	132.30	127	5455.09	450	67
沙洋农场	141	8452			141	8452	124	110
漳河新区	629	6517			629	6517	5067	
市直								
孝感市	**190051**	**608564.66**	**26421**	**189192.8**	**162209**	**414815.86**	**194779**	**16245**
孝南区	52310	66315	2830	14105	49480	52200	61280	1975
孝昌县	40570	109137	6560	32190	33705	75836	37710	510
大悟县	26621	47231.66	495	9914.80	25772	37316.86	25417	12889
云梦县	24062	63530	120	1056	23460	60019	23050	450
应城市	9030	22259	660	3029	8370	19230	14020	
安陆市	6388	77102	406	3572	5702	73530	7813	421
汉川市	31070	222990	15350	125326	15720	96684	25489	
市直								
荆州市	**128186**	**1367006.23**	**56929**	**512759.29**	**71253**	**853285.24**	**129502**	**1497**
沙市区	3885	45837	261	2349	3624	43488	4385	340
荆州区	2450	29400			2450	29400	8550	470
公安县	22948	251277	8033	72297	14915	178980	14011	5
监利县	32320	328728	19704	177336	12616	151392	27142	32
江陵县	5790	63360	2040	18360	3750	45000	3940	5

续表 20

单位名称	(三)农用排灌机械 1.排灌动力机械		其中：柴油机		电动机		2.农用水泵（台）	3.节水灌溉类机械(套)
	数量(台)	数量（千瓦）	数量(台)	数量（千瓦）	数量(台)	数量（千瓦）	数量	数量
石首市	6092	63987	3040	27365	3051	36622	10624	203
洪湖市	39953	418493.23	20163	181860.29	19787	235671.24	40643	435
松滋市	14594	164298	3614	32526	10980	131772	18379	
开发区	154	1626	74	666	80	960	1828	7
市直								
黄冈市	**87666**	**761881.31**	**24215**	**256958.42**	**52690**	**454371.37**	**80217**	**12573**
黄州区	6328	49655.5	934	8012	5304	41483.5	4880	956
龙感湖区	667	32016	369	17712	298	14304	399	96
团风县	8401	60257	993	27099	7408	33158	7516	1332
红安县	14227	91690.5	3294	18498.7	4721	41693.28	5152	2016
罗田县	11231	53205	920	10025	10311	43180	3861	
英山县	872	17600	54	617	780	16640	14600	510
浠水县	10138	111812	3980	39279	6158	72533	12552	2631
蕲春县	7352	65436.2	2925	31324.4	4427	33401.1	11656	27
黄梅县	11321	114970	3362	28857	7486	83750	8878	693
麻城市	9207	64859.11	3764	37951.32	4028	24508.49	5923	4113
武穴市	7922	100380	3620	37583	1769	49720	4800	199
市直								
咸宁市	**69348**	**489596.5**	**7769**	**93920**	**37186**	**366570.5**	**76011**	**6345**
咸安区	16527	98142.5	2898	25629	13629	72513.5	18076	699
嘉鱼县	6928	120772	2532	27267	4396	93505	6537	356
通城县	31625	61541	1026	5991	6326	27056	21773	1216
崇阳县	7900	40552	260	2340	7520	37600	4580	210
通山县	215	5376	62	1860	153	3516	12423	2283
赤壁市	6153	163213	991	30833	5162	132380	12622	1581
市直								
随州市	**102122**	**262452.27**	**9046**	**78790.18**	**93076**	**183662.09**	**43344**	**10529**
随县	11257	74120.27	3832	40920.18	7425	33200.09	21535	4509
曾都区	21405	74761	1114	8186	20291	66575	20046	620
广水市	69460	113571	4100	29684	65360	83887	1763	5400
市直								
恩施自治州	**62372**	**261344.56**	**14421**	**75674.62**	**40092**	**166393.14**	**36140**	**10517**
恩施市	5585	8847			5585	8847	2862	
利川市	11646	35131	260	2697.9	8308	17792.4	10987	1016
建始县	8786	108058.87	2000	7610.93	6786	100447.94	1195	603
巴东县	11489	39329.4	3359	24607	6692	14722.4	3392	67
宣恩县	3191	7054	224	1899	2967	5155	2573	548
咸丰县	5670	18181.29	759	7621.79	1618	6033.40	3514	3536
来凤县	10971	24196	6385	14651	4536	9435	7808	3704
鹤峰县	5034	20547	1434	16587	3600	3960	3809	1043
市直								
仙桃市	**55418**	**550053**	**33395**	**241149**	**22023**	**308904**	**115150**	
潜江市	**18939**	**216593**	**8734**	**106379**	**10205**	**110214**	**15981**	**597**
天门市	**33689**	**417595**	**19698**	**181196**	**13955**	**236063**	**23591**	**1345**
神农架林区	**892**	**2562.1**	**91**	**799.9**	**801**	**1762.2**	**142**	**141**
省直								

续表 21

单位名称	(四)田间管理机械				(五)收获机械			
	1.机动喷雾(粉)机		2.茶叶修剪机		1.联合收获机		(1)稻麦联合收割机	
	数量(台)	数量(千瓦)	数量(台)	数量(千瓦)	数量(台)	数量(千瓦)	数量(台)	数量(千瓦)
湖北省	**710895**	**846529.54**	**92257**	**94259.32**	**99432**	**4853119.13**	**97034**	**4731611.2**
武汉市	**33679**	**42396.76**	**563**	**684.85**	**1886**	**99712.1**	**1776**	**93271.1**
洪山区	1138	2293	4	12.3	6	352	5	297
东西湖区	2813	5141.8	4	2.85	28	1292	20	910
汉南区	5647	5090.81			66	5285	57	4754
蔡甸区	4637	4930	4	8	367	21807.8	287	16918.8
江夏区	6212	7680	86	191	538	29853	527	29304
黄陂区	2703	3525.33	298	298.8	393	17416.3	393	17416.3
新洲区	10506	13684.82	167	171.9	487	23677	486	23642
市直	23	51			1	29	1	29
黄石市	**27541**	**15887.2**	**98**	**35.65**	**1525**	**84533**	**1495**	**82783.97**
黄石港区	23	23						
西塞山区					5	87	5	87
下陆区	6	6						
铁山区								
阳新县	21129	12043	87	32	959	57540	933	55980
大冶市	6330	3754.2	11	3.65	546	26141	543	25996.97
经济开发区	53	61			15	765	14	720
市直								
十堰市	**11817**	**14528**	**3169**	**7197**	**491**	**16098.3**	**480**	**15569.9**
茅箭区			20	25				
张湾区	80	400	105	199.5				
郧阳区	940	2037	222	463	81	1534	77	1374
郧西县	5103	3206	167	158	41	1210	41	1210
竹山县	1180	2669	726	817.2	35	1432.9	35	1432.9
竹溪县	2546	3214	678	3746	25	1064	25	1064
房县	1058	1277	926	1149.3	185	6313	184	6260
丹江口市	910	1725	325	639	124	4544.4	118	4229
市直								
宜昌市	**97647**	**106611.86**	**43276**	**42414.93**	**3209**	**135816.7**	**3029**	**129846.4**
西陵区	286	345	1	3				
伍家岗区	1452	3136						
点军区	4630	6651	569	562				
猇亭区	2200	2200	10	10				
夷陵区	7954	11173	8839	11605	64	2039	59	1943
远安县	4322	677.63	276	153	558	23393	558	23393
兴山县	4879	6299.20	2286	2506.06				
秭归县	14032	18399	8771	9591				
长阳自治县	3821	3822.7	1787	1060.45	6	219.3	5	182.5
五峰自治县	503	386	13807	11341	10	220.5		
宜都市	10476	12726.33	6926	5575.42	62	1188.9	61	1164.9
当阳市	12942	14996	4	8	1867	79737	1825	77543
枝江市	30150	25800			642	29019	521	25620
市直								
襄阳市	**27342**	**37924**	**1566**	**3240.15**	**23936**	**1174871.6**	**22665**	**1109699.4**

续表 22

单位名称	(四)田间管理机械		2.茶叶修剪机		(五)收获机械		(1)稻麦联合收割机	
	1.机动喷雾(粉)机				1.联合收获机			
	数量(台)	数量(千瓦)	数量(台)	数量(千瓦)	数量(台)	数量(千瓦)	数量(台)	数量(千瓦)
襄城区	480	1603			1154	55392	1152	55296
樊城区	285	1231			487	25326	468	23824
襄州区	4260	7270			4693	230208	4183	199420
开发区					58	2899	46	2287
南漳县	3096	5792	327	719	1967	150124	1967	150124
谷城县	794	1056	792	1676	789	34211	702	31245
保康县	4124	4737	284	346.15	203	7219	201	7148
老河口市	5700	7750			3802	162449.6	3549	154919.3
枣阳市	4549	4911	163	499	6382	284595	6024	264633.1
宜城市	3891	3379			4347	218183	4322	216784
襄北农场	163	195			54	4265	51	4019
市直								
鄂州市	**11455**	**11883.2**	**92**	**218.2**	**271**	**15498**	**271**	**15498**
梁子湖区	3154	3154	10	84.2	92	5550	92	5550
华容区	3600	4020	2	18	85	4704	85	4704
鄂城区	4171	4161	80	116	92	5151	92	5151
开发区	240	256			1	45	1	45
葛店开发区	290	292.2			1	48	1	48
西山街办								
市直								
荆门市	**32201**	**54147.45**	**6**	**45**	**16976**	**908052.96**	**16820**	**897328.71**
东宝区	2494	5318	6	45	1355	95927.50	1354	95854
掇刀区	1772	3554			934	53651	934	53651
京山县	5700	11400			4280	183850	4262	182860
沙洋县	13384	20800			3772	190011	3770	189863
钟祥市	5963	10030			5374	302261	5304	297048
屈家岭	213	352.45			766	50671.56	701	46371.81
沙洋农场	13	584			57	7513	57	7513
漳河新区	2662	2109			438	24167.90	438	24167.90
市直								
孝感市	**35475**	**45047.04**	**637**	**669.04**	**6739**	**270698.14**	**6635**	**266174.14**
孝南区	9320	14880	20	17	382	15440	378	15205
孝昌县	8	56	121	120	647	28499	645	28387
大悟县	2865	3712.04	489	402.04	439	24210.14	439	24210.14
云梦县	4720	3147			450	17680	402	15564
应城市	3450	4017	7	130	1218	45094	1217	45029
安陆市	312	1716			939	33215	937	33099
汉川市	14800	17519			2664	106560	2617	104680
市直								
荆州市	**142336**	**171232.50**	**36**	**36**	**20154**	**1006283.69**	**19903**	**998089.29**
沙市区	7221	8665			450	26273	450	26273
荆州区	8930	10716			1132	49518	1115	48458
公安县	33463	40156			3641	168321	3639	168171
监利县	17696	21235			6253	333111.59	6227	331484.59
江陵县	15919	19353			2621	131466.7	2584	130404.3

续表 23

单位名称	(四)田间管理机械 1.机动喷雾(粉)机		2.茶叶修剪机		(五)收获机械 1.联合收获机		(1)稻麦联合收割机	
	数量(台)	数量(千瓦)	数量(台)	数量(千瓦)	数量(台)	数量(千瓦)	数量(台)	数量(千瓦)
石首市	19409	23291	36	36	2053	105685	1983	104017
洪湖市	10866	13209.50			1941	100511	1897	98443
松滋市	26870	32244			1999	87832	1946	87327
开发区	1962	2363			64	3565.4	62	3511.4
市直								
黄冈市	**103420**	**102586.57**	**5118**	**12008.2**	**5935**	**246710.55**	**5896**	**244485.55**
黄州区	3489	3687.2			120	4371	118	4273
龙感湖区	1523	2225.87			185	7868.85	165	6548.85
团风县	8635	11093	235	261	301	14289	301	14289
红安县	4412	6308	275	409.55	169	6548.43	169	6548.43
罗田县	3880	3990	127	128	424	13630	424	13630
英山县	765	2265	3300	10032	210	9283	210	9283
浠水县	14262	17787	896	578	650	21670	650	21670
蕲春县	4077	7512.60	101	410	728	23324.6	728	23324.60
黄梅县	29335	26740	45	80	1695	78327	1689	78019
麻城市	6339	5191.90	127	97.65	631	23921.67	630	23875.67
武穴市	26703	15786	12	12	822	43477	812	43024
市直								
咸宁市	**19570**	**29942.43**	**1271**	**1833.2**	**4047**	**171462.76**	**3970**	**166784.96**
咸安区	2113	5372.43	169	627.2	511	23842.76	508	23648.96
嘉鱼县	1855	3715	28	25	839	39333	768	34961
通城县	5885	7694	348	281	590	20586	590	20586
崇阳县	4225	4475	163	245	660	31507	660	31507
通山县	1479	2471	173	294	395	16379	395	16379
赤壁市	4013	6215	390	361	1052	39815	1049	39703
市直								
随州市	**12406**	**16083.3**	**223**	**251.54**	**4899**	**207968.68**	**4868**	**206241.88**
随县	7439	7648.3	185	120.54	3044	134545.13	3041	134438.33
曾都区	2142	4827	23	113	1113	40866.55	1112	40816.55
广水市	2825	3608	15	18	742	32557	715	30987
市直								
恩施自治州	**69195**	**34173.23**	**35416**	**25625.56**	**448**	**10400.65**	**442**	**10115.9**
恩施市	1579	612	1255	680	5	249	4	189
利川市	8673	13767.7	2940	2837.56	334	7505.6	333	7483.6
建始县	41659	5248.8	420	600	17	371	16	320
巴东县	816	989	152	182	2	54.05	1	35.3
宣恩县	4121	2473	4468	2681	15	352	14	324
咸丰县	3955	3713.73	1015	1015	30	630	29	525
来凤县	4091	4359	91	78	39	951	39	951
鹤峰县	4301	3010	25075	17552	6	288	6	288
市直								
仙桃市	**29888**	**41828**			**2187**	**92953**	**2131**	**88515**
潜江市	**28805**	**70572**			**1935**	**114495**	**1870**	**110595**
天门市	**26716**	**50284**			**4794**	**297564**	**4783**	**296612**
神农架林区	**1402**	**1402**	**786**					
省直								

续表 24

单位名称	其中：自走式	其中：半喂入式		(2)玉米联合收获机		其中：自走式	2.割晒机		3.其他收获机械	
	数量（台）	数量（台）	数量（千瓦）	数量（台）	数量（千瓦）	数量（台）	数量（台）	数量（千瓦）	数量（台）	数量（千瓦）
湖北省	**87604**	**8947**	**388931.81**	**2398**	**121507.93**	**2027**	**21445**	**67032.31**	**104126**	**496680.88**
武汉市	**1464**	**339**	**18059.6**	**110**	**6441**	**102**	**277**	**1931.41**	**1744**	**10094.5**
洪山区		5	297	1	55	1	15	45	18	103.5
东西湖区	5	15	510	8	382				43	503
汉南区	49	1	66	9	531	9			245	1503.2
蔡甸区	253	40	2004	80	4889	80			652	4400
江夏区	511	16	729	11	549	11	78	249	178	564
黄陂区	187	184	11125.4				184	1637.41	390	2028.8
新洲区	458	78	3328.2	1	35	1			218	992
市直	1									
黄石市	**486**	**60**	**2965.8**	**30**	**1749.03**	**3**	**45**	**2262**	**5775**	**27894.03**
黄石港区									4	12
西塞山区							1	2	1	25
下陆区							2	3		
铁山区										
阳新县		26	1404	26	1560		42	2257	1069	13709
大冶市	475	34	1561.8	3	144.03	3			4698	14086.03
经济开发区	11			1	45				3	62
市直										
十堰市	**348**	**178**	**7242**	**11**	**528.4**	**10**	**429**	**2239**	**424**	**2451**
茅箭区										
张湾区							20	28	2	12
郧阳区	75	10	387	4	160	4	285	1423	196	792
郧西县	41	13	598				33	99	25	89
竹山县	26	9	405				13	39	40	450
竹溪县	25	20	935						65	712
房县	63	122	4770	1	53		78	650	78	384
丹江口市	118	4	147	6	315.4	6			18	12
市直										
宜昌市	**2895**	**406**	**15423.38**	**180**	**5970.3**	**104**	**3747**	**26003**	**12342**	**36186.48**
西陵区										
伍家岗区										
点军区									42	33
猇亭区										
夷陵区	54	35	1352	5	96	2			3400	4803
远安县	558	23	1040						121	40
兴山县									60	116.58
秭归县									168	90
长阳自治县	4			1	36.8	1			739	370.5
五峰自治县				10	220.5					
宜都市	24	37	1148.38	1	24		4	3	6727	5487.4
当阳市	1825	221	8273	42	2194	42			464	9846
枝江市	430	90	3610	121	3399	59	3743	26000	621	15400
市直										
襄阳市	**22374**	**205**	**9898.89**	**1271**	**65172.2**	**1132**	**850**	**1361**	**17921**	**50521.87**

续表 25

单位名称	其中：自走式	其中：半喂入式		(2)玉米联合收获机		其中：自走式	2.割晒机		3.其他收获机械	
	数量（台）	数量（台）	数量（千瓦）	数量（台）	数量（千瓦）	数量（台）	数量（台）	数量（千瓦）	数量（台）	数量（千瓦）
襄城区	1024			2	96	2			4	200
樊城区	462	6	386	19	1502	19			135	2260
襄州区	4183	10	580	510	30788	510			3181	26169
开发区		46	2287	12	612				10	109
南漳县	1962	5	441						2046	
谷城县	648	66	2645	87	2966	87	11	17	336	1314
保康县	201	11	426.09	2	71				288	682.87
老河口市	3514	35	1702.8	253	7530.3	243			3020	
枣阳市	6007	17	1100	358	19961.9	243	839	1344	6767	8162
宜城市	4322	9	331	25	1399	25			2100	11625
襄北农场	51			3	246	3			34	
市直										
鄂州市	**138**	**54**	**2904**				**12**	**98.7**	**1397**	**2783.5**
梁子湖区	92	21	1196				8	67.6	442	885
华容区	3	16	773						369	592
鄂城区	42	16	890				4	31.1	505	1221
开发区		1	45						45	49.5
葛店开发区	1								36	36
西山街办										
市直										
荆门市	**16137**	**311**	**17087.07**	**156**	**10724.25**	**156**			**12640**	**49071.62**
东宝区	1354	17	780.9	1	73.50	1			1802	8443.68
掇刀区	934	22	1056						759	1617
京山县	4262	24	1200	18	990	18			1222	3950
沙洋县	3770	208	11648	2	148	2			3898	24600
钟祥市	5304	14	841	70	5213	70			4073	9807
屈家岭	18	18	1190.7	65	4299.75	65			505	340
沙洋农场	57								20	116
漳河新区	438	8	370.47						361	197.94
市直										
孝感市	**5393**	**1261**	**50740.15**	**104**	**4524**	**101**			**2658**	**30582.47**
孝南区	374	233	8880	4	235	4			370	5672
孝昌县	347	249	11289	2	112	2			528	11697
大悟县	123	103	4168.15						107	1827.47
云梦县	82	274	9963	48	2116	48			213	1465
应城市	1173	44	1517	1	65				735	1266
安陆市	677	260	11003	2	116				227	42
汉川市	2617	98	3920	47	1880	47			478	8613
市直										
荆州市	**17312**	**1662**	**69116.76**	**251**	**8194.4**	**150**	**372**	**6504.75**	**6485**	**111475.75**
沙市区	412	38	1566						295	5058
荆州区		274	12850	17	1060	17			639	3600
公安县	3342	297	11678	2	150				1404	32320
监利县	6079	148	5273.76	26	1627	26	118	6504.75	764	31305
江陵县	2552	32	1075.8	37	1062.4	37			592	8204.75

续表 26

单位名称	其中：自走式	其中：半喂入式		(2)玉米联合收获机		其中：自走式	2.割晒机		3.其他收获机械	
	数量(台)	数量(台)	数量（千瓦）	数量(台)	数量（千瓦）	数量(台)	数量(台)	数量（千瓦）	数量(台)	数量（千瓦）
石首市	1663	320	13167	70	1668				816	6629
洪湖市	1624	273	12786.20	44	2068	44	226		1409	16712
松滋市	1596	262	10048	53	505	24	28		379	6167
开发区	44	18	672	2	54	2			187	1480
市直										
黄冈市	**5108**	**814**	**35444.66**	**39**	**2225**	**37**	**12695**	**17865.01**	**12736**	**38524.95**
黄州区	108	10	326	2	98	2			98	1248.4
龙感湖区	123	42	1667	20	1320	20			287	2720.47
团风县	205	17	816						138	2286
红安县	108	37	1201.46				806	1502.31	1203	2843.68
罗田县	245	75	3542				592	592	668	385
英山县	174	57	2425				490	1490	5729	10665
浠水县	650	67	1582.8				8917	10700	1115	4446
蕲春县	695	96	3254.3				205	1170.6	2448	1851.6
黄梅县	1528	127	5420	6	308	6	137	650	485	5747
麻城市	630	215	6932.10	1	46	1	1488	1098.1	269	1695.8
武穴市	642	71	8278	10	453	8	60	662	296	4636
市直										
咸宁市	**2640**	**459**	**20598**	**77**	**4677.8**	**74**	**539**	**615.4**	**4089**	**17940.93**
咸安区	508	39	1755	3	193.8	3	3	26.4	608	5262.93
嘉鱼县	567	201	9195	71	4372	71			1666	3342
通城县	590	40	1601				536	589	448	2185
崇阳县	580	80	3840						90	1170
通山县	395	19	936						484	3307
赤壁市		80	3271	3	112				793	2674
市直										
随州市	**4362**	**837**	**32332.5**	**31**	**1726.8**	**27**	**954**	**5400**	**931**	**5537.98**
随县	2982	292	11410.9	3	106.8	3			511	3094.98
曾都区	1112	375	14183.6	1	50	1			223	403
广水市	268	170	6738	27	1570	23	954	5400	197	2040
市直										
恩施自治州	**438**	**71**	**1443**	**6**	**284.75**	**4**	**1383**	**1960.04**	**18826**	**14446.8**
恩施市	4	4	142	1	60				3120	3317
利川市	332	36	440	1	22	1			2540	2482.45
建始县	15	16	320	1	51	1	214	465	150	372.97
巴东县				1	18.75				20	22
宣恩县	14	5	175	1	28	1			2731	1365
咸丰县	29			1	105	1	889	1187.04	1253	582.38
来凤县	39	9	320				280	308	27	16
鹤峰县	5	1	46						8985	6289
市直										
仙桃市	**2121**	**126**	**6400**	**56**	**4438**	**56**			**487**	**654**
潜江市	**1688**	**87**	**3335**	**65**	**3900**	**65**			**3947**	**57178**
天门市	**4700**	**2077**	**95941**	**11**	**952**	**6**	**142**	**792**	**1724**	**41337**
神农架林区										
省直										

续表 27

单位名称	其中：大豆收获机		油菜籽收获机		马铃薯收获机		甜菜收获机		花生收获机		棉花收获机		蔬菜收获机	
	数量(台)	数量(千瓦)	数量(台)	数量(千瓦)	数量(台)	数量(千瓦)	数量(台)	数量(千瓦)	数量(台)	数量(千瓦)	数量(台)	数量(千瓦)	数量(台)	数量(千瓦)
湖北省	**103**	**6311**	**6738**	**331037.02**	**954**	**5097.67**	**18**	**90**	**2794**	**17853.18**	**1**	**194**	**19**	**308.5**
武汉市	**2**	**338**	**150**	**8028.2**	**6**	**85**			**20**	**134**			**1**	**2.5**
洪山区													1	2.5
东西湖区	2	338	1	50										
汉南区			22	1121										
蔡甸区			74	4370	1	30								
江夏区			5	242					10	114				
黄陂区			40	1817					10	20				
新洲区			8	428.2	5	55								
市直														
黄石市			**189**	**9055**	**29**	**1360**			**10**	**237.2**			**12**	**36**
黄石港区														
西塞山区					1	25								
下陆区														
铁山区														
阳新县			106	4770	3	135			2	90			12	36
大冶市			83	4285	25	1200			8	147.2				
经济开发区														
市直														
十堰市					**11**	**170**								
茅箭区														
张湾区														
郧阳区					7	50								
郧西县														
竹山县														
竹溪县														
房县					4	120								
丹江口市														
市直														
宜昌市			**247**	**12534**	**22**				**2**	**66**				
西陵区														
伍家岗区														
点军区														
猇亭区														
夷陵区														
远安县														
兴山县														
秭归县														
长阳自治县														
五峰自治县														
宜都市			9	386										
当阳市			192	9780	17									
枝江市			46	2368	5				2	66				
市直														
襄阳市			**638**	**29572**	**732**	**470**			**1735**	**4159**				

续表 28

单位名称	其中：大豆收获机		油菜籽收获机		马铃薯收获机		甜菜收获机		花生收获机		棉花收获机		蔬菜收获机	
	数量(台)	数量(千瓦)	数量(台)	数量(千瓦)	数量(台)	数量(千瓦)	数量(台)	数量(千瓦)	数量(台)	数量(千瓦)	数量(台)	数量(千瓦)	数量(台)	数量(千瓦)
襄城区			4	200										
樊城区			38	2090	2	140								
襄州区			294	12469	658	330			828	350				
开发区														
南漳县														
谷城县			12	571					4	110				
保康县			3	118					1	3				
老河口市														
枣阳市			51	2499	60				426	3696				
宜城市			236	11625	12				476					
襄北农场														
市直														
鄂州市			**20**	**1035**			**18**	**90**	**5**	**300**				
梁子湖区			2	110					5	300				
华容区			3	144			18	90						
鄂城区			15	781										
开发区														
葛店开发区														
西山街办														
市直														
荆门市	**2**	**106**	**607**	**33687.5**	**9**	**233**			**90**	**3623**	**1**	**194**		
东宝区			67	4924.5										
掇刀区														
京山县			70	3500										
沙洋县			307	16483					49	2717				
钟祥市			163	8780	5	117			41	906				
屈家岭	2	106									1	194		
沙洋农场					4	116								
漳河新区														
市直														
孝感市			**576**	**25368.37**	**17**	**156**			**31**	**674.65**				
孝南区			108	5650					1	22				
孝昌县			183	10419					2	100				
大悟县			29	1494.37					7	257.65				
云梦县			32	1410	13				14					
应城市			25	835	2	76			7	295				
安陆市														
汉川市			199	5560	2	80								
市直														
荆州市	**65**	**4324**	**2166**	**101147.42**	**2**									
沙市区			90	5058										
荆州区			59	3600										
公安县			791	31600										
监利县			540	30325.42										
江陵县			234	7879										

续表 29

单位名称	其中：大豆收获机		油菜籽收获机		马铃薯收获机		甜菜收获机		花生收获机		棉花收获机		蔬菜收获机	
	数量(台)	数量(千瓦)	数量(台)	数量(千瓦)	数量(台)	数量(千瓦)	数量(台)	数量(千瓦)	数量(台)	数量(千瓦)	数量(台)	数量(千瓦)	数量(台)	数量(千瓦)
石首市	41	2884	112	3605										
洪湖市	24	1440	231	12420	2									
松滋市			91	5460										
开发区			18	1200										
市直														
黄冈市	**14**	**650**	**327**	**15725.27**	**17**	**679**			**690**	**2398.73**				
黄州区			23	893.4										
龙感湖区			63	2500.47										
团风县			34	1485	2	34								
红安县									162	861.93				
罗田县														
英山县			5	270										
浠水县	2	130	51	2805	4	220			405	944				
蕲春县			3	151.4					8	24				
黄梅县	12	520	78	4120	8	356			9	220				
麻城市			13	680	3	69			106	348.8				
武穴市			57	2820										
市直														
咸宁市	**3**	**135**	**193**	**9158**	**3**	**118**			**1**	**18**			**6**	**270**
咸安区			60	2829	1	22			1	18			6	270
嘉鱼县	3	135	26	1248										
通城县			20	1180	2	96								
崇阳县			25	1102										
通山县			36	1718										
赤壁市			26	1081										
市直														
随州市			**85**	**3315.26**	**84**	**944.37**			**10**	**125.6**				
随县			48	1935.26	8	97.37			10	125.6				
曾都区			7	350	4	53								
广水市			30	1030	72	794								
市直														
恩施自治州			**3**	**75**	**8**	**132.3**			**1**	**1**				
恩施市					4	31								
利川市					1	29								
建始县					2	60								
巴东县														
宣恩县														
咸丰县			3	75	1	12.3			1	1				
来凤县														
鹤峰县														
市直														
仙桃市	**5**	**215**												
潜江市			**933**	**50889**										
天门市	**12**	**543**	**604**	**31447**	**14**	**750**			**199**	**6116**				
神农架林区														
省直														

续表 30

单位名称	茶叶采摘机		青饲料收获机		牧草收获机		秸秆粉碎还田机(台)	秸秆捡拾打捆机	
	数量(台)	数量(千瓦)	数量(台)	数量(千瓦)	数量(台)	数量(千瓦)	数量	数量(台)	数量(千瓦)
湖北省	**38042**	**41765**	**9549**	**22084.47**	**1212**	**6883**	**21517**	**1752**	**34687.22**
武汉市	**191**	**248**	**105**	**637.8**			**906**	**36**	**440**
洪山区							15		
东西湖区			2	100			37	1	15
汉南区			2	382.2			161	7	
蔡甸区							384		
江夏区	27	65	10	13			109	2	50
黄陂区	121	121	34	23.8			124	3	47
新洲区	43	62	57	118.8			76	23	328
市直									
黄石市	**12**	**36**	**4429**	**8467.43**	**756**	**6048**	**202**	**111**	**2580.4**
黄石港区							3		
西塞山区									
下陆区									
铁山区									
阳新县	12	36	1	103	756	6048	71	106	2491
大冶市			4428	8364.43			125	5	89
经济开发区							3		
市直									
十堰市	**263**	**1112**	**2**	**125**	**3**	**39**	**105**	**38**	**293**
茅箭区									
张湾区								2	12
郧阳区	140	434	2	125	3	39	18	24	144
郧西县	22	44						3	45
竹山县	30	450					10		
竹溪县							65		
房县	65	172						9	92
丹江口市	6	12					12		
市直									
宜昌市	**10448**	**9823.8**	**179**	**3094**	**78**	**193**	**885**	**59**	**300**
西陵区									
伍家岗区									
点军区	32	24							
猇亭区									
夷陵区	3157	4282	121	278	78	193	22	1	50
远安县			2				103	6	40
兴山县									
秭归县	168	90							
长阳自治县	738	326.4					1		
五峰自治县									
宜都市	6353	5101.4					362		
当阳市			1	66			76	46	
枝江市			55	2750			321	6	210
市直									
襄阳市	**457**	**1064.87**	**42**	**1350**	**45**		**9568**	**484**	**8797**

续表 31

单位名称	茶叶采摘机		青饲料收获机		牧草收获机		秸秆粉碎还田机(台)	秸秆捡拾打捆机	
	数量(台)	数量(千瓦)	数量(台)	数量(千瓦)	数量(台)	数量(千瓦)	数量	数量(台)	数量(千瓦)
襄城区									
樊城区			3				82	2	30
襄州区			3	240			1070	120	7780
开发区									
南漳县							863	246	
谷城县	204	523					78	5	110
保康县	253	541.87						2	20
老河口市							2870		
枣阳市			36	1110			3782	34	857
宜城市					45		798	75	
襄北农场							25		
市直									
鄂州市	**46**	**111**	**733**	**801.4**	**325**	**358**	**126**	**1**	
梁子湖区	38	38	331	364.1			56		
华容区					325	358	18		
鄂城区	8	73	357	357			50		
开发区			44	47.3			1		
葛店开发区			1	33			1	1	
西山街办									
市直									
荆门市	**3**	**4**	**21**	**820**			**3591**	**351**	**10404.12**
东宝区								86	3519.18
掇刀区							77	44	1617
京山县							876	30	450
沙洋县			8	820			15	128	4580
钟祥市	3	4	13				2195	43	
屈家岭							400	2	40
沙洋农场							8		
漳河新区							20	18	197.94
市直									
孝感市	**50**	**89.85**	**3**	**2.10**			**819**	**86**	**163**
孝南区							205		
孝昌县							186	5	77.5
大悟县	29	47.85	3	2.10			20	1	25.5
云梦县							70		
应城市							118	2	60
安陆市	21	42					85	68	
汉川市							135	10	
市直									
荆州市			**3**	**120**			**3017**	**175**	**4337**
沙市区							175	30	
荆州区							526	40	
公安县			3	120			276	30	600
监利县							168	9	360
江陵县							223	8	120

续表 32

单位名称	茶叶采摘机		青饲料收获机		牧草收获机		秸秆粉碎还田机(台)	秸秆捡拾打捆机	
	数量(台)	数量(千瓦)	数量(台)	数量(千瓦)	数量(台)	数量(千瓦)	数量	数量(台)	数量(千瓦)
石首市							283	5	125
洪湖市							1042	48	2852
松滋市							160		
开发区							164	5	280
市直									
黄冈市	**6187**	**11254.19**	**2322**	**3985.35**	**5**	**245**	**1136**	**234**	**2351.95**
黄州区			10	23			45	20	332
龙感湖区							142	4	220
团风县							55	13	767
红安县	377	591.19	542	925.75			37	13	205
罗田县			552	385			58		
英山县	5724	10395							
浠水县	85	267					361	2	80
蕲春县			1200	1385			2	1	28.45
黄梅县	1	1	5	285	5	245	341	20	
麻城市			5	553			9	109	45
武穴市			8	429			86	52	675
市直									
咸宁市	**1515**	**4066.68**	**1684**	**2242**			**259**	**31**	**1696.75**
咸安区	244	1336.18						11	787.75
嘉鱼县			1509	1509			65	9	450
通城县	208	443	160	176			32	1	54
崇阳县	45	67.50					5		
通山县	283	627	15	557			125	10	405
赤壁市	735	1593					32		
市直									
随州市	**285**	**313.28**	**14**	**84**			**215**	**4**	**132**
随县	285	313.28							
曾都区							195		
广水市			14	84			20	4	132
市直									
恩施自治州	**18585**	**13641.18**	6	**3.39**			12	20	30
恩施市	2973	2989							
利川市	2504	2349.49					5	20	30
建始县	110	120							
巴东县	20	22							
宣恩县	2731	1365							
咸丰县	1247	493.69	1	0.39					
来凤县	15	13	5	3			7		
鹤峰县	8985	6289							
市直									
仙桃市							**19**	**15**	
潜江市							**70**	**64**	**2342**
天门市			**6**	**352**			**587**	**43**	**820**
神农架林区									
省直									

续表 33

单位名称	玉米收获专用割台(台)	大豆收获专用割台(台)	油菜籽收获专用割台(台)	(六)收获后处理机械 1.机动脱粒机		2.谷物烘干机		3.种子加工机械		保鲜储藏设备	
	数量	数量	数量	数量(台)	数量(千瓦)	数量(台)	数量(千瓦)	数量(台)	数量(千瓦)	数量(台/套)	数量(千瓦)
湖北省	**5044**	**568**	**6948**	**369468**	**817818.74**	**4710**	**129150.13**	**793**	**4950.3**	**21855**	**147015.19**
武汉市	**178**	**9**	**77**	**14286**	**51181**	**116**	**1025.81**	**8**	**93**	**16**	**168**
洪山区				235	2338					2	80
东西湖区						8	78.16				
汉南区	43			424	3731	2	95.30				
蔡甸区	123	9	61	2557		3	210				
江夏区	10		5	2925	8769	18	234	7	91		
黄陂区	2		5	4850	7200	42	328.35	1	2	3	6
新洲区			6	3202	28821	43	80			6	15
市直				93	322					5	67
黄石市	**3**		**21**	**10084**	**42403**	**144**	**5919**	**15**	**130**	**9**	**54**
黄石港区											
西塞山区				7	14						
下陆区				6	12						
铁山区											
阳新县				2592	9331	78	4212				
大冶市	3		21	7290	32451	64	1655	15	130	2	12
经济开发区				189	595	2	52			7	42
市直											
十堰市	**2**			**76096**	**153702.9**	**155**	**3328**	**56**	**431**	**5779**	**7476.7**
茅箭区				170	385						
张湾区				1172	1318.9	11	30			4	88.2
郧阳区	2			19000	44236	18	148	26	186	165	975
郧西县				17331	25778	7	42	12	47	258	1290
竹山县				7800	28300					4800	446.5
竹溪县				2846	9245	78	2425			172	1424
房县				22061	32836	41	683	18	198	350	2803
丹江口市				5716	11604					30	450
市直											
宜昌市	**262**		**72**	**66539**	**79024.91**	**72**	**2543.55**	**13**	**0**	**246**	**2708.05**
西陵区										2	20
伍家岗区											
点军区											
猇亭区										5	100
夷陵区	3			5625	6672	2	40			50	900
远安县			10	4240	2595	5				72	600
兴山县				7653	8473.64	6	18			10	94.5
秭归县				5576	3421					4	62
长阳自治县				22432	24675.2	1	8.55			69	348.55
五峰自治县				14649	24903.3						
宜都市			3	4531	8284.77					20	437
当阳市	73		59			38	2477			14	146
枝江市	186			1833		20		13			
市直											
襄阳市	**3366**	**110**	**720**	**33880**	**73022.95**	**1099**	**17733**	**309**	**1303**	**293**	**52264**

续表 34

单位名称	玉米收获专用割台(台)	大豆收获专用割台(台)	油菜籽收获专用割台(台)	(六)收获后处理机械		2.谷物烘干机		3.种子加工机械		保鲜储藏设备	
				1.机动脱粒机							
	数量	数量	数量	数量(台)	数量(千瓦)	数量(台)	数量(千瓦)	数量(台)	数量(千瓦)	数量(台/套)	数量(千瓦)
襄城区				350	1050						
樊城区	8					1	30			1	45
襄州区	50	10	148			510	14800				
开发区	5		5								
南漳县	786	27	124	15236	45708	29	267			17	51000
谷城县			11	1060	12717	8	160			11	580
保康县			27	14180	8940.95	12	60	2	4	254	539
老河口市	150			1300							
枣阳市	2200	73	105	1754	4607	482	1806	297	1299		
宜城市	159		299			57	610			10	100
襄北农场	8		1					10			
市直											
鄂州市			**26**	**7687**	**16974.4**	**55**	**870**	**8**	**30.4**	**58**	**2477.8**
梁子湖区			6	2515	5032.4	28	330	2		44	2200
华容区			5	2100	5200	10	200	1	18.4	2	36.8
鄂城区			15	2825	6248	17	340	5	12	12	241
开发区				135	270						
葛店开发区				112	224						
西山街办											
市直											
荆门市	**546**	**318**	**3103**	**1112**	**5273**	**286**	**8982.2**	**154**	**1675.5**	**114**	**3065**
东宝区			796	685	1713	9	380			19	325
掇刀区	3		485	34	299	12	103				
京山县		16	230	175	875	33	660			42	420
沙洋县	56	6	334			155	4185			1	5
钟祥市	418	276	916	212	2386	40	1390	5	50	48	2240
屈家岭	65	15	20			5	196	145	1522.5		
沙洋农场	3	5				32	2068	4	103		
漳河新区	1		322	6						4	75
市直											
孝感市	**146**		**923**	**9421**	**20204.3**	**355**	**3861.7**	**2**	**4.4**	**73**	**300**
孝南区	4		52	710	2130	34	519			6	120
孝昌县	2		143			10	90				
大悟县			18	8591	18074.3	9	176.7	2	4	67	180
云梦县	52		32	120		114	1067				
应城市	1		580			14	280				
安陆市	15		38			91	1729				
汉川市	72		60			83					
市直											
荆州市	**342**	**7**	**702**	**3260**	**1137**	**646**	**43163.64**	**24**	**240**	**53**	**558**
沙市区						43	4300				
荆州区	14					34					
公安县			304	1185		57	5700	9	90	20	200
监利县	47			334		173	10832				
江陵县	2		125			135	9600				

续表 35

单位名称	玉米收获专用割台(台)	大豆收获专用割台(台)	油菜籽收获专用割台(台)	(六)收获后处理机械 1.机动脱粒机		2.谷物烘干机		3.种子加工机械		保鲜储藏设备	
	数量	数量	数量	数量(台)	数量(千瓦)	数量(台)	数量(千瓦)	数量(台)	数量(千瓦)	数量(台/套)	数量(千瓦)
石首市	178	2	189	778		47	4738	15	150	9	90
洪湖市	52	5	5	948	1137	126	4893.64			24	268
松滋市	49	0	79	15	0	27	2700	0	0	0	0
开发区						4	400				
市直											
黄冈市	**17**	**52**	**416**	**45438**	**138706.17**	**666**	**14982.46**	**22**	**125**	**75**	**849.82**
黄州区				103	258.2	9	802.3			1	1.5
龙感湖区	15		63			50	4630				
团风县			34	1537	3378	59	1613	3	69	3	120
红安县				6113	15546.37	29	402.36	15	33	38	636.32
罗田县			58	5951	8311	56	748				
英山县				2253	24783	25	560				
浠水县		52	141	10317	22965	64	1170				
蕲春县				6787	28902.5	77	980.4			3	30
黄梅县			5	852	3585	118	1770	2	16		
麻城市	1		23	10523	22952.1	85	426.4			2	4
武穴市	1		92	1002	8025	94	1880	2	7	28	58
市直											
咸宁市	**42**		**313**	**15240**	**36064**	**223**	**10989**	**50**	**360**	**10383**	**6713**
咸安区	17		268	2140	6420	22	2200	24	360		
嘉鱼县	25			1757	8702	49	1821				
通城县			20	1151	3914	16	179	26		39	702
崇阳县			10	8250	9100	26	1170			360	720
通山县			15	749	2996	15	188			9984	5291
赤壁市				1193	4932	95	5431				
市直											
随州市	**27**		**47**	**6222**	**18517.83**	**217**	**2795.56**	**11**	**110**	**41**	**1652**
随县				832	2472.83	153	1049.06	11	110	15	1500
曾都区			17	479	1226	33	1246.5			4	20
广水市	27		30	4911	14819	31	500			22	132
市直											
恩施自治州	**1**			**76527**	**175466.28**	**218**	**1585.21**	**76**	**258**	**4668**	**35622.82**
恩施市				5762	8395					1144	1568
利川市				17671	63265	59	1005.4	5	38	182	2393
建始县	1			8921	17456	120	360	51	120	1167	23514.18
巴东县				8431	18548	28	126			1581	5193
宣恩县				4810	7700	5	55			308	1694
咸丰县				10814	31191.58	6	38.81			221	969.64
来凤县				5618	12961			20	100	65	291
鹤峰县				14500	15950						
市直											
仙桃市	**96**	**20**	**325**	**50**	**440**	**147**	**7782**				
潜江市	**12**			**2568**	**5239**	**125**	**1562**	**41**	**170**	**33**	**31356**
天门市	**4**	**52**	**203**	**1058**	**462**	**186**	**2027**	**4**	**20**	**14**	**1750**
神农架林区											
省直											

续表 36

单位名称	(七)设施农业设备 1.水稻工厂化育秧设备(套)	2.温室(平方米)	其中：设施总面积(平方米)	连栋温室(平方米)	日光温室(平方米)	塑料大棚(平方米)	四、农产品初加工机械 (一)农产品初加工动力机械	
	数量	数量	数量	数量	数量	数量	数量(台)	数量(千瓦)
湖北省	**2481**	**962269914**	**940700275.30**	**32034738**	**20532565**	**888132972**	**979820**	**4762181.29**
武汉市	**54**	**145750850**	**145750850**	**2958670**	**10333850**	**132458330**	**26593**	**291956.63**
洪山区							907	8911
东西湖区		27790000	27790000	766670		27023330	281	5496
汉南区		1179000	1179000			1179000	1573	14291
蔡甸区	43	17680000	17680000			17680000	3986	58384
江夏区		23200000	23200000	220000		22980000	6397	61674
黄陂区	9	53671850	53671850	132000	10333850	43206000	6557	82480.45
新洲区	2	22230000	22230000	1840000		20390000	6772	59868.18
市直							120	852
黄石市	**45**	**69598145**	**48271334**	**16681334**	**70000**	**31520000**	**10675**	**99934.35**
黄石港区								
西塞山区		1790000	1790000	240000		1550000	21	169.60
下陆区								
铁山区								
阳新县	39	38778000	18278000	8000	70000	18200000	2616	19620
大冶市	3	29030145	28203334	16433334		11770000	7885	79449.15
经济开发区	3						153	695.6
市直								
十堰市	**1**	**76767500**	**76730900**	**11380**	**200100**	**76519420**	**84359**	**469467.45**
茅箭区							75	570
张湾区		2201100	2201100		66700	2134400	2637	13078.85
郧阳区		2550000	2513400		133400	2380000	5080	36991
郧西县		4022000	4022000			4022000	22370	132340
竹山县		13880000	13880000			13880000	11932	81771.6
竹溪县		46549500	46549500	1080		46548420	16289	40875
房县	1	5800000	5800000			5800000	18726	107533
丹江口市		1764900	1764900	10300		1754600	7250	56308
市直								
宜昌市	**11**	**50675590**	**50674090**	**661700**	**1710800**	**48301590**	**170123**	**578840.99**
西陵区							5	20
伍家岗区							128	511
点军区							807	5418
猇亭区							5	100
夷陵区		10278000	10276500	110500		10166000	21938	107738
远安县	4	5210000	5210000	500000	710000	4000000	1281	17514.99
兴山县		1870000	1870000			1870000	18977	60176.5
秭归县		300000	300000			300000	36126	62618
长阳自治县		170000	170000			170000	27516	116616.1
五峰自治县		180000	180000	40000	40000	100000	43612	67424
宜都市		7767590	7767590			7767590	7502	47155.4
当阳市	4	11600000	11600000	2000		11598000	2921	27707
枝江市	3	13300000	13300000	9200	960800	12330000	9305	65842
市直								
襄阳市	**27**	**45900327**	**45896327**	**14500**	**5020**	**45876807**	**88245**	**452128**

续表 37

单位名称	(七)设施农业设备 1.水稻工厂化育秧设备(套)	2.温室(平方米)	其中：设施总面积(平方米)	连栋温室(平方米)	日光温室(平方米)	塑料大棚(平方米)	四、农产品初加工机械 (一)农产品初加工动力机械	
	数量	数量	数量	数量	数量	数量	数量(台)	数量(千瓦)
襄城区							5151	70640
樊城区							953	9073.5
襄州区	2	14900000	14900000	2500	5000	14892500	3320	24053
开发区	2							
南漳县	1	10005	10005			10005	3863	57945
谷城县	11	6800000	6800000	6030		6793970	7972	42487
保康县							50941	96784
老河口市	3	3198000	3194000	4000		3190000	3600	30000
枣阳市		20990000	20990000			20990000	9791	91712
宜城市	8	2322	2322	1970	20	332	2571	28617
襄北农场							83	816.5
市直								
鄂州市	**9**	**13325200**	**13325200**	**13500**		**13311700**	**9110**	**141389**
梁子湖区		3170000	3170000			3170000	3745	71710
华容区	8	6995200	6995200	13500		6981700	1400	24653
鄂城区	1	3160000	3160000			3160000	3910	41810
开发区							3	18
葛店开发区							52	3198
西山街办								
市直								
荆门市	**65**	**62772000**	**62772000**	**583000**	**947900**	**61241100**	**14495**	**133633**
东宝区	8	5391000	5391000	80000	135000	5176000	1736	16697
掇刀区	11	4499000	4499000		55000	4444000	430	5251
京山县	9	20446000	20446000	6000		20440000	3170	29635
沙洋县	17	12713000	12713000	14000	36900	12662100	4688	26947
钟祥市	16	18880000	18880000	468000	681000	17731000	3936	46214
屈家岭							82	1506
沙洋农场	3	5000	5000	5000			234	4455
漳河新区	1	838000	838000	10000	40000	788000	219	2928
市直								
孝感市	**55**	**216563000**	**216563000**	**8999420**	**835000**	**206728580**	**24642**	**178664.29**
孝南区	5	910000	910000	87500		822500	2390	26017
孝昌县	16	13160000	13160000	63120		13096880	5739	44205
大悟县	5	4950000	4950000	2573800		2376200	5607	34198.29
云梦县		26973000	26973000			26973000	2161	18723
应城市	8	119850000	119850000	275000	815000	118760000	2178	18307
安陆市	18	21150000	21150000			21150000	2467	27324
汉川市	3	29570000	29570000	6000000	20000	23550000	4100	9890
市直								
荆州市	**272**	**64555600**	**64525600**	**230000**		**64295600**	**47220**	**395865.5**
沙市区		3660000	3630000	30000		3600000	671	5591
荆州区	44	8260000	8260000			8260000	2650	11970
公安县	6	22870000	22870000	10000		22860000	5300	52823
监利县	122	8010000	8010000	130000		7880000	20664	170444
江陵县	7	1820000	1820000	30000		1790000	1502	19145

续表 38

单位名称	(七)设施农业设备	2.温室(平方米)	其中：设施总面积(平方米)	连栋温室(平方米)	日光温室(平方米)	塑料大棚(平方米)	四、农产品初加工机械	
	1.水稻工厂化育秧设备(套)						(一)农产品初加工动力机械	
	数量	数量	数量	数量	数量	数量	数量(台)	数量(千瓦)
石首市	4	9805600	9805600			9805600	6352	34051
洪湖市	86	6660000	6660000	20000		6640000	5149	49163
松滋市	3	3470000	3470000	10000		3460000	4609	50055
开发区							323	2623.5
市直								
黄冈市	**1097**	**66211570**	**66040842.3**	**323421**	**121325**	**65596096.3**	**79425**	**549324.9**
黄州区	1	11210000	11210000			11210000	808	9474.57
龙感湖区	2	500000	500000			500000	393	20553.90
团风县	8	430000	430000			430000	5954	37357
红安县	388	594560	591325		4825	586500	4698	52885.53
罗田县	1	15390000	15390000			15390000	8400	67230
英山县		2530010	2530010			2530010	28685	93010
浠水县	11	580000	580000	11600		568400	10001	56378
蕲春县	11	5432000	5264507.3	3486		5261021.3	3834	42392.4
黄梅县	2	3395000	3395000		116500	3278500	6132	57512
麻城市	648	23870000	23870000	11935		23858065	7705	79979.5
武穴市	25	2280000	2280000	296400		1983600	2815	32552
市直								
咸宁市	**13**	**27340364**	**27340364**	**327040**	**254000**	**26759324**	**28062**	**229645.8**
咸安区	3	1438327	1438327	71660		1366667	4420	43851.8
嘉鱼县		14620000	14620000	255380	253000	14111620	3199	30555
通城县	2	1091930	1091930		1000	1090930	6093	37240.
崇阳县		20000	20000			20000	4820	43188.
通山县	5	814107	814107			814107.	6163.	28854
赤壁市	3	9356000	9356000			9356000.	3367	45957.
市直								
随州市	**758**	**27736868**	**27736868**	**166305**	**5703300**	**21867263**	**18398**	**134393.83**
随县	721	15660000	15660000		4591000	11069000	8080	66516.49
曾都区	25	4072868	4072868	166305	1112300	2794263	3719	32447.34
广水市	12	8004000	8004000			8004000	6599	35430
市直								
恩施自治州	**10**	**10087000**	**10087000**	**961600**		**9125400**	**318117**	**617998.95**
恩施市		3510000	3510000	310000		3200000	13400	84153
利川市	10	2937000	2937000	640000		2297000	46805	106826
建始县		630000	630000			630000	68473	82743.65
巴东县		740000	740000			740000	87800	104728
宣恩县		200000	200000	11600		188400	53495	87955
咸丰县		250000	250000			250000	8769	40348.3
来凤县		1680000	1680000			1680000	14236	51850
鹤峰县		140000	140000			140000	25139	59395
市直								
仙桃市	**4**	**15369000**	**15369000**	**9000**		**15360000**	**6685**	**84689**
潜江市		**14441500**	**14441500**	**20000**		**14421500**	**16789**	**195879**
天门市	**60**	**54860000**	**54860000**	**71200**	**351270**	**54437530**	**13242**	**142286**
神农架林区		**315400**	**315400**	**2668**		**312732**	**23640**	**66084.6**
省直								

续表 39

单位名称	其中：柴油机		电动机		(二)农产品初加工作业机械	其中：1.粮食加工机械	2.油料加工机械	3.棉花加工机械
	数量(台)	数量(千瓦)	数量台)	数量(千瓦)	数量(台/套)	数量(台)	数量(台)	数量(台)
湖北省	**131700**	**1136376.82**	**836802**	**3581033.67**	**956931**	**728480**	**47648**	**15343**
武汉市	**4674**	**65681.90**	**21919**	**226274.73**	**15413**	**7528**	**1592**	**689**
洪山区			907	8911	84			
东西湖区	8	224	273	5272	175	82		23
汉南区	81	2511	1492	11780	727	66		56
蔡甸区	698	13199	3288	45185	974	859	50	57
江夏区	769	8650	5628	53024	6779	2827	304	90
黄陂区	1192	19200	5365	63280.45	3999	1947	873	174
新洲区	1914	21748.90	4858	38119.28	2554	1657	357	286
市直	12	149	108	703	121	90	8	3
黄石市	**1660**	**12918.60**	**9015**	**87015.75**	**8410**	**5447**	**1374**	**259**
黄石港区					4	1	2	1
西塞山区			21	169.6	22	10	9	3
下陆区					12	12		
铁山区								
阳新县	888	6660	1728	12960	3523	1402	789	7
大冶市	712	5850	7173	73599.15	4784	3967	566	246
经济开发区	60	408.60	93	287	65	55	8	2
市直								
十堰市	**23823**	**182378.50**	**54813**	**269863.35**	**111785**	**67687**	**5162**	**361**
茅箭区			75	570	13	4		
张湾区	325	2437.50	2312	10641.35	2124	851	43	
郧阳区	880	6505	4200	30486	8430	7050	600	15
郧西县	7110	59750	14672	72270	34418	13364	1012	34
竹山县	6770	40174	4662	34965	16929	13419	800	260
竹溪县	420	2655	15865	36667	15325	10244	1297	
房县	5408	44629	8687	54184	22446	18745	698	52
丹江口市	2910	26228	4340	30080	12100	4010	712	
市直								
宜昌市	**13749**	**100901.39**	**156156**	**476554.80**	**188456**	**162059**	**3759**	**638**
西陵区			5	20	6	5	1	
伍家岗区	128				8	8		
点军区	39	724	766	4620	1028		42	
猇亭区					5			
夷陵区	1238	12927	20489	94280	29877	23434	651	
远安县	309	4054.99	972	13460	587	137	100	
兴山县	5123	16593	13854	43583.5	18292	15432	275	
秭归县	420	3576	35706	59042	54439	52170	346	
长阳自治县	4192	46113	23324	70334.3	25890	21355	298	
五峰自治县	103	742	43509	66682	43612	41559	114	
宜都市	897	7846.4	6605	39309	7004	2784	236	10
当阳市	41	339	2880	27368	2386	1950	271	70
枝江市	1259	7986	8046	57856	5322	3225	1425	558
市直								
襄阳市	**8449**	**64844**	**79496**	**387284**	**79889**	**56581**	**11829**	**3093**

续表 40

单位名称	其中：柴油机		电动机		(二)农产品初加工作业机械	其中：1.粮食加工机械	2.油料加工机械	3.棉花加工机械
	数量(台)	数量(千瓦)	数量台)	数量(千瓦)	数量(台/套)	数量(台)	数量(台)	数量(台)
襄城区	1220	11100	3931	59540	741	189	518	34
樊城区	278	3336	375	5737.50	210	180	10	20
襄州区	460	4048	2860	20005	2685	1820	650	215
开发区								
南漳县	300	4500	3563	53445	4869	4410	281	
谷城县	2169	5260	5803	37227	4819	2356	557	83
保康县	1269	11968	49672	84816	41469	34223	2169	
老河口市	1000	10400	2600	19600	7910	5500	1700	710
枣阳市	1753	14232	8038	77480	11338	4201	4157	1753
宜城市			2571	28617	5792	3684	1787	278
襄北农场			83	816.50	56	18		
市直								
鄂州市	**2358**	**24626**	**6652**	**116762**	**4993**	**3332**	**374**	**234**
梁子湖区	854	6958	2791	64752	2892	1666	166	45
华容区	510	5821	890	18832	435	330	35	70
鄂城区	980	11685	2930	30124	1614	1302	165	110
开发区	2	12	1	6				
葛店开发区	12	150	40	3048	52	34	8	9
西山街办								
市直								
荆门市	**1385**	**15895**	**13110**	**117738**	**8470**	**5773**	**1861**	**627**
东宝区	483	3944	1253	12753	1654	1223	294	72
掇刀区			430	5251	139	58	52	28
京山县	855	11115	2315	18520	2005	1505	365	135
沙洋县			4688	26947	1603	1085	395	123
钟祥市	47	836	3889	45378	2197	1320	654	147
屈家岭			82	1506	275	145	25	105
沙洋农场			234	4455	270	240	20	
漳河新区			219	2928	327	197	56	17
市直								
孝感市	**3745**	**35593.69**	**20883**	**142791.6**	**18992**	**9039**	**3612**	**1250**
孝南区	505	5737	1885	20280	2390	1675	470	155
孝昌县	615	4920	5110	39010	3060	1200	730	330
大悟县	623	9164.69	4984	25033.6	8944	2920	1528	423
云梦县	175	1923	1986	16800	460	320	140	
应城市	611	5771	1567	12536	1576	1025	374	50
安陆市	466	5592	2001	21732	1846	1519	195	132
汉川市	750	2486	3350	7400	716	380	175	160
市直								
荆州市	**25147**	**200819**	**19393**	**181944.5**	**30366**	**17541**	**3267**	**2027**
沙市区	107	1983	564	3608	342	237	48	57
荆州区					1596	380	120	310
公安县	2279	22853	3021	29970	4872	1843	434	347
监利县	16081	124824	4583	45620	9360	8041	773	535
江陵县	125	5375	1377	13770	564	355	148	61

续表 41

单位名称	其中：柴油机		电动机		(二)农产品初加工作业机械	其中：1.粮食加工机械	2.油料加工机械	3.棉花加工机械
	数量(台)	数量(千瓦)	数量台)	数量(千瓦)	数量(台/套)	数量(台)	数量(台)	数量(台)
石首市	3538	18654	2813	15397	5667	2741	420	306
洪湖市	1283	11624	3866	36639	3837	1166	209	270
松滋市	1713	15413	2867	34410	4048	2735	1099	132
开发区	21	93	302	2530.5	80	43	16	9
市直								
黄冈市	**13561**	**117684.98**	**64281**	**420871.52**	**77431**	**58263**	**5477**	**3479**
黄州区	15	347.18	793	9127.39	213	137	34	42
龙感湖区			393	20553.9	393	194	136	36
团风县	883	12113	5071	25244	2009	1623	131	38
红安县	886	7985.6	3812	44899.93	4107	2631	762	130
罗田县	1400	15780	7000	51450	11333	10080	1023	
英山县	970	4400	27132	86700	31590	26214	428	
浠水县	3442	17675	6559	38703	6739	5317	719	305
蕲春县	610	7372	3224	34962	4093	1931	612	352
黄梅县	1797	14851	4335	42661	5340	2217	285	1443
麻城市	3381	33766.2	4324	46213.3	7701	6202	896	262
武穴市	177	3395	1638	20357	3913	1717	451	871
市直								
咸宁市	**2824**	**27607.4**	**25238**	**202038.4**	**28938**	**23844**	**1773**	**434**
咸安区	1139	11596.4	3281	32255.4	3668	2646	413	70
嘉鱼县	438	3921	2761	26634	2081	1556	356	70
通城县	526	4896	5567	32344	6368	5426	434	109
崇阳县	252	2268	4568	40920	4857	3875	78	50
通山县	254	2170	5909	26684	7345	6758	136	
赤壁市	215	2756	3152	43201	4619	3583	356	135
市直								
随州市	**9028**	**59495.67**	**8770**	**74898.16**	**10048**	**6250**	**1442**	**502**
随县	6306	46083.33	1174	20433.16	2614	1788	506	193
曾都区	888	8886.34	2831	23561	3227	1165	393	89
广水市	1834	4526	4765	30904	4207	3297	543	220
市直								
恩施自治州	**8690**	**81535.89**	**309427**	**536453.06**	**351917**	**289402**	**3237**	**50**
恩施市	3325	30569	10075	53584	59026	50388	287	
利川市	509	4830	46296	101996	51297	42559	354	50
建始县	353	4738	68120	77995.65	40000	35568	800	
巴东县	987	9194	86813	95534	85824	83348	824	
宣恩县	245	2840	53250	85115	53210	24750	143	
咸丰县	2578	22364.89	6191	17983.41	16054	12911	432	
来凤县	251	2200	13985	49650	15765	14710	164	
鹤峰县	442	4800	24697	54595	30741	25168	233	
市直								
仙桃市	**70**	**650**	**6615**	**84039**	**6175**	**5280**	**520**	**335**
潜江市	**7047**	**86208**	**9642**	**107671**	**6852**	**4442**	**1848**	**541**
天门市	**5398**	**58819**	**7844**	**83467**	**8796**	**6012**	**521**	**824**
神农架林区	**92**	**718**	**23548**	**65366.80**				
省直								

续表 42

单位名称	4.果蔬加工机械(台/套)	5.茶叶加工机械(台/套)	五、畜牧养殖机械		其中：1.饲草料加工机械		2.畜牧饲养机械		3.畜产品采集加工机械	
	数量	数量	数量(台/套)	数量(千瓦)	数量(台/套)	数量(千瓦)	数量(台/套)	数量(千瓦)	数量(台/套)	数量(千瓦)
湖北省	**12518**	**99586**	**485097**	**1067808.91**	**351217**	**777202.99**	**107741**	**208316.46**	**5152**	**11984.32**
武汉市	**181**	**1318**	**17481**	**52141.3**	**3768**	**29558.7**	**12777**	**16910.3**	**111**	**1509.2**
洪山区	46	38								
东西湖区		7	36		19		17			
汉南区			100	635	46	512	54	122.50		
蔡甸区	7	1	521	4180	510	4114	10	58	1	8
江夏区		121	5462	7412.3	611	4287	4851	3125		
黄陂区	38	967	2558	17887.7	1516	11482.7	478	2257	5	11.2
新洲区	70	184	8784	21832.8	1051	9005	7367	11347.8	101	1468
市直	20		20	194	15	158			4	22
黄石市	**347**	**96**	**5598**	**32523.50**	**1287**	**10465.50**	**4311**	**21058**		
黄石港区			3	9	3	9				
西塞山区										
下陆区			10	30	5	15	5	15		
铁山区			1	1	1	1				
阳新县	347	91	928	13779	94	269	834	12510		
大冶市		5	4627	18617.5	1155	10084.50	3472	8533		
经济开发区			29	87	29	87				
市直										
十堰市	**2162**	**8587**	**58551**	**120106.50**	**43585**	**88129.5**	**9826**	**23888**	**4118**	**5182**
茅箭区	1	8	20	400	20	400				
张湾区	2	1228	800	4297.5	800	4297.5				
郧阳区	90	675	7010	39520	4800	35800	2210	3720		
郧西县	412	876	12915	23400	12428	18565	475	4697		
竹山县	650	1800	6900	13872	5400	6372	1500	7500		
竹溪县	596	2564	11048	16858	335	1108	5585	7799	4118	5182
房县	338	1102	15528	9129	15472	8957	56	172		
丹江口市	73	334	4330	12630	4330	12630				
市直										
宜昌市	**1328**	**16754**	**25892**	**88498.79**	**20528**	**70293.62**	**2471**	**2069.05**	**74**	**388**
西陵区			1	8	1	8				
伍家岗区			41	186	24	134				
点军区	27	49								
猇亭区	5		110	220			110	220		
夷陵区	453	4259	3231	17587	2928	16996	285	483	16	98
远安县	6	344	2796	15451.59						
兴山县	67	591	2825	4521.9	2506	4131.10	318	390.80		
秭归县	104	1819	5700	7447	5700	7447				
长阳自治县	261	3976	668	2885.30	668	2885.30				
五峰自治县	83	1856	551	310	551	310				
宜都市	164	3810	4407	6478	3969	5918.22	438	555.25		
当阳市	45	49	3185	13512	1809	12872	1315	350	58	290
枝江市	113	1	2377	19892	2372	19592	5	70		
市直										
襄阳市	**1052**	**7076**	**11655**	**30821.2**	**9793**	**25003.2**	**1558**	**1718**		

续表 43

单位名称	4.果蔬加工机械(台/套)	5.茶叶加工机械(台/套)	五、畜牧养殖机械		其中：1.饲草料加工机械		2.畜牧饲养机械		3.畜产品采集加工机械	
	数量	数量	数量(台/套)	数量(千瓦)	数量(台/套)	数量(千瓦)	数量(台/套)	数量(千瓦)	数量(台/套)	数量(千瓦)
襄城区			304	4100						
樊城区			78	610	78	610				
襄州区			560	3763	530	3720	30	43		
开发区										
南漳县	27	151								
谷城县	17	1595	311	1428	222	1161	89	267		
保康县	189	4888	4751	8822.2	4150	8822.2	601			
老河口市			1300		1300					
枣阳市	785	442	3323	9030	2918	7622	405	1408		
宜城市	34		1011	2890	578	2890	433			
襄北农场			17	178	17	178				
市直										
鄂州市	**38**	**62**	**1858**	**21224**	**1084**	**13844**	**742**	**6601**	**10**	**20**
梁子湖区	23	40	612	7240	240	3360	362	3720	10	20
华容区			610	6921	330	3621	260	2700		
鄂城区	15	22	610	6933	504	6813	106	111		
开发区			26	130	10	50	14	70		
葛店开发区										
西山街办										
市直										
荆门市	**102**	**107**	**2133**	**16507.8**	**1906**	**15371.8**	**227**	**1136**		
东宝区	36	29	10	70	6	45	4	25		
掇刀区		1	99	1303.8	99	1303.8				
京山县			1045	5225	1045	5225				
沙洋县			261	2330	51	1410	210	920		
钟祥市	66	10	706	7375	693	7184	13	191		
屈家岭										
沙洋农场		10								
漳河新区		57	12	204	12	204				
市直										
孝感市	**892**	**4199**	**15765**	**56459.60**	**4930**	**30366.26**	**7763**	**14853.34**	**391**	**1369**
孝南区		90	855	9300	840	9240	15	60		
孝昌县		800	6500	9327	810	3210	3900	3600		
大悟县	831	3242	2487	9396.60	2431	8471.26	56	925.34		
云梦县			1092	8976	201	1622				
应城市	60	67	1288	12736	283	4173	1005	8563		
安陆市			1243	6724	365	3650	487	1705	391	1369
汉川市	1		2300				2300			
市直										
荆州市	**69**	**83**	**13089**	**64754.18**	**4878**	**49416.18**	**8190**	**15016**		
沙市区			713	2054	180	963	533	1091		
荆州区	16		1451	6280	321	4070	1130	2210		
公安县	7	26	1923	6245	691	4893	1232	1352		
监利县		11	3094	25853	707	21080	2387	4773		
江陵县			1054	3456.18	339	1730.18	715	1426		

续表 44

单位名称	4.果蔬加工机械(台/套)	5.茶叶加工机械(台/套)	五、畜牧养殖机械		其中：1.饲草料加工机械		2.畜牧饲养机械		3.畜产品采集加工机械	
	数量	数量	数量(台/套)	数量(千瓦)	数量(台/套)	数量(千瓦)	数量(台/套)	数量(千瓦)	数量(台/套)	数量(千瓦)
石首市		10	1728	3874	866	2329	862	1545		
洪湖市		36	925	2026	415	1006	510	1020		
松滋市	34		2105	14735	1340	13269	744	1444		
开发区	12		96	231	19	76	77	155		
市直										
黄冈市	**352**	**6866**	**70974**	**169502.79**	**36103**	**110405.69**	**34256**	**56336.06**	**233**	**1655.12**
黄州区			196	831	61	612.03	118	169.55	12	48
龙感湖区	27		172	1312.5			171	1282.50	1	30
团风县	2	215	6893	19209	1467	5387	5418	13535	8	287
红安县	19	421	4403	27403.39	1237	20804.36	3104	5584.91	25	774.62
罗田县		230	1360	10440	800	7000	320	3200	120	120
英山县	153	4794	25820	32700	25310	27640	510	4600		
浠水县		398	2490	23900	1234	8885	1217	14983	21	17
蕲春县	8	275	1012	6034.2	693	4659.2	136	1184	17	136
黄梅县	129	145	435	3985	283	3280	98	255	18	235
麻城市	5	336	8345	35491.2	4325	30388.1	4012	5097.1	8	6
武穴市	9	52	19848	8196.5	693	1750	19152	6445	3	1.5
市直										
咸宁市	**849**	**2038**	**12772**	**41284**	**3270**	**24128**	**9454**	**16443**	**45**	**613**
咸安区	3	536	388	2181	289	1677	68	481	31	23
嘉鱼县	39	60	432	4556	432	4556				
通城县	12	387	5847	3479	16	198	5830	3281		
崇阳县	795	59	4107	17975	1547	7735	2560	10240		
通山县		451	855	7502	524	5947	315	865	14	590
赤壁市		545	1143	5591	462	4015	681	1576		
市直										
随州市	**1655**	**199**	**750**	**3701.3**	**517**	**2758.3**	**233**	**943**		
随县	21	106	52	514.3	52	514.3				
曾都区	1540	40	447	2894	289	2099	158	795		
广水市	94	53	251	293	176	145	75	148		
市直										
恩施自治州	**3476**	**52192**	**243076**	**340374.95**	**217566**	**288686.24**	**12477**	**21369.71**	**152**	**1220**
恩施市	334	8017	13140	20211	350	1246				
利川市	67	8267	12371	25151.5	8363	19424	4008	5727.5		
建始县	2200	685	51453	64471.91	49753	58487.07	1700	5984.84		
巴东县	61	1591	67104	75095.37	66012	74178	1092	917.37		
宣恩县	166	25350	38430	57645	34750	52125	3680	5520		
咸丰县		2711	21349	42623.67	21324	41623.67	25	1000		
来凤县	566	313	12604	25200	11816	12246	545	1600	152	1220
鹤峰县	82	5258	26625	29976.5	25198	29356.5	1427	620		
市直										
仙桃市			**1866**	**8759**	**555**	**5905**	**1273**	**1826**	**18**	**28**
潜江市			**706**	**5252**	**697**	**5227**	**9**	**25**		
天门市	**15**	**9**	**2931**	**15898**	**750**	**7644**	**2174**	**8124**		
神农架林区										
省直										

续表 45

单位名称	其中：挤奶机		剪羊毛机		六、渔业机械		其中：1.增氧机		2.投饵机	
	数量(台)	数量(千瓦)	数量(台)	数量(千瓦)	数量(台)	数量(千瓦)	数量(台)	数量(千瓦)	数量(台)	数量(千瓦)
湖北省	**311**	**1628.6**	**9**	**5.1**	**458431**	**856825.23**	**281360**	**616221.63**	**175577**	**210791.55**
武汉市	**10**	**41.2**			**52184**	**82231.38**	**30860**	**68295.95**	**21222**	**11887.44**
洪山区					742	1917	645	1625	97	292
东西湖区					7901	2443.5	5238	2122	2663	321.5
汉南区					6717	10520.38	4556	10056.9	2161	463.48
蔡甸区	1	8			4846	12947	4366	12459	480	488
江夏区					5415	11689	3494	9485	1921	636
黄陂区	5	11.20			3806	12343.1	3339	10057.75	467	2285.35
新洲区					22395	28987.4	8868	21175.3	13426	7340.11
市直	4	22			362	1384	354	1315	7	61
黄石市					**26501**	**54829.9**	**18150**	**44755.9**	**8351**	**10074**
黄石港区					206	465.6	139	407	67	58.60
西塞山区					169	435.4	131	383.4	38	52
下陆区					14	22	7	21	7	1
铁山区										
阳新县					11670	45732	9774	39096	1896	6636
大冶市					14034	7536.9	7912	4283.5	6122	3253.4
经济开发区					408	638	187	565	221	73
市直										
十堰市					**1318**	**5502**	**993**	**2541**	**106**	**428**
茅箭区										
张湾区					68	204	68	204		
郧阳区					168	573	129	374		
郧西县					133	210	117	145	6	48
竹山县					180	900	120	600	60	300
竹溪县					274	355	274	355		
房县					75	428	75	428		
丹江口市					420	2832	210	435	40	80
市直										
宜昌市	**74**	**388**			**15802**	**39238**	**11315**	**32939**	**4430**	**6146**
西陵区					14	18	14	18		
伍家岗区					166	457	131	388	35	69
点军区										
猇亭区										
夷陵区	16	98			610	940	338	580	272	360
远安县					169	2260	88	2171	81	81
兴山县										
秭归县										
长阳自治县										
五峰自治县										
宜都市					404	744	307	658	97	86
当阳市	58	290			3758	8664	2373	7119	1385	1545
枝江市					10681	26155	8064	22005	2560	4005
市直										
襄阳市					**5340**	**8888.5**	**3689**	**6941.5**	**1651**	**1947**

续表 46

单位名称	其中：挤奶机		剪羊毛机		六、渔业机械		其中：1.增氧机		2.投饵机	
	数量(台)	数量(千瓦)	数量(台)	数量(千瓦)	数量(台)	数量(千瓦)	数量(台)	数量(千瓦)	数量(台)	数量(千瓦)
襄城区					119	285	119	285		
樊城区					720	1285	410	820	310	465
襄州区					432	1241	387	1161	45	80
开发区										
南漳县					61	72	27	29	34	43
谷城县					122	211	95	206	27	5
保康县					2	3	2	3		
老河口市					1000	1500	1000	1500		
枣阳市					1455	2173	916	1164	539	1009
宜城市					1425	2094	729	1749	696	345
襄北农场					4	24.50	4	24.50		
市直										
鄂州市					**20909**	**44638.6**	**10440**	**32468.6**	**10227**	**11958**
梁子湖区					7481	17370	4739	14344	2742	3016
华容区					5932	12561.6	2890	8549.6	2800	3812
鄂城区					6932	13564	2518	8833	4414	4730
开发区					248	490	128	250	120	240
葛店开发区					316	653	165	492	151	160
西山街办										
市直										
荆门市					**43154**	**70774.5**	**24645**	**52560.6**	**18439**	**17564.5**
东宝区					6744	10556	3124	6236	3620	4320
掇刀区					874	2685.4	459	1377	345	689
京山县					7340	10272	6110	9165	1230	1107
沙洋县					8511	14198	4089	9641	4422	4557
钟祥市					18565	31191	10176	24933	8389	6258
屈家岭					365	657.1	210	579.6	155	77.5
沙洋农场										
漳河新区					755	1215	477	629	278	556
市直										
孝感市					**26482**	**50757.63**	**17607**	**40191.63**	**8735**	**7189**
孝南区					4855	13142	4370	12755	485	387
孝昌县					620	1760	450	1075	170	149
大悟县					917	1274.63	917	1274.63		
云梦县					5610	15690	2660	7980	2850	5710
应城市					5355	4073	3965	3194	1350	121
安陆市					575	968	295	548	280	420
汉川市					8550	13850	4950	13365	3600	402
市直										
荆州市					**121882**	**141758.75**	**67664**	**132918**	**54218**	**7959.8**
沙市区					2391	3139	1503	3006	888	133
荆州区					10615	10379.75	5865	9500	4750	
公安县					9096	11207	5037	10074	4059	1133
监利县					15918	22053.2	10630	21260	5288	793.2
江陵县					5919	6354.8	2955	5910	2964	444.6

续表 47

单位名称	其中：挤奶机		剪羊毛机		六、渔业机械		其中：1.增氧机		2.投饵机	
	数量(台)	数量(千瓦)	数量(台)	数量(千瓦)	数量(台)	数量(千瓦)	数量(台)	数量(千瓦)	数量(台)	数量(千瓦)
石首市					2124	2438	1145	2290	979	147
洪湖市					64694	72954	34278	68376	30416	4578
松滋市					10360	12399	5862	11724	4498	675
开发区					765	834	389	778	376	56
市直										
黄冈市	**194**	**1076.4**	**3**	**1.5**	**53032**	**103582.95**	**35944**	**80432.99**	**16818**	**22541.25**
黄州区	3	36			9220	18057	7071	15573	2149	2484
龙感湖区	1	30			6620	12776.60	3367	6498.31	3253	6278.29
团风县	8	287			7918	13960	4601	10311	3317	3649
红安县	10	348.4			2841	5416.15	1407	3536.28	1372	1714.56
罗田县	120	120			1650	2240	1500	2060	150	180
英山县					127	590	69	240	55	262
浠水县	18	15			7814	16492	6671	14091	1143	2401
蕲春县	13	104			7468	16495.2	4495	12024.2	2848	4215.6
黄梅县	13	130			4225	6945	2195	6580	1950	265
麻城市	8	6			2077	2135	1637	2086.2	440	48.8
武穴市			3	1.50	3072	8476	2931	7433	141	1043
市直										
咸宁市	**33**	**123**			**19555**	**54463.9**	**13782**	**31857.1**	**5713**	**19824.8**
咸安区	31	23			1999	6780.4	1518	5808.6	481	971.8
嘉鱼县					3315	7651	2882	7218	433	433
通城县					586	15381	405	943	176	12607
崇阳县					4837	9394.5	3564	7484.5	1273	1910
通山县	2	100			2072	6587	1607	4085	410	1551
赤壁市					6746	8670	3806	6318	2940	2352
市直										
随州市					**6226**	**11873.21**	**4336**	**8346.95**	**1890**	**3526.26**
随县					2627	4618.21	2089	3910.95	538	707.26
曾都区					1379	3805	723	2070	656	1735
广水市					2220	3450	1524	2366	696	1084
市直										
恩施自治州					**17348**	**26140.91**	**17254**	**25937.41**	**94**	**203.5**
恩施市					15648	23471	15648	23471		
利川市					497	752	495	730	2	22
建始县					130	193.51	130	193.51		
巴东县										
宣恩县					120	425	120	425		
咸丰县					164	265.4	122	183.9	42	81.5
来凤县					372	575	322	475	50	100
鹤峰县					417	459	417	459		
市直										
仙桃市			**6**	**4**	**35440**	**137180**	**19330**	**49076**	**15780**	**78540**
潜江市					**6659**	**16966**	**3615**	**5400**	**3044**	**4566**
天门市					**6599**	**7999**	**1736**	**1559**	**4859**	**6436**
神农架林区										
省直										

续表 48

单位名称	七、林果业机械		其中：1.挖坑机		2.果树修剪机		八、运输机械 1.农用运输车		(1)三轮汽车	
	数量(台)	数量(千瓦)	数量(台)	数量(千瓦)	数量(台)	数量(千瓦)	数量(台)	数量(千瓦)	数量(台)	数量(千瓦)
湖北省	**98909**	**215758**	**1753**	**51285.56**	**80771**	**135408.76**				
武汉市	**377**	**2593.11**	**59**	**2162.46**	**308**	**385**				
洪山区	7	177	3	165	4	12				
东西湖区	52	739.91	18	645.51	34	94.4				
汉南区	2	5			2	5				
蔡甸区	3	54	1	50	2	4				
江夏区	15	282	7	258	8	24				
黄陂区	100	100			100	100				
新洲区	196	1230.6	30	1043.95	156	141				
市直	2	4.6			2	4.6				
黄石市	**868**	**3901.2**	**41**	**1417**	**827**	**2484.2**				
黄石港区										
西塞山区										
下陆区										
铁山区										
阳新县	550	3065	38	1273	512	1792				
大冶市	315	692.2			315	692.2				
经济开发区	3	144	3	144						
市直										
十堰市	**3924**	**30852.5**	**481**	**22439**	**3329**	**6997.5**				
茅箭区	15	220			15	220				
张湾区										
郧阳区	215	546	15	126	200	420				
郧西县	301	944	12	72	284	847				
竹山县	982	4126.50			906	2834.5				
竹溪县	1665	21074	364	19721	1268	1254				
房县	706	3882	90	2520	616	1362				
丹江口市	40	60			40	60				
市直										
宜昌市	**5273**	**8231.2**	**57**	**1078**	**5194**	**5734.2**				
西陵区	164	492			164	492				
伍家岗区	378	591	1		375					
点军区										
猇亭区										
夷陵区	1682	2050	33	1073	1649	977				
远安县	620	1364			620	1364				
兴山县	2371	2883.2			2371	2883.2				
秭归县										
长阳自治县	43	833	23	5						
五峰自治县										
宜都市	15	18			15	18				
当阳市										
枝江市										
市直										
襄阳市	**5354**	**9884**	**220**	**896**	**5134**	**8988**				

续表 49

单位名称	七、林果业机械		其中：1.挖坑机		2.果树修剪机		八、运输机械 1.农用运输车		(1)三轮汽车	
	数量(台)	数量(千瓦)	数量(台)	数量(千瓦)	数量(台)	数量(千瓦)	数量(台)	数量(千瓦)	数量(台)	数量(千瓦)
襄城区	44	242	12	136	32	106				
樊城区										
襄州区										
开发区										
南漳县	134	201			134	201				
谷城县	66	183	16	32	50	151				
保康县	4676	7727			4676	7727				
老河口市										
枣阳市	434	1531	192	728	242	803				
宜城市										
襄北农场										
市直										
鄂州市	**313**	**1217.2**	**13**	**522**	**300**	**695**				
梁子湖区	241	628	7	140	234	488				
华容区	54	191.2			54	191.2				
鄂城区	18	398	6	382	12	15.8				
开发区										
葛店开发区										
西山街办										
市直										
荆门市	**16**	**666**	**14**	**636**	**2**	**30**				
东宝区										
掇刀区										
京山县	4	48	4	48						
沙洋县										
钟祥市										
屈家岭	12	618	10	588	2	30				
沙洋农场										
漳河新区										
市直										
孝感市	**461**	**4331.61**	**149**	**3284.61**	**7**	**125**				
孝南区	10	350	10	350						
孝昌县	110	2327	110	2327						
大悟县	15	343.61	15	343.61						
云梦县	110	220								
应城市	21	389	14	264	7	125				
安陆市										
汉川市	195	702								
市直										
荆州市	**248**	**4831**	**225**	**4785**	**23**	**46**				
沙市区										
荆州区										
公安县	225	4785	225	4785						
监利县										
江陵县										

续表 50

单位名称	七、林果业机械		其中：1.挖坑机		2.果树修剪机		八、运输机械 1.农用运输车		(1)三轮汽车	
	数量(台)	数量(千瓦)	数量(台)	数量(千瓦)	数量(台)	数量(千瓦)	数量(台)	数量(千瓦)	数量(台)	数量(千瓦)
石首市	23	46			23	46				
洪湖市										
松滋市										
开发区										
市直										
黄冈市	**15371**	**26190.09**	**184**	**4251.47**	**15161**	**21868.98**				
黄州区	128	242			116	229				
龙感湖区	10	29.4			10	29.4				
团风县	2435	2682			2435	2682				
红安县	119	682.49	11	304.47	102	321.38				
罗田县	1610	1850	60	300	1550	1550				
英山县	1363	10685	110	3580	1253	7105				
浠水县	6127	3982			6127	3982				
蕲春县										
黄梅县	138	170	2	30	128	140				
麻城市	2896	4782.2			2896	4782.2				
武穴市	545	1085	1	37	544	1048				
市直										
咸宁市	**7564**	**10628.5**	**30**	**326.40**	**3548**	**6174.5**				
咸安区	44	90.5			44	90.5				
嘉鱼县	18	234	18	234						
通城县	2195	3782	6	14.4	1993	3430				
崇阳县	12	87	6	78	6	9				
通山县	4482	5004			692	1214				
赤壁市	813	1431			813	1431				
市直										
随州市	**395**	**7243.12**	**146**	**6475.12**	**249**	**768**				
随县	78	4170.12	78	4170.12						
曾都区	18	392	13	387	5	5				
广水市	299	2681	55	1918	244	763				
市直										
恩施自治州	**57612**	**99653.47**	**52**	**820.5**	**46613**	**80931.38**				
恩施市	1624	1657			1624	1657				
利川市	925	1366	18	132.50	907	1233.5				
建始县	6828	7336.44	4	8	6818	7318.44				
巴东县	7947	15769	20	655	7878	15114				
宣恩县	986	810			986	810				
咸丰县	21484	41820.03			12464	33427.44				
来凤县	3510	12295	10	25	1628	2771				
鹤峰县	14308	18600			14308	18600				
市直										
仙桃市	**995**	**3212**			**20**	**50**				
潜江市										
天门市	**138**	**2323**	**82**	**2192**	**56**	**131**				
神农架林区										
省直										

续表 51

单位名称	(2)低速载货汽车		2.手扶变型运输机		3.农用挂车	九、农田基本建设机械		十、其他机械 其中:农用飞机(架)	十一、农业机械原值和净值 1.农业机械原值(万元)	2.农业机械净值(万元)
	数量(台)	数量(千瓦)	数量(台)	数量(千瓦)	数量(台)	数量(台)	数量(千瓦)	数量	数量	数量
湖北省			**8039**	**64689.54**	**746964**	**28448**	**1325862.43**	**624**	**4529203.83**	**3219973.69**
武汉市			**1300**	**10327.3**	**13665**	**2194**	**113345**	**11**	**218429.38**	**167738.66**
洪山区			85	640	814	124	6283		7877	5916
东西湖区						242	13069		15785.56	8630
汉南区					971	132	6797		13876.6	6406.84
蔡甸区					1100	221	10031		34713	22243
江夏区					2613	271	14632	3	41522	37424
黄陂区			1207	9606.3	4840	635	33056	3	45047.92	41900.92
新洲区					3297	537	27749	4	55050.50	41750
市直			8	81	30	32	1728	1	4556.80	3467.9
黄石市					**1664**	**2465**	**101635.18**	**2**	**84032.22**	**62329.43**
黄石港区									1461.60	942.5
西塞山区					18	14	205.6		1585.70	1067.8
下陆区						5	127.2		797	667
铁山区									15.90	7.5
阳新县					1138	1837	60621		27214	15639
大冶市					470	594	40251.38	2	48952.02	41182.63
经济开发区					38	15	430		4006	2823
市直										
十堰市			**1053**	**29830**	**1138**	**2505**	**134376.60**		**186424**	**146841**
茅箭区									4250	3450
张湾区									4024	3457
郧阳区			105	785	195	405	19854		50112	44000
郧西县					834	334	15420		34514	27375
竹山县					109	489	40782.60		14000	9800
竹溪县			948	29045		724	36420		16256	12760
房县						397	16570		25848	18369
丹江口市						156	5330		37420	27630
市直										
宜昌市			**418**	**9303**	**48068**	**778**	**51844**	**27**	**374065.56**	**259025.8**
西陵区						13	1191		1212	830
伍家岗区						95	9879		5216	2465
点军区										
猇亭区			50	2500					1450	1030
夷陵区					2685	52	8621	1	45679	39878
远安县			213	4686	274	20	765		22097.06	16793.77
兴山县					2306	22	1164		10822	8375
秭归县						28	1374		20783	10138
长阳自治县					300	51	1394		18234	9015.4
五峰自治县									22058.5	18749.73
宜都市			8	65	1489	47	1546		10963	6582.9
当阳市			147	2052	41014	270	13728	5	96625	67158
枝江市						180	12182	21	118926	78010
市直										
襄阳市			**39**	**1076**	**224433**	**1837**	**62855.6**	**73**	**592450.91**	**391022.31**

续表 52

单位名称	(2)低速载货汽车		2.手扶变型运输机		3.农用挂车	九、农田基本建设机械		十、其他机械 其中:农用飞机(架)	十一、农业机械原值和净值 1.农业机械原值(万元)	2.农业机械净值(万元)
	数量(台)	数量(千瓦)	数量(台)	数量(千瓦)	数量(台)	数量(台)	数量(千瓦)	数量	数量	数量
襄城区						46	2365		37310.89	13270.64
樊城区					6950				20600	8600
襄州区					69000	146	11340	30	133000	90000
开发区								6	6510	5000
南漳县					36657			2	41769	36856
谷城县					9100	175	10187	2	21735	17817
保康县					6586	39	1725		23357	16944
老河口市					26500				84231	53675
枣阳市					6073	1215	25156	13	113574	54081
宜城市			39	1076	63513	194	10484	20	108314	94125
襄北农场					54	22	1598.60		2050.02	653.67
市直										
鄂州市			**260**	**2152**		**779**	**50789.4**	**7**	**106046.5**	**33063.67**
梁子湖区						203	11936.4	2	28366	16320
华容区			60	570		280	18800	2	16187.50	10155.8
鄂城区			200	1582		290	19783	3	42877	4803.87
开发区						3	270		18000	1400
葛店开发区						3			616	384
西山街办										
市直										
荆门市			**4380**	**3795**	**173379**	**1835**	**118505.8**	**143**	**461067.57**	**332753.95**
东宝区					23233	176	10299	4	33744	23620.5
掇刀区					11192	173	12448.2	7	20543.27	18515.55
京山县					29045	416	17530	13	100628	77250
沙洋县			4380	3795	59292	386	19178	49	110222	74526
钟祥市					41419	621	53276	60	170012	121780
屈家岭						40	4154.60	2	9762	6031
沙洋农场					240				7968.70	5120
漳河新区					8958	23	1620		8187.60	5910.90
市直								8		
孝感市					**8564**	**1930**	**63344.61**	**33**	**253282.03**	**196075.29**
孝南区					175	480	13800		39855	29855
孝昌县						215	5385	3	26200	23600
大悟县					1866	90	6028.61	4	29023.03	20969.29
云梦县					1150	445	19610		26712	13820
应城市					1490			12	35540	34260
安陆市					1228	420	18521	14	49572	33991
汉川市					2655	280			46380	39580
市直										
荆州市			**109**	**1417**	**87575**	**5697**	**222538**	**135**	**882352**	**640613**
沙市区					6974	95	5136		30544	22908
荆州区									53803	40352
公安县					7774	402	15981	5	136675	96450
监利县					14497	2099	97889	84	212179	159134
江陵县					15081	614	28987		89508	55043

续表 53

单位名称	(2)低速载货汽车		2.手扶变型运输机		3.农用挂车	九、农田基本建设机械		十、其他机械 其中:农用飞机(架)	十一、农业机械原值和净值 1.农业机械原值(万元)	2.农业机械净值(万元)
	数量(台)	数量(千瓦)	数量(台)	数量(千瓦)	数量(台)	数量(台)	数量(千瓦)	数量	数量	数量
石首市					2466	565	26023		75920	56940
洪湖市			109	1417	23562	1707	36871	46	162614	118789
松滋市					17221	102	7049		105955	79466
开发区						113	4602		15154	11531
市直										
黄冈市			**330**	**4963.24**	**11167**	**2994**	**131729.81**	**55**	**440089.9**	**324410.4**
黄州区					520	45	2137.8	13	10891	6853
龙感湖区			207	3378.24	0	136	12401.54	2	6973.4	4763
团风县			4	52	235	191	13684	4	29320	24435
红安县					1080	252	16930.21		33276	22875
罗田县					500	30	2580	3	42361	30123
英山县					332	41	2334		42740	35120
浠水县			98	1197	3378	412	11935	2	49308	29443
蕲春县						429	28329	3	38046.50	22986.4
黄梅县					3120	431	20678	7	84150	71250
麻城市					1862	762	11820.26	1	49064	38062
武穴市			21	336	140	265	8900	20	53960	38500
市直										
咸宁市			**48**	**690**	**6479**	**2879**	**120758.7**	**24**	**178607.97**	**125487.55**
咸安区					1334	802	59759.7	8	32783.97	20181.55
嘉鱼县					3895	658	19891	3	25698	21832
通城县					965	99	4699	5	37674	32737
崇阳县			48	690	285	218	10070		29540	17720
通山县						130	8788	4	13497	10186
赤壁市						972	17551	4	39415	22831
市直										
随州市			**5**	**78**	**110894**	**664**	**29766**	**1**	**101993**	**72177**
随县					88889					
曾都区					19972	262	15984	1	40159	23692
广水市			5	78	2033	402	13782		61834	48485
市直										
恩施自治州			**42**	**448**	**4080**	**889**	**43518.73**	**2**	**169505.6**	**129908.22**
恩施市						166	5560		20110	13666
利川市			32	348	1122	196	10623		29320	23595
建始县			10	100	135	50	1775.83		16700	13000
巴东县					771	206	10382		14721	10342
宣恩县						36	1984		25200	18500
咸丰县					2052	177	10783.9	2	21766.69	19875.84
来凤县						42	1770		17180.91	11324.38
鹤峰县						16	640		24507	19605
市直										
仙桃市			**40**	**445**	**18785**	**155**	**7905**	**40**	**124861**	**63339**
潜江市			**15**	**165**	**3699**	**393**	**55426**	**13**	**105630**	**99846**
天门市					**33374**	**454**	**17524**	**58**	**249456**	**174619**
神农架林区									**910.19**	**723.41**
省直										

农机化作业情况

单位名称	一、农机化作业总体情况 (一)机耕面积（公顷）	(二)机播面积（公顷）	(三)机电灌溉面积（公顷）	(四)机械植保面积（公顷）	(五)机收面积（公顷）	二、主要农作物农机化作业情况 (一)小麦 1.小麦机耕面积（公顷）
湖北省	**5929268.48**	**2685642**	**3291586.12**	**4934917.06**	**4360012.92**	**1137110.19**
武汉市	**269235.93**	**122656.67**	**264729.81**	**307234.46**	**215098.91**	**25193.1**
洪山区	4880.6	1722.5	6945.7	6572.3	1610	186
东西湖区	6040	3712	9000	10000	3422	800
汉南区	7504.6	4418.1	14368.9	14368.9	5659.3	900
蔡甸区	24653	12015	20021	40257	20616	3300
江夏区	51874.3	21936	71300	67400	42263.3	2786.6
黄陂区	90085.4	41609	67130	86575	73502	7507
新洲区	84195	37242.7	75960	82060	68025	9713.3
市直	3.03	1.37	4.21	1.26	1.31	0.2
黄石市	**146934.33**	**81235.66**	**76837**	**88886**	**107798.01**	**13086.33**
黄石港区	179	78			154	
西塞山区	1335	543	1276	206	628	145
下陆区	66	42	66	13	57	
铁山区						
阳新县	85000	44570	60000	50000	63330	6350
大冶市	58783.33	35466.66	14840	38150	42710.01	6533.33
经济开发区	1571	536	655	517	919	58
市直						
十堰市	**292701.3**	**67022.86**	**82394**	**242125**	**129129.66**	**69739.67**
茅箭区	350	93			80	139
张湾区	1074.2	243.6	300	920	209.7	424.67
郧阳区	61400	16100	7100	68000	26820	21800
郧西县	50489	11125	9800	29850	21848	16820
竹山县	57951.86	11861.93	17050	56950	26501.29	6457
竹溪县	45916.24	10209.33	29124	27245	19370.67	3826
房县	46680	11150	15900	31500	21540	9073
丹江口市	28840	6240	3120	27660	12760	11200
市直						
宜昌市	**413121.49**	**109796.74**	**186860**	**391117**	**189360.17**	**39134.91**
西陵区	10	3	20	1500		
伍家岗区	52	3	36	315	0	
点军区	8570	21	320	822		
猇亭区	1050		500	1000	300	
夷陵区	45486	6363	18369	35612	15371	29
远安县	20228	5587	8103	11200	11710	730
兴山县	17850	680	1420	12700	980	121
秭归县	26735	2510	9465	60355	2600	2855
长阳自治县	37258.25	439.34	3521	25861	923.33	1380.28
五峰自治县	19417.24	4569.4		12000	3891.84	188.63
宜都市	26654	5789	8856	38879	8637	592
当阳市	123641	39332	68250	127723	77947	17122
枝江市	86170	44500	68000	63150	67000	16117
市直						
襄阳市	**851612.81**	**571343.22**	**330103.52**	**561836.32**	**748695.73**	**365614.32**

续表 1

单位名称	一、农机化作业总体情况 (一)机耕面积（公顷）	(二)机播面积（公顷）	(三)机电灌溉面积（公顷）	(四)机械植保面积（公顷）	(五)机收面积（公顷）	二、主要农作物农机化作业情况 (一)小麦 1.小麦机耕面积（公顷）
襄城区	38278.47	24364.8	3245	7904	34602.67	16252.60
樊城区	25635	16815	12900	3300	22660	12155
襄州区	218162	171032	140000	180000	195755	98227
开发区	10200	4500	3555	1560	16490	2355
南漳县	74096	38677	15360	67610	65678	33560
谷城县	53998	19666	22300	43000	42630	21000
保康县	33576	11867	2400	35333	18266	7110
老河口市	67850	49590	35660	73400	54280	31330
枣阳市	204067.34	158054.42	53423.52	87889.32	188087.06	99114.72
宜城市	116490	67517	32000	52580	100987	40660
襄北农场	9260	9260	9260	9260	9260	3850
市直						
鄂州市	**81370**	**43667**	**76700**	**82001**	**65674**	**5534**
梁子湖区	28890	15200	24000	27000	21700	1750
华容区	27000	14950	25800	27001	22573	1720
鄂城区	25046	13250	26100	27200	21181	1764
开发区	280	120	500	500	100	200
葛店开发区	154	147	300	300	120	100
西山街办						
市直						
荆门市	**486862**	**276136**	**292820**	**421319**	**413461**	**120224**
东宝区	30393	10718	11317	35234	27173	6783
掇刀区	24127	8737	9357	12754	20448	439
京山县	121170	74965	122800	126800	106582	37858
沙洋县	122565	83826	90900	128295	113157	23555
钟祥市	150240	83551	48623	85917	112059	37115
屈家岭	13223	5570	2108	13614	11190	6006
沙洋农场	17117	7107	4000	10000	14959	5725
漳河新区	8027	1662	3715	8705	7893	2743
市直						
孝感市	**424167.54**	**172680.42**	**348939**	**339013**	**361710.02**	**102780.6**
孝南区	50875	19400	30480	28380	38027	14500
孝昌县	63700	28500	35100	32000	58500	15120
大悟县	29894.54	15771.42	24698	17740	31085.02	6947.60
云梦县	45684	12120	25333	26665	34850	6000
应城市	66501	23073	96780	79250	56572	12192
安陆市	50663	31276	26928	41328	47556	17346
汉川市	116850	42540	109620	113650	95120	30675
市直						
荆州市	**867488**	**389226.6**	**777612**	**934121**	**711105**	**117716.99**
沙市区	17160	3070	17330	14850	16760	4850
荆州区	65737	31201	24000	60003	61300	13073.99
公安县	139600	80900	79020	89320	115600	24400
监利县	249040	98620	312570	431020	185061	15000
江陵县	67040	28680	77230	77230	65060	13500

续表 2

单位名称	一、农机化作业总体情况					二、主要农作物农机化作业情况
						(一)小麦
	(一)机耕面积（公顷）	(二)机播面积（公顷）	(三)机电灌溉面积（公顷）	(四)机械植保面积（公顷）	(五)机收面积（公顷）	1.小麦机耕面积（公顷）
石首市	79001	32393	61573	67629	63697	3955
洪湖市	133910	71532.6	143599	120519	121267	24836
松滋市	106500	38730	58390	69650	76860	18027
开发区	9500	4100	3900	3900	5500	75
市直						
黄冈市	**742986.87**	**364150.63**	**260389**	**599600.1**	**524750.5**	**62312.3**
黄州区	19875	12637	10321	50312	11750	4715.3
龙感湖区	7073.67	3800.33	4900	7159	6636	2533
团风县	34818	14018	19875	18361	23986	4623
红安县	79527	51267	15675	88502	44539	4920
罗田县	44036	22410	22156	24105	30522	7650
英山县	39850	28800	10560	48000	18260	5200
浠水县	104985	50982	24165	92346	69587	2154
蕲春县	108306.2	20458.3	28980	49816.1	80839.5	964
黄梅县	104050	57448	52500	117500	92200	11440
麻城市	117986	41790	49790	50166	69378	13680
武穴市	82480	60540	21467	53333	77053	4433
市直						
咸宁市	**276295.07**	**84670.4**	**100755.67**	**169514.27**	**201409.4**	**9056.7**
咸安区	55414.77	26009.4	24666.67	48831.27	41852.1	488.4
嘉鱼县	75682	17793	21411	32500	38206	4625
通城县	35938.3	9718	13904	24471	28828.3	401.3
崇阳县	36612	6980	8230	20140	28996	2574
通山县	18607	6402	1524	12651	12013	456
赤壁市	54041	17768	31020	30921	51514	512
市直						
随州市	**270063.24**	**49218.8**	**65989.92**	**152154.91**	**211367.52**	**98456.27**
随县	164038.24	14993.8	35060.92	85326.91	125039.62	62350.27
曾都区	43775	9972	10929	23928	35628.9	16826
广水市	62250	24253	20000	42900	50699	19280
市直						
恩施自治州	**300077.9**	**12155**	**38388.2**	**188522**	**68185**	**4200**
恩施市	43721	1052		59852	8600	
利川市	68225	4350	15656	36050	24992	258
建始县	47456.9	375	7450	16500	4750	
巴东县	46995	494			2898	3932
宣恩县	16123	150	2250	8600	4866	10
咸丰县	41560	3690	4615.2	38630	8540	
来凤县	19780	650	7060	10950	7230	
鹤峰县	16217	1394	1357	17940	6309	
市直						
仙桃市	**162756**	**94817**	**79300**	**103700**	**140660**	**28000**
潜江市	**118408**	**101734**	**118408**	**153333**	**92751**	**28988**
天门市	**220448**	**144631**	**190060**	**198700**	**178557**	**46733**
神农架林区	**4740**	**500**	**1300**	**1740**	**300**	**340**
省直						

续表 3

单位名称	2.小麦机播面积（公顷）	3.小麦机收面积（公顷）	(二)水稻	2.水稻机械种植面积（公顷）	其中：水稻机播面积（公顷）	水稻机插面积（公顷）	水稻机浅栽面积（公顷）	3.水稻机收面积（公顷）
			1.水稻机耕面积（公顷）					
湖北省	**669020.49**	**1067576.89**	**2192822.29**	**1095331.61**	**161527.29**	**916869.57**		**2142649.82**
武汉市	**18076.93**	**24299.2**	**148268.94**	**67368.61**	**25529.53**	**41839.08**		**147131.24**
洪山区	186	186	253.4	253.4		253.4		253.4
东西湖区	571.33	800	1666.66	933.33	933.33			1666.66
汉南区	760	900	418.2	246.6		246.6		418.2
蔡甸区	2333	3166.7	12583	5693.3		5693.3		12506
江夏区	1446.7	2773.3	31200	14160	9330	4830		30840
黄陂区	6333	6673	56840	26054	3135	22919		56493
新洲区	6446.7	9800	45306.7	20027	12131	7896		44953
市直	0.2	0.2	0.98	0.98	0.2	0.78		0.98
黄石市	**9630**	**11136.33**	**70728.33**	**36094.33**	**4195.33**	**31870**		**67030.67**
黄石港区			148	78	74			130
西塞山区	103	124	281	193	187			235
下陆区			20	16	13			18
铁山区								
阳新县	4500	5630	40350	18000	2330	15670		38000
大冶市	5000	5333.33	29133.33	17533.33	1333.33	16200		28066.67
经济开发区	27	49	796	274	258			581
市直								
十堰市	**16506.63**	**37306.7**	**33295.15**	**7691.6**	**717**	**6954.6**		**23154.85**
茅箭区	39.3	53.67	46	20				26.3
张湾区	68.33	118.03	169	45	45	0		91.67
郧阳区	4450	9120	5465	1000		1000		3100
郧西县	3050	10790	2750	1307	672	635		2550
竹山县	1996	4677	6038.15	937.6		937.60		4064.21
竹溪县	1720	2312	5802	945		945		4017.67
房县	1523	3376	7425	1037		1037		5025
丹江口市	3660	6860	5600	2400		2400		4280
市直								
宜昌市	**17636.67**	**33384.53**	**79022**	**37480**	**3369**	**34111**		**73969.7**
西陵区								
伍家岗区								
点军区								
猇亭区			120					120
夷陵区	28	28	8200	2365	133	2232		8144
远安县	61	533	7058	4533	1810	2723		7090
兴山县			1400					100
秭归县			1125	25		25		
长阳自治县	66.67	55.23	1452	126	126			500
五峰自治县		82.3	132					32.7
宜都市	559	552	3924	2344	60	2284		3879
当阳市	6932	16983	29314	10240	140	10100		29255
枝江市	9990	15151	26297	17847	1100	16747		24849
市直								
襄阳市	**287603.24**	**364650.72**	**199065.67**	**109091.18**	**7710**	**101375.18**		**197036**

续表 4

单位名称	2.小麦机播面积（公顷）	3.小麦机收面积（公顷）	(二)水稻				
			1.水稻机耕面积（公顷）	2.水稻机械种植面积（公顷）	其中：水稻机播面积（公顷）	水稻机插面积（公顷）	水稻机浅栽面积（公顷）	3.水稻机收面积（公顷）
襄城区	11526.67	16302	13818	8400		8400		13846
樊城区	8905	11480	7630	3900		3900		7600
襄州区	88100	101062	41830	30200	6600	23600		42693
开发区	1800	2366	1016	1016		1010		1016
南漳县	17717	33533	23120	11000		11000		23047
谷城县	10133	19333	17200	5333		5333		15900
保康县	2667	7000	2600	1533	800	733		2600
老河口市	27330	29950	12670	5680		5680		11230
枣阳市	88744.57	99114.72	47571.67	25740.18	0	25740.18		47524
宜城市	26830	40660	31330	16009	30	15979		31300
襄北农场	3850	3850	280	280	280	0		280
市直								
鄂州市	**3200**	**5467**	**41734**	**26667**	**10677**	**15990**		**40987**
梁子湖区	1000	1800	14100	9100	3500	5600		13900
华容区	1050	1790	13900	9000	3420	5580		13500
鄂城区	1050	1777	13600	8400	3600	4800		13467
开发区	60	60	80	60	50	10		40
葛店开发区	40	40	54	107	107			80
西山街办								
市直								
荆门市	**68521.7**	**118424**	**185952**	**132452**	**3288**	**129164**		**189195**
东宝区	1667	6783	11367	5667		5667		11367
掇刀区	221.7	439	8778	4522		4522		8778
京山县	18694	37858	49334	42752		42752		50871
沙洋县	17689	23431	52852	42188		42188		54747
钟祥市	24031	36148	47725	32339	188	32151		47502
屈家岭	3687	5980	3655	387	100	287		3772
沙洋农场	2454	5042	9125	3193	3000	193		9042
漳河新区	78	2743	3116	1404		1404		3116
市直								
孝感市	**50010.73**	**97464.84**	**208118.7**	**80364.66**	**14119.51**	**66215.15**		**213091.18**
孝南区	6840	8152	30700	9800	3500	6300		25780
孝昌县	6100	15000	29700	13500	4100	9370		29900
大悟县	3210.73	7159.84	13538.7	6814.66	269.51	6545.15		21159.18
云梦县	2700	6000	23667	4333	3867	466		24000
应城市	2946	12573	40358	16917	1130	15787		39135
安陆市	13464	17730	26265	14200	1253	12947		26527
汉川市	14750	30850	43890	14800		14800		46590
市直								
荆州市	**50564.6**	**114217.32**	**410837.73**	**252049.15**	**20429**	**230620.1**		**388523.39**
沙市区	200	4850	9980	2770	40	2730		9970
荆州区	5880	13067.32	21187.73	16334.15	1000	15334.1		21134.39
公安县	20000	24400	66000	37800	800	37000		66000
监利县	4020	12166	149600	91620	4123	87497		125600
江陵县	3280	14200	30580	17800	2800	15000		30260

续表 5

单位名称	2.小麦机播面积（公顷）	3.小麦机收面积（公顷）	(二)水稻	2.水稻机械种植面积（公顷）	其中：水稻机播面积（公顷）	水稻机插面积（公顷）	水稻机浅栽面积（公顷）	3.水稻机收面积（公顷）
			1.水稻机耕面积（公顷）					
石首市	2163	4771	31312	23896	8446	15450		34465
洪湖市	8692.6	24561	60389	34159	1367	32792		59718
松滋市	6284	16147	41688	27575	2758	24817		41282
开发区	45	55	101	95	95			94
市直								
黄冈市	**42882.3**	**56300.4**	**366212.4**	**167759.66**	**41953**	**123788.66**		**354243.6**
黄州区	3922	3922	5938	3917	1020	920		4887.3
龙感湖区	2533	2533	3533	666.66	0	666.66		3533
团风县	3309	4721	18430	7782	849	6933		18451
红安县	2076	4305	37837	27184	18152	9032		36978
罗田县	5500	6700	21516	12032	4975	7056		18622
英山县	1900	3200	12500	2200	1300	900		12000
浠水县	1981	2161	55210	25447	4674	20733		54933
蕲春县	521.30	921.4	58248.4	10584		10584		58984.3
黄梅县	9467	11026	52800	24333		24333		52750
麻城市	7240	12378	52186	22454	700	21754		45925
武穴市	4433	4433	48014	31160	10283	20877		47180
市直								
咸宁市	**3339**	**8553.7**	**133209.7**	**46606.6**	**3221**	**29753.9**		**134045.7**
咸安区		488.4	27123.7	13902.6		13902.6		27123.7
嘉鱼县	1860	4700	19119	7162	2027	5135		19119
通城县		388.3	26789	6133	206	5262.3		25743
崇阳县	1060	2316	18620	3820	280	2600		20953
通山县	248	263	8912	3562	708	2854		8461
赤壁市	171	398	32646	12027				32646
市直								
随州市	**14221.69**	**92773.15**	**106509.67**	**31015.82**	**549.92**	**30465.9**		**109010.49**
随县	2643.69	57705.15	59681.67	9651.82	539.92	9111.9		59789.59
曾都区	2245	16068	18828	7577	10	7567		18220.9
广水市	9333	19000	28000	13787		13787		31000
市直								
恩施自治州		**85**	**48116**	**6714**	**185**	**6529**		**43012**
恩施市			5424	418		418		5390
利川市			18540	4350		4350		18334
建始县			3580	75		75		2750
巴东县		85	1152	185	185			852
宣恩县			2740	142		142		300
咸丰县			8300	600		600		8439
来凤县			7230	630		630		6280
鹤峰县			1150	314		314		667
市直								
仙桃市	**20000**	**28000**	**63900**	**37120**	**25120**	**12000**		**63900**
潜江市	**25474**	**28988**	**36146**	**19351**		**19351**		**36146**
天门市	**41353**	**46526**	**61506**	**37306**	**464**	**36842**		**62173**
神农架林区			**200**	**200**				
省直								

续表 6

单位名称	(三)玉米 1.玉米机耕面积（公顷）	2.玉米机播面积（公顷）	3.玉米机收面积（公顷）	(四)大豆 1.大豆机耕面积（公顷）	2.大豆机播面积（公顷）	3.大豆机收面积（公顷）	(五)油菜 1 油菜机耕面积（公顷）	2.油菜机播面积（公顷）
湖北省	**554318.99**	**235808.38**	**234610.76**	**119890.03**	**43084.41**	**52642.93**	**1035176.46**	**404022.47**
武汉市	**16843.96**	**9286**	**9053.76**	**7172.60**	**3595.17**	**4303.17**	**48269**	**22552.3**
洪山区	126	126	53.7	15	15		116	116
东西湖区	2666.66	1820	726.66	206.70	166.67	66.67	133	100
汉南区	2221.3	1153.3	1466.7	3091.20	2125.50	2718.5	140	70
蔡甸区	5200	2800	3733				1360	966
江夏区	3956.7	1666.7	2766.7	2052	482	700	9070	4166.7
黄陂区	1080	680	140	866.7	665		16400	7547
新洲区	1593.3	1040	167	941	141	818	21050	9586.60
市直								
黄石市	**10745**	**7615**	**4876.67**	**1400**	**200**	**110**	**36885.67**	**22283**
黄石港区							22	
西塞山区		116					615	128
下陆区	13	4	10				23	15
铁山区								
阳新县	7000	5200	3200	1200	200		22000	12000
大冶市	3600	2200	1666.67	200		110	13666.67	10000
经济开发区	132	95					559	140
市直								
十堰市	**78607.67**	**21907**	**24331.52**	**20119.49**	**2614.99**	**5159.71**	**46015.81**	**8087.31**
茅箭区	72.67			9.6			67.4	
张湾区	203.33	120		57.73			211.8	10.27
郧阳区	17500	8600	8300	2600			8800	2000
郧西县	15915	2393		3427			5950	
竹山县	14910.67	2857	5805.52	5068.83	719.99	1391.71	11600.61	2437.04
竹溪县	12041	2672	2653	5040.33	1102	2235	9756	2056
房县	13725	5085	5953	3756	793	1533	7420	1584
丹江口市	4240	180	1620	160			2210	
市直								
宜昌市	**102310.11**	**21591.03**	**22477.53**	**8063**	**1791**	**2310**	**83938.02**	**22707.34**
西陵区								
伍家岗区								
点军区	856						422	
猇亭区								
夷陵区	16652	2350	1733	1420			10375	1620
远安县	4128	341	1266				6623	601
兴山县	5960	500	380	740	180		3910	0
秭归县	11505	305	525	905			4510	
长阳自治县	14894	200	334.75	958			6828	13.34
五峰自治县	11546.11	3796.03	2419.78	462		120	327.02	
宜都市	9708	155	501	359			7919	2731
当阳市	19631	8371	9367	2069	651	1470	26330	8421
枝江市	7430	5573	5951	1150	960	720	16694	9321
市直								
襄阳市	**150096.74**	**126123.75**	**119359.28**	**4484.34**	**1267.25**	**558**	**36548.24**	**11912.13**

续表 7

单位名称	(三)玉米 1.玉米机耕面积（公顷）	2.玉米机播面积（公顷）	3.玉米机收面积（公顷）	(四)大豆 1.大豆机耕面积（公顷）	2.大豆机播面积（公顷）	3.大豆机收面积（公顷）	(五)油菜 1 油菜机耕面积（公顷）	2.油菜机播面积（公顷）
襄城区	3533.33	3264.8	3486.67	324.67			1700.77	
樊城区	4410	3650	2900	60			900	300
襄州区	33414	31347	30314	447	401	358	2813	1631
开发区	1310	1100	650				204	50
南漳县	14880	8820	8084				2536	1140
谷城县	6367	3000	4133	1200			4133	533
保康县	10667	6667	5333	933	333		5333	667
老河口市	14000	13000	10000				4070	1700
枣阳市	44465.41	40771.95	39812.61	1319.67	333.25		1438.47	305.13
宜城市	14300	11753	11896	200	200	200	13300	5466
襄北农场	2750	2750	2750				120	120
市直								
鄂州市	**1867**	**260**	**270**	**1734**	**153**	**80**	**18667**	**11260**
梁子湖区	600			570			5800	3720
华容区	650	260	270	580	153	80	7017	3820
鄂城区	617			584			5850	3720
开发区								
葛店开发区								
西山街办								
市直								
荆门市	**35634**	**12341**	**11100**	**14967**	**6420**	**5181**	**102873**	**52914**
东宝区	1962	991	595	85	18	69	8322	2334
掇刀区	495	225	130	151	99	132	12513	3376
京山县	10325	4026	5230	2782	1824	2247	14693	6583
沙洋县	4312	1658	2748	2164	392	410	35543	21263
钟祥市	15665	4043	1472	8221	2988	1590	29423	19013
屈家岭	2620	1188	800	235	23	250	278	165
沙洋农场	255	210	125	1329	1076	483	67	
漳河新区							2034	180
市直								
孝感市	**6004.67**	**4970.33**	**4711**	**3679**	**670**	**32**	**60797.32**	**26835.43**
孝南区	680	680	680				3400	1860
孝昌县	286.67	67.33	32	567	520	32	13150	6000
大悟县							4834.32	2100.43
云梦县	1410	666	800	1867			6533	1210
应城市							11306	2770
安陆市	428	372	419				6624	3240
汉川市	3200	3185	2780	1245	150		14950	9655
市直								
荆州市	**17101**	**5424**	**9659**	**11671.4**	**1444**	**6110.05**	**217883.8**	**48724.76**
沙市区	10						1940	100
荆州区	2400	1200	1800	1333.40		1000.05	9233.8	1866.76
公安县	300	200	200	600			32900	14000
监利县	600	150	600	4400	600	4000	67770	2230
江陵县	700	300	400				20300	7300

续表 8

单位名称	(三)玉米	2.玉米机播面积（公顷）	3.玉米机收面积（公顷）	(四)大豆	2.大豆机播面积（公顷）	3.大豆机收面积（公顷）	(五)油菜	2.油菜机播面积（公顷）
	1.玉米机耕面积（公顷）			1.大豆机耕面积（公顷）			1 油菜机耕面积（公顷）	
石首市	2729	2626	2683	1030	824	1030	25698	2884
洪湖市	3744	748	2534	3958			29192	15628
松滋市	6038	120	1382	200			30635	4501
开发区	580	80	60	150	20	80	215	215
市直								
黄冈市	**18748.17**	**10395.27**	**8318**	**12566.2**	**3518**	**5604**	**172428.6**	**89488.4**
黄州区	771	625	625				567	107
龙感湖区	66.67	66.67	50	134	134	120	400	400
团风县	648	18		212	59	18	7093	2675
红安县	920			430			16520	7382
罗田县	400	250		720			6080	3320
英山县	4100	2200	1900	2200			8160	2000
浠水县	2189	902		865	625	333	30184	17864
蕲春县	412.50	148.60		1280.20			24724.6	8596.4
黄梅县	3273	2660	2340	3266	2700	3000	27753	17848
麻城市	3568	1125	1003	1326			29614	8416
武穴市	2400	2400	2400	2133		2133	21333	20880
市直								
咸宁市	**16053.67**	**4011**	**6881**	**3475**	**300**	**300**	**64559**	**29035.8**
咸安区	2446.67		1260				22656	12106.8
嘉鱼县	5621	3576	5621	772	240	300	6462	4050
通城县	32						7880	3546
崇阳县	4750	170		1724	60		6364	1870
通山县	2884	265		613			4116	1893
赤壁市	320			366			17081	5570
市直								
随州市	**3714**	**418**	**1725**	**1294**			**13245**	**1116**
随县	706	122	1172				5765	249
曾都区	1595	30	420	547			2480	
广水市	1413	266	133	747			5000	867
市直								
恩施自治州	**81375**	**478**	**750**	**3162**			**29961**	**123**
恩施市	1904	128	171				7606	
利川市	23780		220				2480	
建始县	18000	300	200					
巴东县	17425		109				9236	123
宣恩县	1240			800			400	
咸丰县	9430	50	50	2142			5730	
来凤县	4780			220			3450	
鹤峰县	4816						1059	
市直								
仙桃市	**8000**	**6240**	**5333**	**5867**	**4800**	**3133**	**44133**	**24714**
潜江市	**1738**	**1195**	**1738**	**4542**	**2838**	**4542**	**17042**	**8969**
天门市	**4680**	**3553**	**4027**	**15693**	**13473**	**15220**	**41930**	**23300**
神农架林区	**800**							
省直								

续表 9

单位名称	3.油菜机收面积（公顷）	(六)马铃薯 1.马铃薯机耕面积（公顷）	2.马铃薯机播面积（公顷）	3.马铃薯机收面积（公顷）	(七)花生 1.花生机耕面积（公顷）	2.花生机播面积（公顷）	3.花生机收面积（公顷）
湖北省	**623764.97**	**224843.01**	**22371.67**	**29165.25**	**176123.52**	**62758.83**	**45220.47**
武汉市	**28459.9**	**3214.5**		**228**	**9543.7**	**295**	**316**
洪山区	116	25.1			11		
东西湖区	73.30						
汉南区	119				118.7		
蔡甸区	1065				427		
江夏区	5153.3	436			2006		
黄陂区	9880	1246.7			4835	295	316
新洲区	12053.3	1506.7		228	2146		
市直							
黄石市	**22589.67**	**4540**	**2500**	**837**	**4749.18**	**2440.33**	**1180.67**
黄石港区	18				9		6
西塞山区	219	14		13	0.18		
下陆区	21				10	7	8
铁山区							
阳新县	15400	3650	2500	600	2830	1700	500
大冶市	6666.67	850		200	1900	733.33	666.67
经济开发区	265	26		24			
市直							
十堰市	**16314.35**	**14855.61**	**2856.97**	**5927**	**19090.25**	**2876.33**	**5952.5**
茅箭区					9.67		
张湾区					7.67		
郧阳区	3500	1580		800	1800		
郧西县					2310		
竹山县	5377.35	3417.61	717.97	938	10455	2196.33	4245.5
竹溪县	4452	6258	1374	2664	2392.91	340	1037
房县	2985	3600	765	1525	1655	340	670
丹江口市					460		
市直							
宜昌市	**45340.16**	**39301.75**	**1143.37**	**1314.25**	**9100.41**	**1173**	**98**
西陵区							
伍家岗区							
点军区							
猇亭区							
夷陵区	5466	6460			1850		
远安县	2133	1296			260		
兴山县	200	5600			100		
秭归县		4270			835		
长阳自治县	33.35	9539.27			1215.41		
五峰自治县	169.81	6761.48	773.37	1007.25			
宜都市	3705	3525			587		
当阳市	20521	1080		127	3453	1068	
枝江市	13112	770	370	180	800	105	98
市直							
襄阳市	**19850.43**	**20383.73**	**5857.33**	**5610**	**36651**	**25767.57**	**25033.3**

续表 10

单位名称	3.油菜机收面积（公顷）	(六)马铃薯 1.马铃薯机耕面积（公顷）	2.马铃薯机播面积（公顷）	3.马铃薯机收面积（公顷）	(七)花生 1.花生机耕面积（公顷）	2.花生机播面积（公顷）	3.花生机收面积（公顷）
襄城区		333.33	333.33		333.33	333.33	328
樊城区	480	100	60	80	380		120
襄州区	1800	4485	3812	3588	19925	15541	15940
开发区							
南漳县	1014						
谷城县	1567	2065	667		1333		997
保康县	3333	6533			400		
老河口市	300				2000		
枣阳市	450.43	4217.4	426	852	3299.67	933.24	333.3
宜城市	10786	2650	559	1090	6720	6700	5055
襄北农场	120				2260	2260	2260
市直							
鄂州市	**17120**	**1067**			**2400**		
梁子湖区	5700	300			800		
华容区	5720	320			800		
鄂城区	5700	447			800		
开发区							
葛店开发区							
西山街办							
市直							
荆门市	**87548**	**6972**	**716**	**899**	**13265**	**2213**	**1056**
东宝区	8322	403	41	37	1127		
掇刀区	10786	231	23	23	1079	230	160
京山县	10065	2687	282	196	2419	804	115
沙洋县	31721	472			2636	170	98
钟祥市	24257	3002	313	603	5090	824	487
屈家岭	296	153	37	18	188	31	18
沙洋农场	67	24	20	22	592	154	178
漳河新区	2034				134		
市直							
孝感市	**36857**	**4844**	**420**	**1117**	**9733.92**	**4525.6**	**1221**
孝南区	3195				220	220	220
孝昌县	6300	180			3670	220	45
大悟县	2180				4573.92	3645.6	586
云梦县	2933	3804	420	1100	290		
应城市	4494				740	440	370
安陆市	2880						
汉川市	14875	860		17	240		
市直							
荆州市	**156284.46**	**1888.42**	**120**	**34**	**1395.56**		
沙市区	1940						
荆州区	9200.46	1753.42			453.36		
公安县	25000						
监利县	42695						
江陵县	20200				500		

续表 11

单位名称	3.油菜机收面积（公顷）	(六)马铃薯			(七)花生		
		1.马铃薯机耕面积（公顷）	2.马铃薯机播面积（公顷）	3.马铃薯机收面积（公顷）	1.花生机耕面积（公顷）	2.花生机播面积（公顷）	3.花生机收面积（公顷）
石首市	20703				41.20		
洪湖市	18282	120	20	34	89		
松滋市	18049		100		300		
开发区	215	15			12		
市直							
黄冈市	**81589**	**27616**	**4548**	**5476**	**37003.50**	**18618**	**5472**
黄州区	107						
龙感湖区	400	14			260		
团风县	701	588	38	95	1270	137	
红安县	1360	1450			16808	14625	1896
罗田县	5200	4800			810		
英山县	1160	2500			800		
浠水县	10780	4122	2843	80	3798	1320	1300
蕲春县	10840	9864		5056	781.50		
黄梅县	22000	75		60	680	168	600
麻城市	8134	2536		185	11296	2368	1676
武穴市	20907	1667	1667		500		
市直							
咸宁市	**45240**	**3809**	**60**		**4911**		
咸安区	12980				2700		
嘉鱼县	6462	389	60		288		
通城县	1794						
崇阳县	5727	1250			840		
通山县	1567	938			635		
赤壁市	16710	1232			448		
市直							
随州市	**1188**	**11122**	**378**	**1019**	**18562**	**797**	**963**
随县	122	8891	258	599	13812	797	963
曾都区	800	1331	120	120	750		
广水市	266	900		300	4000		
市直							
恩施自治州	**75**	**76870**	**732**	**4010**	**3436**	**0**	**21**
恩施市		23303	506	3039	1126		
利川市		22607		800			
建始县		170					
巴东县	75	12153	186	141	980		
宣恩县		620			230		
咸丰县		12253	40	30	1100		21
来凤县		4030					
鹤峰县		1734					
市直							
仙桃市	**29000**	**1533**			**1000**		
潜江市	**10046**	**373**			**562**		
天门市	**26263**	**3053**	**2740**	**2394**	**4720**	**4053**	**3907**
神农架林区		**3400**	**300**	**300**			
省直							

续表 12

单位名称	(八)棉花	2.棉花机播面积（公顷）	3.棉花机收面积（公顷）	三、单项农机化作业情况	2.机械深松面积（公顷）	3.机械化免耕播种面积（公顷）	其中：机械化免耕覆盖播种面积（公顷）
	1.棉花机耕面积（公顷）			1.机械深耕面积（公顷）			
湖北省	**174462.16**	**4166.10**	**209**	**625200.18**	**127809.03**	**132906.58**	**122399.63**
武汉市	**4490.77**	**62**		**9724.84**	**8111.46**	**6073**	**6073**
洪山区	8.3			335.2	102.6		
东西湖区	266.67			5700			
汉南区	124.5	62			1335		
蔡甸区	787			1640	1240		
江夏区	100				3500		
黄陂区	1271			1012		5847	5847
新洲区	1933.3			1036	1933	226	226
市直				1.64	0.86		
黄石市	**2570.07**	**470**		**5133.33**	**942.73**	**10000**	**8666.67**
黄石港区							
西塞山区	0.07						
下陆区							
铁山区							
阳新县	1620	470		5000			
大冶市	950			133.33	942.73	10000	8666.67
经济开发区							
市直							
十堰市	**20**			**9715**	**1556.66**	**126**	
茅箭区							
张湾区							
郧阳区				2020	323.33	60	
郧西县							
竹山县							
竹溪县				1235			
房县	20				566.67		
丹江口市				6460	666.66	66	
市直							
宜昌市	**9978**	**1470**	**200**	**8220**	**4010**	**1039**	**1039**
西陵区							
伍家岗区							
点军区							
猇亭区							
夷陵区							
远安县				340			
兴山县							
秭归县							
长阳自治县							
五峰自治县							
宜都市						306	306
当阳市	2328	1170			2000	733	733
枝江市	7650	300	200	7880	2010		
市直							
襄阳市	**17286.33**	**800.1**		**174562.01**	**41776.96**	**17256.62**	**13321**

续表 13

单位名称	(八)棉花 1.棉花机耕面积（公顷）	2.棉花机播面积（公顷）	3.棉花机收面积（公顷）	三、单项农机化作业情况 1.机械深耕面积（公顷）	2.机械深松面积（公顷）	3.机械化免耕播种面积（公顷）	其中：机械化免耕覆盖播种面积（公顷）
襄城区	520						
樊城区							
襄州区	3096			98950	18667	10871	10871
开发区							
南漳县				975	975		
谷城县				29666	666	420	420
保康县							
老河口市	3700			330	3333	130	
枣阳市	2640.33	800.1		39041.01	9799.96	3805.62	
宜城市	7330			5600	7686	2030	2030
襄北农场					650		
市直							
鄂州市	**4000**			**15744**		**1062**	**852**
梁子湖区	1330					330	120
华容区	1340			11564		384	384
鄂城区	1330			4180		348	348
开发区							
葛店开发区							
西山街办							
市直							
荆门市	**6596**	**503**	**9**	**2870**	**12415.94**	**48786**	**44796**
东宝区	344						
掇刀区	131	30		500	333.82	1334	1334
京山县	1072			1200	4919.91		
沙洋县	1031	466	2		3535.80	39521	39521
钟祥市	3999				1435.21	4580	840
屈家岭	19	7	7		1391.20		
沙洋农场				1100	800	2000	2000
漳河新区				70		1351	1101
市直							
孝感市	**16414**			**79375**	**2644**	**13684**	**10673**
孝南区	1375						
孝昌县	480			6000		6000	6000
大悟县				540		1711	
云梦县	1854					182	
应城市	1905			5540	640		
安陆市				36135	1334	3701	2583
汉川市	10800			31160	670	2090	2090
市直							
荆州市	**53904.79**	**450**		**130752**	**8838.4**	**18525.96**	**18525.96**
沙市区	380						
荆州区	2406.79	300			1333.40	5866.96	5866.96
公安县	15400			55700	5500	1500	1500
监利县	11670			65500	1335	270	270
江陵县	1460			8882			

续表 14

单位名称	(八)棉花	2.棉花机播面积（公顷）	3.棉花机收面积（公顷）	三、单项农机化作业情况	2.机械深松面积（公顷）	3.机械化免耕播种面积（公顷）	其中：机械化免耕覆盖播种面积（公顷）
	1.棉花机耕面积（公顷）			1.机械深耕面积（公顷）			
石首市	9300			670	670		
洪湖市	3486					9689	9689
松滋市	9612	150				1200	1200
开发区	190						
市直							
黄冈市	**25303.20**	**66**		**24349**	**9892.08**	**13356**	**17873**
黄州区	3005			201	500.30		
龙感湖区	133			1100		134	
团风县	1954			384	821	2083	
红安县	642			2616	1067	1410	1380
罗田县	3.20			10500	1173	3500	445
英山县	280			1500	400	1200	1000
浠水县	6463			3125	760	1657	463
蕲春县	2485			718	375.83	754	128
黄梅县	4558	66		1655	2124.50	2500	2475
麻城市	3780			2550	670.45	108	108
武穴市	2000				2000	10	10
市直							
咸宁市	**1759**	**345**		**2763**	**45**	**1974**	
咸安区							
嘉鱼县	553	345		913		53	
通城县							
崇阳县	490					28	
通山县					45	1893	
赤壁市	716			1850			
市直							
随州市	**4328**			**63552**	**3087**	**619**	**362**
随县				5352	1000	399	142
曾都区	1418			200	1000	200	200
广水市	2910			58000	1087	20	20
市直							
恩施自治州				**29576**	**18210**	**405**	**218**
恩施市				25860	18210	371	218
利川市							
建始县							
巴东县				135		34	
宣恩县				200			
咸丰县				2731			
来凤县				650			
鹤峰县							
市直							
仙桃市	**10200**				**2267**		
潜江市	**2179**				**2000**		
天门市	**15433**			**68664**	**12011.8**		
神农架林区				**200**			
省直							

续表 15

单位名称	4.保护性耕作面积（公顷）	5.精少量播种面积（公顷）	6.机械深施化肥面积（公顷）	7.机械铺膜面积（公顷）	8.农田机械节水灌溉面积(公顷)	9.机械播种牧草面积（公顷）	10.机械收获牧草数量（吨）
湖北省	**80654.27**	**515281.94**	**223306.17**	**35489.7**	**505675.18**	**6444**	**191461**
武汉市	**201**	**10745.14**	**8095**	**6153.7**	**50843.52**		**117935**
洪山区		253.1			126.3		
东西湖区		1265	385	214	6000		35
汉南区		560	5250	2630.7	1320		
蔡甸区		132	20	264	2540		
江夏区		213		1900	19400		117900
黄陂区		2760		735	4428		
新洲区	201	5561	2440	410	17028		
市直		1.04			1.22		
黄石市	**8666.67**	**15000**	**3990**	**702**	**781**		**400**
黄石港区				102	113		
西塞山区					128		
下陆区							
铁山区							
阳新县			3800	600			
大冶市	8666.67	15000	190		540		400
经济开发区							
市直							
十堰市	**4291**	**4170**	**7368**	**5452**	**47374**	**180**	**2290**
茅箭区					350		
张湾区					1800		
郧阳区	2450	2000	2000		7100	180	460
郧西县		1850	1260	2350	3170		1830
竹山县				2500	3000		
竹溪县	1841		4108	602	9914		
房县					20700		
丹江口市		320			1340		
市直							
宜昌市	**8360**	**17598**	**7272**	**5072**	**22957**		**1827**
西陵区							
伍家岗区							
点军区							
猇亭区							
夷陵区	3700	3100	800	1600	5000		900
远安县					1080		
兴山县		39		982	231		
秭归县					1050		
长阳自治县					152		
五峰自治县							
宜都市		292	825		182		927
当阳市	2100	11607	5647	2490	2802		
枝江市	2560	2560			12460		
市直							
襄阳市		**118319**	**37642.07**	**3645**	**85765.96**	**480**	**4502**

续表 16

单位名称	4.保护性耕作面积（公顷）	5.精少量播种面积（公顷）	6.机械深施化肥面积（公顷）	7.机械铺膜面积（公顷）	8.农田机械节水灌溉面积(公顷)	9.机械播种牧草面积（公顷）	10.机械收获牧草数量（吨）
襄城区							
樊城区							
襄州区		52500	7000	2800	1500		
开发区					1889		1235
南漳县		7530	12360	550	17500		
谷城县		10133		133	1200		3267
保康县			600	70	600		
老河口市		13333	667		16700		
枣阳市		26623	2165.07		38086.96		
宜城市		8200	8200	92	40	480	
襄北农场			6650		8250		
市直							
鄂州市	**15463**	**4675**	**8861**		**8595**		**3365**
梁子湖区	600	1210	3500		3200		2850
华容区	14110	2440	2440		1645		515
鄂城区	653	1025	2521		3250		
开发区	100		400		500		
葛店开发区							
西山街办							
市直							
荆门市	**1000**	**89582**	**16070**	**1600**	**66100**		
东宝区							
掇刀区		1392			6500		
京山县	1000	29940	900		7800		
沙洋县		28840	11370		33970		
钟祥市		28510	1300	1100	16880		
屈家岭							
沙洋农场		900	2500	500	350		
漳河新区					600		
市直							
孝感市	**21859**	**37384**	**74758.8**	**1424**	**29108**	**150**	**150**
孝南区		8030	650	75	86		
孝昌县	20000	4000	3000	200	1200	150	150
大悟县		1669	203.8	169	4762		
云梦县					150		
应城市		5120			22910		
安陆市	1859	2865	355				
汉川市		15700	70550	980			
市直							
荆州市	**2757**	**17571**	**15458**	**1500**	**29691.2**		**368**
沙市区					5400		
荆州区					4000.20		
公安县		8000	3000	1500	1200		
监利县	2500	5000	1540		1290		
江陵县		818	3167		3292		368

续表 17

单位名称	4.保护性耕作面积（公顷）	5.精少量播种面积（公顷）	6.机械深施化肥面积（公顷）	7.机械铺膜面积（公顷）	8.农田机械节水灌溉面积(公顷)	9.机械播种牧草面积（公顷）	10.机械收获牧草数量（吨）
石首市	257	1751	3090		4068		
洪湖市		1917	4661		6864		
松滋市					3512		
开发区		85			65		
市直							
黄冈市	**16734**	**55737**	**40952**	**2752**	**76556**	**5200**	**6304**
黄州区		290			390		
龙感湖区		1100	4000		4900		
团风县	6752	3081			1752		574
红安县				752	3865		
罗田县		2000			13100		
英山县	2000	1100	1000	2000	1500		
浠水县	1624	13827	4460		25834		
蕲春县		712			176		
黄梅县		4660	4825		1690		3768
麻城市	6358	2300			6176	5200	1962
武穴市		26667	26667		17173		
市直							
咸宁市	**471**	**21767.8**	**449.3**	**725**	**31411.5**	**434**	**54320**
咸安区		12106.8			1360		
嘉鱼县		107			20066		
通城县		4939	67.3		82.5		
崇阳县					5580		
通山县	471	3385	62	75	761	434	54320
赤壁市		1230	320	650	3562		
市直							
随州市	**40**	**4761**	**858**	**1987**	**7128**		
随县	40	951	638	1987	6673		
曾都区		3660	120		55		
广水市		150	100		400		
市直							
恩施自治州	**129**	**355**	**290**	**3098**	**7014**		
恩施市	129						
利川市		48		1326	3780		
建始县							
巴东县				772	2142		
宣恩县				1000	230		
咸丰县		307			862		
来凤县			290				
鹤峰县							
市直							
仙桃市		**65687**					
潜江市							
天门市	**677.6**	**51930**	**1242**	**1379**	**41670**		
神农架林区	**5**				**680**		
省直							

续表 18

单位名称	11.机械化秸秆还田面积(公顷)	12.秸秆捡拾打捆面积(公顷)	13.机械化青贮秸秆数量(吨)	14.农机运输作业量(万吨·公里)	其中：农业运输作业量(万吨·公里)	15.农田基本建设作业量(立方米)
湖北省	**2206326.75**	**289985.57**	**1370435**	**1056885.1**	**538363.58**	**158123081.37**
武汉市	**82029.56**	**36574**	**251722**	**89443.6**	**63818.7**	**436630**
洪山区	93.4			61.6	44.7	
东西湖区	1400	27		4125	4125	120000
汉南区	6172			7750	2410	19500
蔡甸区	7600			18502	18502	
江夏区	5400			19760	11499	46000
黄陂区	52118	67	238615	23266	23266	251130
新洲区	9245	36480	13107	11790		
市直	1.16			4189	3972	
黄石市	**69657.33**	**433**	**323080**	**72253**	**9133**	**464700**
黄石港区	49			289	215	
西塞山区				138	135	6700
下陆区						
铁山区						
阳新县	30000	300	320000	70000	7000	430000
大冶市	38933.33	133	3080	1630	1605	28000
经济开发区	675			196	178	
市直						
十堰市	**33057**	**8795**	**87992**	**32862**	**27553**	**49406440**
茅箭区						
张湾区				680	680	
郧阳区	10000	240	200	2500	1600	45000000
郧西县	4995	55				
竹山县	3000	8500	3000	5500	3500	90000
竹溪县	5612		81642	5382	3453	3007540
房县	8090		3150	9700	9700	97500
丹江口市	1360			9100	8620	1211400
市直						
宜昌市	**134455.33**	**7163**	**57415**	**37660**	**29384**	**24999564**
西陵区						
伍家岗区						
点军区						
猇亭区						
夷陵区	20000	50		5320	2200	25607
远安县	8000	500	2500	2620	2620	
兴山县				2687	2687	3051800
秭归县			1755	5600	5550	120005
长阳自治县	1553.33			5821	3951	
五峰自治县				1900	760	
宜都市	4792			5163	3922	390783
当阳市	93060	6533	51660	8549	7694	21409719
枝江市	7050	80	1500			1650
市直						
襄阳市	**513458**	**40750**	**4700**	**152853.36**	**139393.78**	**25255252.34**

续表 19

单位名称	11.机械化秸秆还田面积(公顷)	12.秸秆捡拾打捆面积(公顷)	13.机械化青贮秸秆数量(吨)	14.农机运输作业量(万吨·公里)	其中：农业运输作业量(万吨·公里)	15.农田基本建设作业量(立方米)
襄城区	3483			1085	884	
樊城区	14050	65		260	180	
襄州区	170000	16400	4000	74800	63000	240000
开发区						
南漳县	39860	15686		367	137	46873
谷城县	10000		220	2292	1406	90639
保康县	1850			520	520	9100
老河口市	43333	666				
枣阳市	172093	1133	100	49751.16	49507.28	24856040.34
宜城市	49529	6800		23460	23460	12600
襄北农场	9260		380	318.2	299.5	
市直						
鄂州市	**5749**	**1669**	**14186**	**5460**	**4515**	**358411**
梁子湖区	1400		8200	1140	950	25800
华容区	1669	1669	3338	1931	1697	309000
鄂城区	2680		2648	2380	1860	23611
开发区				9	8	
葛店开发区						
西山街办						
市直						
荆门市	**406623**	**55486**	**159596**	**33859.6**	**28018**	**7804350**
东宝区	20696	9993	10000	4719	3213	2010000
掇刀区	16200	1830		1000	800	300000
京山县	85000	2000	92000	120	120	1380000
沙洋县	114850	6503	10890	955	71	716500
钟祥市	128267	33300	46586	24860	22870	3237850
屈家岭	14310			50	30	30000
沙洋农场	19000	1000		20	18	110000
漳河新区	8300	860	120	2135.6	896	20000
市直						
孝感市	**57899**	**14110.9**	**6780**	**28052**	**19714**	**17455846**
孝南区	6020	25		11286	4490	2320
孝昌县	15000	1000		500	500	30000
大悟县	4279	50.90		3365	3365	2846
云梦县				6505	5030	50020
应城市	5920	6350		40	38	2552000
安陆市	14180	6635	6080	6291	6291	2160
汉川市	12500	50	700	65		14816500
市直						
荆州市	**321598**	**83110**	**13917**	**11543**	**9555**	**3512019**
沙市区	22620	18000	700	1070	729	88000
荆州区	10000	2500		85	85	39000
公安县	45620	18000	8500	1850	1480	699000
监利县	23750	26850	2450	3503	2935	1540000
江陵县	34729	667		1493	1232	194176

续表 20

单位名称	11.机械化秸秆还田面积(公顷)	12.秸秆捡拾打捆面积(公顷)	13.机械化青贮秸秆数量(吨)	14.农机运输作业量(万吨·公里)	其中：农业运输作业量(万吨·公里)	15.农田基本建设作业量(立方米)
石首市	38171	750		798	798	190550
洪湖市	81753	14523	2267	1264	1236	598193
松滋市	56555			630	520	163100
开发区	8400	1820		850	540	
市直						
黄冈市	**188943**	**14521**	**97338**	**444588.80**	**82166.40**	**17761010**
黄州区	1940	131	320	320	180	235815
龙感湖区	6100	600		27	27	4873296
团风县	4335	693	6135	4821	1956	4931800
红安县	1416		1358	335	272	262640
罗田县	8667			39210	39210	
英山县	6100		1500	386000	32300	147000
浠水县	56933	10	780	114	99	6138312
蕲春县	5984			7436.8	2412.4	412
黄梅县	58670	10000	480	2152	1850	229500
麻城市	198	421	4765	3516	3310	272235
武穴市	38600	2666	82000	657	550	670000
市直						
咸宁市	**73940.53**	**4039.67**	**131131**	**24483**	**23866**	**4715523.03**
咸安区	35373.33	3666.67		563	563	606363.03
嘉鱼县	18500	19		16800	16800	
通城县	14.2		2211	787	787	3531627
崇阳县	50			1150	1150	73800
通山县	682	354	128920	871	843	254623
赤壁市	19321			4312	3723	249110
市直						
随州市	**38089**	**747**	**1376**	**32723.24**	**29343.20**	**3135645**
随县	17323	717	1376	28991	26864	2593865
曾都区	9766			732.24	479.20	441780
广水市	11000	30		3000	2000	100000
市直						
恩施自治州	**4416**		**206425**	**24789**	**13138**	**2499447**
恩施市				1234	1234	37647
利川市	4200		82800	9120	7125	
建始县						
巴东县	21			3170	822	857650
宣恩县	140			1758	1758	295000
咸丰县	55		123625	2890	1262	683100
来凤县				5960	380	626050
鹤峰县				657	557	
市直						
仙桃市	**136000**	**667**		**490**	**490**	**217000**
潜江市	**60266**	**7347**	**12500**	**33828**	**29763**	**99844**
天门市	**80146**	**14573**	**977**	**31896**	**28412**	
神农架林区			**1300**	**100.5**	**100.5**	**1400**
省直						

续表 21

单位名称	16.农用飞机作业面积（公顷）	17.农机专业合作社作业服务面积（公顷）	18.农机跨区作业面积（公顷）	其中：(1)跨区机耕面积（公顷）	(2)跨区机播面积（公顷）	(3)跨区机收面积（公顷）	其中：跨区机收小麦（公顷）
湖北省	**222731.42**	**1994127.87**	**1034508.91**	**275513**	**40028**	**686479.51**	**239581.09**
武汉市	**5810**	**95833.7**	**59793.4**	**16987**	**1481**	**41131**	**11200**
洪山区		1550.7	558.4	118	31	325	142
东西湖区		5000	5000	3000		2000	500
汉南区		10190	4150	1500	1150	1500	900
蔡甸区		22030	4010			3900	130
江夏区	1260	12480	11700	5000	300	6400	1700
黄陂区	350	38126	13182	3365		9817	3651
新洲区	4200	6457	21193	4004		17189	4177
市直							
黄石市	**650**	**65200**	**72285**	**20045**	**6010**	**46230**	**5200**
黄石港区							
西塞山区							
下陆区							
铁山区							
阳新县		8000	71000	20000	6000	45000	5000
大冶市	650	57200	1285	45	10	1230	200
经济开发区							
市直							
十堰市		**36055**	**15730**	**7355**	**875**	**7485**	**3020**
茅箭区							
张湾区							
郧阳区		2250	1800			1800	600
郧西县		6910	7615	5095	875	1645	975
竹山县		2500					
竹溪县		10565	485	230		240	
房县		7300	2150	1050		1100	165
丹江口市		6530	3680	980		2700	1280
市直							
宜昌市	**4467**	**109600**	**61588**	**18914**	**779**	**41885**	**13747**
西陵区							
伍家岗区							
点军区							
猇亭区							
夷陵区	200	7500	6400	2600		3800	
远安县		2000	1500	750		750	250
兴山县		2100					
秭归县		8205					
长阳自治县							
五峰自治县		28000					
宜都市		415	358	219		139	
当阳市	1267	16380	21370	1715	779	18876	2867
枝江市	3000	45000	31960	13630		18320	10630
市直							
襄阳市	**13383**	**387581.77**	**129691.34**	**19770**	**12270**	**97651.34**	**61945.49**

续表 22

单位名称	16.农用飞机作业面积（公顷）	17.农机专业合作社作业服务面积（公顷）	18.农机跨区作业面积（公顷）	其中：(1)跨区机耕面积（公顷）	(2)跨区机播面积（公顷）	(3)跨区机收面积（公顷）	其中：跨区机收小麦（公顷）
襄城区		10076					
樊城区							
襄州区	4000	50000	44500	10000	3500	31000	26000
开发区		15600	15700	1600	1600	12500	2200
南漳县	220	27800					
谷城县		12000	1733			1733	1400
保康县		27800	3200			3200	600
老河口市		28100	5330			5330	5330
枣阳市	1833	205395.77	32268.34			32268.34	20895.49
宜城市	7330	10810	26000	8000	7000	11000	5000
襄北农场			960	170	170	620	520
市直							
鄂州市	**2330.12**	**24435**	**8446**	**2321**	**1170**	**4953**	**1211**
梁子湖区	70	8600	3250	820	510	1920	510
华容区	2060	6695	973	318	18	637	153
鄂城区	200.12	9140	4223	1183	642	2396	548
开发区							
葛店开发区							
西山街办							
市直							
荆门市	**101706**	**195543**	**52597.3**	**3040**	**163**	**49394.30**	**25490**
东宝区	750	3558	1870	150		1720	595
掇刀区	135	970	1933			1933	
京山县	5000	82000	15000			15000	6000
沙洋县	17785	12399	12393	2760	113	9520	4520
钟祥市	20000	71916	20038			20038	14115
屈家岭	720						
沙洋农场	650	23500	530	130	50	350	160
漳河新区		1200	833.3			833.30	100
市直	56666						
孝感市	**10249**	**154944**	**74272**	**16122**	**5880**	**43270**	**15251**
孝南区		3600	6558	1402		5156	1561
孝昌县		80000	40000	10000	5000	16000	4000
大悟县	186	2139	3209			3209	1390
云梦县	60	8780	9000			9000	3000
应城市	3620	21265	3700	1470	880	1350	740
安陆市	4533	8160	8015	3250		4765	1600
汉川市	1850	31000	3790			3790	2960
市直							
荆州市	**49567**	**245217.4**	**290571.2**	**93421**	**3549**	**193481.2**	**45885.6**
沙市区		3432	4130	280		3850	900
荆州区		21334.4	17334.2			17334.20	5333.60
公安县		27920	60650	16100	2000	42550	11060
监利县	9900	46598	20070	6200	840	13030	4900
江陵县		33189	25214	5890		19324	3864

续表 23

单位名称	16.农用飞机作业面积（公顷）	17.农机专业合作社作业服务面积（公顷）	18.农机跨区作业面积（公顷）	其中:(1)跨区机耕面积（公顷）	(2)跨区机播面积（公顷）	(3)跨区机收面积（公顷）	其中：跨区机收小麦（公顷）
石首市		15800	80855	30900		49955	3605
洪湖市	39667	67924	24868	8051	679	16138	5648
松滋市		27820	55350	24500		30850	10550
开发区		1200	2100	1500	30	450	25
市直							
黄冈市	**15105**	**399812**	**66854**	**23126**	**554**	**40996**	**11815**
黄州区	193	4610	1300	480	120	530	310
龙感湖区		23429					
团风县	3230	18896	3525	985	31	2509	542
红安县			1385			1385	985
罗田县	4000	15200	8359			8359	3300
英山县		10200	8160	3060		4080	1530
浠水县	467	45872	7055	1984	60	5011	363
蕲春县	280	12496	8412	1682	198	6486	54
黄梅县	2855	51650	5300	3150	145	2005	1315
麻城市	1080	13859	14358	8785		4631	1216
武穴市	3000	203600	9000	3000		6000	2200
市直							
咸宁市	**4430**	**45676**	**12458.67**	**1363**		**11095.67**	**2726**
咸安区	3850	19405	3466.67			3466.67	
嘉鱼县	13		1812	495		1317	510
通城县		9757	580	148		432	36
崇阳县		4750	4120			4120	2180
通山县	567	2412					
赤壁市		9352	2480	720		1760	
市直							
随州市	**328**	**18186**	**99646**	**13241**	**1731**	**79608**	**32792**
随县	208	973	47886	4841	281	37698	17647
曾都区	120	4613	20560	1000	150	19410	8665
广水市		12600	31200	7400	1300	22500	6480
市直							
恩施自治州	**89.3**	**29747**	**20407**	**13625**		**6324**	**67**
恩施市		18121	4707	3145		1562	
利川市		6528	12935	9928		3007	
建始县							
巴东县		1585	572	122		122	67
宣恩县		320	400			400	
咸丰县	89.3	1013	213			213	
来凤县		2180	1580	430		1020	
鹤峰县							
市直							
仙桃市		**59067**	**35333**	**20037**		**6267**	**2000**
潜江市	**5667**	**33758**	**9500**	**2000**	**1334**	**6166**	**2000**
天门市	**8950**	**91472**	**25336**	**4146**	**4232**	**10542**	**5231**
神农架林区		**2000**					
省直							

续表 24

单位名称	跨区机收水稻(公顷)	跨区机收玉米(公顷)	四、农产品初加工机械化作业情况	其中：机械脱出农产品数量(吨)	其中：机械脱粒粮食数量(吨)	2.实际清选农产品总量(吨)	其中：机械清选农产品数量(吨)
			1.实际脱出农产品总量(吨)				
湖北省	**394573.42**	**13529**	**81395902.49**	**37194405.81**	**27870101.84**	**82118948.1**	**32909693.29**
武汉市	**28464**	**1153**	**8862254**	**4270898.6**	**3819455.4**	**8858153.6**	**3535942.9**
洪山区	136	33	49279	24877.6	12386.4	49277.60	18976.9
东西湖区	1000	500	585106	244582	201837	585106	295216
汉南区	300		298860	266200	266200	298860	266200
蔡甸区	3250	520	934755	488950	430200	934715	407250
江夏区	4600	100	1963240	915122	708084	1963240	556303
黄陂区	6166		2981185	1409517	1386473	2981185	1409517
新洲区	13012		2049829	921650	814275	2045770	582480
市直							
黄石市	**38000**	**3030**	**1125678**	**194219**	**109134**	**1085678**	**131983**
黄石港区							
西塞山区			37158	10895		37158	4659
下陆区							
铁山区							
阳新县	37000	3000	800000	63000	26000	760000	7000
大冶市	1000	30	288520	120324	83134	288520	120324
经济开发区							
市直							
十堰市	**3255**	**1210**	**3279620**	**1417793**	**568542**	**3253748**	**1000205**
茅箭区			36850	5000	3000	36850	36850
张湾区			106443	2700	2700	106443	250
郧阳区	150	1050	620000	240000	210000	620000	215000
郧西县	670		548237	200940	81600	548237	1260
竹山县			439800	380000	50000	437673	420000
竹溪县	240		425825	142025	17042	424350	16540
房县	935		393665	353628	147700	393995	275955
丹江口市	1260	160	708800	93500	56500	686200	34350
市直							
宜昌市	**20272**	**176**	**7333073**	**3165674**	**1127064**	**7332739**	**2334801**
西陵区							
伍家岗区							
点军区							
猇亭区			135505	5000		135505	135505
夷陵区	3800						
远安县	500		313438	96000	95000	313438	95000
兴山县			361602	361322	0	361312	361301
秭归县			708650	681005	92805	708650	425105
长阳自治县			774820	387502	300251	774820	205625
五峰自治县			283018	149999	59999	283018	141500
宜都市	139		985849	121625	79318	985805	191593
当阳市	15833	176	2140491	963221	481611	2140491	749172
枝江市			1629700	400000	18080	1629700	30000
市直							
襄阳市	**23405.85**	**1800**	**9762581.49**	**4978293.21**	**4140628.94**	**10051527.5**	**2481825.39**

续表 25

单位名称	跨区机收水稻(公顷)	跨区机收玉米(公顷)	四、农产品初加工机械化作业情况 1.实际脱出农产品总量(吨)	其中：机械脱出农产品数量(吨)	其中：机械脱粒粮食数量(吨)	2.实际清选农产品总量(吨)	其中：机械清选农产品数量(吨)
襄城区			484551	244596	102306	484551	117402
樊城区			414200	204600	93660	414200	98210
襄州区	5000		2254000	1008600	900100	2254000	454500
开发区			8450	3735	2170	7900	1780
南漳县			817981	409172	405926	817981	204495
谷城县	333		781509	361502	325352	781509	171713
保康县	1700	700	345571	254100	75000	345571	228000
老河口市			860000	540000	320000	1200000	42200
枣阳市	11372.85		2600955.49	1194988.21	1159114.94	2550451.50	743525.39
宜城市	5000	1000	1195364	757000	757000	1195364	420000
襄北农场		100					
市直							
鄂州市	**2715**		**1779740**	**1396908**	**1153991**	**1779738**	**1438750**
梁子湖区	1410		479000	356270	321452	479000	398120
华容区	484		499050	399240	319392	499050	399240
鄂城区	821		735090	588078	470487	735088	588070
开发区			37250	29800	23840	37250	29800
葛店开发区			29350	23520	18820	29350	23520
西山街办							
市直							
荆门市	**23103.30**	**801**	**6484799**	**2701763**	**2356735**	**6430517**	**1064314**
东宝区	1125		457623	182892	138863	456956	115789
掇刀区	1933		464605	86450	86450	464605	
京山县	9000		1437553	701450	701300	1437553	359465
沙洋县	5000		1766213	738956	511925	1766213	
钟祥市	5122	801	2302190	935400	861582	2302190	586060
屈家岭							
沙洋农场	190					3000	3000
漳河新区	733.30		56615	56615	56615		
市直							
孝感市	**28019**		**7988148**	**3689072**	**2223565**	**7988138**	**5217607**
孝南区	3595		938950	389385	174060	938950	137000
孝昌县	12000		900000	400000	300000	900000	650000
大悟县	1819		784178	643284	142951	784178	70681
云梦县	6000		1196876	494000	381000	1196876	840000
应城市	610		1786546	765173	535454	1786536	1512584
安陆市	3165		821918	339730	324400	821918	575342
汉川市	830		1559680	657500	365700	1559680	1432000
市直							
荆州市	**130909.60**	**2045**	**8230358**	**3521682**	**3013289**	**8801338**	**4907086**
沙市区	2950		350400	140160	116800	350400	136656
荆州区	12000.60		90000	90000	80000	640000	400000
公安县	30990	100	1542600	617040	514200	1542600	601614
监利县	7880	250	2371680	937872	918750	2371680	1740375
江陵县	15460		543725	223444	182492	543725	543725

续表 26

单位名称	跨区机收水稻(公顷)	跨区机收玉米(公顷)	四、农产品初加工机械化作业情况	其中：机械脱出农产品数量(吨)	其中：机械脱粒粮食数量(吨)	2.实际清选农产品总量(吨)	其中：机械清选农产品数量(吨)
			1.实际脱出农产品总量(吨)				
石首市	30900	1545	838078	498464	339613	838078	498464
洪湖市	10489		1518054	622876	494869	1540134	604905
松滋市	20150	150	956271	383076	362365	955171	372517
开发区	90		19550	8750	4200	19550	8830
市直							
黄冈市	**29034**	**24**	**7978239**	**3629365**	**3157877**	**7927689**	**2480870**
黄州区	180	24	463575	197811	142875	456435	179756
龙感湖区							
团风县	1967		346552	128564	128564	346521	19574
红安县	400		530386	256672	192576	530217	251646
罗田县	5000		561860	225752	207440	561860	546000
英山县	2550		358000	148000	102000	357000	9000
浠水县	4648		1444000	607342	507468	1444000	148852
蕲春县	6384		1156484	491842	433451	1139684	
黄梅县	690		1098500	461216	415220	1098500	481000
麻城市	3415		1505322	624016	540133	1505322	357142
武穴市	3800		513560	488150	488150	488150	487900
市直							
咸宁市	**8164.67**	**205**	**6428493**	**1893389**	**842960.5**	**6490623**	**1340138**
咸安区	3466.67		1304730	579700	170549.5	1366860	410058
嘉鱼县	602	205	1172317	465063	226369	1172317	665063
通城县	396		1066639	455286	196529	1066639	261324
崇阳县	1940		813200	327500	191300	813200	1430
通山县			466231	65840	58213	466231	2263
赤壁市	1760		1605376			1605376	
市直							
随州市	**44033**	**1119**	**3519845**	**1909999**	**1772851**	**3495851**	**2917021**
随县	17268	1119	1703983	672967	561369	1679989	1679989
曾都区	10745		589885	256250	230700	589885	256250
广水市	16020		1225977	980782	980782	1225977	980782
市直							
恩施自治州	**3420**		**4059952**	**1888827**	**1515165**	**4060252**	**1757016**
恩施市			935456	935456	935456	935456	935456
利川市	3007		1147579	236411	229600	1147579	23052
建始县							
巴东县			580755	252342		580755	253467
宣恩县	200		390000	81000	71800	390000	91000
咸丰县	213		433512	181940	138812	433512	238581
来凤县			296690	118600	78000	296990	208000
鹤峰县			275960	83078	61497	275960	7460
市直							
仙桃市	**3467**	**800**	**1560000**	**935400**	**750000**	**1560000**	**935400**
潜江市	**3000**	**1166**	**1400000**	**940000**	**657721**	**1400000**	
天门市	**5311**		**1524122**	**621123**	**621123**	**1524056**	**1287834**
神农架林区			**79000**	**40000**	**40000**	**78900**	**78900**
省直							

续表 27

单位名称	3.实际保质农产品总量（吨）	其中：机械保质农产品数量（吨）	其中：机械烘干粮食数量（吨）	4.机械初加工农产品数量（吨）	其中：加工粮食数量（吨）	加工油料数量（吨）	加工棉花数量（吨）
湖北省	**81480152.77**	**25581765.89**	**8551444.2**	**34560936.86**	**25154351.32**	**2607795.28**	**489273.76**
武汉市	**7852978**	**3695101**	**1306914**	**2308098**	**1241368.3**	**172864**	**13407**
洪山区	50122	21364	17465	2338	681		
东西湖区	585106	305216	201837	145283	7250		
汉南区	298860	255000	31500	175600	74000	11500	850
蔡甸区	934783	408700	253600	446670	318600	12752	4100
江夏区	1963240	389319	196005	701000	475000	62000	1000
黄陂区	1981185	1500682	73510	781126	352057	81236	6867
新洲区	2039682	814820	532997	55795	13772	5376	590
市直				286	8.3		
黄石市	**1165678**	**322756**	**45462**	**125721**	**113984**	**9927**	**400**
黄石港区							
西塞山区	37158	1236					
下陆区							
铁山区							
阳新县	840000	33000	31000	11300	6600	3500	
大冶市	288520	288520	14462	114421	107384	6427	400
经济开发区							
市直							
十堰市	**3251073**	**544127**	**153560**	**1049575**	**703661**	**106030**	**15**
茅箭区	36850	7000	630	2660	1400	1100	
张湾区	106443	2000	1500	3400	2700	580	
郧阳区	620000	215000	2200	240000	130000	21000	15
郧西县	548237	77400	11500	276240	251005	18560	
竹山县	437673	20000		255000	120000	40000	
竹溪县	425320	21584	19420	23560	14256	2545	
房县	414050	186783	118310	173500	143700	17595	
丹江口市	662500	14360		75215	40600	4650	
市直							
宜昌市	**7197246**	**1994944**	**223796**	**4223704**	**2776712**	**220098**	**54362**
西陵区							
伍家岗区							
点军区							
猇亭区							
夷陵区							
远安县	313438	95000		112000	100000	7000	
兴山县	361322	361232		122850	72710	7605	0
秭归县	708650	425105		566805	92605	14070	
长阳自治县	774820	100562		1419895	1398668	14251	
五峰自治县	283018	169810	33962	18882	15112	1109	
宜都市	985807	429186		517401	101567	18573	
当阳市	2140491	214049	149834	749171	438150	81590	3762
枝江市	1629700	200000	40000	716700	557900	75900	50600
市直							
襄阳市	**10801518.37**	**1822656.89**	**801188**	**4263753**	**3081645**	**432655.74**	**134509.76**

续表 28

单位名称	3.实际保质农产品总量（吨）	其中：机械保质农产品数量（吨）	其中：机械烘干粮食数量（吨）	4.机械初加工农产品数量（吨）	其中：加工粮食数量（吨）	加工油料数量（吨）	加工棉花数量（吨）
襄城区	484551	88128		21402	20553	520	12.24
樊城区	414200	73660					
襄州区	2254000	404600	299000	741300	681000	40100	20200
开发区	8450	1400					
南漳县	817981	143528	121338	458500	445860	10771	109
谷城县	781509	152825	9000	66968	35493	18081	
保康县	345571	131000		158850	132000	12330	
老河口市	1200000	215000		1110000	830000	230000	50000
枣阳市	3299892.37	595415.89	354750	1085733	881739	102853.74	54188.52
宜城市	1195364	17100	17100	600000	42000	18000	10000
襄北农场				21000	13000		
市直							
鄂州市	**1779738**	**1466557**	**985245**	**1132197**	**834518**	**35215**	**6957**
梁子湖区	479000	425927	401136	268200	223700	14700	2900
华容区	499050	399240	109392	399240	319392	128	33
鄂城区	735088	588070	470455	394557	229421	19008	3824
开发区	37250	29800	2384	29800	22000	1200	150
葛店开发区	29350	23520	1878	40400	40005	179	50
西山街办							
市直							
荆门市	**6430513**	**1673041**	**1326596**	**2161217**	**1887518**	**219178**	**35904**
东宝区	456952	81389	6823	151613	95923	48586	4532
掇刀区	464605			116522	86050	24660	740
京山县	1437553	436316	436203	630000	609200	15000	5800
沙洋县	1766213	701520	700250	250237	202000	34232	10852
钟祥市	2302190	450816	180320	948440	837630	90030	12980
屈家岭							
沙洋农场	3000	3000	3000	13500	13500		
漳河新区				50905	43215	6670	1000
市直							
孝感市	**7979392**	**3451160**	**934047**	**1855929**	**1578436**	**114673**	**29410**
孝南区	938950	38585	38585	244492	135523	17562	6050
孝昌县	900000	530000	180000	250000	180000	50000	560
大悟县	784178	51621	5563	139221	129378	4868	
云梦县	1196876	787880	18349	35415	25462	993	
应城市	1786146	196600	18550	419140	413720	5420	
安陆市	813562	568974	156000	331131	315683	15330	
汉川市	1559680	1277500	517000	436530	378670	20500	22800
市直							
荆州市	**8461338**	**3677272**	**810822**	**3763422**	**3024497**	**487315**	**98358**
沙市区	350400	136656	41000	161500	113000	38000	10500
荆州区	300000	200000	99800	335000	210000	35000	2350
公安县	1542600	601614	20000	790600	670000	111300	8800
监利县	2371680	914425	174037	788991	733800	45600	9590
江陵县	543725	218106	18157	248110	188481	53759	5870

续表 29

单位名称	3.实际保质农产品总量（吨）	其中：机械保质农产品数量（吨）	其中：机械烘干粮食数量（吨）	4.机械初加工农产品数量（吨）	其中：加工粮食数量（吨）	加工油料数量（吨）	加工棉花数量（吨）
石首市	838078	498464	174813	185915	142140	38625	5150
洪湖市	1540134	726660	278815	699694	669134	27451	423
松滋市	955171	372517		512072	278942	122580	55275
开发区	19550	8830	4200	41540	19000	15000	400
市直							
黄冈市	**7954108**	**1245631**	**602656**	**4871685**	**3841764.4**	**408218**	**85656**
黄州区	456435	147363	39637	178853	121753	13581	3510
龙感湖区				67790	61241	2439	2983
团风县	348521	35542	35000	255765	187548	45217	18534
红安县	530368	234476	4925	221867	147063	53752	1725
罗田县	561860	16500	15500	256000	187500	20500	
英山县	357000	5000	5000	1176000	1078000	29400	
浠水县	1444000	284100	41650	462652	460800	1320	80
蕲春县	1138542	52145	52145	614562	284561.4	29345	6212
黄梅县	1098500	155260	155260	528600	423665	57150	39200
麻城市	1505322	223145	216539	683496	540133	101514	11312
武穴市	513560	92100	37000	426100	349500	54000	2100
市直							
咸宁市	**6403641**	**1260596**	**233939**	**1798573.86**	**908876.62**	**30247.54**	**2398**
咸安区	1279878	484614	4800	277469.86	210973.62	2360.54	
嘉鱼县	1172317	530260	226369	240170	226369	10911	1722
通城县	1066639	244070	1825	180385	160900	605	156
崇阳县	813200	1200	630	238500	227900	9950	520
通山县	466231	452	315	90796	82734	6421	
赤壁市	1605376			771253			
市直							
随州市	**3615850**	**1878762**	**63637**	**2886906**	**1960133**	**31754**	**1197**
随县	1799988	852560	45967	1768929	878830	4015	218
曾都区	589885	45420	10670	204894	174080	25689	829
广水市	1225977	980782	7000	913083	907223	2050	150
市直							
恩施自治州	**4059952**	**673530**	**165975**	**1883987**	**1293498**	**64326**	
恩施市	935456	134852	134852	197581	142546	14025	
利川市	1147579	46002	1400	585440	525402	9690	
建始县							
巴东县	580755	380642		350286	193250	10735	
宣恩县	390000	75000	15000	130600	113000	620	
咸丰县	433512	23004	4631	189897	139800	12873	
来凤县	296690	1200	800	346800	131000	11000	
鹤峰县	275960	12830	9292	83383	48500	5383	
市直							
仙桃市	**1583600**	**956000**	**425000**	**815890**	**703540**	**100050**	**12300**
潜江市	**1400000**	**458852**	**235000**	**504270**	**399670**	**100000**	**2343**
天门市	**1524056**	**454280**	**235910**	**914450**	**804530**	**75244**	**12057**
神农架林区	**19471.4**	**6500**	**1697.2**	**1559**			
省直							

续表 30

单位名称	加工果蔬数量（吨）	加工茶叶数量（吨）	五、畜牧业机械化作业情况	其中：机械收获饲草秸秆量（吨）	2.饲草料加工总量（吨）	其中：机械化饲草料加工数量（吨）
			1.收获的饲草秸秆总量（吨）			
湖北省	**2048935.80**	**402404.52**	**71155104.37**	**13613353.83**	**40027626.33**	**11981010.41**
武汉市	**303715**	**66780**	**1856598.91**	**665003.28**	**1078189.08**	**584109.7**
洪山区	1657					
东西湖区	120000	380				
汉南区	41000		131176.21	75051.88	64043.08	34104.15
蔡甸区	87640	1240	153230	70456	104110	15885.55
江夏区	2000	3000	428263	150457	266143	155449
黄陂区	47125	61656	637620	211546	336750	238615
新洲区	4046	504	497680	154480	307143	140056
市直	247	0	8629.7	3012.4		
黄石市	**1360**	**50**	**1339301.9**	**276933.6**	**731717.1**	**432017.7**
黄石港区			32869.4	15234.6	10016.7	8795.3
西塞山区			33186	13018	10005.6	7038.4
下陆区						
铁山区						
阳新县	1200		700000	50000	360000	320000
大冶市	160	50	573246.5	198681	351694.8	96184
经济开发区						
市直						
十堰市	**99730**	**54400**	**3604302.47**	**831160**	**2398551.81**	**733275**
茅箭区	10	150				
张湾区	20	40	53210.3	19860	28597.56	12590
郧阳区	11000	1320	1350000	36000	620000	32000
郧西县	6050	625	936737.17	259700	514388.25	186690
竹山县	50000	45000			52120	9600
竹溪县		5985			545870	82020
房县	2970	995	857955	310960	410976	257515
丹江口市	29680	285	406400	204640	226600	152860
市直						
宜昌市	**1018858**	**22992**	**9059684.94**	**1461908.84**	**6126574.60**	**2383427.92**
西陵区						
伍家岗区						
点军区						
猇亭区			252549	252549	42120	42120
夷陵区						
远安县			214506		154444	2500
兴山县	36030	1005	658992.67	197705.76	393159.6	157269.12
秭归县	378005	4125	1010974.55		821753.81	36900
长阳自治县		1450	1803060		895712	
五峰自治县		2561	604471.72	331717.08	348932.19	221037.8
宜都市	382626	13535	1665704	75877	1207226	538333
当阳市	195597	316	1790000	24060	1400412	910268
枝江市	26600		1059427	580000	862815	475000
市直						
襄阳市	**36551.5**	**33652.12**	**10374729.67**	**2023778.01**	**5960437.74**	**1530635.88**

续表 31

单位名称	加工果蔬数量（吨）	加工茶叶数量（吨）	五、畜牧业机械化作业情况	其中：机械收获饲草秸秆量（吨）	2.饲草料加工总量（吨）	其中：机械化饲草料加工数量（吨）
			1.收获的饲草秸秆总量（吨）			
襄城区	316		296834.82		176568	43860
樊城区			241764.17		121565.94	36460
襄州区			2343870	500000	1300303	392650
开发区						
南漳县		1212	32560	26506	15960	12867
谷城县		13394	809321.67	176222	429831.79	104275
保康县		8330	881432	162000	485457	98400
老河口市			758000	170000	420750	103000
枣阳市	36235.5	10716.12	3617033.01	679250.01	2057977.01	402473.88
宜城市			1393914	309800	951375	336000
襄北农场					650	650
市直						
鄂州市	**9907**	**220**	**746085.48**	**539920**	**401868.29**	**31222**
梁子湖区	9200	220	224951.11	179960	135009.37	10407
华容区			246134.37	179960	133009.37	10407
鄂城区	541		275000	180000	133849.55	10408
开发区						
葛店开发区	166					
西山街办						
市直						
荆门市	**12339**	**1208**	**7951952.03**	**1581949**	**4877597.09**	**1834700**
东宝区	1386	1186	1638090	319250	1576307	593200
掇刀区		2	16710	3174	12123	3636
京山县			2032345.03	406477	1016181.09	365857
沙洋县	3153		1650487	330184	936956	337523
钟祥市	7800		2614320	522864	1335910	534364
屈家岭						
沙洋农场						
漳河新区		20			120	120
市直						
孝感市	**99860**	**6328**	**5736729.54**	**342205**	**2913431.08**	**1162782**
孝南区	85300	35	399368	225000	204588	145000
孝昌县		1200	733789	13000	329650	131861
大悟县		4975	1298120.54		585086.08	227606
云梦县			503380	100052	259530	20095
应城市			825550	3503	458776	327640
安陆市		118	604072	500	292621	6080
汉川市	14560		1372450	150	783180	304500
市直						
荆州市	**122275**		**4330615.53**	**1691642.30**	**2598178.98**	**122651.51**
沙市区			80858	40428	42605	1925
荆州区	64000		172110	86055	97822	8140
公安县	500		707256	353628	501489	9786
监利县			1187111.78	463716	725760.84	42160
江陵县			394473.82	224958.30	269252.05	28528.51

续表 32

单位名称	加工果蔬数量（吨）	加工茶叶数量（吨）	五、畜牧业机械化作业情况 1.收获的饲草秸秆总量（吨）	其中：机械收获饲草秸秆量（吨）	2.饲草料加工总量（吨）	其中：机械化饲草料加工数量（吨）
石首市			347003	119916	160393	4659
洪湖市			1020828	234500	526973.24	2400
松滋市	55275		416724.93	166296	261783.85	24908
开发区	2500		4250	2145	12100	145
市直						
黄冈市	**49379**	**35937**	**6693458.83**	**440338**	**3525889.54**	**225210**
黄州区	12576	1503	100325	480	68950	850
龙感湖区	1127		32413	2892	32312	173
团风县			274538.50	53628	163542	48356
红安县	15026	1805	684840	2852	315652	33102
罗田县		2	717893.33	28800	391346.24	23000
英山县	190	28600	425000		202700	14700
浠水县		452	850635	985	561726	985
蕲春县		1564	1101214		426645.30	
黄梅县	390	15	993610	312500	501230	15385
麻城市	70	1496	1289990	2201	638786	6659
武穴市	20000	500	223000	36000	223000	82000
市直						
咸宁市	**14236.3**	**66830.4**	**2999848.8**	**759134**	**1644019.14**	**332491**
咸安区	201.3	63931.40	583972	437979	373412.34	31400
嘉鱼县		1168	321167	258300	154490	123592
通城县	14035		418702.8	1080	248198.80	2869
崇阳县		120	448400	105	193500	1690
通山县		1611	542470	61670	283760	172940
赤壁市			685137		390658	
市直						
随州市	**14218**	**282**	**3869944.49**	**214356**	**1947829.26**	**104093**
随县	6388	166	644128	24656	379513	15576
曾都区	4230	66	1315596.49	189000	596694.26	87917
广水市	3600	50	1910220	700	971622	600
市直						
恩施自治州	**243888**	**113525**	**7029831.88**	**124869**	**3546454.92**	**1029374**
恩施市	17854	23156	1584377	4565	875425	
利川市	34844	15504	1504000	82800	750058	204600
建始县						
巴东县	143210	3091	1076320.69		505883.26	256625
宣恩县	1500	4950	795179	12000	388907	80000
咸丰县	680	36544	965698	25504	472225	325149
来凤县	45800	780	597457.19		343856.66	163000
鹤峰县		29500	506800		210100	
市直						
仙桃市			**2328535.4**	**1396800**	**1193089.1**	**982100**
潜江市			**1354707**	**742056.8**	**12500**	**12500**
天门市	**22619**		**1527490**	**521300**	**900041**	**383667**
神农架林区		**200**	**351287.5**		**171257.6**	**96753.7**
省直						

续表 33

单位名称	3.畜禽总数(折算为羊单位)(个)	其中：机械饲喂的畜禽数量(折算为羊单位)(个)	机械清粪的畜禽数量(折算为羊单位)(个)	4.环控畜禽总数(折算为羊单位)(个)	其中：机械环控的畜禽数量(折算为羊单位)(个)	5.产奶家畜数量(折算为羊单位)(个)	其中：机械挤奶的家畜数量(折算为羊单位)(个)
湖北省	**228955483.65**	**44145710.6**	**38660419.92**	**112825238.35**	**31098648.72**	**275473.13**	**103661**
武汉市	**10423218**	**3707730.71**	**3886063.19**	**6966989**	**2695905.78**	**67295**	**51180**
洪山区							
东西湖区							
汉南区	508583	161157.71	138774.19	432295	171083.78		
蔡甸区	687954	181326	382042	383650	164104	1454	1422
江夏区	3219732	1037219	1037219	2289847	512540	3110	2052
黄陂区	3516285	1457826	1457826	2265195	981106	51810	43600
新洲区	2286882	779321	779321	1596002	867072		
市直	203782	90881	90881			10921	4106
黄石市	**5147350.60**	**485027.20**	**481003.60**	**2326877.70**	**407165.80**		
黄石港区	135862	23485	23485	31265	20969		
西塞山区	134851.60	21534.20	21206.60	31126.70	17156.80		
下陆区							
铁山区							
阳新县	2400000	35000	20000	1150000	30000		
大冶市	2476637	405008	416312	1114486	339040		
经济开发区							
市直							
十堰市	**12447627**	**3150631**	**3178543**	**4340815**	**1100330**	**500**	
茅箭区							
张湾区	140315	19520	6588	91204	79660		
郧阳区	3100000	928000	622000	1078000	127000		
郧西县	1622150	938300	1029580	543366	97350		
竹山县	1408688	35411	30400			500	
竹溪县	1596540			661450			
房县	1923934	5800	3375	480995	150960		
丹江口市	2656000	1223600	1486600	1485800	645360		
市直							
宜昌市	**19753725**	**5215189**	**2276543**	**8737695**	**2140079**	**4080**	**14460**
西陵区							
伍家岗区							
点军区							
猇亭区	156580	12200					
夷陵区		2380218					11400
远安县	1123140			344438			
兴山县	1520595	645291	437492	398533	123551	0	0
秭归县	1718272			962232			
长阳自治县	2891830			1012150			
五峰自治县	1128929			587043			
宜都市	3143261	396692	285192	1100161	479085		
当阳市	4538588	680788	453859	2496224	37443	4080	3060
枝江市	3532530	1100000	1100000	1836914	1500000		
市直							
襄阳市	**36367093.85**	**4953805.69**	**5799172.13**	**18693791.65**	**3562782.14**	**5393.13**	

续表 34

单位名称	3.畜禽总数(折算为羊单位)(个)	其中：机械饲喂的畜禽数量(折算为羊单位)(个)	机械清粪的畜禽数量(折算为羊单位)(个)	4.环控畜禽总数(折算为羊单位)(个)	其中：机械环控的畜禽数量(折算为羊单位)(个)	5.产奶家畜数量(折算为羊单位)(个)	其中：机械挤奶的家畜数量(折算为羊单位)(个)
襄城区	902454			613636	116484	3725	
樊城区	437166			244812	66514		
襄州区	8236613	985000	1344000	4283038	778000		
开发区							
南漳县	1618084	1294500	1035575	647250	310672		
谷城县	4307720	518057	700890	2090222	413728		
保康县	1584227	221000	272000	952440	252100	62	
老河口市	3532000	410000	558000	1375700	309000	1530	
枣阳市	8770604.85	994340.69	1355913.13	5700892.65	981988.14	76.13	
宜城市	6978225	530908	532794	2785801	334296		
襄北农场							
市直							
鄂州市	**4844744**	**344474**	**344474**	**2420292**	**1938485**	**861**	
梁子湖区	1560133	124810	124810	776026	612820	270	
华容区	1346903	94810	94810	814026	712820	170	
鄂城区	1937708	124854	124854	830240	612845	421	
开发区							
葛店开发区							
西山街办							
市直							
荆门市	**17077632**	**2556312**	**2539452**	**8792890**	**2384066**	**14612**	
东宝区	1982982	267508	290186	237986	64102		
掇刀区	624803	87472	93720	49984	13495		
京山县	4449997	712008	667508	2892501	809907		
沙洋县	5022985	803782	753529	2913521	821598	14612	
钟祥市	4996865	685542	734509	2698898	674964		
屈家岭							
沙洋农场							
漳河新区							
市直							
孝感市	**21547133**	**3471901**	**3572324**	**11202412**	**2266035**	**14939**	**1134**
孝南区	2186646	350000	1550000	1146223		10155	
孝昌县	2632400	216000	210000	2026948			
大悟县	2264021	10403	10403	566005	126667		
云梦县	2393354	1709694		1507084	1405216		
应城市	3857160	828630	1624583	776832	576542		
安陆市	3847882	20174	16038	2821780	12960	4784	1134
汉川市	4365670	337000	161300	2357540	144650		
市直							
荆州市	**17103154**	**5635789**	**7850956**	**10956579**	**8437180**	**848**	
沙市区	400000	120000	160000	210000	160000	715	
荆州区	2404238	721271	1000163	1250204	1000163		
公安县	310000	90000	130000	160000	130000		
监利县	4741321	1453503	2205168	2969979	2205168		
江陵县	1458622	532140	885923	1203907	1054250		

续表 35

单位名称	3.畜禽总数(折算为羊单位)(个)	其中：机械饲喂的畜禽数量(折算为羊单位)(个)	机械清粪的畜禽数量(折算为羊单位)(个)	4.环控畜禽总数(折算为羊单位)(个)	其中：机械环控的畜禽数量(折算为羊单位)(个)	5.产奶家畜数量(折算为羊单位)(个)	其中：机械挤奶的家畜数量(折算为羊单位)(个)
石首市	2223297	813739	1032240	1445142	1032240	133	
洪湖市	1808658	656800	1151858	1573532	1569755		
松滋市	3751518	1248336	1285604	2138365	1285604		
开发区	5500			5450			
市直							
黄冈市	**30629613**	**2787690**	**2638024**	**13333406**	**1075382**	**148598**	**36342**
黄州区	327346	63251	63251	225930	68512	5960	2553
龙感湖区							
团风县	1526357	603524	274326	1175834	328773	8107	3531
红安县	3263750	166824	182860	1470136	176083	8215	3208
罗田县	2615065	49200	485600	859396	21500	9000	5000
英山县	1240000			330700			
浠水县	5010000	823000	823000	2926100	11627	3000	1868
蕲春县	5089754			1715468		31084	
黄梅县	2751000	129500	88000	1172000	88000	23000	
麻城市	5989536	261391	29987	2092716	241887	41592	3182
武穴市	2816805	691000	691000	1365126	139000	18640	17000
市直							
咸宁市	**10583406**	**1227500**	**622424**	**4061239**	**911537**	**2058**	**485**
咸安区	3035400	910620	485664	157600	39400	485	485
嘉鱼县	646578	51726		349152			
通城县	1982936	111534		1150102	55767		
崇阳县	2281000	78670		1398700	732240		
通山县	1141710	74950	136760	513820	84130		
赤壁市	1495782			491865		1573	
市直							
随州市	**14683768**	**7351713**	**3751209**	**8644641**	**1475171**	**150**	**60**
随县	5872485	2578828	2022764	4186789	252871		
曾都区	4544467	1359752	483445	2409781	349800		
广水市	4266816	3413133	1245000	2048071	872500	150	60
市直							
恩施自治州	**16867361**	**242777**	**70458**	**5597607**	**18018**	**264**	
恩施市	3892545			1256455		124	
利川市	3243522	44430	44430	1329843			
建始县							
巴东县	3069572	12200	11260	767393			
宣恩县	2154579	100000		732555		140	
咸丰县	2333766	43147	11668	962370	18018		
来凤县	1227888	43000	3100	331529			
鹤峰县	945489			217462			
市直							
仙桃市	**3310693**	**642381**	**844494**	**2323647**	**1914002**		
潜江市	**3795000**	**1245440**		**2125000**			
天门市	**4116100**	**1127350**	**805280**	**2222687**	**772510**	**15875**	
神农架林区	**257865.2**			**78670**			
省直							

续表 36

单位名称	6.产毛畜禽数量（折算为羊单位）(个)	其中：机械剪毛的畜禽数量（折算为羊单位）(个)	7.蛋禽数量（折算为羊单位）(个)	其中：机械捡蛋的蛋禽数量（折算为羊单位）(个)	六、林果业机械化作业情况	其中：机械中耕面积(公顷)
					1.林果业（果茶桑）种植面积(公顷)	
湖北省	**39425.79**	**1695**	**13605233.15**	**1884631.06**	**752058.34**	**343182.16**
武汉市	**352**		**825415**	**195668.64**	**16804**	**8719**
洪山区						
东西湖区						
汉南区			10675	8851.64	322	290
蔡甸区			30246	12454	980	720
江夏区	352		72452	41290	5960	1275
黄陂区			105118	48580	6350	4533
新洲区			598994	81578	3192	1901
市直			7930	2915		
黄石市			**224386**	**42034**	**15008**	**5530.60**
黄石港区			3097	2106		
西塞山区			3089	2151	448	110.6
下陆区						
铁山区						
阳新县			70000	1800	12000	4600
大冶市			148200	35977	2560	820
经济开发区						
市直						
十堰市			**748515**	**36687**	**95344**	**27555**
茅箭区						
张湾区			115	12	959	600
郧阳区			198000	13500	13000	9200
郧西县			80950	8550	3738	1750
竹山县			50550		18377	
竹溪县			48265	5045	19325	5625
房县			144535	9580	13345	5400
丹江口市			226100		26600	4980
市直						
宜昌市			**298174**	**23015**	**156990**	**74900**
西陵区					1124	10
伍家岗区					1100	58
点军区						
猇亭区					2100	
夷陵区						
远安县			6250		6339	4153
兴山县			12695	1257	9974	3958
秭归县			7500		26264	5413
长阳自治县			5360		16305	6728
五峰自治县					14121	2891
宜都市			36191		29797	8850
当阳市			103948	3758	26452	19839
枝江市			126230	18000	23414	23000
市直						
襄阳市	**12774.79**		**2155258.15**	**353621.42**	**93833.74**	**56876.52**

续表 37

单位名称	6.产毛畜禽数量（折算为羊单位）(个)	其中：机械剪毛的畜禽数量（折算为羊单位)(个)	7.蛋禽数量（折算为羊单位）(个)	其中：机械捡蛋的蛋禽数量（折算为羊单位）(个)	六、林果业机械化作业情况 1.林果业（果茶桑）种植面积(公顷)	其中：机械中耕面积(公顷)
襄城区			39225		350	306
樊城区	1445		14975		70	30
襄州区			194365	54000	3394	1000
开发区						
南漳县			5108	2043	6227	2312
谷城县			862500	79260	9614	4215
保康县			31200	1475	10155	3870
老河口市			169900	41000	6900	3080
枣阳市	9526.79		674985.15	122843.42	23803.74	8743.52
宜城市	1803		163000	53000	33320	33320
襄北农场						
市直						
鄂州市	**368**		**96712**	**82338**	**3658**	**2522**
梁子湖区	212		14910	6892	1775	1125
华容区	100		20515	18545	752	647
鄂城区	56		61287	56901	1131	750
开发区						
葛店开发区						
西山街办						
市直						
荆门市	**822**		**1243540**	**146954**	**26806**	**11725**
东宝区	112		88712	10959	8390	3879
掇刀区			32530	3578	1693	677
京山县			455740	54697	5545	2332
沙洋县			429868	51960	3981	1593
钟祥市	710		236690	25760	7197	3244
屈家岭						
沙洋农场						
漳河新区						
市直						
孝感市	**3623**	**264**	**1585816**	**618646**	**53803**	**25691**
孝南区			141540	121000	2914	2671
孝昌县			59910		23631	10000
大悟县					22511	9736
云梦县			314586		953	765
应城市	763	72	675830	251225	992	872
安陆市	2860	192	86800	30271	2275	1382
汉川市			307150	216150	527	265
市直						
荆州市			**803856**		**26096**	**15404**
沙市区			70000			
荆州区					2000	1200
公安县			27		6040	3624
监利县			289365		307	184
江陵县			70488		365	268

续表 38

单位名称	6.产毛畜禽数量（折算为羊单位）(个)	其中：机械剪毛的畜禽数量（折算为羊单位）(个)	7.蛋禽数量（折算为羊单位）(个)	其中：机械捡蛋的蛋禽数量（折算为羊单位）(个)	六、林果业机械化作业情况	其中：机械中耕面积(公顷)
					1.林果业（果茶桑）种植面积(公顷)	
石首市			155710		2377	1322
洪湖市			99830		73	45
松滋市			117500		14934	8761
开发区			936			
市直						
黄冈市	**18526**	**1076**	**3023183**	**114628**	**44149**	**21613**
黄州区			34786	5017	251	153
龙感湖区						
团风县			378543	47593	2231	403
红安县	7365		128600	528	2578	756
罗田县			98000		1945	1896
英山县			35970	13700	16390	7940
浠水县			743850	21000	2523	1833
蕲春县			658142		6845	2895
黄梅县	400		240050		1360	795
麻城市			659382	12790	7636	3592
武穴市	10761	1076	45860	14000	2390	1350
市直						
咸宁市	**700**		**134054**	**8835**	**52845.80**	**25149.44**
咸安区			15500	8835	5896.80	4717.44
嘉鱼县	700		29575		2213	1770
通城县			8510		7995	3399
崇阳县			11050		10380	4750
通山县			13410		11230	1462
赤壁市			56009		15131	9051
市直						
随州市			**578445**	**121641**	**24494**	**10612**
随县			168000	108581	15809	6897
曾都区			285730	10000	1885	755
广水市			124715	3060	6800	2960
市直						
恩施自治州			**238987**	**7000**	**138770.80**	**55004.60**
恩施市			42562		29452	12535
利川市			47250	7000	18259	7132
建始县						
巴东县			60480		13972	4750
宣恩县			44585		16700	10000
咸丰县			8340		27901.80	9207.60
来凤县			24575		5820	1523
鹤峰县			11195		26666	9857
市直						
仙桃市	**2100**	**355**	**1124725**	**6300**	**1146**	**380**
潜江市	**160**		**205527**	**96533**		
天门市			**318640**	**30730**	**775**	**775**
神农架林区					**1535**	**725**
省直						

续表 39

单位名称	机械施肥面积(公顷)	机械植保面积(公顷)	机械修剪面积(公顷)	2.林果业（果茶桑）采收产量(吨)	其中：机械采收产量(吨)	其中：机械田间转运产量(吨)	七、设施农业机械化作业情况 1.设施耕整地机械化面积(公顷)
湖北省	**269680.98**	**485605.81**	**257774.94**	**6968996.42**	**355214.95**	**3802749.76**	**64889.48**
武汉市	**3435**	**4970**	**2569**	**119735**	**2881**	**88205**	**9960**
洪山区							
东西湖区							2000
汉南区	271	271	271	6800		5950	1320
蔡甸区	702	836	200	28810	830	21340	1420
江夏区	131	1345	153	38671	437	29182	540
黄陂区	1210	1665	1150	19350	1006	11156	3680
新洲区	1121	853	795	26104	608	20577	1000
市直							
黄石市	**4102.7**	**2805.5**	**558.3**	**49467**	**270**	**34802**	**3359**
黄石港区							
西塞山区	122.7	199.5	68.3	1907			124
下陆区							
铁山区							
阳新县	3000	600	200	38000		31000	1000
大冶市	980	2006	290	9560	270	3802	2235
经济开发区							
市直							
十堰市	**36300**	**63078**	**43057**	**491146**	**5259**	**411795**	**12033.40**
茅箭区							
张湾区	680	600	400	2043	500	1974	
郧阳区	8100	12500	9400	108000	900	76000	6100
郧西县	2850	3440	2650	8290	101	7330	265
竹山县		13553	13553	3610	1763	1847	880.40
竹溪县	14970	8725	7154	8452	1995	6524	4256
房县	9700	11400	7500	16751	0	7120	360
丹江口市		12860	2400	344000		311000	172
市直							
宜昌市	**80973**	**101974.21**	**29701.79**	**3387173**	**50085**	**1878297**	**3006**
西陵区		500		30989			
伍家岗区		315		25410			
点军区				30989			
猇亭区			2100	30989			
夷陵区				719626		456000	
远安县	6339	6339	1200	18751		18751	521
兴山县	5669	6690	4722	75481		75462	192
秭归县	8365	19200	4000	388354		55705	20
长阳自治县	646	3107	4326	68201			18
五峰自治县	5969	2158.21	4292.79	21595	10535		12
宜都市	19311	21336	5727	654766	11500	309233	1049
当阳市	11904	25129	184	578932		463146	1194
枝江市	22770	17200	3150	743090	28050	500000	
市直							
襄阳市	**14838.16**	**71895.2**	**17195.09**	**820694.22**	**31202.83**	**320128.44**	**4447.13**

续表 40

单位名称	机械施肥面积(公顷)	机械植保面积(公顷)	机械修剪面积(公顷)	2.林果业（果茶桑）采收产量(吨)	其中：机械采收产量(吨)	其中：机械田间转运产量(吨)	七、设施农业机械化作业情况
							1.设施耕整地机械化面积(公顷)
襄城区	224	240		5562	112	1173	
樊城区				1719	33	510	
襄州区	1000	2000	530	85783	2000	48000	2043
开发区							
南漳县	2653	2835	1232	38721	15488	23232	380
谷城县	2380	6403	1705	14929	341	6362	69
保康县	2240	5750	3840	12313	3780	6450	
老河口市	1650	4500	1130	124000	2500	55000	110
枣阳市	4691.16	16847.20	8758.09	465182.22	6948.83	149401.44	1265.13
宜城市		33320		72485		30000	580
襄北农场							
市直							
鄂州市	**2141.12**	**3115**	**2006.5**	**46540**		**13581**	**616**
梁子湖区	1250	1482	1000	11129		1200	200
华容区	585	688	330	17533		10300	316
鄂城区	306.12	945	676.5	17878		2081	100
开发区							
葛店开发区							
西山街办							
市直							
荆门市	**6813**	**15661**	**5533**	**385010**	**10365**	**200770**	**3822**
东宝区	2160	5053	1790	61556	1927	33240	379
掇刀区	372	948	304	14381	330	6327	246
京山县	1276	3224	1055	61638	1478	28942	1245
沙洋县	915	2398	726	51995	1142	24451	712
钟祥市	2090	4038	1658	195440	5488	107810	1106
屈家岭							
沙洋农场							
漳河新区							134
市直							
孝感市	**25180**	**37733**	**31433**	**192250**	**5435**	**97861**	**9429**
孝南区	2003	2838	1448	12488	1200	8500	55
孝昌县	13000	11000	18000	102370		42000	750
大悟县	8322	20260	11255	23823		10243	289
云梦县		846		10964		10058	3368
应城市	845	863	510	16435	205	10680	472
安陆市	720	1716	220	11660	360	10400	1425
汉川市	290	210		14510	3670	5980	3070
市直							
荆州市	**7747**	**23036**	**23**	**522499**	**121055**	**276069**	**2560.5**
沙市区							
荆州区	600	1800		68000	1500	35000	450
公安县	1812	5436		199259	119555	119555	370
监利县	92	276		4555		2733	400.5
江陵县	176	331		5459		3706	65

续表 41

单位名称	机械施肥面积(公顷)	机械植保面积(公顷)	机械修剪面积(公顷)	2.林果业（果茶桑）采收产量(吨)	其中：机械采收产量(吨)	其中：机械田间转运产量(吨)	七、设施农业机械化作业情况 1.设施耕整地机械化面积(公顷)
石首市	661	1983	23	26831		14587	490
洪湖市	25	68		1430		880	340
松滋市	4381	13142		216965		99608	445
开发区							
市直							
黄冈市	**5913**	**21071**	**17138**	**194830**	**1744**	**55767**	**5555**
黄州区		210	224	2321			193
龙感湖区							20
团风县		689	217	1855		561	287
红安县	2173	2457	1125	5793	1506	1782	180
罗田县	1906	1906	1300	10248	8	9000	35
英山县		6470	11760	30100			
浠水县	484	2369	1366	22775	230	10134	3412
蕲春县		3042	394	55984			
黄梅县		1210	410	5668		3290	
麻城市		1118	42	9086			158
武穴市	1350	1600	300	51000		31000	1270
市直							
咸宁市	**15269**	**39288.86**	**23574.96**	**104304.20**	**38276.92**	**62983.92**	**3265.2**
咸安区		5778.86	5601.96	5455.20	4636.92	4636.92	1015.2
嘉鱼县	710	1770	1570	6491		5192	1217
通城县	82	6760	2480	6432	1194	5872	103
崇阳县	4310	6380	1030	13520	150	8570	60
通山县	815	7568	3962	14510	1513	7638	75
赤壁市	9352	11032	8931	57896	30783	31075	795
市直							
随州市	**20090**	**20262**	**20133**	**167573**	**479**	**154875**	**2308**
随县	14090	13262	14018	77358	359	68855	1101
曾都区		1400	115	5320	60	4020	807
广水市	6000	5600	6000	84895	60	82000	400
市直							
恩施自治州	**46587**	**77260.04**	**63057.30**	**432979**	**88162.20**	**158979.40**	**449.25**
恩施市	13555	13450	13452	47892	38226	38226	
利川市	7800	13994	7120	67232	10500	42432	150
建始县							
巴东县	5870	5273	7250	82848		36349	74
宣恩县	8000	8000	10000	122000	2340		
咸丰县		16183.04	6820.30	58697	29235.20	26513.40	25
来凤县	2736	2910	2910	20310	250	10860	195
鹤峰县	8626	17450	15505	34000	7611	4599	5.25
市直							
仙桃市		**1146**		**29900**		**25000**	**850**
潜江市							**2525**
天门市	**292**	**775**	**260**	**23636**		**23636**	**654**
神农架林区		**1535**	**1535**	**1260**			**50**
省直							

续表 42

单位名称	2.设施种植机械化面积(公顷)	3.设施采运机械化面积(公顷)	4.设施灌溉施肥机械化面积(公顷)	5.设施环境调控机械化面积(公顷)	免耕播种面积(公顷)	其中：小麦免耕播种面积(公顷)	水稻免耕播种面积(公顷)	玉米免耕播种面积(公顷)
湖北省	**11586.48**	**5601.78**	**43281**	**11905.86**	**156300.95**	**32754.95**	**30561**	**9770.67**
武汉市	**1184**	**727**	**7050**	**3237**	**6115**	**610**	**16**	
洪山区								
东西湖区			2000	200				
汉南区			1320					
蔡甸区	720	100	920	920	16		16	
江夏区	127	407	749	340				
黄陂区			1061	1061	5847	610		
新洲区	337	220	1000	716	252			
市直								
黄石市	**437.1**	**315.5**	**2330.6**	**1064**	**18533.33**	**5000**		**2200**
黄石港区								
西塞山区	19.1	15.5	104.6	56				
下陆区								
铁山区								
阳新县	200	300	200					
大冶市	218		2026	1008	18533.33	5000		2200
经济开发区								
市直								
十堰市	**3243**	**1127**	**3278**	**307**	**143**	**27**		**116**
茅箭区								
张湾区								
郧阳区	2150	500	1200	200	60			60
郧西县	210	19	270	65				
竹山县	210	62	1000					
竹溪县	502	546	564					
房县	11		88		48	27		21
丹江口市	160		156	42	35			35
市直								
宜昌市	**1096**	**126**	**954**	**33**	**1769**	**559**		
西陵区								
伍家岗区								
点军区								
猇亭区								
夷陵区								
远安县								
兴山县								
秭归县								
长阳自治县								
五峰自治县								
宜都市			36	21	559	559		
当阳市	1096	126	918	12	1210			
枝江市								
市直								
襄阳市	**1276.33**	**1336.32**	**3362.18**	**128**	**18881.62**	**5372.62**	**6500**	**4366**

续表 43

单位名称	2.设施种植机械化面积(公顷)	3.设施采运机械化面积(公顷)	4.设施灌溉施肥机械化面积(公顷)	5.设施环境调控机械化面积(公顷)	免耕播种面积(公顷)	其中：小麦免耕播种面积(公顷)	水稻免耕播种面积(公顷)	玉米免耕播种面积(公顷)
襄城区								
樊城区								
襄州区	1182	1185	1500	100	10871	3300	6500	1033
开发区								
南漳县	4.6	28	280	6				
谷城县	6.5	12	42	12	430			
保康县								
老河口市			80		145			
枣阳市	83.23	111.32	880.18		3805.62	472.62		3333
宜城市			580	10	3630	1600		
襄北农场								
市直								
鄂州市	**148**		**147**	**100**	**1325**	**816**		**504**
梁子湖区	120		100	100	300	200		100
华容区	15				515	310		210
鄂城区	13		47		510	306		194
开发区								
葛店开发区								
西山街办								
市直								
荆门市	**916**	**406**	**2647**	**1070**	**48786**	**2250**	**629**	**1477**
东宝区	79	43	274	141				
掇刀区	60	45	188	67	1334			
京山县	248	124	830	373				
沙洋县	167	79	519	201	39521	604	589	352
钟祥市	228	115	769	288	4580	146		625
屈家岭								
沙洋农场					2000	1500		500
漳河新区	134		67		1351		40	
市直								
孝感市	**1835.4**	**417.98**	**6623**	**1249**	**15993**	**4110**	**2000**	
孝南区	32	10	54	48				
孝昌县	220		800	60	6000			
大悟县	24.4	9.98	219	119	2160	2160		
云梦县	679		3262		182			
应城市	112	85	265		1000	1000		
安陆市	748	313	1053	522	3701			
汉川市	20		970	500	2950	950	2000	
市直								
荆州市	**258.5**	**373.1**	**4798.95**	**508.1**	**20250**	**1200**	**18350**	**820**
沙市区								
荆州区	45	90	810	90	1900	1200		820
公安县	37	74	703	74	200		200	
监利县	40.5	40.1	760.95	80.1	12150		12150	
江陵县	7	3	116	11				

续表 44

单位名称	2.设施种植机械化面积(公顷)	3.设施采运机械化面积(公顷)	4.设施灌溉施肥机械化面积(公顷)	5.设施环境调控机械化面积(公顷)	免耕播种面积(公顷)	其中：小麦免耕播种面积(公顷)	水稻免耕播种面积(公顷)	玉米免耕播种面积(公顷)
石首市	49	45	931	97				
洪湖市	35	35	640	70	6000		6000	
松滋市	45	86	838	86				
开发区								
市直								
黄冈市	**363**	**198**	**6093**	**1635**	**20893**	**12442.33**	**1019**	**150.67**
黄州区	89	90	218	90	551			
龙感湖区			20		134	67.33		66.67
团风县			159	35	2083	1216	849	18
红安县	15	8	280	80	1450			
罗田县	10	80			8820	5520		
英山县					1200	800		400
浠水县	31	9	4018	153	1657	1473	160	24
蕲春县					780			
黄梅县					4100	4100		
麻城市	165		128	67	108	66		42
武穴市	53	11	1270	1210	10		10	
市直								
咸宁市	**449.15**	**333.88**	**1464.02**	**1368.76**	**2974**	**20**	**2027**	**8**
咸安区			44.4	1.4				
嘉鱼县	66	94	1353	1353	1027		2027	
通城县	5.15	1.88	1.62	0.36	26			
崇阳县	7		18	9	28	20		8
通山县	36	25	47	5	1893			
赤壁市	335	213						
市直								
随州市		**100**	**546**	**114**	**638**	**346**	**20**	**129**
随县					398	131		124
曾都区			346	14	200	200		
广水市		100	200	100	40	15	20	5
市直								
恩施自治州	**20**	**27**	**483.25**	**501**				
恩施市								
利川市	20	15	160	160				
建始县								
巴东县								
宣恩县			120	200				
咸丰县			23	21				
来凤县		12	175	120				
鹤峰县			5.25					
市直								
仙桃市		**75**	**850**			**2**		
潜江市			**2000**					
天门市	**360**	**39**	**654**	**591**				
神农架林区								
省直								

农机化管理服务与经营效益情况

单位名称	一、农机化培训(人次)	其中：1.培训农机管理人员(人次)	2.培训农机技术人员(人次)	3.培训农机监理人员(人次)	4.培训农机操作人员(人次)	二、农机维修(台次)	2.维修联合收获机(台次)	3.维修水稻插秧机(台次)
湖北省	**542521**	**10308**	**65018**	**3568**	**445299**	**604583**	**64554**	**27433**
武汉市	**15683**	**269**	**1177**	**119**	**12471**	**13705**	**894**	**419**
洪山区	274	5	8	1	260	191	4	3
东西湖区	200					500		
汉南区	649				649	670	62	
蔡甸区	2500	30	130	10	2330	805	177	148
江夏区	4175	35	346	15	2346	2956	179	36
黄陂区	4222	129	352	65	3676	5261	73	68
新洲区	3431	65	140	26	3200	3205	394	162
市直	232	5	201	2	10	117	5	2
黄石市	**17338**	**269**	**573**	**11**	**16484**	**6595**	**577**	**789**
黄石港区	3		1		2	6		
西塞山区	14		2		12	4		
下陆区								
铁山区								
阳新县	7100	200	400		6500	5600	95	80
大冶市	10177	67	140	10	9960	979	482	709
经济开发区	5		5			6		
市直	39	2	25	1	10			
十堰市	**82954**	**3551**	**20345**	**1039**	**57976**	**14177**	**420**	**287**
茅箭区	1960	80	1100	50	690			
张湾区	4935	32	420	5	4478	2		
郧阳区	11598	52	5200	6	6340	434	104	22
郧西县	12400	940	2115	910	8435	175	50	21
竹山县	12880	830	4866	12	7169	1050	36	50
竹溪县	13340	42	34	10	13254	2486	22	53
房县	12787	655	3450	32	8650	4600	160	85
丹江口市	13054	920	3160	14	8960	5430	48	56
市直								
宜昌市	**34469**	**149**	**1974**	**167**	**31499**	**60550**	**6539**	**3283**
西陵区	135				135			
伍家岗区						10		
点军区	446		180		266			
猇亭区	300	1	1	1	297	5		
夷陵区	11998	25	58	15	11900	6445	68	232
远安县	657	1	2	4	650	2860	176	10
兴山县	3274	2	810	2	1780	2300		
秭归县	1296		16		1280	1300		
长阳自治县	873		378		495	105	48	
五峰自治县	905			5	900			
宜都市	2194	20	49	5	2120	801	51	21
当阳市	6985	20	150	15	6800	25974	1596	220
枝江市	5406	80	330	120	4876	20750	4600	2800
市直								
襄阳市	**35055**	**381**	**4796**	**246**	**27779**	**168093**	**11787**	**1746**

续表 1

单位名称	一、农机化培训(人次)	其中：1.培训农机管理人员(人次)	2.培训农机技术人员(人次)	3.培训农机监理人员(人次)	4.培训农机操作人员(人次)	二、农机维修(台次)	2.维修联合收获机(台次)	3.维修水稻插秧机(台次)
襄城区	714	11	43	30	620	4400	155	78
樊城区	374	10	10	4	350	680	85	15
襄州区	6060	80	50	30	5900	29000	4300	480
开发区	220	30	120	20	50	125	100	50
南漳县	3312	78	526	72	2636	2287	523	156
谷城县	3100	22	115	3	1197	12325	2038	329
保康县	8500	55	1910	15	6520	122	68	3
老河口市	3800	30	110	50	3530	50010	2880	300
枣阳市	2781		1700		1081	49056	893	287
宜城市	5913	24	197	12	5680	19950	680	48
襄北农场	281	41	15	10	215	138	65	0
市直								
鄂州市	**19662**	**979**	**5351**	**283**	**11691**	**12305**	**477**	**747**
梁子湖区	7233	154	2213	32	4425	5976	261	351
华容区	660	450	120	10	80	104	13	18
鄂城区	9150	318	2200	223	5460	5715	194	369
开发区	405	2	195	2	206	510	9	9
葛店开发区	348	3	23	2	320			
西山街办								
市直	1866	52	600	14	1200			
荆门市	**100179**	**310**	**2169**	**194**	**97506**	**70376**	**9622**	**5675**
东宝区	11741	30	30	16	11665	14734	1197	173
掇刀区	6461	64	369	20	6008	8965	1525	740
京山县	24058	45	148	15	23850	16850	2150	2380
沙洋县	23885	38	60	24	23763	7997	1254	989
钟祥市	25660	36	755	17	24852	15128	2501	1190
屈家岭	2348	4	420	4	1920	870	426	18
沙洋农场	150	35	15		100	250	41	3
漳河新区	4716	8	220		4488	5582	528	182
市直	1160	50	152	98	860			
孝感市	**18990**	**302**	**2572**	**97**	**15119**	**35674**	**4578**	**1654**
孝南区	2280	80			2200	2100	260	120
孝昌县	5000	100	1250	50	2700	5800	660	150
大悟县	1583	44	461	10	1068	11267	292	40
云梦县	882	5	25	2	850	1205	203	8
应城市	2719	5	3	3	2708	4270	360	370
安陆市	2546	28	768	12	1738	3432	453	416
汉川市	3980	40	65	20	3855	7600	2350	550
市直								
荆州市	**76633**	**766**	**16534**	**298**	**50749**	**35630**	**7246**	**2014**
沙市区	3043	20	48	14	721	2260	1170	90
荆州区	4830	10	10	10	4800	2200	280	250
公安县	13820	35	3415	8	9711	5530	1448	59
监利县	4409	2	1800	7	2600	4100	350	200
江陵县	6205	25	525	30	4900	2700	884	144

续表 2

单位名称	一、农机化培训(人次)	其中：1.培训农机管理人员(人次)	2.培训农机技术人员(人次)	3.培训农机监理人员(人次)	4.培训农机操作人员(人次)	二、农机维修(台次)	2.维修联合收获机(台次)	3.维修水稻插秧机(台次)
石首市	17536	300	5835	27	6720	2780	845	110
洪湖市	10512	147	3918	21	6426	7265	1193	1042
松滋市	16223	223	980	180	14840	7580	931	104
开发区	55	4	3	1	31	1215	145	15
市直								
黄冈市	**69686**	**787**	**4448**	**193**	**62181**	**35630**	**4950**	**3263**
黄州区	3148	48	290	10	2800	550	125	30
龙感湖区	328	2	4	2	320	435	193	13
团风县	1864	15	8	3	1836	151	127	235
红安县	3863	16	152	10	3685	1276	148	452
罗田县	4703	54	1080	30	3130	1485	201	183
英山县	5120	35	25	15	3600	480	180	86
浠水县	8940	26	300	14	8600	6200	465	672
蕲春县	9024	301	624	38	7840	4197	164	268
黄梅县	12157	145	450	42	11520	17600	2420	220
麻城市	10163	65	1330	18	8750	2266	582	683
武穴市	10314	80	130	4	10100	990	345	421
市直	62		55	7				
咸宁市	**6765**	**114**	**671**	**37**	**5940**	**6349**	**3467**	**689**
咸安区	1330	56	116	8	1150	1973	1345	467
嘉鱼县	1078	2	7	4	1065	563	137	31
通城县	1511	18	120	2	1368	925	228	54
崇阳县	511	3	20	3	485	752	318	25
通山县	822	27	28	15	752	821	853	112
赤壁市	1513	8	380	5	1120	1315	586	
市直								
随州市	**22123**	**228**	**1628**	**72**	**19901**	**55578**	**3506**	**2072**
随县	14083	130	1293	22	12638	30128	1115	232
曾都区	4598	6	275	4	4313	6450	491	240
广水市	3400	80	60	16	2950	19000	1900	1600
市直	42	12		30				
恩施自治州	**23003**	**323**	**524**	**241**	**20800**	**7102**	**441**	**245**
恩施市	1510	60	30	25	1380	30	2	2
利川市	5392	75	75	42	5200	3560	385	202
建始县	2500				1400		5	4
巴东县	1990	42	195	28	1725	207	1	4
宣恩县	300	20	50	5	225	650	9	5
咸丰县	5054	34	35	22	4963	612	14	18
来凤县	3125	12	68	14	3031	1893	22	9
鹤峰县	2932	30	21	5	2876	150	3	1
市直	200	50	50	100				
仙桃市	**2590**	**42**	**80**	**28**	**2423**	**22126**	**2160**	**810**
潜江市	**5800**	**130**	**1788**	**38**	**3844**	**25995**	**2400**	**830**
天门市	**8371**	**108**	**238**	**35**	**7936**	**34688**	**5490**	**2910**
神农架林区	**1220**	**50**	**150**	**20**	**1000**	**10**		
省直	**2000**	**1550**		**450**				

续表 3

单位名称	4.维修运输机械(台次)	5.维修其它农机具(台次)	三、农机鉴定	四、农机监理装备	2.安全检测设备(套)	其中：拖拉机检测设备(套)	五、农机化投入情况	1.一般行政事业支出(元)
			推广鉴定证书当年发证数量(件)	1.监理车辆(辆)			农机化总投入(元)	
湖北省	**165640**	**901089**	**278**	**124**	**141**	**118**	**425595**	**29220**
武汉市	**5752**	**44779**		**7**	**20**	**20**	**8743.34**	**2310.56**
洪山区	43	731		1	2	2	148.50	15
东西湖区		1450					426.53	5
汉南区	780	4250		1	4	4	344.31	47.56
蔡甸区	273	2200		1	1	1	1009	92
江夏区	1016	20013		1	1	1	1631	1308
黄陂区	1758	3362		1	1	1	2599	583
新洲区	1785	12709		1	10	10	2525	240
市直	97	64		1	1	1	60	20
黄石市	**2470**	**13153**		**3**	**1**	**1**	**3858.27**	**1569**
黄石港区		27					11.30	
西塞山区		37					1	
下陆区								
铁山区								
阳新县	1150	6200		1			1401.97	600
大冶市	1320	6850		1	1	1	2200	930
经济开发区		39					205	
市直				1			39	39
十堰市	**12725**	**51320**		**7**	**11**	**10**	**20344.57**	**2150**
茅箭区		120					314	
张湾区	120	460		1			915	70
郧阳区	2040	8750		1	1	1	903	270
郧西县	760	17500		1	1	1	10822	211
竹山县	4660	5130		1	1	1	1692.57	496
竹溪县	1735	10240		1	1	1	2731	496
房县	2130	5560		1	6	5	827	247
丹江口市	1280	3560		1	1	1	2140	360
市直								
宜昌市	**25908**	**35876**		**7**	**18**	**7**	**32622.72**	**2691.50**
西陵区		255					25	
伍家岗区	200	70						
点军区		1420						
猇亭区		150					255	
夷陵区	3150	10500		1	1	1	17792	406
远安县	1510	2442		1	1	1	1126	40
兴山县	250	2050			1	1	492	182
秭归县	1200	3230		1	9		633	76
长阳自治县	651	1958		1	1	1	594	216
五峰自治县	450	900					180	
宜都市	3397	6189		1	3	1	2166.72	583.50
当阳市	1100	6712		1	1	1	8236	190
枝江市	14000			1	1	1	1123	998
市直								
襄阳市	**18944**	**242825**		**24**	**11**	**10**	**74512.45**	**2186.02**

续表 4

单位名称	4.维修运输机械(台次)	5.维修其它农机具(台次)	三、农机鉴定	四、农机监理装备	2.安全检测设备(套)	其中:拖拉机检测设备(套)	五、农机化投入情况	1.一般行政事业支出(元)
			推广鉴定证书当年发证数量(件)	1.监理车辆(辆)			农机化总投入(元)	
襄城区	93	6320		1	1	1	1771.20	16.20
樊城区		225		1	1	1	984	29
襄州区	9900	12000		7	1	1	15397	339
开发区		210		1	1	1	33	20
南漳县	620	2460		2	1	1	12982	485
谷城县	4522	39200		2	1	1	3450	180
保康县	257	1850		1	1	1	3903	240
老河口市	2500	42300		4	1		7477	162
枣阳市	546	87948		2	1	1	12649	590
宜城市	470	49800		2	1	1	15797.75	124.82
襄北农场	36	512		1	1	1	68.50	
市直								
鄂州市	**10599**	**88487**		**3**	**4**	**2**	**3963.65**	**458.40**
梁子湖区	4399	23098		1	1	1	366.75	35
华容区	83	89					528.50	20
鄂城区	5912	64990		2	2		2514	38
开发区	205	310					149	2
葛店开发区							1	
西山街办								
市直					1	1	404.40	363.40
荆门市	**8577**	**48325**	**1**	**8**	**9**	**8**	**43499.92**	**1065.31**
东宝区	1724	18956		2	1	1	3177.78	126.87
掇刀区		1445		1	1	1	1417.85	118.34
京山县	1100	8560	1	1	1	1	11356.25	102
沙洋县	1302	6409		2	2	2	10977.16	56
钟祥市	1600	5568			2	2	12250	120
屈家岭	15	1032		1	1		2568	
沙洋农场	151	190		1	1	1	750	
漳河新区	2685	6165					460.78	
市直							542.10	542.10
孝感市	**6255**	**57600**	**1**	**9**	**12**	**11**	**43188.08**	**3427.48**
孝南区	260	3580		1	1	1	1282	190
孝昌县	800	3500		1	1	1	6140	450
大悟县	1132	23365		1	1	1	3552	1072
云梦县	890	2080		1	1	1	2189.08	174.48
应城市	420	3120		2	2	1	3975	280
安陆市	823	12205		1	4	4	4348	385
汉川市	1930	9750	1	1	1	1	21085	315
市直				1	1	1	617	561
荆州市	**9787**	**39402**		**14**	**9**	**8**	**55109.49**	**1781.49**
沙市区	570	1590		1	1	1	2470	25
荆州区	623	350		2	1		4971.40	
公安县	1568	5366		1	1	1	12220	208
监利县	120	21520		1	1	1	10735.20	450
江陵县	715	2420		1	1	1	13926	135

续表 5

单位名称	4.维修运输机械(台次)	5.维修其它农机具(台次)	三、农机鉴定	四、农机监理装备	2.安全检测设备(套)	其中：拖拉机检测设备(套)	五、农机化投入情况	1.一般行政事业支出(元)
			推广鉴定证书当年发证数量(件)	1.监理车辆(辆)			农机化总投入(元)	
石首市	890	4730		2			7420.50	460.50
洪湖市	1246	1523		1	2	2	1423.49	92.69
松滋市	1070	444		4	1	1	1240.30	410.30
开发区	2985	1459		1	1	1	702.60	
市直								
黄冈市	**26679**	**49409**		**13**	**14**	**14**	**41663.56**	**3013.56**
黄州区	380	580		1	1	1	618	190
龙感湖区	379	456		1	1	1	262	19
团风县	481	2512		1	2	2	1873	91
红安县	1432	1867		1	1	1	2248	148
罗田县	1850	2270		1	1	1	7000	160
英山县	2120	13000		1	1	1	2638	200
浠水县	3213	8416		1	2	2	1719	430
蕲春县	3894	4896		1	1	1	5003	
黄梅县	5500	7860		1	1	1	9440	385
麻城市	3580	3342		2	1	1	2706	429
武穴市	3850	4210		1	1	1	7531	336
市直				1	1	1	625.56	625.56
咸宁市	**4414**	**33365**	**1**	**6**	**9**	**5**	**15256.38**	**946.81**
咸安区	640	19760		1	1	1	2993.61	252.34
嘉鱼县	583	1130		1	1		3244	156
通城县	278	2389		1	1	1	5983.30	125
崇阳县	1165	3120		1	3	1	155	50
通山县	125	2845	1	1	2	1	1180.47	243.47
赤壁市	1623	4121		1	1	1	1700	120
市直								
随州市	**6191**	**51179**		**2**	**4**	**4**	**18137.57**	**1847.04**
随县	2405	23679		1	1	1	9520	610
曾都区	1286	11500					3067.57	345.04
广水市	2500	16000		1	2	2	5453	800
市直					1	1	97	92
恩施自治州	**15377**	**63770**		**8**	**10**	**9**	**6968.34**	**351.86**
恩施市	3520	300			1		1197	6
利川市	3115	14203		1	1	1	1651.66	10
建始县		1200		1			79	12
巴东县	182	3528		1	1	1	235	25
宣恩县	2210	12000		2	2	2	1270	25
咸丰县	1025	5432		1	2	2	277.86	100.86
来凤县	5325	11035		1	1	1	1595	15
鹤峰县		16072			1	1	529.82	30
市直				1	1	1	133	128
仙桃市	**5800**	**59890**		**1**	**3**	**3**	**9597**	**220**
潜江市	**3997**	**3022**		**5**	**2**	**2**	**10102**	**816**
天门市	**2165**	**17987**		**6**	**2**	**2**	**32665**	**1190**
神农架林区		**700**			**1**	**1**	**531**	**160**
省直			**275**	**1**	**1**	**1**	**4831.88**	**3034.70**

续表 6

单位名称	2.基本建设(元)	3.科研(元)	4.推广培训(元)	5.农业机械购置(元)	6.其他(元)	六、经营效益情况	2.成本与费用(元)	3.利润总额(元)
						1.总收入(元)		
湖北省	**10559**	**252**	**4740**	**370299**	**10526**	**2732111**	**1842397**	**889713**
武汉市	**67**	**160**	**180.5**	**5884.28**	**141**	**190511**	**126876**	**63635**
洪山区			3.5	130		7418	4305	3113
东西湖区				421.53				
汉南区				288.75	8	10480	6812	3668
蔡甸区			52	732	133	34950	27200	7750
江夏区				323		27780	17392	10388
黄陂区	67		95	1854		55867	43032	12835
新洲区		160	25	2100		46886	22525	24361
市直			5	35		7130	5610	1520
黄石市	**221**		**112**	**1674.27**	**282**	**36608.9**	**26421.5**	**10187.4**
黄石港区				11.3		61.3	34.5	26.8
西塞山区				1		175.7	120.3	55.4
下陆区								
铁山区								
阳新县	137		52	607.97	5	17230	14780	2450
大冶市	84		60	849	277	18844	11330	7514
经济开发区				205		297.90	156.70	141.20
市直								
十堰市	**1194**	**28**	**253**	**14649.57**	**2070**	**150270**	**98114**	**52156**
茅箭区			14	300		3315	2750	565
张湾区			20	825		6730	5780	950
郧阳区	30	28	25	520	30	30502	19753	10749
郧西县	890		91	7950	1680	26460	14700	11760
竹山县			20	1176.57		15500	11500	4000
竹溪县	214		43	1658	320	10660	9148	1512
房县			10	560	10	14230	8220	6010
丹江口市	60		30	1660	30	42873	26263	16610
市直								
宜昌市	**755.6**	**5**	**196**	**28464.62**	**510**	**167732.3**	**120846**	**46886.3**
西陵区				25		1200	1000	200
伍家岗区						3050	2100	950
点军区						2030	1310	720
猇亭区		5		200	50	250	200	50
夷陵区	231			17155				
远安县	150		15	621	300	4390	2952	1438
兴山县				310		1982.5	1390	592.5
秭归县			12	449	96	9200	5060	4140
长阳自治县	5		11	362		5034	3859	1175
五峰自治县				180		11167	7548	3619
宜都市	115.6		21	1382.62	64	6529.8	5059	1470.8
当阳市	189		77	7780		61309	46568	14741
枝江市	65		60			61590	43800	17790
市直								
襄阳市	**215**	**3**	**171.93**	**68611.50**	**3325**	**380633.80**	**290675**	**89958.8**

续表 7

单位名称	2.基本建设(元)	3.科研(元)	4.推广培训(元)	5.农业机械购置(元)	6.其他(元)	六、经营效益情况	2.成本与费用(元)	3.利润总额(元)
						1.总收入(元)		
襄城区			2	1753		7219	2551	4668
樊城区				955		6600	5100	1500
襄州区			18	15000	40	109000	85000	24000
开发区	5	3	5			18	15	3
南漳县			10	9650	2837	16520	13260	3260
谷城县	210		60	3000		9500	6300	3200
保康县			65	3570	28	18730	14120	4610
老河口市			5	7310		78500	55100	23400
枣阳市				12059		109615	94878	14737
宜城市			6.93	15246	420	22780	12575	10205
襄北农场				68.5		2151.8	1776	375.8
市直								
鄂州市	**1751**		**39.5**	**1357.75**	**357**	**22150**	**14861**	**7289**
梁子湖区				331.75				
华容区	30		2.5	416	60			
鄂城区	1600		14	575	287	20050	13661	6389
开发区	105		2	35	5	2100	1200	900
葛店开发区			1					
西山街办								
市直	16		20		5			
荆门市	**880**		**1733.58**	**39695.37**	**125.66**	**242819**	**167668.46**	**75150.54**
东宝区			559	2414	77.91	16878	7645.54	9232.46
掇刀区			40	1227.51	32	5214	2128	3086
京山县			430.25	10824		32080	18120	13960
沙洋县			454.33	10466.83		39015	25171	13844
钟祥市	880		250	11000		136674	106606	30068
屈家岭				2568		4983.2	2796.40	2186.8
沙洋农场				750		2090	2050	40
漳河新区				445.03	15.75	5884.8	3151.52	2733.28
市直								
孝感市	**553**		**194.6**	**37905**	**1108**	**182979.4**	**99614**	**83365.4**
孝南区	187			820	85	30000	8500	21500
孝昌县	40		120	5170	360	19300	11800	7500
大悟县				2480		8639	7482	1157
云梦县			14.6	1960	40	27114.4	11254	15860.4
应城市	260		35	3400		35638	17998	17640
安陆市	10			3950	3	24538	19630	4908
汉川市			25	20125	620	37750	22950	14800
市直	56							
荆州市	**679**	**10**	**69.1**	**52487.6**	**82.3**	**362024.4**	**316812**	**45212.4**
沙市区				2445		17320.4	15443	1877.4
荆州区				4956.1	15.3	43268	38256	5012
公安县				11945	67	70238	60945	9293
监利县	652		7.2	9626		109600	97150	12450
江陵县	12		25	13754		40477	35113	5364

续表 8

单位名称	2.基本建设(元)	3.科研(元)	4.推广培训(元)	5.农业机械购置(元)	6.其他(元)	六、经营效益情况	2.成本与费用(元)	3.利润总额(元)
						1.总收入(元)		
石首市				6960		33269	28837	4432
洪湖市		10	21.9	1298.9				
松滋市	15		15	800		39720	33892	5828
开发区				702.6		8132	7176	956
市直								
黄冈市	**1301**	**16**	**537**	**36345**	**451**	**342963.5**	**183450.7**	**159512.8**
黄州区	12		8	358	50	5087	2830	2257
龙感湖区				243		10752.4	10055.10	697.3
团风县	530		22	1148	82	20018	12437	7581
红安县	28	16	34	1860	162	15498	11936	3562
罗田县			50	6790		17790	4980	12810
英山县	30		20	2368	20	37480	21080	16400
浠水县	6		86	1180	17	28641	14217	14424
蕲春县			23	4980		18840.1	8845.6	9994.5
黄梅县	620		85	8350		48980	24650	24330
麻城市			209	2068		40316	21644	18672
武穴市	75			7000	120	99561	50776	48785
市直								
咸宁市	**20**		**95.3**	**14118.27**	**76**	**78940.43**	**61321.68**	**17618.75**
咸安区				2721.27	20	25310.98	21514.33	3796.65
嘉鱼县			30	3018	40	13508	9456	4052
通城县			8.3	5850		12744.90	9263	3481.90
崇阳县	20		30	48	7	3850	3260	590
通山县			7	921	9	6741.55	4708.35	2033.20
赤壁市			20	1560		16785	13120	3665
市直								
随州市	**412**	**30**	**507.75**	**15222.78**	**118**	**85714**	**56358**	**29356**
随县	62	5	143	8682	18	52276	31989	20287
曾都区			64.75	2657.78		13738	8569	5169
广水市	350	25	300	3878	100	19700	15800	3900
市直				5				
恩施自治州	**306**		**51**	**6217.48**	**42**	**135575.8**	**73823.7**	**61752.1**
恩施市			22	1159	10	29367	16989	12378
利川市	300		5	1336.66		25540	16821	8719
建始县				67		10000	5600	4400
巴东县				210		12137	4992	7145
宣恩县			15	1200	30	13500	8100	5400
咸丰县	6		4	165	2	15448.8	5757.7	9691.1
来凤县				1580		17710	8180	9530
鹤峰县				499.82		11873	7384	4489
市直			5					
仙桃市			**42**	**9299**	**36**	**115730**	**71910**	**43820**
潜江市	**816**			**8470**		**114552**	**69825**	**44727**
天门市	**1368**		**435**	**29566**	**106**	**122456**	**63630**	**58826**
神农架林区	**20**		**10**	**331**	**10**	**450**	**190**	**260**
省直			**111.55**		**1685.63**			

农业生产燃油消耗情况

单位名称	农业生产燃油消耗(吨)	(1)其中：柴油(吨)	(2)其中：用于农机抗灾救灾(吨)	1.农田作业(吨)	(1)机耕(吨)	(2)机播(吨)	(3)机收(吨)
湖北省	**1429014.29**	**1258020.19**	**93987.15**	**741696.44**	**368142.87**	**61867.92**	**226431.33**
武汉市	86034.80	71340.80	4139	43028.80	27713	2549	7372
洪山区	1536	1051	71	1358	1003	27	301
东西湖区	4820	4700	210	3560	410	70	380
汉南区	3866.80	3774.80	50	856.80	473	71	232
蔡甸区	11200	11130	110	9820	8020	400	1400
江夏区	13420	13175	1165	5768	4159	290	891
黄陂区	26181	17611	2265	6486	3230	515	1326
新洲区	23870	18824	152	14646	10236	1137	2665
市直	1141	1075	116	534	182	39	177
黄石市	47414.90	39332	8743	30131.90	12086	7120.90	10218
黄石港区	535	402	26	75	23	7	16
西塞山区	739	452	59	252	150	28	53
下陆区	323			34	14	7	9
铁山区	133	23	7	6			
阳新县	29750	23000	8500	22750	8000	6000	8400
大冶市	15467	15169	125	6845	3820	1064	1681
经济开发区	467.90	286	26	169.90	79	14.90	59
市直							
十堰市	143663	133541	6655	26758	14166	1365	3908
茅箭区	2550	2550		1650	1050	50	50
张湾区	2458	2257	155	1395	1328	20	30
郧阳区	6461	5760	200	1209	1050	15	25
郧西县	22908	22570	95	806	218	43	278
竹山县	24109	19850	550	1620	420	195	305
竹溪县	54462	51084	4310	5676	1490	268	284
房县	16522	15550	1255	8355	3750	630	2540
丹江口市	14193	13920	90	6047	4860	144	396
市直							
宜昌市	190933.68	182616	8810	106131.78	60223.05	5766.57	23263.06
西陵区	130	130		3	3		
伍家岗区	306.30	1	0	0.80	0.30	0	0
点军区	984	668	23	350	84		
猇亭区	1700	1700		800	500		
夷陵区	10113	8760	363	2072	1550	60	125
远安县	6206	5590	280	2810	1277	34	1189
兴山县	2776	1960	141	1302	1170		
秭归县	2146	1505	610	981	495	100	136
长阳自治县	693.38	452		440.98	414.75	1.57	10.06
五峰自治县	860	700	250	430	158	80	152
宜都市	4801	4648	104	2021	996	87	345
当阳市	67658	67422	6029	7241	4495	604	1906
枝江市	92560	89080	1010	87680	49080	4800	19400
市直							
襄阳市	143488.02	131112.40	14010.30	96349.62	39531.78	10561.23	32135.59

续表 1

单位名称	农业生产燃油消耗(吨)	(1)其中：柴油(吨)	(2)其中：用于农机抗灾救灾(吨)	1.农田作业(吨)	(1)机耕(吨)	(2)机播(吨)	(3)机收(吨)
襄城区	6867.30	5488	1200	3848.50	1793.78	498.23	1131.09
樊城区	4025	2455	330	3190	1380	240	1450
襄州区	24000	20300	4500	16390	6400	2440	3800
开发区	2445	2445	50	2412	553	253	1568
南漳县	15403	15403	0	12322	5546	1232	4313
谷城县	6436	2527	255	5228	2539	326	1912
保康县	1127	1120	240	1013	827	12	109
老河口市	27100	27000	6000	13600	4800	1650	3650
枣阳市	23561	23244	120	11859	3809	2342	4215
宜城市	30956	29656	1300	24977	11140	1280	9519
襄北农场	1567.72	1474.40	15.30	1510.12	744	288	468.50
市直							
鄂州市	16324.50	13114	2449.25	12641.93	6260.23	2161.30	3245.41
梁子湖区	6770	4400	1560	4320	1830	970	1080
华容区	3191	2961	324	2495	948	660	742
鄂城区	5952.70	5423	523.25	5531.23	3251.23	521.30	1385.41
开发区	341	275	38	269	215	5	34
葛店开发区	69.80	55	4	26.70	16	5	4
西山街办							
市直							
荆门市	92942.20	81088.20	4908	73143.60	34131.60	6476	23250
东宝区	11684.60	11648.60	90	9651.60	5915.60	233	3371
掇刀区	4010	4010	150	3030	1140	220	1500
京山县	11752	9750	60	10962	6710	530	3650
沙洋县	17203	12630	600	11968	5642	533	4895
钟祥市	41205	36770	3548	31560	12624	4513	7038
屈家岭	3860	3670	320	3400	980	160	2000
沙洋农场	1100	1010	90	1035	410	250	260
漳河新区	2127.60	1599.60	50	1537	710	37	536
市直							
孝感市	103573	86944	11563	60418.40	24355	4926	20873
孝南区	9659	9580	530	5928	2995	638	1305
孝昌县	10830	10700	2500	8350	2800	1000	3100
大悟县	11601	10978	280	5515	1625	833	1743
云梦县	7571	7411	80	3723	1698	405	1415
应城市	16106	8145	1950	9236.40	3365	930	2621
安陆市	18166	17280	723	14996	6072	820	4939
汉川市	29640	22850	5500	12670	5800	300	5750
市直							
荆州市	103796.40	91224.29	3148.40	71144.40	39541	4839	26013
沙市区	3756	3559	78	1609	862	31	704
荆州区	7162	6612	30	4492	2850	185	1400
公安县	12921	12500	356	11492	6282	809	4335
监利县	30057	26764	1407	19846	10484	1190	7848
江陵县	9506	8330	410	6028	3384	270	2323

续表 2

单位名称	农业生产燃油消耗(吨)	(1)其中：柴油(吨)	(2)其中：用于农机抗灾救灾(吨)	1.农田作业(吨)	(1)机耕(吨)	(2)机播(吨)	(3)机收(吨)
石首市	8137.40	7938	210	6031.40	3497	241	2242
洪湖市	18965	13142.29	364.40	12789	6879	1742	4031
松滋市	10602	9779	268	7726	4616	305	2763
开发区	2690	2600	25	1131	687	66	367
市直							
黄冈市	123024.90	107071.40	9694	68321	31510.20	9111.80	20064.60
黄州区	5009	3210	260	2471	1200	320	420
龙感湖区	1554	1514	40	649	297	42	260
团风县	12029	11425	1257	2870	1932	53	853
红安县	8787	6865	650	4932	2216	802	926
罗田县	14280	14210	2420	8511	3230	364	2810
英山县	3867	2155	568	1960	715	44	970
浠水县	19982	18643	1504	12592	6312	2164	3827
蕲春县	10159.90	6423.40	840	5803	2896.20	640.80	2145.60
黄梅县	20340	19525	780	11530	4360	1890	3000
麻城市	12022	8796	685	7993	5112	622	1803
武穴市	14995	14305	690	9010	3240	2170	3050
市直							
咸宁市	46859.19	44177.70	403.20	25255.61	13383.11	1554.42	9572.87
咸安区	11003.69	10972.70	31	4712.11	2921.11	499.42	1228.87
嘉鱼县	4218	3836	102	3264	1563	6	1633
通城县	4838.90	4093	41.20	2751.50	1315	293	1081
崇阳县	5830.60	4850	32	2340	1264	203	820
通山县	3047	2607	95	2458	1415	263	495
赤壁市	17921	17819	102	9730	4905	290	4315
市直							
随州市	198075	163769	15069	76394	36737	434	32537
随县	181145	147285	13886	66466	31321	186	28389
曾都区	8435	8314	93	4273	2216	48	1948
广水市	8495	8170	1090	5655	3200	200	2200
市直							
恩施自治州	46004.70	34600.40	2149	13671.40	9932.90	253.70	2289.80
恩施市	7671	6117	1089	2165	1560	170	289
利川市	3709	3605	200	1054	520	50	370
建始县	4745	1242	30	1710	1250	1	105
巴东县	8402	8296		2339	2290	15	5
宣恩县	5645	3250	80	1055	600	15	300
咸丰县	2291.50	2171.20	370	982.40	753.90	2.70	197.80
来凤县	5717	2115	360	2261	1369		532
鹤峰县	7824.20	7804.20	20	2105	1590		491
市直							
仙桃市	34035	31021	850	13300	7850	800	3600
潜江市	7680	6980	850	3265	1145	225	1145
天门市	44985	39988	516	21641	9487	3724	6944
神农架林区	180	100	30	100	90		
省直							

续表 3

单位名称	(4)植保（吨）	(5)其他（吨）	2.农田排灌（吨）	3.农田基本建设（吨）	4.畜牧业生产（吨）	5.农产品初加工（吨）	6.农业运输（吨）	7.其他（吨）
湖北省	**44097.05**	**41157.27**	**59399.26**	**142045.47**	**19726.35**	**67082.32**	**336216.47**	**62847.98**
武汉市	1935.80	3459	4191	6676	1323	2274	25639	2903
洪山区	18	9	24	73		30	51	
东西湖区	950	1750	330	400		10	520	
汉南区	1.80	79	75	298		104	2411	122
蔡甸区			380	1000				
江夏区	197	231	1580	1480	522	455	3059	556
黄陂区	245	1170	1385	3216	267	251	13256	1320
新洲区	428	180	396	113	502	1383	5978	852
市直	96	40	21	96	32	41	364	53
黄石市	467	240	1253	7931	330	371	6911	487
黄石港区	8	21	70	51	25	27	265	22
西塞山区	21		51	38	28	26	339	5
下陆区		4	29				260	
铁山区		6	9				118	
阳新县	150	200	1030	480	230	280	4720	260
大冶市	280		28	7300	40	30	1024	200
经济开发区	8	9	36	62	7	8	185	
市直								
十堰市	1400	5919	1871	18567	1558	3846	64573	26490
茅箭区		500	100	300				500
张湾区	12	5	8	120	17	18	900	
郧阳区	19	100	180	1250	102	200	3220	300
郧西县	85	182	146	6065	49	74	14558	1210
竹山县	100	600	184	6050	75	1280	13700	1200
竹溪县	212	3422	165	792	310	504	25145	21870
房县	785	650	892	2530	525	1050	2540	630
丹江口市	187	460	196	1460	480	720	4510	780
市直								
宜昌市	11275.88	5603.22	1882.20	32205	581.56	1117.14	45734	3282
西陵区				45			82	
伍家岗区	0.10	0.40	0.20	2		1.30	2	300
点军区	266		12				622	
猇亭区		300		500			400	
夷陵区	55	282	333	401	90	217	5708	1292
远安县	276	34	350	1080	55	66	1400	445
兴山县	65	67	251	732			491	
秭归县	250		360	500	150		155	
长阳自治县	3.78	10.82	15	44	4.56	3.84	87	98
五峰自治县	40			80		60	150	140
宜都市	384	209	119	471	104	209	1669	208
当阳市	236		312	28350	178	560	30218	799
枝江市	9700	4700	130				4750	
市直								
襄阳市	6950.22	7170.80	10654.10	9011.60	6234	3524	14728.70	2986

续表 4

单位名称	(4)植保（吨）	(5)其他（吨）	2.农田排灌（吨）	3.农田基本建设（吨）	4.畜牧业生产（吨）	5.农产品初加工（吨）	6.农业运输（吨）	7.其他（吨）
襄城区	218.40	207	748.80	600	400	408	651	211
樊城区	50	70	150	140	75	180	290	
襄州区	3000	750	1250	700			4800	860
开发区	11	27	33					
南漳县	246	985	1848	154	216	863		
谷城县	191	260	130	564	80	70	233	131
保康县	58	7	25	6		8	60	15
老河口市	1750	1750	1650	1550	850	1150	7650	650
枣阳市	221	1272	4167	4828	583	625	530	969
宜城市	1200	1838	629	450	4030	220	500	150
襄北农场	4.82	4.80	23.30	19.60			14.70	0
市直								
鄂州市	583.09	391.90	493.30	342.81	77.57	96.04	2411.65	261.20
梁子湖区	340	100	330	70	30	40	1810	170
华容区	32	113	118	62	32	31	391	62
鄂城区	204.39	168.90	25.80	172.81	13.57	18.44	174.65	16.20
开发区	5	10	15	25	2	5	15	10
葛店开发区	1.70	0	4.50	13		1.60	21	3
西山街办								
市直								
荆门市	5107	4179	1924	7111	623	500	7359.60	2281
东宝区	43	89	352	433	53	100	1015	80
掇刀区	140	30	30	480		10	150	310
京山县	46	26	40	90	20	10	470	160
沙洋县	388	510	414	1133	510	152	2625	401
钟祥市	4350	3035	907	4820		178	2602	1138
屈家岭	100	160	180	60	40	50	130	
沙洋农场	40	75		5			50	10
漳河新区		254	1	90			317.60	182
市直								
孝感市	4655.40	5609	12169.30	12450.70	739.10	1990.50	13122	2683
孝南区	488	502	382	251	166	765	916	1251
孝昌县	1300	150	750	1200		400	130	
大悟县	288	1026	2781	1069	234	641	1247	114
云梦县	5	200	8	450	28	22	3280	60
应城市	2265.40	55	3320.30	165.70	13.10	82.50	3228	60
安陆市	89	3076	68	215	38	10	2721	118
汉川市	220	600	4860	9100	260	70	1600	1080
市直								
荆州市	392.80	358.60	4476	3950	1715	476	18351	3684
沙市区	6	6	78	264	40	41	1605	119
荆州区	32	25	110	40	20	110	2200	190
公安县	33	33	356	699	354	20		
监利县	162	162	1407	1540	464	69	5255	1476
江陵县	26	25	320	300	150	31	2330	347

续表 5

单位名称	(4)植保（吨）	(5)其他（吨）	2.农田排灌（吨）	3.农田基本建设（吨）	4.畜牧业生产（吨）	5.农产品初加工（吨）	6.农业运输（吨）	7.其他（吨）
石首市	25.80	25.60	272	190	129	21	1197	297
洪湖市	81	56	1623	764	376	174	2294	945
松滋市	21	21	268	143	176	0	2021	268
开发区	6	5	42	10	6	10	1449	42
市直								
黄冈市	4682.40	2952	7709.50	7168	2208	6759	27157.40	3702
黄州区	230	301	351	291	161	238	1180	317
龙感湖区	20	30	230	275		60	310	30
团风县	32	0	37	1147	8	65	6341	1561
红安县	882	106	483	980	42	485	1785	80
罗田县	422	1685	1813	638	268	496	1634	920
英山县	113	118	142	113	20	132	1382	118
浠水县	205	84	198	1704	74	1210	3903	301
蕲春县	120.40	0	730.50	265		241	3120.40	0
黄梅县	2100	180	1630	860	1420	1560	3155	185
麻城市	428	28	1125	45		802	2057	
武穴市	130	420	970	850	215	1470	2290	190
市直								
咸宁市	575.46	169.75	1882.16	7228.46	282.42	559.74	11090.12	560.68
咸安区	59.46	3.25	27.86	4353.46	36.52	27.94	1834.12	11.68
嘉鱼县	1	61	231	62		25	301	335
通城县	61	1.50	45.30	185	7.30	18.80	1816	15
崇阳县	50	3	48	420	3.60	24	2980	15
通山县	214	71	18	195	34	152	56	134
赤壁市	190	30	1512	2013	201	312	4103	50
市直								
随州市	3627	3059	6811	23237	3028	42283	35065	11257
随县	3587	2983	6562	21736	3015	42163	30321	10882
曾都区	35	26	139	891	3	20	2744	365
广水市	5	50	110	610	10	100	2000	10
市直								
恩施自治州	593	602	951.70	4549.90	486.70	1959.90	23291	1094.10
恩施市	99	47	519	1909	107	1018	1708	245
利川市	64	50	125	105	60	175	2050	140
建始县	84	270	45	135	12	60	2763	20
巴东县	8	21	55	1179		218	4596	15
宣恩县	120	20	20	420	200	150	3700	100
咸丰县	28		24.70	166.90	17.50	132.90	653	314.10
来凤县	186	174	163	217	44	132	2650	250
鹤峰县	4	20		418	46.20	74	5171	10
市直								
仙桃市	200	850	1850	700	50	185	17500	450
潜江市	374	376	990	520	338	890	1430	247
天门市	1273	213	281	387	142	241	21823	470
神农架林区	5	5	10	10	10	10	30	10
省直								

农机化作业情况（渔业）

单位名称	池塘养殖总产量(吨)	机械投饲池塘养殖产量(吨)	机械水质调控池塘养殖产量(吨)	机械起捕池塘养殖产量(吨)	机械清淤池塘养殖产量(吨)	网箱养殖总产量(吨)	机械投饲网箱养殖产量(吨)
湖北省	**4146875.03**	**1611466**	**1380999.5**	**356980.1**	**968284.6**	**142348.3**	**12872.64**
武汉市	426953.73	246080	179541	182481	258216	640	478
洪山区	10273	6045	6045	6045	6045		
东西湖区	49526.73	31250	31250	31250	31250		
汉南区	40940	24360	24360	24360	24360		
蔡甸区	59802	28000	22080	25020	29650	162	
江夏区	70955	38879	38879	38879	38879	478	478
黄陂区	85097	60619			75162		
新洲区	110360	56927	56927	56927	52870		
市直							
黄石市	145377.6	87144	24735	11104	34493.6		
黄石港区							
西塞山区	4287.6	3054		682	1275.6		
下陆区							
铁山区							
阳新县	84000	27000	9600	4800	14500		
大冶市	57090	57090	15135	5622	18718		
经济开发区							
市直							
十堰市	4642	315	670	32.6	1214		
茅箭区	155						
张湾区	275	16		9			
郧阳区	650	65	200	15	20		
郧西县	75	26					
竹山县	200	20					
竹溪县	157	28		8.60	24		
房县	665						
丹江口市	2465	160	470		1170		
市直							
宜昌市	126598.81	34686	74850	6201	3749		
西陵区							
伍家岗区	556	5	40	30			
点军区							
猇亭区							
夷陵区	7170	50					
远安县	2040						
兴山县	101						
秭归县	135						
长阳自治县	324.28						
五峰自治县	20						
宜都市	2850	1250	1530		150		
当阳市	51439.42	33381	41080	6171	3599		
枝江市	61963.11		32200				
市直							
襄阳市	141088.08	37600.5	35723	8168.5	8240	1551.3	753.64

续表 1

单位名称	池塘养殖总产量(吨)	机械投饲池塘养殖产量(吨)	机械水质调控池塘养殖产量(吨)	机械起捕池塘养殖产量(吨)	机械清淤池塘养殖产量(吨)	网箱养殖总产量(吨)	机械投饲网箱养殖产量(吨)
襄城区							
樊城区							
襄州区	30975	6138	7227	1544	1653		
开发区	16941	4500	4500	1000	1000		
南漳县	10335	3267	2238	1035	560	826	532
谷城县	7792	1938	2366	1184	895	5.3	1.64
保康县	86	20	21	10.5	9		
老河口市	25270	4450	7150	820	1300	720	220
枣阳市	26146	5169	6646	1900	1848		
宜城市	23504.58	12080	5575	675	975		
襄北农场	38.5	38.5					
市直							
鄂州市	245405.92	201095.5	201095.5	2070	205352		
梁子湖区	81443.34	69752	69752	536	69752		
华容区	81443.34	63500	63500	824	67500		
鄂城区	82519.24	67843.50	67843.50	710	68100		
开发区							
葛店开发区							
西山街办							
市直							
荆门市	400733.65	89981	62225	92218	51420	9750	4195
东宝区	30600	5230	6620	1706	1850	870	210
掇刀区	12644	4960	4510	2970	2010		
京山县	70473.65	15330	18940	4420	4520	929	665
沙洋县	150400	28680	15095	46000	17850	5830	2450
钟祥市	132581	34470	15910	37122	25190	2121	870
屈家岭							
沙洋农场	4035	1311	1150				
漳河新区							
市直							
孝感市	372938	149829	118703	900	7097	6800	800
孝南区	67200	25050	28030				
孝昌县	12334	4300	2300		950		
大悟县	18405	11319	5658				
云梦县	48765	9392	10356		330		
应城市	53410	16905	42710		1640		
安陆市	23324	4363	13499		2277		
汉川市	149500	78500	16150	900	1900	6800	800
市直							
荆州市	1145085.14	85000	84846		18700	49290	
沙市区	34360						
荆州区	118856						
公安县	126047.79	67552	67552				
监利县	233835.03						
江陵县	29259						

续表 2

单位名称	池塘养殖总产量(吨)	机械投饲池塘养殖产量(吨)	机械水质调控池塘养殖产量(吨)	机械起捕池塘养殖产量(吨)	机械清淤池塘养殖产量(吨)	网箱养殖总产量(吨)	机械投饲网箱养殖产量(吨)
石首市	141263						
洪湖市	424180.62	154			2171	49290	
松滋市	36033.70	16529	16529		16529		
开发区	1250	765	765				
市直							
黄冈市	403393	187176	142582	10465	33503	9760	4958
黄州区	41520	6651	3065		151		
龙感湖区	18035	18035	18035		18035	127	
团风县	31157	14725	4581				
红安县	11382	1987	2250		426		
罗田县	5815	1950	1050	2500	950		
英山县	4080	775	480	105	105		
浠水县	79000	20126	25137	6300	210	2015	1800
蕲春县	66848	39241	27896		810	668	308
黄梅县	51680	29900	29950	1560	2950	6100	2850
麻城市	23876	2786	8138		866		
武穴市	70000	51000	22000		9000	850	
市直							
咸宁市	182262	54150	13386	45	35495	8540	158
咸安区	30100	24500			30100	1306	
嘉鱼县	79332	23799	7933	25	3526	2000	
通城县	9726	974					
崇阳县	11025	3365	3018	20	1085	438	158
通山县	5576	1512	2435		784		
赤壁市	46503					4796	
市直							
随州市	58595	12492	12104	4989	5172	1600	1500
随县	28618	5092	5904	4989	4512		
曾都区	8075	300					
广水市	21902	7100	6200		660	1600	1500
市直							
恩施自治州	3648.10	536	245			684	30
恩施市	150					132	
利川市	2150					500	
建始县	100						
巴东县	50	15					
宣恩县	66						
咸丰县	202.10						
来凤县	890	508	245			52	30
鹤峰县	40	13					
市直							
仙桃市	313459	281500	281500		228545	35564	
潜江市	69953	64621	59464		47328	18169	
天门市	106742	79260	89330	38306	29760		
神农架林区							
省直							

续表 3

单位名称	机械起捕网箱养殖产量(吨)	工厂化养殖总产量(吨)	机械投饲工厂化养殖产量(吨)	机械起捕工厂化养殖产量(吨)	筏式与吊笼及底播养殖总产量(吨)	机械投苗养殖产量(吨)	机械采收产量(吨)
湖北省	**8143.2**	**4154.48**	**1778**	**652.5**		**186**	**2168**
武汉市	126	546	546	522			
洪山区							
东西湖区							
汉南区							
蔡甸区		420	420	420			
江夏区	126	126	126	102			
黄陂区							
新洲区							
市直							
黄石市							1240
黄石港区							
西塞山区							
下陆区							
铁山区							
阳新县							1240
大冶市							
经济开发区							
市直							
十堰市		153					
茅箭区							
张湾区		3					
郧阳区							
郧西县							
竹山县							
竹溪县							
房县		150					
丹江口市							
市直							
宜昌市		461.70	100				
西陵区							
伍家岗区							
点军区							
猇亭区							
夷陵区		0					
远安县							
兴山县		9.70					
秭归县							
长阳自治县		0					
五峰自治县		2					
宜都市		450	100				
当阳市							
枝江市							
市直							
襄阳市	329.20	696.38	647	3.50		186	928

续表 4

单位名称	机械起捕网箱养殖产量(吨)	工厂化养殖总产量(吨)	机械投饲工厂化养殖产量(吨)	机械起捕工厂化养殖产量(吨)	筏式与吊笼及底播养殖总产量(吨)	机械投苗养殖产量(吨)	机械采收产量(吨)
襄城区							
樊城区							
襄州区							
开发区		61.38	12	1.50			
南漳县	326	635	635	2		186	928
谷城县	3.20						
保康县							
老河口市							
枣阳市							
宜城市							
襄北农场							
市直							
鄂州市							
梁子湖区							
华容区							
鄂城区							
开发区							
葛店开发区							
西山街办							
市直							
荆门市	4166	757.40	485	127			
东宝区	69						
掇刀区							
京山县	196	757.40	485	127			
沙洋县	3010						
钟祥市	891						
屈家岭							
沙洋农场							
漳河新区							
市直							
孝感市							
孝南区							
孝昌县							
大悟县							
云梦县							
应城市							
安陆市							
汉川市							
市直							
荆州市		57					
沙市区							
荆州区							
公安县							
监利县							
江陵县							

续表 5

单位名称	机械起捕网箱养殖产量(吨)	工厂化养殖总产量(吨)	机械投饲工厂化养殖产量(吨)	机械起捕工厂化养殖产量(吨)	筏式与吊笼及底播养殖总产量(吨)	机械投苗养殖产量(吨)	机械采收产量(吨)
石首市		57					
洪湖市							
松滋市							
开发区							
市直							
黄冈市	3500	583					
黄州区							
龙感湖区		583					
团风县							
红安县							
罗田县							
英山县							
浠水县							
蕲春县							
黄梅县	3500						
麻城市							
武穴市							
市直							
咸宁市		900					
咸安区							
嘉鱼县		900					
通城县							
崇阳县							
通山县							
赤壁市							
市直							
随州市							
随县							
曾都区							
广水市							
市直							
恩施自治州	22						
恩施市							
利川市							
建始县							
巴东县							
宣恩县							
咸丰县							
来凤县	22						
鹤峰县							
市直							
仙桃市							
潜江市							
天门市							
神农架林区							
省直							

8 农村用电及化肥

农村电气化

地区	乡、村办水电站数(个)	装机容量(万千瓦)	发电量(万千瓦小时)	农村用电量(万千瓦小时)
湖北省	**639**	**545.08**	**210324.2**	**1565694**
武汉市	**1**	**0.08**	**8.2**	**144490**
武汉市辖区				6547
汉南区				4371
蔡甸区				18323
江夏区				13131
黄陂区	1	0.08	8.2	58922
新洲区				43196
黄石市	**32**	**1.04**	**3742**	**113009**
黄石市辖区				562
阳新县	30	1	3711	34849
大冶市	2	0.04	31	77598
十堰市	**134**	**36.39**	**102289**	**66569.39**
茅箭区				2038.39
张湾区				1505
郧阳区	12	0.46	22	9392
郧西县	9	1.2	567	10524
竹山县	1	1	1920	9100
竹溪县	47	28.59	65497	4445
房县	63	5.11	34258	15779
丹江口市	2	0.03	25	13786
宜昌市	**171**	**26.37**	**72886.5**	**115058**
宜昌市辖区				19038
夷陵区	26	6	9935	18362
远安县	13	0.6	2574	5799
兴山县	21	2.2	7476	5928
秭归县				7683
长阳自治县	45	4	14374	9297
五峰自治县	59	12.51	36115	6862
宜都市	7	1.06	2412.5	12306
当阳市				15970
枝江市				13813
襄阳市	**36**	**13.55**	**12413.11**	**108682.7**
襄阳市辖区				3808.6
襄城区				6665
樊城区				13752
襄州区	2	2.53	2979	15477
南漳县	2	8	8	9841
谷城县	1	0.05	20.01	6625
保康县	25	2.76	8985.9	5938.86
老河口市	6	0.21	420.2	5464.3
枣阳市				28813
宜城市				12298
鄂州市				**55465.36**
梁子湖区				6718
华容区				7684.1
鄂城区				41063.26
荆门市	**8**	**9.39**	**156**	**119938**
东宝区				7338
掇刀区				2924
京山县	5	9.29	86	24306
沙洋县				28417
钟祥市	3	0.1	70	56953
孝感市	**1**	**0.03**	**24**	**146848**

续表

地区	乡、村办水电站数（个）	装机容量（万千瓦）	发电量（万千瓦小时）	农村用电量（万千瓦小时）
孝感市辖区				2401
孝南区				19370
孝昌县				9257
大悟县				13898
云梦县				10842
应城市	1	0.03	24	50725
安陆市				6631
汉川市				33724
荆州市	**1**	**0.15**	**300**	**168418**
荆州开发区				2996
沙市区				9052
荆州区				18880
公安县				30451
监利县				34531
江陵县				12673
石首市				12391
洪湖市				22835
松滋市	1	0.15	300	24609
黄冈市	**136**	**9.78**	**8858.9**	**273906.5**
龙感湖农场				1853
黄州区				22459
团风县	20	4.4	210	19417.25
红安县	22	0.67	1625	27445
罗田县	39	0.52	1452	22912.3
英山县	18	0.32	1028	9805
浠水县	3	1.22	3328	39797
蕲春县	3	1	529	33252
黄梅县	14	0.83	36.9	51978
麻城市	14	0.58	350	29123
武穴市	3	0.24	300	15865
咸宁市	**90**	**445.35**	**7469.67**	**47624.55**
咸安区	8	430.16	182.5	3947.87
嘉鱼县				11406.01
通城县	40	1	2432	7344.6
崇阳县	10	0.1	677	7409
通山县	23	4.7	3288.17	8278.76
赤壁市	9	9.39	890	9238.31
随州市	**18**	**0.29**	**358.58**	**51645.63**
曾都区	1	0.01	5	10438.63
随县	15	0.17	68.58	25281
广水市	2	0.11	285	15926
恩施自治州	**3**	**0.9**	**1456**	**51775.96**
恩施市				13357
利川市				9085
建始县				5451.16
巴东县	3	0.9	1456	4770
宣恩县				6144.8
咸丰县				4826
来凤县				2910
鹤峰县				5232
仙桃市				**59386**
潜江市				**10994.78**
天门市	**6**	**1.66**	**272.3**	**31881.91**
神农架林区	**2**	**0.1**	**90**	**0.14**

农村化肥施用

单位：吨

地区	农用化肥施用量(按折纯法计算)	氮肥	磷肥	钾肥	复合肥
湖北省	**3179320**	**1282159**	**545636**	**301234**	**1050291**
武汉市	**119236**	**43199**	**17723**	**14595**	**43719**
武汉市辖区	11821	2939	1450	1442	5990
汉南区	4680	1296	616	341	2427
蔡甸区	12219	3718	1605	1139	5757
江夏区	17854	4360	2359	2830	8305
黄陂区	35837	13638	4908	5144	12147
新洲区	36825	17248	6785	3699	9093
黄石市	**50278**	**22799**	**8820**	**5349**	**13310**
黄石市辖区	448	167	85	36	160
阳新县	25879	12439	4900	2004	6536
大冶市	23951	10193	3835	3309	6614
十堰市	**129552**	**59041**	**20803**	**9920**	**39788**
茅箭区	800	221	72	73	434
张湾区	2570	702	324	281	1263
郧阳区	37034	17415	6620	3159	9840
郧西县	17975	5303	1418	2510	8744
竹山县	9797	6493	897	964	1443
竹溪县	38283	17748	8122	2046	10367
房县	8987	4336	1003	628	3020
丹江口市	14106	6823	2347	259	4677
宜昌市	**342818**	**113726**	**56711**	**29235**	**143146**
宜昌市辖区	14830	4409	2266	1603	6552
夷陵区	58933	18281	9480	4120	27052
远安县	8390	3448	1357	228	3357
兴山县	7979	1429	1461	984	4105
秭归县	35265	10503	5582	2565	16615
长阳自治县	26449	12909	1873	343	11324
五峰自治县	24367	9947	4936	2160	7324
宜都市	16810	6329	1253	1900	7328
当阳市	80135	28083	16769	8199	27084
枝江市	69660	18388	11734	7133	32405
襄阳市	**576225**	**266279**	**104821**	**32290**	**172835**
襄阳市辖区	5917	2768	1719	127	1303
襄城区	59921	23258	19682	5256	11725
樊城区	47008	18568	5939	2176	20325
襄州区	103411	47742	19475	6103	30091
南漳县	48485	18109	13464	3642	13270
谷城县	78734	40594	21260	2830	14050
保康县	8109	2458	340	641	4670
老河口市	35887	13377	2443	608	19459
枣阳市	155449	83559	12718	8304	50868
宜城市	33304	15846	7781	2603	7074
鄂州市	**76062**	**20156**	**13233**	**11875**	**30798**
梁子湖区	9391	2736	1434	922	4299
华容区	44626	10395	7702	9094	17435
鄂城区	22045	7025	4097	1859	9064
荆门市	**296854**	**89271**	**60509**	**29797**	**117277**
东宝区	11702	4611	2945	1042	3104
掇刀区	10036	4421	3531	825	1259
京山县	65726	18802	7890	8015	31019
沙洋县	111265	31367	22192	11119	46587
钟祥市	98125	30070	23951	8796	35308
孝感市	**197241**	**93927**	**29629**	**16392**	**57293**

续表 单位：吨

地区	农用化肥施用量(按折纯法计算)	氮肥	磷肥	钾肥	复合肥
孝感市辖区	530	173	44	23	290
孝南区	32643	16425	4980	2849	8389
孝昌县	24094	9549	3291	3370	7884
大悟县	15587	9879	1179	428	4101
云梦县	13218	4744	1331	1391	5752
应城市	28998	8535	4105	1721	14637
安陆市	38304	22381	7736	2546	5641
汉川市	43867	22241	6963	4064	10599
荆州市	**321595**	**137624**	**56243**	**40320**	**87408**
荆州开发区	843	265	162	118	298
沙市区	12132	2888	2192	2402	4650
荆州区	24156	8813	3197	2876	9270
公安县	58969	25309	10567	7821	15272
监利县	80951	36229	16767	10749	17206
江陵县	31593	15439	5954	3209	6991
石首市	26648	9537	4739	3467	8905
洪湖市	45474	22429	8376	4793	9876
松滋市	40829	16715	4289	4885	14940
黄冈市	**334098**	**137081**	**45474**	**30394**	**121149**
龙感湖农场	6126	1529	156	332	4109
黄州区	19372	7129	4004	2015	6224
团风县	21284	7983	3536	1962	7803
红安县	48469	21835	9763	4687	12184
罗田县	17893	7952	1502	2000	6439
英山县	6028	2286	717	523	2502
浠水县	47177	22286	2691	2997	19203
蕲春县	43551	22463	5935	2831	12322
黄梅县	44326	19736	7035	3104	14451
麻城市	30886	7226	2356	2981	18323
武穴市	48986	16656	7779	6962	17589
咸宁市	**116027**	**41075**	**21385**	**13924**	**39643**
咸安区	28097	9512	5368	3088	10129
嘉鱼县	29772	9781	5818	3992	10181
通城县	19343	7634	2539	2471	6699
崇阳县	15629	5563	3413	2127	4526
通山县	8613	2094	923	642	4954
赤壁市	14573	6491	3324	1604	3154
随州市	**163546**	**77882**	**40627**	**13261**	**31776**
曾都区	48588	20765	10703	4291	12829
随县	86680	40749	23176	6882	15873
广水市	28278	16368	6748	2088	3074
恩施自治州	**273627**	**115100**	**44625**	**30270**	**83632**
恩施市	37605	16540	4344	3827	12894
利川市	46978	22308	7350	3950	13370
建始县	44637	21598	10381	3423	9235
巴东县	42854	16981	5250	3450	17173
宣恩县	25899	7485	4260	3799	10355
咸丰县	36827	16320	6120	5534	8853
来凤县	9738	3873	1432	1782	2651
鹤峰县	29089	9995	5488	4505	9101
仙桃市	**55659**	**23790**	**8183**	**5050**	**18636**
潜江市	**51706**	**14453**	**8471**	**8108**	**20674**
天门市	**70248**	**25146**	**7694**	**10223**	**27185**
神农架林区	**4548**	**1610**	**685**	**231**	**2022**

9 农业技术推广及应用

主要农作物病虫害发生面积

单位：万亩次

地区	水稻	小麦	玉米	大豆	马铃薯	棉花	油菜	柑橘	蔬菜
湖北省	11391.55	3970.87	1912.61	176.26	447.04	941.92	2179.44	1408.14	2267.71
武汉市	638.66	74	55.08	34.08	6.41	63.9	94.87		165.87
黄石市	261.81	14.67	14.6		1.68	1	70.14	8	14
十堰市	178.25	228.11	185.91	31.2	34.8		112.9	175.7	192.4
宜昌市	793.93	86.29	313.5	11.1	64.48	65.98	229.63	1118.8	213.87
襄阳市	943.25	1468.9	592.4		19.5	82.9	101	10.15	103.2
鄂州市	126	11.5	2.58	3	1.3	7.6	58	9.25	9.77
荆门市	1230.9	576.23	117	21.2	1.57	95.7	166.76	29	94.2
孝感市	694.46	297.3	26.23	13.8	16.85	20.6	128.12	0.5	167.38
荆州市	2228.76	275.7	64.95	19.56	1.9	194.94	398.06		52.83
黄冈市	1922.49	195.96	35.94	15.85	47.58	232.76	329.45	7.5	259.83
咸宁市	679.09	27.32	39.21	5.27	7.37	6.68	125.65	18.53	226.26
随州市	299.7	186	5.3		3.6	9.88	15.5		49.93
恩施州	324.25	14.55	417.3	19.2	233.8		108.6	29.7	614.65
仙桃市	379.71	106.2	10.6			79.03	66.2	1.01	38.82
潜江市	478.54	181.44	0.11		0.6	25.95	28.76		52.1
天门市	210	221.5	8.2			55	145		
神农架林区	1.75	5.2	23.7	2	5.6		0.8		12.6

主要农作物病虫害防治面积

单位：万亩次

地区	水稻	小麦	玉米	大豆	马铃薯	棉花	油菜	柑橘	蔬菜
湖北省	17421.78	5970.51	2056.93	181.58	585.81	1484.48	2571.86	2262.6	3452.47
武汉市	969.44	83.5	58.87	30.36	11.96	81.77	89.96		299.78
黄石市	254.13	13.39	13.38		1.6	0.95	55.25	8	13
十堰市	175.7	226.8	112.25	9.2	21.1		149.55	267.9	177.7
宜昌市	1255.3	260.37	458.9	18.7	119.31	79.66	309.28	1847.32	617.67
襄阳市	1477.1	2202.7	747.1		36.3	133.1	103.4	10.15	168.98
鄂州市	150.2	16	3.4	3	2.2	7.6	62	9.3	10.28
荆门市	2052.7	826.75	175.7	37.5	5.54	177.68	214.25	53	94.2
孝感市	1246.13	457.2	39.53	17.2	26.63	38.75	167.29	1.4	293.85
荆州市	4086.86	681.2	92.05	25.55	1.9	390.55	530.27		91.66
黄冈市	2140.03	239.7	37.98	14.21	47.17	285.29	350.08	7.46	256.65
咸宁市	780.9	65.15	62.51	6.26	10.96	12.53	154.77	18.61	226.33
随州市	533	290	15		12.5	19.9	24		89.15
恩施州	415.93	12.81	194.55	18.2	282.34		72.2	36.44	874.55
仙桃市	602.46	143.94	10.6			80.4	72	3.02	71.77
潜江市	685.6	246.8	0.11		1.2	36.3	31.76		152.1
天门市	594	199.5	14			140	185		
神农架林区	2.3	4.7	21	1.4	5.1		0.8		14.8

主要农作物病虫害挽回损失

单位：吨

地区	水稻	小麦	玉米	大豆	马铃薯	棉花	油菜	柑橘	蔬菜
湖北省	1892727.4	777752.49	341202.6	16507.33	101381.05	57431.66	219656.03	506939.7	3716246.5
武汉市	154818.93	9197.28	7995.89	3266.43	1033.41	2034.17	13240.65		93763.1
黄石市	24648	1191.6	1376.4		160	47.5	4548.08	3720	2900
十堰市	13270.72	28205.1	6472.97	434.3	3426.6		3471.15	43048.9	36203.3
宜昌市	239124.6	94087.08	89812.9	2003	11441.3	332.34	29601.66	430979.9	39018.02
襄阳市	234766.23	301790.25	132486.5		5678.05	7520.66	11595.01	2486.4	284594.4
鄂州市	4035.9	2122	770.2	222	88.1	318.1	11440	2264.3	5330
荆门市	188941.75	139083.68	22534.42	1840.41	4013.83	3874.94	18621.27	6457.5	113500
孝感市	80053.1	46792.49	7955.2	2731.59	10713.86	3210.1	10696.49	292	89087.85
荆州市	355630.46	30952.12	4708.76	1427.33	153	14296.04	43406.87		12373.02
黄冈市	224925.98	33593.24	7943.59	1647.59	12478.71	18053.07	36935.37	1400.59	96702.08
咸宁市	84121.52	3821.68	17072.91	342.22	2105.89	251.55	8480.24	3199.41	2545971.1
随州市	111769.2	37629	1151.5		3935	483.2	2407		16171.9
恩施州	73552.7	1500	36346.26	2575.96	45846.3		5780.3	9137.48	167028.55
仙桃市	81817.45	13342.81	3843.23			3740.26	10849.08	3953.22	210743.2
潜江市	548	11264	0.05		17	27.2	5180		1586
天门市	20643.81	23094.16	209.82			3242.53	3382.86		
神农架林区	59	86	522	16.5	290		20		1274

主要农作物病虫害实际损失

单位：吨

地区	水稻	小麦	玉米	大豆	马铃薯	棉花	油菜	柑橘	蔬菜
湖北省	353107.5	155510.21	52288.02	3146.97	29119.57	15507.63	59475.57	43069.47	567891.85
武汉市	13029.75	1841.56	1601.18	363.32	79.69	670.63	1800.41		21230.8
黄石市	2276.5	371.2	181.1		80	2.5	584.61	440	120
十堰市	3781.62	7677.4	2584.75	284.7	1325.1		1442.37	15228.3	11630
宜昌市	17336	5129.56	8852	283.8	1925.6	154.83	3715.86	21094.5	8252.67
襄阳市	32782.51	57296.36	16024.53		933.98	1366.55	1805.66	583.9	35869.36
鄂州市	386.3	458.1	145.2	34.8	28.7	48.8	1848.9	94.7	365.05
荆门市	28905.52	20488.08	2571.23	196.59	554.01	437.05	4199.7	814.32	34410
孝感市	16463.46	10692.71	1753.5	689.76	4346.54	841.47	3524.8	48.4	19479.9
荆州市	89796.31	9498	1766.3	297.09	103	3734.22	12712.78		3589.38
黄冈市	78897.21	6896.29	1379.22	471.53	4244.51	5164.22	13202.35	285.8	10954.88
咸宁市	19144.81	3206.24	2868.47	75.54	783.24	219.09	3620.89	1097.96	333072.17
随州市	25413	14511	265.4		1010	116.1	1638		3428.84
恩施州	11940.11	921	12038.98	449.04	13683.2		1743.4	2521.58	43686.62
仙桃市	8249.42	3335.7	202.28			1471.03	2712.27	860.01	41153.68
潜江市	169.2	7984	0.02		9	12.8	3290		602
天门市	4533.56	5196.71	35.36			1268.34	1630.57		
神农架林区	2.22	6.3	18.5	0.8	13		3		46.5

农药使用量

单位：吨

地区	农药总计(吨)		杀虫剂		杀螨剂		杀菌剂		除草剂		植物生长调节剂		杀鼠剂		其他类型	
	商品量	折百量	商品量	折百量	商品量	折百量	商品量	折百量	商品量	折百量	商品量	折百量	商品量	折百量	商品量	折百量
湖北省	47318.49	13518.23	18609.69	5317.05	837.56	239.3	4836.06	1381.73	14631.22	4180.35	960.59	274.45	4.74	0.0158	7438.64	2125.33
武汉市	1089.95	311.38	428.68	122.48	19.29	5.51	111.39	31.83	337.01	96.29	22.13	6.32	0.11	0.0004	171.34	48.95
黄石市	1491.8	426.19	586.72	167.63	26.41	7.54	152.46	43.56	461.27	131.79	30.28	8.65	0.15	0.0005	234.51	67
十堰市	966.9	276.23	380.28	108.65	17.11	4.89	98.82	28.23	298.97	85.42	19.63	5.61	0.1	0.0003	152	43.43
宜昌市	4218.47	1205.16	1659.12	474.03	74.67	21.33	431.13	123.18	1304.35	372.67	85.63	24.47	0.42	0.0014	663.14	189.47
襄阳市	8654.19	2472.38	3403.09	972.31	153.2	43.77	884.56	252.73	2676.19	764.63	175.7	50.2	0.86	0.0029	1360.6	388.74
鄂州市	574.43	164.11	225.92	64.55	10.17	2.91	58.71	16.77	177.62	50.75	11.66	3.33	0.06	0.0002	90.3	25.8
荆门市	2776.82	793.3	1092.12	312.03	49.15	14.04	283.79	81.08	858.6	245.31	56.37	16.11	0.28	0.0009	436.52	124.72
孝感市	3414.85	975.57	1343.06	383.73	60.44	17.27	349	99.71	1055.87	301.68	69.32	19.81	0.34	0.0011	536.81	153.38
荆州市	8708.85	2488	3425.19	978.63	154.15	44.04	890.04	254.3	2692.78	769.36	176.79	50.51	0.87	0.0029	1369.03	391.15
黄冈市	4578.22	1307.93	1800.61	514.46	81.03	23.15	467.89	133.68	1415.59	404.45	92.94	26.55	0.46	0.0015	719.7	205.63
咸宁市	1890.27	540.02	743.44	212.41	33.46	9.56	193.19	55.2	584.47	166.99	38.37	10.96	0.19	0.0006	297.15	84.9
随州市	1547.85	442.2	608.74	173.93	27.4	7.83	158.2	45.2	478.61	136.75	31.42	8.98	0.15	0.0005	243.33	69.52
恩施州	3225.43	921.46	1268.56	362.45	57.09	16.31	329.64	94.18	997.31	284.94	65.48	18.71	0.32	0.0011	507.04	144.87
仙桃市	577.73	165.05	227.22	64.92	10.23	2.92	59.04	16.87	178.63	51.04	11.73	3.35	0.06	0.0002	90.82	25.95
潜江市	650.94	185.96	256.01	73.15	11.52	3.29	66.53	19.01	201.27	57.51	13.21	3.78	0.07	0.0002	102.33	29.24
天门市	2946.18	841.68	1158.73	331.07	52.15	14.9	301.1	86.03	910.96	260.27	59.81	17.09	0.29	0.001	463.14	132.33
神农架林区	5.61	1.6	2.2	0.63	0.1	0.03	0.57	0.16	1.73	0.49	0.11	0.03	0.01	0	0.88	0.25

农民合作社数量

地区	农民合作社数量	比上年末±%	出资总额(万元)	比上年末±%
湖北省	83942	19.03	20545614	19.86
武汉市	4494	9.26	820312	9.07
黄石市	3208	21.79	790057	26.85
十堰市	6129	47.94	1084952	48.83
宜昌市	7889	14.65	1366833	18.26
襄阳市	7797	13.38	2201903	10.84
鄂州市	1588	11.83	369444	11.34
荆门市	6529	13.12	1937471	14.59
孝感市	5149	17.61	1229657	30.48
荆州市	7236	23.78	2119572	27.57
黄冈市	9350	17.36	2919449	13.28
咸宁市	4777	19.69	1383296	22.78
随州市	3657	20.18	907616	25.33
恩施市	10768	21.63	1663514	23.61
仙桃市	1527	18.65	501531	17.74
潜江市	1072	12.96	385288	20.68
天门市	2444	19.22	740805	18.07
林区市	328	3.47	123914	1.86

清洁能源推广指标数据

单位：户、%

地区	2016年底农村新型清洁能源用户累计数	2017年净增户数	2017年底累计数	农村新型清洁能源用户比重%
湖北省	4210761	135738	4346499	43.43
武汉市	134855	4747	139602	20.69
洪山区	6468	15	6483	12.87
汉南区	11498	135	11633	66.47
蔡甸区	22211	972	23183	26.69
江夏区	31535	1640	33175	34.71
黄陂区	31295	770	32065	14.26
新洲区	31848	1215	33063	19.21
黄石市	68090	8900	76990	25.40
阳新县	42580	100	42680	29.77
大冶市	25510	8800	34310	21.47
十堰市	403186	6325	409511	61.00
茅箭区	6806		6806	78.62
张湾区	9329	365	9694	49.00
郧阳区	76138	600	76738	55.00
郧西县	76230	800	77030	64.00
竹山县	60496	600	61096	56.26
竹溪县	59145	1380	60525	68.00
房县	64320	500	64820	60.00
丹江口市	50722	2080	52802	63.00
宜昌市	564148	16920	581068	75.94
夷陵区	121094	620	121714	96.83
远安县	31288	1800	33088	67.25
兴山县	34206	1800	36006	78.10
秭归县	54404	1800	56204	53.78
长阳县	64296	2400	66696	63.22
五峰县	43975	1400	45375	84.18
宜都市	67057	1000	68057	76.55
当阳市	65394	1600	66994	71.50
枝江市	82434	4500	86934	88.98
襄阳市	320594	15000	335594	37.00
襄城区	13301	0	13301	26.60
樊城区	13651	0	13651	31.75
襄州区	46184	2900	49084	29.57
南漳县	39998	2200	42198	38.36
谷城县	42044	2100	44144	41.68
保康县	51727	1500	53227	81.89
老河口市	36294	1800	38094	46.97
枣阳市	41395	3000	44395	24.80
宜城市	36000	1500	37500	35.05
鄂州市	34344	1063	35407	20.75
荆门市	217418	12350	229768	48.54
东宝区	35659	1530	37189	88.76
掇刀区	11398	150	11548	48.73
京山县	55520	3455	58975	55.22
沙洋县	44934	2166	47100	38.05
钟祥市	69907	5049	74956	42.30
孝感市	258958	5026	263984	28.31

续表 单位：户、%

地区	2016 年底农村新型清洁能源用户累计数	2017 年净增户数	2017 年底累计数	农村新型清洁能源用户比重%
孝南区	30209	220	30429	26.41
孝昌县	34613	200	34813	27.41
大悟县	72378	916	73294	58.17
云梦县	20034		20034	17.73
应城市	28712	100	28812	19.92
安陆市	35984	1300	37284	32.99
汉川市	37028	2290	39318	20.31
荆州市	446801	4888	451689	44.91
沙市区	9632	0	9632	40.64
荆州区	13112	437	13549	18.33
公安县	98821	1774	100595	52.15
监利县	61422	83	61505	27.59
江陵县	45900	187	46087	76.68
石首市	35390	287	35677	31.43
洪湖市	55872	1214	57086	39.37
松滋市	126652	906	127558	73.39
黄冈市	444968	28796	473764	32.90
黄州区	13328	3400	16728	34.14
团风县	38218	3188	41406	45.70
红安县	52020	500	52520	42.02
罗田县	51973	2656	54629	42.02
英山县	48206	2720	50926	55.11
浠水县	62319	3002	65321	28.40
蕲春县	42457	5140	47597	27.98
黄梅县	36850	4430	41280	24.28
麻城市	58367	3260	61627	23.98
武穴市	41230	500	41730	33.12
咸宁市	220944	10706	231650	45.90
咸安区	33824	2776	36600	36.72
嘉鱼县	26480	100	26580	35.95
通城县	30944	4100	35044	39.89
崇阳县	39765	1125	40890	48.40
通山县	49617	1000	50617	65.40
赤壁市	40314	1605	41919	51.51
随州市	115303	4068	119371	26.34
曾都区	34160	1430	35590	38.27
随　县	49465	1506	50971	28.49
广水市	31678	1132	32810	18.09
恩施州	718878	12694	731572	78.31
恩施市	140878	480	141358	80.59
利川市	89894	1515	91409	49.35
建始县	109445	150	109595	82.93
巴东县	107856	2475	110331	86.60
宣恩县	69118	1240	70358	77.31
咸丰县	86488	1971	88459	106.06
来凤县	60853	3658	64511	89.72
鹤峰县	54346	1205	55551	83.66
仙桃市	86882	400	87282	32.00
潜江市	60280	2155	62435	43.00
天门市	104869	1200	106069	36.20
神农架林区	10243	500	10743	80.70

农村土地规模经营及流转情况

地区	2017年承包地流转面积(亩)	2017年适度规模经营面积(亩)	2017年农业生产托管(亩)
湖北省	20383626	11423336	1661784
武汉市	1143799	1168023	458796
黄石市	583899	426417	303093
襄阳市	2509766	1317253	828736
鄂州市	352122	71188	68912
孝感市	1451918	797666	2596912
荆州市	3652025	2088524	1037288
宜昌市	1056902	399353	1515333
十堰市	775512	532576	78042
荆门市	2828258	1416012	1095361
黄冈市	1976675	1185949	3398898
咸宁市	937442	463396	1808118
随州市	922264	380426	1110486
恩施州	776667	448554	125982
仙桃市	411622	285246	889436
潜江市	351834	71762	27671
天门市	651520	370234	1274783
神农架	1401	757	

三品一标统计数据

单位：个

地区	无公害农产品	绿色食品	有机食品	农产品地理标志
湖北省	2472	1767	152	127
武汉市	202	403	20	6
武汉市辖区		10		
东西湖区	53	54		
汉南区	4	31		
蔡甸区	80	47		1
江夏区	16	142	20	2
黄陂区	20	21		2
新洲区	29	98		1
黄石市	59	42		
黄石市辖区	3	2		
阳新县	31	13		
大冶市	25	27		
十堰市	73	54	5	20
茅箭区	5			2
张湾区	14			2
郧阳区	23	21		3
郧西县	9	1	2	4
竹山县	13	11		2
竹溪县		9	1	
房县	6	6		5
丹江口市	3	6	2	2
宜昌市	306	6	1	31
宜昌市辖区	4	20		4
夷陵区	71	50	1	2
远安县	4	5		3
兴山县	2	20		5
秭归县	7	9		2
长阳县	41	42		2
五峰县	32	4		1
宜都市	78	26		2
当阳市	7	8		4
枝江市	60	14		4
襄阳市	262	54	3	7
襄阳市辖区	4			
襄城区	26	1		1
樊城区	20			
襄州区	53	12		
南漳县	36	7		1
谷城县	17		2	1
保康县	2	2	1	
老河口市	2	1		2
枣阳市	85	25		2
宜城市	17	6		
鄂州市	70	12		1
荆门市	310	104	23	18
东宝区	45	17		2
掇刀区	19	14		1
京山市	107	27	8	2
沙洋县	79	16	4	2
钟祥市	27	15	9	11
漳河新区	7	12	2	
屈家岭管理区	26	3		
孝感市	132	313	1	5
孝感市辖区	4			

续表

单位：个

地区	无公害农产品	绿色食品	有机食品	农产品地理标志
孝南区	4	107		
孝昌县	16	1		
大悟县	32	9		
云梦县	25	41		1
应城市	11	139		
安陆市	20	16		1
汉川市	20	29	1	
荆州市	257	129		9
荆州市辖区			5	
沙市区	9	6		
荆州区	38	15		1
公安县	51	11		
监利县	39	12		3
江陵县	21	49		
石首市	27	6		
洪湖市	12	20		4
松滋市	60	10	5	1
黄冈市	339	97	10	11
黄冈市辖区	1			
黄州区	55	3		
团风县	35	7		
红安县	38	4		1
罗田县	27	20	2	1
英山县	9	9		
浠水县	79	9	1	2
蕲春县	59	6		3
黄梅县	31	6		3
麻城市	29	10	5	2
武穴市	36	19		2
龙感湖管区		4		
咸宁市	289	87	4	4
咸安区	47	16		1
嘉鱼县	163	38		
通城县		9		1
崇阳县	18	3		1
通山县	36	7		1
赤壁市	25	14	4	
随州市	69	49	11	3
曾都区	18	17	1	1
随县	25	13	10	1
广水市	26	19		1
恩施州	13	169	66	8
恩施市	2	30	16	
利川市	1	41	5	
建始县	5	8	3	4
巴东县	2	17		
宣恩县		11	29	1
咸丰县		29	7	1
来凤县	3	7		
鹤峰县		26	6	2
仙桃市	34	10		
潜江市	32	18		2
天门市	21	18	2	1
神农架林区	4	7	1	1

10 水利建设

水库数量

单位：座

地区	合计	大型	中型	小型
湖北省	**6967**	**77**	**283**	**6607**
武汉市	**279**	**4**	**6**	**269**
东西湖区	1			1
蔡甸区	18			18
江夏区	95			95
黄陂区	108	3	5	100
新洲区	44	1	1	42
经济技术开发区	1			1
东湖新技术开发区	12			12
黄石市	**288**	**2**	**6**	**280**
西塞山区	2			2
下陆区	3			3
铁山区	2			2
阳新县	171	2	3	166
大冶市	110		3	107
十堰市	**557**	**9**	**21**	**527**
茅箭区	12		2	10
张湾区	17	1		16
郧县	97		4	93
郧西县	103	1	2	100
竹山县	77	3	3	71
竹溪县	50	2	5	43
房县	95	1	3	91
丹江口市	106	1	2	103
宜昌市	**454**	**7**	**30**	**417**
西陵区	3	1		2
伍家岗区	6			6
点军区	15		1	14
猇亭区	6			6
夷陵区	70	2	4	64
远安县	54		2	52
兴山县	15	1		14
秭归县	19		2	17
长阳自治县	14	1	1	12
五峰自治县	10		3	7
宜都市	47	1	5	41

续表 1 单位：座

地区	合计	大型	中型	小型
当阳市	127	1	7	119
枝江市	68		5	63
襄阳市	**1216**	**14**	**60**	**1142**
襄城区	55	1	2	52
樊城区	29		4	25
襄阳区	305	2	7	296
南漳县	138	4	1	133
谷城县	87	1	7	79
保康县	20	1	2	17
老河口市	58	2	7	49
枣阳市	398	2	20	376
宜城市	126	1	10	115
鄂州市	**38**		**1**	**37**
梁子湖区	18			18
鄂城区	20		1	19
荆门市	**755**	**8**	**31**	**716**
东宝区	104	1	4	99
掇刀区	56		4	52
京山县	227	4	7	216
沙洋县	82		7	75
钟祥市	254	3	9	242
屈家岭管理区	32			32
孝感市	**453**	**1**	**17**	**435**
孝南区	32		1	31
孝昌县	36	1	3	32
大悟县	133		7	126
云梦县	7		0	7
应城市	99		2	97
安陆市	146		4	142
荆州市	**111**	**2**	**6**	**103**
沙市区				
荆州区	30	1	2	27
公安县	3		1	2
石首市	18			18
松滋市	60	1	3	56

续表 2 单位：座

地区	合计	大型	中型	小型
黄冈市	**1237**	**12**	**38**	**1187**
黄州区	2			2
团风县	84	1	6	77
红安县	183	2	4	177
罗田县	174	1	7	166
英山县	83	1	2	80
浠水县	68	1	2	65
蕲春县	180	2	4	174
黄梅县	37	1	2	34
麻城市	325	3	7	315
武穴市	101		4	97
咸宁市	**562**	**4**	**19**	**539**
咸安区	106	1	1	104
嘉鱼县	19	1	1	17
通城县	97		6	91
崇阳县	110	1	4	105
通山县	97		4	93
赤壁市	133	1	3	129
随州市	**704**	**8**	**22**	**674**
曾都区	112	1	5	106
随县	390	5	12	373
广水市	202	2	5	195
恩施自治州	**277**	**5**	**25**	**247**
恩施市	44	1	5	38
利川市	52		4	48
建始县	32		3	29
巴东县	18	1		17
宣恩县	28	1	3	24
咸丰县	25	1	2	22
来凤县	55	0	4	51
鹤峰县	23	1	4	18
省直管	**36**	**1**	**1**	**34**
潜江市	**1**	**1**		
天门市	**32**			**32**
神农架林区	**3**		**1**	**2**

泵站工程数量

单位：处

地区	合计	按规模分			按功能位置分		
		大型	中型	小型	河湖取（排）水	水库取（排）水	其他
湖北省	**48064**	**47**	**336**	**47681**	**23955**	**3910**	**20199**
武汉市	**6456**	**13**	**47**	**6396**	**1337**	**23**	**5096**
江岸区	13		1	12			13
江汉区	10		1	9			10
硚口区	6			6	6		0
汉阳区	12		1	11	4		8
武昌区	22			22	3		19
青山区	50	1	6	43	11		39
洪山区	45		1	44	4		41
东西湖区	317	4	7	306	227		90
汉南区	132		3	129	50		82
蔡甸区	1419	1	6	1412	181		1238
江夏区	978	1	4	973	144	23	811
黄陂区	1622	1	5	1616	268		1354
新洲区	1671	1	8	1662	375		1296
经济技术开发区	47	2	3	42	18		29
东湖新技术开发区	102		1	101	37		65
化学工业区	9	1		8	9		
黄石市	**1432**	**2**	**13**	**1417**	**1360**	**72**	
西塞山区	47		2	45	47		
阳新县	655	1	6	648	655		
大冶市	718	1	1	716	646	72	
十堰市	**306**		**23**	**283**	**95**	**26**	**185**
茅箭区	3		1	2		3	
郧县	82		22	60	56	3	23
郧西县	34			34	3	1	30
竹山县	2			2	2		
竹溪县	40			40	5	1	34
房县	34			34	2		32
丹江口市	111			111	27	18	66
宜昌市	**1089**	**1**	**13**	**1075**	**916**	**92**	**81**
西陵区	13			13	6		7
伍家岗区	2			2	2		
点军区	37			37	37		
猇亭区	3		1	2	3		
夷陵区	69			69	66		
远安县	119			119	119		
兴山县	9			9	9		
秭归县	6			6	6		

续表 1　　　　　　　　　　　　　　　　　　　　　　　　　　　　单位：处

地区	合计	按规模分			按功能位置分		
		大型	中型	小型	河湖取（排）水	水库取（排）水	其他
长阳自治县	9			9	9		
五峰自治县	4			4	1		3
宜都市	136		1	135	36	29	71
当阳市	405		4	401	390	15	
枝江市	277	1	7	269	232	45	
襄阳市	**3264**		**22**	**3242**	**2697**	**555**	**12**
襄城区	294		3	291	276	8	10
樊城区	123		1	122	100	21	2
襄阳区	311		3	308	255	56	
南漳县	435			435	306	129	
谷城县	71			71	49	22	
保康县	121			121	118	3	
老河口市	199		3	196	141	58	
枣阳市	1342		10	1332	1142	200	
宜城市	368		2	366	310	58	
鄂州市	1802	**1**	**8**	**1793**	**1802**		
梁子湖区	264		1	263	264		
华容区	823		2	821	823		
鄂城区	715	1	5	709	715		
荆门市	4565		**22**	**4543**	**1209**	**2104**	**1252**
东宝区	737		1	736	581	141	15
掇刀区	388			388		380	8
京山县	162			162	76	20	66
沙洋县	1414		10	1404	248	3	1163
钟祥市	1749		11	1738	192	1557	
屈家岭管理区	115			115	112	3	
孝感市	3691	**9**	**34**	**3648**	**3371**	**63**	**257**
孝南区	468	2	7	459	430	14	24
孝昌县	147		1	146	107	26	14
大悟县	239			239	230	2	7
云梦县	365	1	5	359	353	2	10
应城市	937	1	4	932	850	19	68
安陆市	434	0	7	427	373		61
汉川市	1101	5	10	1086	1028		73
荆州市	14147	**11**	**93**	**14043**	**4822**	**61**	**9264**
沙市区	599	0	7	592	35	0	564
荆州区	1213	1	10	1202	194	20	999
公安县	5178	3	10	5165	405	5	4768
监利县	742	3	18	721	166		576

续表 2

单位：处

地区	合计	按规模分			按功能位置分		
		大型	中型	小型	河湖取（排）水	水库取（排）水	其他
江陵县	1174		8	1166	1174		0
石首市	2497		6	2491	2496		1
洪湖市	840	4	26	810	246		594
松滋市	1904		8	1896	106	36	1762
黄冈市	**4919**	**3**	**20**	**4896**	**667**	**391**	**3861**
黄州区	580		2	578	1		579
团风县	845		1	844	72	30	743
红安县	300		1	299	108	1	191
罗田县	76			76	16		60
英山县	91			91			91
浠水县	579		4	575	161		418
蕲春县	664	1	4	659	111	26	527
黄梅县	1273	2	5	1266	1	332	940
麻城市	239		1	238	28	2	209
武穴市	272		2	270	169		103
咸宁市	**2703**	**1**	**13**	**2689**	**2258**	**259**	**186**
咸安区	247		2	245	61		186
嘉鱼县	966	1	5	960	953	13	
通城县	353			353	325	28	
崇阳县	421			421	419	2	
通山县	89			89	30	59	
赤壁市	627		6	621	470	157	
随州市	**251**		**2**	**249**	**25**	**226**	
曾都区	42			42		42	
随县	85			85	25	60	
广水市	124		2	122		124	
恩施自治州	**58**			**58**	**52**	**6**	
恩施市	8			8	8		
利川市	6			6	5	1	
建始县	2			2	2		
巴东县	7			7	7		
宣恩县	3			3	3		
咸丰县	11			11	11		
来凤县	18			18	13	5	
鹤峰县	3			3	3		
省直管	3381	6	26	3349	3344	32	5
仙桃市	**1011**	**4**	**7**	**1000**	**1007**		**4**
潜江市	**379**	**2**	**8**	**369**	**378**		**1**
天门市	**1991**		**11**	**1980**	**1959**	**32**	

水闸工程数量

单位：座

行政区	合计	按规模分			按功能位置分		
		大型	中型	小型	河湖引水闸	水库引水闸	其他
湖北省	**21723**	**22**	**166**	**21535**	**11726**	**1941**	**8056**
武汉市	**1571**	**2**	**22**	**1547**	**196**	**13**	**1362**
江岸区	5			5	5		
硚口区	2			2	2		
汉阳区	7			7	7		
武昌区	2			2	2		
青山区	3			3	3		
洪山区	6		1	5			6
东西湖区	312		4	308	1		311
汉南区	179			179	27		152
蔡甸区	135		3	132			135
江夏区	142		2	140	2		140
黄陂区	304			304	13	8	283
新洲区	426	1	9	416	116	5	305
经济技术开发区	41	1	3	37	13		28
东湖新技术开发区	4			4	2		2
化学工业区	3			3	3		
黄石市	**433**	**3**	**8**	**422**	**301**	**128**	**4**
黄石港区	4			4			4
西塞山区	13			13	13		
铁山区	3		1	2	3		
阳新县	199	3	3	193	199		
大冶市	214		4	210	86	128	
宜昌市	**1045**	**1**	**17**	**1027**	**845**	**77**	**123**
点军区	13			13		13	
猇亭区	3			3	3		
夷陵区	42			42		17	25
远安县	53		12	41	41	2	10
兴山县	2			2	2		
宜都市	102			102	9	5	88
当阳市	332	1	3	328	312	20	
枝江市	498		2	496	478	20	
襄阳市	**895**		**2**	**893**	**363**	**521**	**11**

续表 1　　　　单位：座

行政区	合计	按规模分			按功能位置分		
		大型	中型	小型	河湖引水闸	水库引水闸	其他
襄城区	71			71	50	21	
樊城区	20			20	12	8	
襄阳区	79			79	45	34	
南漳县	269			269	11	258	
谷城县	33			33	18	15	
保康县	8			8	8		
老河口市	34		1	33	11	12	11
枣阳市	85			85	35	50	
宜城市	296		1	295	173	123	
鄂州市	**219**	**1**	**3**	**215**	**218**		**1**
梁子湖区	55		1	54	54		1
华容区	52			52	52		
鄂城区	112	1	2	109	112		
荆门市	**794**		**14**	**780**	**202**	**520**	**72**
东宝区	50		1	49	13	10	27
掇刀区	25		2	23	4	17	4
京山县	131		3	128	61	45	25
沙洋县	285		2	283	74	195	16
钟祥市	237		6	231	10	227	
屈家岭管理区	66			66	40	26	
孝感市	**1630**	**3**	**19**	**1608**	**1435**	**177**	**18**
孝南区	169		9	160	169		
孝昌县	108			108	2	106	
大悟县	67			67		67	
云梦县	238		1	237	219	1	18
应城市	202	1	1	200	199	3	
安陆市	144	1		143	144		
汉川市	702	1	8	693	702		
荆州市	**8185**	**3**	**23**	**8159**	**4565**	**61**	**3559**
沙市区	289			289	38		251
荆州区	447	1		446	9	3	435
公安县	2126	2	4	2120	2118	5	3
监利县	2029		6	2023	204		1825

续表 2　　单位：座

行政区	合计	按规模分			按功能位置分		
		大型	中型	小型	河湖引水闸	水库引水闸	其他
江陵县	964			964	964		
石首市	713		1	712	713		
洪湖市	1146		12	1134	425		721
松滋市	471			471	94	53	324
黄冈市	**2665**	**2**	**15**	**2648**	**311**	**361**	**1993**
黄州区	141			141	1		140
团风县	358			358	37	86	235
红安县	60			60		11	49
罗田县	110		1	109		2	108
英山县	5			5	3		2
浠水县	169	2		167	55		114
蕲春县	731		6	725	84	34	613
黄梅县	673		5	668	1	201	471
麻城市	138			138	55	27	56
武穴市	280		3	277	75		205
咸宁市	**1198**	**3**	**20**	**1175**	**254**	**36**	**908**
咸安区	130	1	5	124	130		
嘉鱼县	317		2	315	66	7	244
通城县	415		5	410	5	16	394
崇阳县	75	1	2	72	26	6	43
通山县	50	1	6	43	25		25
赤壁市	211			211	2	7	202
随州市	**273**	**2**	**2**	**269**	**259**	**13**	**1**
曾都区	49	2	1	46	43	6	
随县	131		1	130	130		1
广水市	93			93	86	7	
恩施自治州	**4**	**1**		**3**	**3**	**1**	
恩施市	1			1	1		
建始县	1			1	1		
巴东县	1	1			1		
来凤县	1			1		1	
省直管	**2811**	**1**	**21**	**2789**	**2774**	**33**	**4**
仙桃市	**1680**	**1**	**15**	**1664**	**1679**		**1**
潜江市	**336**		**3**	**333**	**333**		**3**
天门市	**795**		**3**	**792**	**762**	**33**	

灌溉面积

单位：万亩

行政区	按土地用途分				
	合计	耕地灌溉面积	林地灌溉面积	园地灌溉面积	牧草地灌溉面积
湖北省	**4667.24**	**4378.76**	**172.37**	**105.87**	**10.25**
武汉市	**281.43**	**262.74**	**12.08**	**6.62**	
汉阳区	1.26	1.26			
洪山区	0.98	0.92	0.06		
东西湖区	20.49	15.02	4.76	0.72	
汉南区	11.06	10.38	0.63	0.05	
蔡甸区	42.54	40.22	2.33		
江夏区	44.72	43.79	0.51	0.42	
黄陂区	86.31	79.52	3.15	3.65	
新洲区	57.21	56.04	0.65	0.53	
经济技术开发区	0.60	0.60			
东湖新技术开发区	13.61	12.35		1.26	
化学工业区	2.07	2.07			
东湖生态旅游风景区	0.60	0.60			
黄石市	**108.26**	**107.78**	**0.42**	**0.06**	
西塞山区	1.47	1.41	0.06		
下陆区	0.17	0.15	0.02		
铁山区	0.15	0.14	0.02		
阳新县	53.63	53.45	0.12	0.06	
大冶市	52.85	52.64	0.21		
十堰市	**90.09**	**86.49**	**0.72**	**2.45**	**0.44**
茅箭区	0.68	0.66		0.02	
张湾区	2.43	2.09	0.33	0.02	
郧县	24.24	21.65		2.16	0.44
郧西县	8.40	8.39		0.02	
竹山县	15.32	15.02	0.18	0.12	
竹溪县	9.51	9.39		0.12	
房县	13.53	13.32	0.21		
丹江口市	15.99	15.99			
宜昌市	**290.67**	**239.30**	**26.09**	**25.29**	
西陵区	0.59			0.59	
点军区	4.43	4.43			
猇亭区	1.01	0.59	0.42		
夷陵区	34.52	28.43	6.09		
远安县	19.92	19.55	0.38		
兴山县	25.62	19.88	3.68	2.07	
秭归县	24.32	16.83		7.49	
长阳土家族自治县	14.03	11.22	2.81		
五峰土家族自治县	11.15	11.07		0.08	
宜都市	23.46	15.99	5.22	2.25	

续表 1　　　　单位：万亩

行政区	按土地用途分				
	合计	耕地灌溉面积	林地灌溉面积	园地灌溉面积	牧草地灌溉面积
当阳市	58.74	51.24	7.50		
枝江市	72.92	60.09		12.83	
襄阳市	**460.58**	**441.69**	**8.22**	**10.64**	**0.03**
襄城区	17.46	17.46			
樊城区	20.01	17.01	3		
襄阳区	117.38	110.54	3.44	3.41	
南漳县	43.71	42.90	0.33	0.48	
谷城县	35.16	32.30	1.07	1.77	0.03
保康县	9.57	9.53		0.05	
老河口市	34.95	34.58	0.14	0.24	
枣阳市	125.27	121.23		4.04	
宜城市	57.08	56.16	0.26	0.66	
鄂州市	**96.06**	**78.93**	**16.29**	**0.84**	
梁子湖区	27.83	17.03	10.62	0.18	
华容区	31.71	31.10	0.45	0.17	
鄂城区	36.53	30.81	5.22	0.50	
荆门市	**383.75**	**357.48**	**13.10**	**7.64**	**5.54**
东宝区	25.14	19.25	3.32	2.58	
掇刀区	22.50	19.50	1.50	1.50	
京山县	90	88.79	0.77	0.45	
沙洋县	121.79	119.07	1.59	1.13	
钟祥市	117.36	103.92	5.93	1.98	5.54
屈家岭管理区	6.96	6.96			
孝感市	**538.41**	**537.35**	**0.48**	**0.38**	**0.21**
孝南区	54.92	54.92			
孝昌县	65	65			
大悟县	46.88	46.88			
云梦县	58.86	57.80	0.48	0.38	0.21
应城市	85.89	85.89			
安陆市	82.55	82.55			
汉川市	144.33	144.33			
荆州市	**888.66**	**855.68**	**18.63**	**14.36**	
沙市区	27.65	27.21		0.44	
荆州区	57.87	57.87			
公安县	135.38	135.38			
监利县	209.25	206.39	2.87		
江陵县	119.58	112.31	2.49	4.79	
石首市	82.16	78.24	1.97	1.95	
洪湖市	153.90	152.73	1.17		
松滋市	102.89	85.56	10.14	7.19	

续表 2　　单位：万亩

行政区	按土地用途分				
	合计	耕地灌溉面积	林地灌溉面积	园地灌溉面积	牧草地灌溉面积
黄冈市	**517.31**	**467.52**	**37.95**	**11.84**	
黄州区	19.22	17.51	1.71		
团风县	26.76	21.02	2.82	2.93	
红安县	42.03	40.94	1.10		
罗田县	35.70	35.39	0.32		
英山县	19.98	17.61	1.56	0.81	
浠水县	75.23	66.45	5.85	2.93	
蕲春县	59.04	59.04			
黄梅县	91.31	85.25	4.43	1.64	
麻城市	94.25	74.22	18.95	1.08	
武穴市	53.81	50.12	1.23	2.46	
咸宁市	**197.54**	**187.86**	**5.40**	**4.28**	
咸安区	38.70	34.80	3.90		
嘉鱼县	39.72	38.22	1.20	0.30	
通城县	27.30	26.43	0.30	0.57	
崇阳县	30.83	27.47		3.36	
通山县	15.48	15.44		0.05	
赤壁市	45.51	45.51			
随州市	**173.69**	**153.81**	**17.58**	**2.16**	**0.14**
曾都区	30.30	26.37	3.93		
随县	87.27	71.63	13.65	1.86	0.14
广水市	56.12	55.82		0.30	
恩施自治州	**177.80**	**158.34**	**9.18**	**6.48**	**3.80**
恩施市	21.84	21.84			
利川市	38.31	35.40	2.91		
建始县	17.55	16.28	1.28		
巴东县	10.68	10.68			
宣恩县	22.10	22.01	0.05	0.05	
咸丰县	29.93	17.16	4.95	4.02	3.80
来凤县	19.98	18.78		1.20	
鹤峰县	17.42	16.20		1.22	
省直管	**463.02**	**443.81**	**6.24**	**12.87**	**0.11**
仙桃市	**185.60**	**170.30**	**5.10**	**10.20**	
潜江市	**111.65**	**109.92**		**1.73**	
天门市	**164.72**	**162.53**	**1.14**	**0.95**	**0.11**
神农架林区	**1.07**	**1.07**			

水土流失治理面积

音准：千公顷

行政区	水土流失综合治理面积		年度新增水土流失综合治理面积			
	合计	其中：小流域综合治理面积	合计	按措施分		
				梯田	坝地	水土保持林
湖北省	**5963.49**	**1914.40**	**132.91**	**27.93**	**0.01**	**29.44**
武汉市	**182.70**	**110.43**	**0.84**	**0.15**		**0.11**
江岸区	0.49	0.49				
江汉区	0.03					
硚口区	0.06					
汉阳区	0.35					
武昌区	1.72					
青山区	1.11					
洪山区	4.36					
东西湖区	4.15	1.70				
汉南区	3.81					
蔡甸区	11.26	10.70	0.14			
江夏区	45.26	3.52	0.22			0.05
黄陂区	55.45	54.71	0.26	0.15		0.03
新洲区	39.53	39.31	0.22			0.03
经济技术开发区	0.12					
东湖生态旅游风景区	15					
黄石市	**173.18**	**29.98**	**3.79**			**2.39**
黄石港区	0.16		0.03			0.03
西塞山区	8.98		0.16			0
下陆区	2.16		0.12			0.12
铁山区	1.57		0.01			0.01
阳新县	120.44	29.98	2.24			1.60
大冶市	39.87		1.23			0.63
十堰市	**989.72**	**407.06**	**17.07**	**0.28**	**0.01**	**2.22**
茅箭区	18.74	6.35	0.20			
张湾区	26.23		0.69			
郧县	86.23	6.73	2.01			0.76
郧西县	125.79	24.25	1.77	0.04		0.86
竹山县	188.07	178.96	3.42			
竹溪县	136.87		2.92		0.01	
房县	265.17	57.55	3.82			
丹江口市	142.62	133.22	2.24	0.24		0.60
宜昌市	**1111.29**	**464.87**	**15.19**	**2.90**		**1.67**
西陵区	5.09					
伍家岗区	0.30					
点军区	28.33					
猇亭区	2.02					
夷陵区	324.07	240.22	3.81	0.16		
远安县	170.46	8.14				

续表 1　　　　　　　　　　　　　　　　　　　　　　　　音准：千公顷

行政区	水土流失综合治理面积		年度新增水土流失综合治理面积			
	合计	其中：小流域综合治理面积	合计	按措施分		
				梯田	坝地	水土保持林
兴山县	108.82	0.60	1.54	0.02		1.46
秭归县	187.44	164.86	2.28	0.19		
长阳土家族自治县	143.29	2.99	2.29	1.18		
五峰土家族自治县	58.03	8.39	3.95	0.03		0.21
宜都市	12.64	7.86	1.32	1.32		
当阳市	31.81	31.81				
枝江市	38.99					
襄阳市	**645.70**	**379.97**	**7.33**	**0.26**		**3.70**
襄城区	3.93	0.40	0.38			0.38
樊城区	4.23	4.23	0.40			0.40
襄阳区	19.22	13.84	0.84			0.84
南漳县	127.40	83.02	1.13	0.01		0.27
谷城县	217.05	132.20	1.24	0.08		0.35
保康县	135.02	51.64	1.33	0.17		0.06
老河口市	6.04	6.04	0.90			0.90
枣阳市	90.81	85.43	0.67			0.32
宜城市	42	3.17	0.44			0.18
鄂州市	**18.19**	**0.17**	**0.42**	**0.03**		**0.13**
梁子湖区	8.06	0.17				
华容区	1.93					
鄂城区	8.20		0.42	0.03		0.13
荆门市	**68.28**	**2.97**	**4.55**	**0.11**		**1**
东宝区	9.95		0.67			0.23
掇刀区	3.06	2.24	0.42			0.18
京山县	26.01	0.73	0.95	0.08		0.01
沙洋县	5.52		0.63			
钟祥市	22.98		1.69	0.03		0.58
屈家岭管理区	0.76		0.19			
孝感市	**198.77**		**5.97**	**0.33**		**1.70**
孝南区	1.26		0.07			
孝昌县	40.98		1.66			0.06
大悟县	110.90		3.24	0.33		1.64
云梦县	0.30		0.04			
应城市	10.53		0.05			
安陆市	31.76		0.75			
汉川市	3.04		0.16			
荆州市	**138.42**	**44.74**	**2.60**			**1.91**
沙市区	6.66		0.10			0.10
荆州区	3.36	3.16	0.20			0.20
公安县	27.54	27.54	0.10			0.10

续表 2　　　　音准：千公顷

行政区	水土流失综合治理面积		年度新增水土流失综合治理面积			
	合计	其中：小流域综合治理面积	合计	按措施分		
				梯田	坝地	水土保持林
监利县	23.61		0.30			0.30
江陵县	14.83		0.26			0.26
石首市	2.60	0.28	0.10			0.10
洪湖市	25.66	8.72	1.24			0.55
松滋市	34.16	5.04	0.30			0.30
黄冈市	**445.90**	**78.79**	**33.01**	**18.77**		**4.55**
黄州区	1.60	1.60	0.20			
团风县	36.62	16.41	2.06	2		0.06
红安县	36.98	23.55	5.67	5.27		
罗田县	50.76	7.05	4.59	0.05		0.70
英山县	49.06	2.14	5.80	4.01		0.53
浠水县	49.51		4.01			2.48
蕲春县	115.40	6.22	4.40	2.34		0.56
黄梅县	19.60		0.30	0.30		
麻城市	61.94	6.76	4.30	3.12		0.22
武穴市	24.43	15.06	1.68	1.68		0
咸宁市	**296.45**	**38.31**	**4.57**	**1.50**		**2.13**
咸安区	31.34	29.44	0.83	0.07		
嘉鱼县	20.93		0.77			0.59
通城县	32.67		0.51	0.51		
崇阳县	70.87	8.87	0.92	0.92		
通山县	85.81		1.23			1.23
赤壁市	54.83		0.31			0.31
随州市	**423.28**	**28.67**	**15.65**	**2.23**		**3.75**
曾都区	49.01	7.86	2.76			
随县	180.12	6.86	6.20	1.60		1.70
广水市	194.15	13.95	6.69	0.63		2.05
恩施自治州	**1120.76**	**288.45**	**15.80**	**1.37**		**3.70**
恩施市	187.47	2.57	1.86	0.01		0.74
利川市	233.19	5.52	3.16	0.03		1.24
建始县	79.46		1.80	0.01		0.27
巴东县	167.46	144.62	3.53	0.73		0.55
宣恩县	111.70	101.78	1.04	0.01		0.27
咸丰县	129.62		1.03	0.01		0.13
来凤县	65.19	22.58	1.06	0.55		
鹤峰县	146.67	11.38	2.32	0.02		0.50
省直管	**150.85**	**39.99**	**6.12**			**0.48**
仙桃市	**5.70**	**4.91**	**0.90**			
潜江市	**11.08**		**0.10**			**0.10**
天门市	**5.41**	**5.04**	**0.07**			
神农架林区	**128.66**	**30.04**	**5.05**			**0.38**

续表 3 音准：千公顷

行政区	年度新增水土流失综合治理面积				新增小流域综合治理面积
	按措施分				
	经济林	种草	封禁治理	其他措施	
湖北省	**21.45**	**2.83**	**42.38**	**8.87**	**47.32**
武汉市	**0.18**	**0.09**	**0.06**	**0.25**	**0.26**
江岸区					
江汉区					
硚口区					
汉阳区					
武昌区					
青山区					
洪山区					
东西湖区					
汉南区					
蔡甸区	0.14				
江夏区	0.02	0.09		0.06	
黄陂区	0.02		0.06		0.26
新洲区				0.19	
经济技术开发区					
东湖生态旅游风景区					
黄石市	**0.90**		**0.50**		**0.50**
黄石港区					
西塞山区	0.16				
下陆区					
铁山区					
阳新县	0.14		0.50		0.50
大冶市	0.60				
十堰市	**6.75**	**0.19**	**7.46**	**0.16**	**5.20**
茅箭区	0.04			0.16	
张湾区	0.69				
郧县	0.36	0.04	0.85		1.50
郧西县		0.13	0.74		0.04
竹山县			3.42		3.42
竹溪县	1.34	0.02	1.55		
房县	3.82				
丹江口市	0.50		0.90		0.24
宜昌市	**0.48**	**0.16**	**7.79**	**2.19**	**9.30**
西陵区					
伍家岗区					
点军区					
猇亭区					
夷陵区			3.65		3.22
远安县					0.50

续表 4

音准：千公顷

行政区	年度新增水土流失综合治理面积				新增小流域综合治理面积
	按措施分				
	经济林	种草	封禁治理	其他措施	
兴山县		0.06			0.60
秭归县				2.09	0.69
长阳自治县	0.07		1.04		1.32
五峰自治县	0.41	0.10	3.10	0.10	1.65
宜都市					1.32
当阳市					
枝江市					
襄阳市	**1.05**	**0.11**	**2.20**	**0.01**	**4.99**
襄城区					0.38
樊城区					0.40
襄阳区					0.84
南漳县	0.45		0.40		0.45
谷城县	0.19	0.01	0.60	0.01	0.80
保康县	0.06		1.04		0.90
老河口市					0.90
枣阳市	0.35				0.32
宜城市		0.10	0.16		
鄂州市		**0.05**	**0.14**	**0.07**	
梁子湖区					
华容区					
鄂城区		0.05	0.14	0.07	
荆门市	**1.27**	**0.92**	**0.85**	**0.40**	
东宝区	0.22	0.22			
掇刀区	0.24				
京山县	0.01		0.85		
沙洋县		0.63			
钟祥市	0.61	0.07		0.40	
屈家岭管理区	0.19				
孝感市	**1.23**		**2.33**	**0.38**	
孝南区			0.07		
孝昌县	0.09		1.13	0.38	
大悟县	1.14		0.13		
云梦县			0.04		
应城市			0.05		
安陆市			0.75		
汉川市			0.16		
荆州市		**0.59**		**0.10**	**1.34**
沙市区					
荆州区					
公安县					0.10

续表 5　　　　音准：千公顷

行政区	年度新增水土流失综合治理面积				新增小流域综合治理面积
	按措施分				
	经济林	种草	封禁治理	其他措施	
监利县					
江陵县					
石首市					
洪湖市		0.59		0.10	1.24
松滋市					
黄冈市	**1.35**	**0.27**	**4.79**	**3.28**	**3.26**
黄州区				0.20	0.20
团风县					2.06
红安县			0.40		
罗田县	0.45		1.84	1.55	
英山县	0.04		1.22		0.44
浠水县				1.53	
蕲春县	0.65	0.27	0.58		
黄梅县					
麻城市	0.21		0.75		0.56
武穴市					
咸宁市	**0.19**		**0.75**		**0.83**
咸安区	0.01		0.75		0.83
嘉鱼县	0.18				
通城县					
崇阳县					
通山县					
赤壁市					
随州市	**5.64**	**0.02**	**3.78**	**0.23**	**15.65**
曾都区	2.76				2.76
随县	1.90		1		6.20
广水市	0.98	0.02	2.78	0.23	6.69
恩施自治州	**1.29**	**0.43**	**7.21**	**1.80**	**1.98**
恩施市	0.74	0.01	0.36		
利川市	0.20	0.25	0.73	0.71	0.96
建始县			0.84	0.68	
巴东县		0.12	2.13		0.52
宣恩县	0.17	0.02	0.16	0.41	
咸丰县			0.89		
来凤县		0.01	0.50		
鹤峰县	0.18	0.02	1.60		0.50
省直管	**1.12**		**4.52**		**4.01**
仙桃市	**0.90**				**0.90**
潜江市					
天门市			**0.07**		
神农架林区	**0.22**		**4.45**		**3.11**

11 农垦及监狱系统农场

农垦基本情况

指　　标	单位	2016年	2017年	增减数	增减%
一、农场组织情况					
农场个数	个	53	53	0	0.0
分场个数	个	203	204	1	1.2
国有及国有控股工业	个	84	80	-4	-4.8
国有及国有控股建筑业	个	16	19	3	18.8
国有及国有控股商业	个	15	15	0	0.0
生产队个数	个	2,128	2,090	-38	-1.8
二、乡（镇）情况					
乡（镇）政权数	个	6	6	0	0.0
村民委员会数	个	174	172	-2	-1.1
三、农垦人口与收人					
总户数	户	477,754	486,864	9,110	1.9
年末人口	人	1,449,910	1,467,467	17,557	1.2
年内平均人口	人	1,453,973	1,458,773	4,800	0.3
年内出生人口	人	15,138	17,296	2,158	14.3
年内死亡人口	人	7,109	8,150	1,041	14.6
年末住房面积	万平米	5,403	5,524	121	2.2
劳平纯收入	元	25,179	26,514	1,335	5.3
人平纯收入	元	17,450	19,679	2,229	12.8
农垦创造税收	亿元	175.00	185.00	10.00	5.7
农垦创造利润(国有)	亿元	1.62	1.03	-0.59	-36.4
四、农垦土地情况					
土地总面积	公顷	347,383	347,590	207	0.1
耕地	公顷	131,993	131,766	-227	-0.2
林地	公顷	49,848	49,822	-26	-0.1
水面	公顷	58,624	59,308	684	1.2
茶果桑园	公顷	8,567	9,052	485	5.7
五、农机及水利化肥					
农业机械总动力	千瓦	1,920,364	1,830,649	-89,715	-4.7
大中型拖拉机	台	8,767	8,901	134	1.5
小型拖拉机	台	48,553	48,115	-438	-0.9
联合收获机	台	3,533	3,703	170	4.8
当年实际机耕面积	公顷	169,868	167,931	-1,937	-1.1
当年实际机播面积	公顷	73,821	79,679	5,858	7.9
当年机械收割面积	公顷	147,092	145,552	-1,540	-1.0
农业用电量	万度	50,343	50,697	354	0.7
农药施用量	吨	6,821	6,417	-404	-5.9
化学除草面积	公顷	93,710	94,210	500	0.5
化肥施用折纯量	吨	157,187	163,846	6,659	4.2
有效灌溉面积	公顷	109,352	106,114	-3,238	-3.0
排灌站数量	座	1,446	1,469	23	1.6

续表

指　　标	单 位	2016 年	2017 年	增减数	增减%
六、工业及固定资产投资					
规模以上工业企业	个	833	872	39	4.7
工业年末从业人数	人	142,310	146,701	4,391	3.1
固定资产原值年末数	万元	4,823,292	5,286,165	462,873	9.6
工业主营业务收入	万元	14,516,254	17,000,286	2,484,032	17.1
工业企业利润	万元	820,743	916,387	95,644	11.7
农垦固定资产投资	万元	10,525,609	11,535,545	1,009,936	9.6
第一产业	万元	536,247	525,043	-11,204	-2.1
第二产业	万元	6,738,650	7,718,649	979,999	14.5
第三产业	万元	3,250,712	3,291,853	41,141	1.3
七、农垦从业及社保情况					
社会平均从业人数	人	845,443	908,391	62,948	7.4
第一产业	人	343,878	337,426	-6,452	-1.9
第二产业	人	279,248	337,319	58,071	20.8
第三产业	人	224,120	233,646	9,526	4.3
国有单位从业人员	人	390,871	384,835	-6,036	-1.5
国有单位从业人员报酬	万元	1,019,982	1,102,067	82,085	8.0
参加社保缴费人数	人	300,556	328,801	28,245	9.4
参加社保领退休费人数	人	268,259	274,932	6,673	2.5
八、文教卫生及物质消耗					
科研单位	个	31	30	-1	-3.2
科技人员	人	411	393	-18	-4.4
科研经费	万元	1,802	2,084	282	15.6
学　　校	所	262	254	-8	-3.1
普通中学	所	79	80	1	1.3
小学	所	178	173	-5	-2.8
教师人数	人	9,728	9,909	181	1.9
在校学生	人	130,873	133,233	2,360	1.8
医疗单位	个	664	664	0	0.0
医院	个	84	92	8	9.5
病床	张	8,865	9,320	455	5.1
医生	人	3,224	3,125	-99	-3.1
物资消耗					
钢材	吨	444,170	473,665	29,495	6.6
木材	立方米	703,798	821,682	117,884	16.7
水泥	吨	915,943	953,843	37,900	4.1
化肥	吨	542,152	552,985	10,833	2.0
电力	万度	438,506	470,898	32,392	7.4

农垦种植业生产情况

指　标	播种面积（公顷）			总产量（吨）		
	2016 年	2017 年	增减%	2016	2017 年	增减%
农作物合计	275022	265362	-3.5			
粮豆合计	168323	156378	-7.1	998049	986960	-1.1
夏粮小计	73229	62700	-14.4	306259	265069	-13.4
小麦	70715	53439	-24.4	296692	235963	-20.5
大麦	1016	1521	49.7	4337	4760	9.8
蚕豆	1093	1086	-0.6	3255	3018	-7.3
秋粮小计	95049	93678	-1.4	691790	721891	4.4
稻谷	57603	59199	2.8	501521	531649	6.0
早稻	2394	1953	-18.4	17532	13697	-21.9
中稻	51828	54568	5.3	463422	502037	8.3
晚稻	3381	2678	-20.8	20497	15915	-22.4
玉米	27489	23188	-15.6	160067	148555	-7.2
黄豆	7532	8862	17.7	18595	23093	24.2
棉花(皮花)	9031	9198	1.8	11532	11585	0.5
油料合计	26786	24583	-8.2	78832	77416	-1.8
花生	5078	5571	9.7	28459	31821	11.8
芝麻	3924	2509	-36.1	6957	4634	-33.4
油菜籽	17742	16426	-7.4	43308	40837	-5.7
麻类	38	38	0.0	33	33	0.0
甘蔗	109	94	-13.8	10068	8693	-13.7
药材	800	749	-6.4	7565	6796	-10.2
蔬菜瓜类	59210	62953	6.3	1936469	2107624	8.8

农垦农作物播种面积

单位：公顷

单位名称	小麦	稻谷	玉米	棉花	油料	单位名称	小麦	稻谷	玉米	棉花	油料
全省合计	53439	59199	23188	9198	24583	清　河	1341	1220	268	9	200
东西湖	264	1974	1997	142	205	随　阳	805	298	507	37	70
汉　南	1061	386	2139	149	409	龙感湖	1020	3592		81	26
桐　湖	320	450	220	8	235	万丈湖	728	1532	72		813
涨渡湖	374	560	3	20	432	八里湖	58	922		209	618
龙王咀	75	233	10	9	232	南　湖	146	156	25	175	150
武　湖	6	56	4	41	54	龟　山	205	362		40	565
金　水	80	863	26	27	75	林　店	58	279		15	172
人民大垸	3800	3385	804	420	833	军　垦	305	1126	178	190	438
大同湖	1445	407	733	147	1344	阳新综合	97	441	65	19	143
大沙湖	1359	313	439	669	1120	半壁山	458	715	99	105	155
三　湖	1265	3517		21	54	荆头山	181	1061	43	178	293
菱角湖	1811	59	1083	70	27	江　北					
六合垸	1400	1753	6	12	123	花　湖					
太　湖	2020	760	816	220	733	东　风	6	399	9	2	250
荒　湖	2323	3268	3	95	341	头　墩	200	653	110	186	100
小　港	109	401		6	346	黄盖湖	142	545	95	340	372
沙市农场	155	230	61	135	373	中洲垸	2919	2631	79	514	
总　口	2635	3120	600	417	303	朱　湖	700	2053	333	450	551
白鹭湖	1067	2533			533	华　严	185	276	660	375	408
运粮湖	284	2474	7	2	38	五　三		4028	2302	123	587
熊　口	736	1403			334	官庄湖	1584	179	320	1117	813
后　湖	1716	2266	90	10	620	万福店	1710	712	663	243	223
周　矶	272	340		36	144	蒋　湖	1399	35	473	254	1104
王　集	680	380	524	291	4986	草埠湖	5418	286	4794	32	87
张　集	6662	3075	2277	734	2168	长　港	733	733		733	166
车　河	1069	750	187	90	157	竹溪综合	53	9	64		60

农垦畜牧、水产、林业生产情况

指　　标	单 位	2016 年	2017 年	增减数	增减%
水　果					
年末茶园面积	公顷	827	947	120	14.5
干毛茶产量	吨	513	813	300	58.5
年末水果面积	公顷	7,902	8,639	737	9.3
当年水果总产量	吨	112,276	124,720	12,444	11.1
桃子	吨	46,598	55,234	8,636	18.5
梨子	吨	15,774	14,890	-884	-5.6
柑桔	吨	30,646	31,382	736	2.4
林　业					
当年造林面积(公顷)	公顷	3,974	3,750	-224	-5.6
木材采伐量	立方米	83,352	72,568	-10,784	-12.9
毛楠竹采伐量	万根	64	74	10	15.6
板栗	吨	652	756	104	16.0
油茶籽	吨	118	120	2	1.7
畜牧业					
年末大牲畜	头	38,042	36,081	-1,961	-5.2
#牛	头	38,042	36,081	-1,961	-5.2
#奶牛	头	8,688	7,132	-1,556	-17.9
肉类总产量	吨	187,537	167,906	-19,631	-10.5
年内出栏肥猪	头	1,952,053	1,722,729	-229,324	-11.7
猪肉	吨	156,164	137,818	-18,346	-11.7
牛肉	吨	4,428	4,731	303	6.8
羊肉	吨	1,605	1,668	63	3.9
禽肉	吨	23,083	21,374	-1,709	-7.4
牛奶	吨	32,906	27,618	-5,288	-16.1
禽蛋	吨	54,471	51,792	-2,679	-4.9
水产品					
水产养殖面积	公顷	50,293	51,199	906	1.8
#养鱼面积	公顷	38,799	39,617	818	2.1
水产品产量	吨	444,953	443,789	-1,164	-0.3
#鲜鱼产量	吨	384,942	368,003	-16,939	-4.4

农垦产值、增加值、出口情况

指　　标	单 位	2016 年	2017 年	增减数	增减%
农业总产值(现价)	万元	2,191,727	2,334,059	142,332	6.5
种植业产值(现价)	万元	1,004,571	1,025,336	20,765	2.1
林业产值(现价)	万元	32,190	36,042	3,852	12.0
牧业产值(现价)	万元	530,901	569,515	38,614	7.3
渔业产值(现价)	万元	581,090	703,166	122,076	21.0
工业企业合计（含个体私营）	个	2,384	2,394	10	0.4
现行价产值	万元	20,683,805	23,828,862	3,145,057	15.2
食品加工业	个	429	428	-1	-0.2
现行价产值	万元	4,412,703	4,628,012	215,309	4.9
食品制造业	个	132	136	4	3.0
现行价产值	万元	1,109,883	1,999,466	889,583	80.2
饮料、酒制造业	个	123	125	2	1.6
现行价产值	万元	1,065,592	1,264,280	198,688	18.6
纺织业	个	178	165	-13	-7.3
现行价产值	万元	1,183,906	1,269,131	85,225	7.2
医药制造业	个	34	34	0	0.0
现行价产值	万元	583,459	664,198	80,739	13.8
非金属矿物制品业	个	210	206	-4	-1.9
现行价产值	万元	918,487	988,811	70,324	7.7
农垦生产总值（当年价）	万元	10,760,000	11,687,367	927,367	8.6
第一产业	万元	1,059,202	1,083,376	24,174	2.3
第二产业	万元	7,472,429	8,216,591	744,162	10.0
第三产业	万元	2,228,369	2,387,400	159,031	7.1
出口供货商品总金额	万元	448,392	483,198	34,806	7.8
直接出口金额	万元	347,398	371,007	23,609	6.8
种子生产企业	个	14	12	-2	-14.3
种子生产基地面积	公顷	2,103	666	-1,437	-68.3
种子生产量	吨	6,358	1,934	-4,424	-69.6
种畜禽场（站）	个	13	11	-2	-15.4
认证的绿色食品	个	80	88	8	10.0
认证的有机食品	个	20	23	3	15.0
认证的无公害食品	个	32	38	6	18.8
开发莫桑比克水稻生产	公顷	8,000	8,000	0	0.0

农垦主要工业产品产量

指　　标	单 位	2016 年	2017 年	增减数	增减%
大　米	吨	573,946	640,319	66,373	11.6
小麦粉	吨	101,632	103,109	1,477	1.5
配合饲料	吨	1,459,381	1,510,784	51,403	3.5
混合饲料	吨	1,199,533	1,298,121	98,588	8.2
食用植物油	吨	1,268,023	1,746,336	478,313	37.7
糖　果	吨	72,583	74,760	2,177	3.0
液体乳	吨	427,342	574,007	146,665	34.3
罐　头	吨	39,852	37,616	-2,236	-5.6
饮料酒	吨	271,094	280,800	9,706	3.6
#啤酒	吨	242,521	246,110	3,589	1.5
软饮料	吨	2,020,938	2,496,823	475,885	23.5
精制茶	吨	484	485	1	0.2
自来水	万吨	10,953	14,909	3,956	36.1
棉　纱	吨	337,806	303,951	-33,855	-10.0
机织布	万 M^2	30,207	28,951	-1,256	-4.2
人造板	立方米	346,013	390,665	44,652	12.9
复合地板	万平米	21.4	13	-8	-38.8
服　装	万件	4,339	4,142	-197	-4.5
运动鞋	万双	11.1	13.2	2	18.9
机制纸及纸版	吨	71,623	88,399	16,776	23.4
印刷品	万令	330	274	-56	-17.0
磷肥折纯量	吨	87,923	82,136	-5,787	-6.6
塑料制品	吨	342,782	360,442	17,660	5.2
水　泥	吨	2,732,983	2,585,479	-147,504	-5.4
青红砖	万块	298,877	278,224	-20,653	-6.9
红　瓦	万块	13,987	15,386	1,399	10.0
平板玻璃	标准箱	10,941,640	12,530,210	1,588,570	14.5
铸造件	吨	3,341.0	3,509.0	168	5.0
家　具	万件	107.5	131.0	24	21.9
发电量	万度	39,690	44,880	5,190	13.1

监狱系统农场基本情况

项目	单位	合计	其中：			
			沙洋办事处	襄北公司	江北公司	襄南公司
职工人数	人	38157	21462	5786	6079	4830
农场科技人员	人	549	308	137		104
#农业	人	191	79	53		59
耕地面积	公顷	22502	12807	4800	3770	1125
#水田	公顷	12680	8829	127	3605	119
果园面积	公顷	27	14	13		
茶园面积	公顷	23	23			
固定资产投资	万元	7767	5452	804	707.6	804
#生产性	万元	6215	4772	644	598.5	201
在固定资产投资中						
拨款	万元	2357	1754			603
贷款	万元	1074	1074			
自筹	万元	3689	2005	804	679.6	201
其他	万元	502	502			
农业机械总动力	千瓦	63516	34368	15344	10727	3077
农业用电量	万千瓦时	1446	621	361	448	16
农用动力机械	台	628	381	168	79	
#电动机	台	536	332	128	76	
柴油机	台	89	49	40		
农用排灌机械	台	308	147	85	76	
农用加工机械	台	320	234	83	3	
大中型拖拉机	台	431	150	144	67	70
小型拖拉机	台	94	8	3	8	75
农用水泵	台	270	137	54	79	
谷物烘干机	台	34	31	1	2	
机引农具	台	1630	560	481	312	277
联合收割机	台	109	34	51	17	7
机动脱粒机	台	2		2		
农用运输车	辆					
机耕面积	公顷	17248	8432	4155	3536	1125
机播面积	公顷	19062	7967	8310	1905	880
机收面积	公顷	25756	9461	8310	7105	880
有效灌溉面积	公顷	28040	22668	1799	3110	463
机电排灌面积	公顷	24927	20021	1333	3110	463
旱涝保收面积	公顷	25739	20367	1799	3110	463
水库	个	18	4	8		6
化肥施用折纯量	吨	14570	8092	1368	3280	1830
农药施用量	吨	462	280	52	128	2

注：2003 年起所有监狱农场均更名为公司，2012 年黄湖公司没有农业生产活动。

监狱系统农场农业总产值、增加值

单位：万元

项目	合计	其中：			
		沙洋办事处	襄北公司	江北公司	襄南公司
按当年价格计算					
农林牧渔业总产值	81403.0	48334.0	12770.0	17117.0	3182.0
1、农业	56618.0	31127.0	10081.0	12258.0	3152
2、林业	833.0	299.0	4.0	530.0	
3、牧业	13635.0	9787.0	2140.0	1708.0	
4、渔业	7763.0	6183.0	225.0	1355.0	
5、农林牧渔服务业	2554.0	938.0	320.0	1266.0	30
按当年价格计算					
农林牧渔业增加值	35735.0	20579.0	6365.0	7494.0	1297.0
1、农业	25949.0	13409.0	5644.0	5620.0	1276
2、林业	477.0	182.0		295.0	
3、牧业	4749.0	3889.0	489.0	371.0	
4、渔业	3223.0	2521.0	72.0	630.0	
5、农林牧渔服务业增加值	1337.0	578.0	160.0	578.0	21

注：2003 年起所有监狱农场均更名为公司，2012 年黄湖公司没有农业生产活动。

监狱系统农场生产情况

项目	单位	合计	其中：			
			沙洋办事处	襄北公司	江北公司	襄南公司
全年农作物总播面	公顷	38167	20309	8534	7317	2007
全年粮食作物总播面	公顷	31152	17238	6363	6671	880
全年粮食总产量	吨	169629	95654	29845	39350	4780
#夏粮播面	公顷	13533	5955	3788	3110	680
夏粮产量	吨	60289	24333	20025	12651	3280
秋粮播面	公顷	15751	9536	2454	3561	200
秋粮产量	吨	104554	66715	9640	26699	1500
棉花播面	公顷	720				720
棉花产量	吨	616				616
油料播面	公顷	3485	836	2141	434	74
油料产量	吨	11384	3104	7185	780	315
#油菜籽播面	公顷	575	67	47	434	27
油菜籽产量	吨	1065	150	55	780	80
茶叶产量	吨	1	1			
水果产量	吨	40		40		
水产品产量	吨	7974	6428	200	1346	
大牲畜年末存栏	头					
#耕牛	头					
羊年末存栏	只					
家禽年末存栏	万只	1.7	0.2	1.5		
生猪年末存栏	头	50371	34040	9539	6792	
肥猪出栏	头	68379	46324	12855	9200	
家禽出栏	万只	2.1	0.9	1.2		
肉类产量	吨	6862	4703	1107	1052	
禽蛋产量	吨	26	6	20		
造林面积	公顷	3615	3615			
#当年造林面积	公顷	38	38			

注：2003 年起所有监狱农场均更名为公司，2012 年黄湖公司没有农业生产活动。